H U M

R E S O U R C E

M A N A G E M E N T

人力资源管理译丛

国际人力资源管理

第**7**版
中国版

彼得·道林 (Peter J. Dowling)

玛丽昂·费斯廷 (Marion Festing)　　著

艾伦·恩格尔 (Allen D. Engle, Sr.)

赵曙明

赵宜萱　刘　燕　译

International Human Resource Management

(Seventh Edition)

中国人民大学出版社
· 北京 ·

总 序

　　自我和我的同事们于 1993 年在中国人民大学创办中国的第一个人力资源管理本科专业以来，已经过去了很多年，在这期间，无论是中国的人力资源管理教学与研究，还是中国的人力资源管理实践，都有了长足的发展。全国越来越多的高校开始开设人力资源管理方面的本科专业和研究生专业或方向，与此同时，与人力资源管理有关的各种译著、论著以及教材可以说层出不穷。此外，中国企业对于人力资源在企业中的重要性以及人力资源管理对于企业竞争力的影响也有了越来越深刻的认识。可以说，中国已经开始进入一个真正重视人的价值的时代。

　　1999 年，鉴于当时国内的人力资源管理教学用书还比较匮乏，人力资源管理本身对于绝大多数中国人来说还是一个新生事物，甚至很多从事相关课程教学的学者也知之甚少，因此，在一批美国学者，特别是在美留学和工作的人力资源管理专业博士的帮助下，我们精心挑选了涉及人力资源管理各主要领域的比较成熟的图书，作为一套译丛介绍到中国来。在几位译者的辛勤努力下，这套丛书终于自 2001 年开始在国内陆续面世，成为国内第一套比较完整的、成体系的、原汁原味的人力资源管理教学用书。这套丛书对于从事人力资源管理教学、科研以及实践的中国读者系统地了解人力资源管理的概念、体系、框架以及理念、技术和工具等产生了很大的影响，获得了一致的好评，一再重印。在 2005 年前后，我们对这套丛书进行了第二次大规模的全面再版更新，得到了广大读者的认可。很多大学的本科生、硕士生甚至博士生，以及企业的人力资源管理从业人员，都将这套译丛作为学习人力资源管理知识的教学用书或参考书。

　　在这套丛书上一版出版时，大家广泛讨论的还是新经济、网络泡沫、"9·11"恐怖袭击以及中国加入 WTO 等重大事件，如今，以美国金融危机为起源的全球经济不景气以及由此引发的一系列政治、经济和社会问题，对于人力资源管理领域中的很多问题都产生了深远的影响，在这种情况下，本套丛书的原著大都重新修订，将这些新的内容和主题纳入新的版本之中。原著的新版本增加了人力资源管理领域中的一些新的理论、工具和方法，同时调整了原来的很多案例，从而使这些人力资源管理图书既保持了理论、框架、体系等的连贯性，又使得原本就来自实践的人力资源管理理论和教学体系得以保持一种鲜活的时代特色。

　　我们在这些新版的重译过程中，一方面，立足于吸收中国学术界近年在人力资源管理领域的许多新认识以及中国人力资源管理实践的新发展，对原版本中的个别译法进行全面的修正；另一方面，将新版本所要传达的理念、方法和工具等忠实地传达给广大中国读者。

　　很多人对我们花费如此巨大的力量做这种翻译工作感到不理解，他们认为，中国已经跨过了知识引进阶段，完全可以创建自己的人力资源管理体系了。然而，我们却并不这样认为。人力资源管理作为一门科学，在西方国家已经有几十年的发展历史，而在中国，无论是人力资源管理研究还是人力资源管理实践，都还处于发展的初期阶段。我国企业中的很多人力资源管理者对于人力资源管理的理解都还不是很到位，尽管他们已经能够说出很多人力资源管理的概念、理论甚至工具和方法，但是在实际运用时，却由于对这些概念、理论、工具和方法的理解不深，结果导致无法达到西方很多企业的人力资源管理职能所能够达到的那种状态。因此，我们认为，在没有真正从根本上理解西方人力资源管理的理论起源、发展以及核心内涵之前，我们最好不要武断地说，西方的东西已经没有用了。就好比是一位没有任何武功基础的外国年轻人，仅仅看了两本少林寺的拳术图谱，跟着少林寺的和尚偷学了一招半式，便觉得自己可以创立美式或英式少林拳一样幼稚可笑。如果不进行反复的练习和长期的揣摩，没有扎实的基本功和一定程度的悟性，人们学到的任何武功都只能是花拳绣腿，中看不中用。同样道理，中国企业及其人力资源管理人员要想真正掌握人力资源管理的精髓，就必须继续加强自己的理论基础和综合修养，充分领悟人力资源管理的核心精神，从而在练就扎实基本功的基础上真正做到"形变而神不变"，只有这样，才能找到通过人力资源管理来帮助中国企业赢得竞争优势的机遇。在这一点上，我们非常欣赏深圳华为技术有限公司总裁任正非先生在引进西方管理系统和管理技术时所持的一种观点：要先僵化，再固化，最后再优化。也就是说，在没有真正学懂别人的管理系统和管理方法之前，先不要随意改动，否则会把人家有用的东西变成没用的东西，反过来还骂人家的东西没有用。总之，我们认为，对待西方的管理理论、管理思想、管理工具以及技术等应当坚持这样一个基本态度：既不妄自菲薄，也不盲目追随，但首先要做到充分理解，只有这样才能做到取舍有道，真正实现洋为中用。

翻译工作无疑是艰苦的，但也是充满乐趣的，我们愿意为中国人力资源管理事业的发展贡献我们的心血和汗水，同时也衷心地希望广大读者能够从中汲取对自己有用的知识，培养专业化的技能，从而使本套丛书能够为广大读者个人的职业发展以及中国企业人力资源管理水平的提高产生应有的作用。

最后，感谢广大读者长期以来对本套丛书的热情支持和厚爱，我们有信心让这套丛书成为一套人力资源管理领域中的经典译丛。如果您有什么样的要求和意见，请随时与我们联系。

我的联系方式：
中国人民大学公共管理学院
北京市海淀区中关村大街 59 号
100872
电子信箱：dongkeyong@mparuc.edu.cn

董克用
中国人民大学公共管理学院院长、教授、博士生导师
中国人民大学人力资源开发与管理中心主任

前　言

　　本书第 1 版出版于 1990 年，至今已有 30 余年了。这 30 多年里，全球经济社会发生了翻天覆地的变化：科技进步日新月异，新技术、新工艺层出不穷，深刻地影响人类社会的方方面面；世界格局向多极化方向发展，中国日渐崛起，成为全球第二大经济体，书写了中国发展的奇迹；与此同时，各国人口老龄化趋势明显，生育率不断下降，这些发展趋势无疑给跨国企业人力资源管理带来了前所未有的挑战。我和刘燕教授几年前曾与彼得·道林、玛丽昂·费斯廷、艾伦·恩格尔就中文版第 5 版开展合作。这次我和赵宜萱副教授再次与他们合作中文版第 7 版，希望能够为新形势下跨国公司的人力资源管理提供一些有益启示与应对策略。

　　跨国公司人力资源管理作为人力资源活动、员工类型和企业经营所在国家类型三个维度之间的互动组合，呈现出高度的复杂性。跨国公司人力资源管理受到各国政治环境、经济发展水平、历史文化背景、法律法规政策以及自身所涉及的产业类型等因素的广泛影响，需要以更加开放包容的态度不断优化管理实践方式，不断促进不同实践方式的融合，不断提升对员工的关怀，以提高管理的柔性和发展的韧性。

　　首先，跨国公司需要根据外部环境变化不断优化外派人员的甄选、培训、绩效考核以及薪酬福利机制。外派人员是跨国公司的重要组成部分，跨国公司的复杂性就体现在跨国公司需要管理来自不同国家和地区的员工。如何设计出既令各方员工满意又能提高企业运营效率的人力资源管理政策，是跨国公司人力资源管理追求的主要目标。各国政策以及员工背景的复杂性加剧了跨国企业人力资源管理的难度。随着外部经济技术环境以及客户需求的变化，跨国公司的国际委派类型逐渐多元化，如虚拟委派日益增多，跨国公司面临着如何平衡标准化与本土化战略，制定符合企业与员工双方利益的外派人员管理方案的挑战。是标准化的外派人员管理方案更好，还是针对不同地区情况制定不同的管理方案更符合各方利益，有待实践检验和理论上的进一步探索。

　　其次，跨国公司需要思考如何促进不同实践方式的融合问题。母国和东道国都建立和发展了具有本国特色的人力资源管理实践方式，对于跨国公司来说，究竟应该采取母国还是东道国的管理模式，抑或是整合双方的实践方式，这无疑成为跨国公司人力资源管理的重要议题。当今世界全球化趋势增强，这是否意味着跨国公司人力资源管理模式也需要一体化？如果需要，那么在一体化的过程中如何融合不同的实践方式，使之发挥出整合协同效用？其中涉及多国制度环境和劳动关系，也将约束跨国公司实践方式的融合与协同。

最后，如何给予员工更多的关怀、为员工谋求更好的职业生涯发展机会，也是跨国公司的重要任务。一方面，跨国公司的员工需要与来自不同国家和地区的员工互相交流合作，这不仅对员工的工作沟通能力提出了更高的要求，也对员工的跨文化沟通能力提出了更高的要求。另一方面，跨国公司的员工需要随时做好委派准备，他们需要在委派过程中适应不同国家的工作环境，还需要在委派回国后再次适应本国的生活习惯，这对员工的职业发展以及家庭生活都将产生重大影响。因此，跨国公司人力资源管理需要从培训、薪酬福利等各个方面给予员工更多的关照，并协助员工做好职业生涯管理，使员工在归国后仍然可以按照一定的职业路径继续向前发展。

本书针对以上内容，全面系统地分析了跨国公司的国际化人力资源的开发与管理，并就跨国公司人力资源管理的文化背景、组织变革、人力资源的招聘与甄选、绩效管理、外派人员的培训与职业生涯管理、国际薪酬体系构建、国际劳动关系与全球制度环境以及跨国公司人力资源管理的未来发展趋势等进行了详细阐述。

本书共分为9章。第1章作为导论，定义了国际人力资源管理，并对国际人力资源管理与国内人力资源管理进行了区分，介绍了两者的差异；第2章系统回顾了国际人力资源管理的决策环境，着重阐述了国际人力资源管理的文化背景，对文化的定义以及霍夫斯泰德等人重要的跨国文化管理研究成果进行了述评；第3章考察了各种组织因素如何影响国际人力资源管理活动，如人力资源管理实践的标准化与本土化问题、国际化趋势增强的结构性反应以及企业的控制和协调机制等；第4章分析了国际经营背景下人力资源的配置、招聘和甄选活动，介绍了国际委派的原因、类型以及外派人员与非外派人员在支持国际商务活动中所扮演的角色；第5章综合考察了跨国公司的绩效管理问题，如绩效管理标准、不同类型的委派人员的绩效管理以及绩效管理如何作为跨国公司的控制体系；第6章着重讨论了跨国公司中与短期委派、非标准委派及国际商务旅行者相关的培训与开发问题，并分析了外派人员归国对外派人员和跨国公司所产生的双重影响；第7章概述了国际薪酬问题，描述了国际薪酬计划的关键组成部分，并具体介绍了三种主要的国际薪酬方法；第8章论述了国际劳动关系与全球制度环境对跨国公司人力资源管理的影响，如各国工会、社会组织的发展对跨国公司人力资源管理的约束作用以及区域经济体、境外生产战略等对跨国公司人力资源管理的影响；第9章作为本书的结尾，讨论并评价了国际人力资源管理的发展趋势以及未来发展方向，如国际商业道德、运作模式以及安全问题等，会对跨国公司人力资源管理的发展趋势提出哪些挑战与选择。

本版更新了大部分企业案例，期待可以通过这些案例反映新的发展趋势。本书还为教师提供了更加新颖的教学素材。综合案例部分包含了中国企业的优秀管理案例，分析了海尔、字节跳动等不同类型的中国企业人力资源管理实践，希望能够鼓励中国读者从中国本土企业的人力资源管理实践问题出发，思考国际企业人力资源管理的未来发展方向。第7版更新的许多内容也得益于我们自身教学实践和同行的反馈意见。

　　本书的读者对象主要是经济管理类专业的本科生、硕士研究生，同时也可为广大企事业单位从事相关工作的管理人员提供参考。

　　在本书翻译和写作过程中，我的博士生和硕士生们做了大量的基础性工作，最后由我和赵宜萱老师进行校译。这些学生分别是丁晨、张紫滕、李进生、何光远、魏丹霞、马雨飞、张佳蕾、李琼、陈嘉茜、李悦琪、顾潘婷、徐兴和陈一宁。在此，向付出辛勤劳动的他们表示感谢！我要特别感谢我的博士生丁晨帮助协调翻译初稿，还要感谢我的博士后李召敏副教授、我的博士生魏丹霞和胡雨欣就全书校对所做的工作。

　　本书的翻译和出版得到了中国人民大学出版社管理分社社长熊鲜菊女士的大力支持，在此一并表示谢意！

　　本书难免存在一些不足之处，请读者多提宝贵意见和建议，以使本书日臻完善。

赵曙明

南京大学人文社会科学资深教授、商学院名誉院长、

行知书院院长、博士生导师

目 录

第 1 章
导 论

本章确定了本书的范畴，我们将：

● 定义**国际人力资源管理**的关键术语，并对国际人力资源管理的现有定义进行评价。

● 介绍外派人员管理在发展过程中的重大问题，并通过回顾外派任务的变化来阐述国际工作组成、国际任命类型和时间的日益多样化。

● 概述国内人力资源管理与国际**人力资源管理**之间的差异，并详细介绍一个模型，该模型总结了能够调节这些差异的变量。

● 展现了国际人力资源管理的复杂性，介绍了当前国际人力资源管理实践和模式所面临的日益严峻的潜在挑战，以及伴随着国际人力资源管理实践透明度的提高及其在组织与公司中更快更深入的推广而产生的对国际人力资源管理实践选择的新认识。

1.1 本书的范畴

以往的研究通常通过三种方式来宽泛地描述国际人力资源管理领域[1]。第一种方式[2]强调跨文化管理：从国际视野来审视组织内部人的行为；第二种方式考察或比较劳动关系和人力资源管理等相关著作的研究结果[3]，描述、对比和分析各个国家的人力资源管理系统；第三种方式则聚焦于跨国公司的人力资源管理[4]。这三种方式如图1-1所示。本书采用第三种方式，目的在于揭示国际化进程对人力资源管理活动及政策产生的潜在影响，特别关注跨国公司是如何实施人力资源管理的。

图1-1 三种方式之间的关系

如图1-1所示，三种方式存在重叠，因此这三种方式无法独立为在国际商业环境下的运营实践提供准确分析。在谈及国际企业在国外运营过程中遇到的文化问题时，跨文化管理尤为重要。一些跨文化管理相关问题将在第 2 章中进行讨论，我们将在**东道国**（Host Country）的背景下讨论人力资源管理——对应于图 1-1 中的 a。第 8 章将讨论国际劳动关系与全球制度背景相关问题并借鉴比较劳动关系方面的研究成果——对应于图 1-1 中的 b。本书关注的焦点是现有的跨国公司（MNE），即在一个以上的国家拥有或控制经营活动的公司，同时也关注同样面临国际人力资源管理问题的处在国际化进程中的小型企业（尽管它们尚未迈入跨国公司行列）以及家族企业，与此相关的问题将在第 4 章中讨论。

1.2 国际人力资源管理的定义

在定义国际人力资源管理之前，需要先对人力资源管理的一般概念做出界定。一般来说，人力资源管理是指组织为有效利用其**人力资源**（Human Resource，HR）所进行的各项活动，这些活动至少包括以下几个方面：

1. 人力资源规划；
2. 员工配置（招聘、选拔、安置）；
3. 绩效管理；
4. 培训与开发；
5. 薪酬（报酬）与福利；
6. 劳动关系。

当人力资源管理走向国际化时，我们必然思考上述活动会产生哪些变化。由摩根（Morgan）开发的一个模型[5]有助于我们解答这个问题。这一模型包含三个维度。

1. 广义的人力资源活动，包括获取、配置与利用（这三个广义的活动很容易被扩展成上面所列的六项人力资源活动）。

2. 与国际人力资源管理活动相关的三种国家类型：
- 东道国，指子公司或分公司所在的国家；
- 母国，指公司总部所在的国家；
- 其他国，指劳动力、资金和其他投入品的来源国。

3. 跨国公司的三种员工类型：
- 东道国员工（Host-Country Nationals，HCNs）；
- 母国员工（Parent-Country Nationals，PCNs）；
- 其他国员工（Third-Country Nationals，TCNs）。

例如，美国的跨国公司 IBM 为其在澳大利亚的运营公司招聘澳大利亚籍员工（HCNs），并且经常安排母国员工（PCNs）到亚太地区任职，还派遣新加坡籍员工到中国的分公司工作（作为他国外派人员）。在决定员工类型时，员工国籍是一个主要因素，这也是员工薪酬和雇佣合同的主要影响因素。

摩根将国际人力资源管理定义为人力资源活动、员工类型和企业经营所在国家类型三个维度之间的互动组合。由此我们可以认为，从广义上讲，国际人力资源管理所从事的是与**国内人力资源管理**（Domestic HRM）相同的活动（例如，"获取"就是指人力资源规划与员工配置），但是目前国内人力资源管理绝大多数只考虑一国范围内员工的问题。不过，随着国内人力资源管理越来越多地面临着多元文化背景劳动力的情况，管理者也逐渐尝试采取一些国际人力资源管理的措施。因此，当前国内人力资源管理对劳动力多元化问题的关注或许对国际人力资源管理的实践也是有益的。我们必须认识到，单一国家、法律和文化背景下管理多元化的方法如果不加以改变，是无法转而直接将其应用到跨国管理中的。

什么是外派人员

国际人力资源管理和国内人力资源管理之间一个明显的不同就是国际人力资源管理面对的员工要跨越国界，他们在国际公司的海外业务中担任各种角色，这些员工通常被称为**外派人员**（Expatriate）。外派人员指在国外工作并暂居国外的员工。一些公司更倾向于称这类员工为"国际代理人"。显然，理论上国外机构的母国员工总是外派人员，但是我们经常会忽视的一个事实是其他国员工和那些离开东道国被调到母公司的东道国员工也是外派人员。[6] 图1-2展示了这三类员工是如何转变为外派人员的。

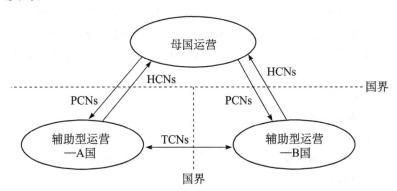

图1-2 国际任命产生的外派人员

近来，**内派人员**（Inpatriate）开始逐渐流行起来，该术语用来指那些由子公司调到母国（总部）机构的员工。[7] 对许多经理人来说，内派人员这一术语的使用对外派人员的定义造成了一定的混乱。例如，（美国）人力资源管理协会（(US) Society for Human Resource Management）将内派人员定义为"在美国的外国经理人"。换句话说，内派人员又被定义为外派人员。一些国际管理学者将东道国员工定义为内派人员又引发了进一步的混乱，实际上如图1-2所示，只有在东道国员工被调到母国机构作为外派人员时，他们才会成为内派人员。

在国际人力资源管理的大量术语中，"内派人员"的使用是否增加了足够的价值还有待商榷，这是个值得怀疑的问题，但是许多公司现在还在使用这个术语。为明确起见，本章我们用"外派人员"来指那些从母国调离到其他业务地区工作的员工。当下国际工作的组成日益多元化，国际任务的类型和时间长度也日益多元化，许多公司内部的人力资源管理逐渐开始扮演战略角色，这也开始影响一些外派职位的性质。

鉴于国际人力资源管理范畴的扩展，斯塔尔（Stahl）、比约克曼（Björkman）和莫利思（Morris）在他们的著作《国际人力资源管理研究手册》（*Handbook of Research in International Human Resource Management*）中对国际人力资源管理重新进行了定义：

> 我们将国际人力资源管理从广义角度定义为国际背景下与人员管理相关的所有问题以及这些内容对公司经营的贡献。可见，我们对国际人力资源管理的定义涵盖了跨国公司在其组织的不同方面所面临的人力资源问题。此外，该定义还包括了对不同国家人力资源管理的比较分析。[8]

我们认为这个广义角度的定义涵盖了不断扩展的国际人力资源管理各领域，因此我们在本书中将沿用此定义。

1.3 国内人力资源管理与国际人力资源管理之间的差异

我们认为，区分国内人力资源管理和国际人力资源管理的一个关键变量是后者在不同国家中运营并招聘不同国籍的员工的复杂性，而非两者在人力资源实践活动上的显著差异。道林（Dowling）认为国际人力资源管理的复杂性可以归结为以下六种因素[9]：

1. 更多的人力资源管理活动；
2. 需要一种更宽广的视野；
3. 对员工个人生活给予更多关心；
4. 随着外派人员与当地员工的融合而转移管理重心；
5. 风险的暴露；
6. 更多外部因素的影响；

我们将详细探讨以上每一种要素并阐明其特征。

1.3.1 更多的人力资源管理活动

在国际环境中经营，人力资源部门必须从事许多在国内环境中不必要的管理活动，例如国际税收、国际调动和培训、入职引导、为外派人员提供行政性服务、维护与东道国政府的关系以及语言翻译服务等。

外派人员必须遵守国际税收规定，通常要承担国内（如母国）和东道国的双重纳税义务，因此，必须制定**税负平衡**（Tax Equalization）政策以保证对于任何一项具体的国际任职来说，员工不存在纳税方面的损失。[10]因为东道国税收法律存在诸多差异，同时外派任务的完成与国内、国外税款的清缴之间可能存在时滞，所以管理税负平衡政策变得非常复杂。出于对这些困难的考虑，许多跨国公司选择向资深会计师事务所咨询国际纳税方面的问题。

国际调动和入职引导包括：赴职前的培训安排，提供出入境及行程详细资料，提供关于住房、购物、医疗、娱乐、学校等方面的信息，完善待遇细节，诸如向国外汇寄薪水、确定各种国际津贴以及国际税收条款。当外派人员回到本国时所涉及的问题将在第 6 章进行详细分析。以上大多数问题都可能会引发外派人员的不安，成功地解决此类潜在问题需要相当多的时间与注意力。相比之下，国内的调动和重新安排，如从伦敦到曼彻斯特、从法兰克福到慕尼黑、从纽约到达拉斯、从悉尼到墨尔本，或者从北京到上海等的人员调动花费的时间较少。

跨国公司需要为在东道国开展业务的外派人员提供行政性服务。[11]由于政策和程序并不总是清晰流畅的，有可能与当地环境发生冲突，因此提供这些行政性服务经常是一项耗时且复杂的活动。当某一行为在东道国被视为是合法和可接受的，而在母国却是非常不道德、不合法的时候，还会出现伦理问题。例如，总部位于美国的母公司派出外派人员，东道国将艾滋病检查作为给予其工作许可证的必要环节，但是在美国要求员工做艾滋病检查备受争议。外派人员拒绝接受艾滋病检查，当地分支机构又需要这位总部派来的外派专家给予支持，此时公司人力资源管理者该如何处理？这些问题增加了为外派人员提供行政性服务的复杂程度。

维护与东道国政府的关系是跨国公司人力资源部门的一项重要活动，尤其是在一些发展中国家，一旦跨国公司管理者与相关的政府部门官员建立了良好的私人关系，工作许可和其他关键性条件就容易满足，维系这种关系有助于解决由模棱两可的资格条件以及相应文件（如工作许可证）所引发的潜在问题。但是，美国跨国公司在处理与外国政府的关系时必须慎重，因为支付酬金或者提供餐饮、礼品等代酬物，将有违反《美国反海外腐败法》（US Foreign Corrupt Practices Act）之嫌。[12]为内部和外部沟通提供语言翻译服务是人力资源部门的一项辅助性的国际活动。摩根指出，如果人力资源部门是翻译服务的主要使用者，那么该翻译小组的角色经常被扩展为向跨国公司的所有海外经营机构提供服务。[13]

1.3.2　需要一种更宽广的视野

在国内环境中工作的人力资源管理者通常是对单一国籍的员工群体进行管理，员工接受统一的薪酬政策，只向一国政府纳税，而身处国际环境中的经理所要面对的问题是，要为来自若干国家的不同员工群体制订计划并予以管理（如母国、东道国和其他国员工同在一家美国跨国公司设在苏黎世的欧洲地区总部工作），因此，他们需要一种更宽广的看待问题的视角。例如，在看待外派人员福利时，采取更宽广、更具国际性的视角就会认可所有外派人员不论其拥有哪国国籍都应享受国外的服务或驻外奖金这一观点。但是仍有一些跨国公司墨守成规，只为跨国公司任命的母国员工提供这类奖金（即使该项任命的目的地是一个令人向往的国家），而不情愿给在母国工作的外籍人员提供同等待遇。这样的政策确实使许多东道国员工和其他国员工都认为：母国员工（特别是美国员工和欧洲员工）被给予了特殊化的待遇。[14]当不同国籍的员工在一起工作时，复杂的公平问题就出现了。如何解决这方面的问题依然是国际人力资源管理领域的一个重要挑战（关于薪酬的公平问题将在第 7 章讨论）。

1.3.3 对员工个人生活给予更多关心

为甄选、培训以及有效管理母国员工和其他国员工，我们十分有必要对员工个人生活给予更大程度的关心。人力资源部门或专业人士需要确保外派人员了解住房安排、医疗以及为出国任职所提供待遇的各个方面（生活费用津贴、奖金、纳税等）。许多跨国公司建立了国际人力资源服务部门负责协调上述项目的管理，为任职中的母国员工和其他国员工提供相应服务，比如任职期间的银行服务、投资、租房、协调回国访问以及任职期满调回母国等事务。

在国内，人力资源部门对员工家庭的关心是有限的。例如，公司会为符合条件的家庭成员提供健康保险并在重新安置员工和家庭成员方面提供一些帮助，而在国际环境中，人力资源部门必须考虑得更多，更充分地了解员工个人生活，以便提供相应的支持。例如，有些国家的政府在向外派人员的随行配偶发放签证时，要求其出示结婚证，因此，婚姻状况便成为公司在甄选员工过程中需要考虑的一个方面。不管是否出于善意，公司总要避免潜在的甄选标准歧视。遇到此类情形，人力资源部门应该提示所有候选者考虑东道国与其婚姻状况相关的签证要求，由候选人自己决定是否继续接受甄选。除了为在东道国任职的外派人员提供合适的居所、子女入学等帮助外，人力资源部门可能还需要帮助安置在本国寄宿学校就读的儿童——这种情况在美国不太常见，但在许多其他国家和地区相对常见，特别是在新加坡、澳大利亚、新西兰以及欧洲国家。[15]在更为偏远或者缺少良好娱乐条件的任职地，人力资源部门亦会被要求开发甚至自己运作娱乐性项目。对于国内的任职来说，上述绝大部分情形不可能发生，或者主要由员工自己解决而非由人力资源部门来承担。从某种意义上说，此时**心理契约**（Psychological Contract）是跨国公司和国际外派人员及其所有直系亲属之间的契约。[16]

1.3.4 随着外派人员与当地员工的融合而转移管理重心

随着跨国运作日益成熟，各种人力资源活动的重点发生了重大变化。例如，随着对母国员工和其他国员工需求的下降，同时训练有素的当地员工队伍不断壮大，原本投入在外派人员纳税、国际调动和入职引导等方面的资源就要转向对当地员工的甄选、培训和职业发展等活动上来。随后的开发活动可能会要求建立一个项目，将富有潜质的当地员工派到企业总部承担发展性任务。海外子公司的日益成熟要求改变人力资源管理的重点，这显然扩大了当地人力资源活动（比如人力资源规划、配置、培训和薪酬）的责任范围。

1.3.5 风险的暴露

一般而言，在国际市场上竞争失利所造成的财务和人力方面的损失远比在国内要严重得多。例如，外派失败（跨国任职的外派人员未能完成使命就回国）或者在外派任职期间绩效较低，对于跨国公司来说都是潜在的高成本问题。考虑汇率和任职地的因素，每一项外派失败给母公司造成的直接成本（薪水、培训成本、旅行与重新安置的费用）可能要比国内的薪水与重新安置的费用之和高出 3 倍，由外派失败造成的国际市场份额缩减、国际客户关系的损害等间接成本也相当高。

在 2001 年"9·11"事件发生之后的现今大环境下，恐怖主义是与国际人力资源管理风险相关的另一项内容。现今，大多数主要的跨国公司在筹划国际会议和驻外任务时，都会考虑政治风险和恐怖主义。预防恐怖主义的费用在不断上升。员工在评估潜在的国际任职区域时，显然也要考虑恐怖主义风险。[17] 人力资源部门有必要在高度动荡的任职地设计紧急撤退程序使员工免遭政治暴力或恐怖主义的威胁以及非典、禽流感等流行性疾病的侵害。[18] 李（Lee）和沃纳（Warner）综合分析了非典对中国香港服务部门人力资源管理的影响，详细内容可以参阅他们的研究。[19]

1.3.6　更多外部因素的影响

影响国际人力资源管理的主要外部因素包括：外国政府的类型、经济状况以及该国普遍接受的商业运作模式。例如，东道国政府可以规定企业的招聘程序。20 世纪 70 年代，马来西亚政府要求外国公司遵守许多法律条文，以便向马来人提供更多的工作机会。马来人占该国人口的多数，但是与华裔马来西亚人和印度裔马来西亚人相比，马来人在工商企业领域和专业雇员群体中不具有优势。所有外国公司雇用马来人（尤其是中高层）情况的统计数据都必须提交至有关政府部门。许多外国投资者认为这些要求是引发对马来西亚管理层官僚作风和僵化产生抱怨的主要原因，这些抱怨则是导致对这些要求进行修改的一个重要原因。

发达国家的劳动力比欠发达国家的劳动力更昂贵，但能获得更好的组织。政府要求企业遵守劳动关系、税收、健康与安全等方面的指导方针，这在很大程度上影响了国外子公司的人力资源管理活动。在欠发达国家，劳动力趋于廉价并缺乏组织，政府规定普及度不高，因此人力资源管理活动在这方面费时较少。国外子公司的人力资源管理者必须花时间去学习和领会当地的工商管理办法，理解当地人的行为方式，如赠送礼品和雇用家庭成员等一般行为准则。国外子公司的人力资源管理者可能会更多地管理由跨国公司提供或者承担的福利事务，如住房、教育和其他受当地经济水平制约而不容易满足的设施等。

■ 1.4　影响国内人力资源管理与国际人力资源管理之间差异的变量

在前文我们就提出，区分国内人力资源管理和国际人力资源管理的一个关键变量是后者在不同国家中运营并招聘不同国籍的员工的复杂性，而非两者在人力资源实践活动上的显著差异。许多公司都低估了国际运营中的复杂性，许多在国际领域中失败的企业都与低效的人力资源管理相关。除此之外，还有四个变量影响（缩小或拉大）国内人力资源管理与国际人力资源管理之间的差异。这四个变量是：

- 文化环境；
- 跨国公司主要涉及的产业（或产业群）；

- 跨国公司对母国国内市场的依赖程度；
- 高层管理者的态度。

上述四个变量与在不同国家运营涉及的复杂性共同构成了解释国内人力资源管理和国际人力资源管理之间差异的模型（见图1-3）。

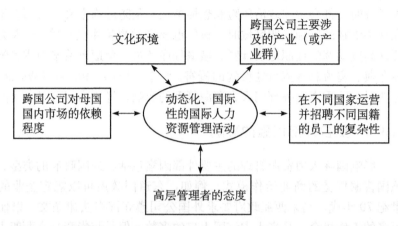

图1-3　影响国内人力资源管理和国际人力资源管理之间差异的变量模型

资料来源：P. J. Dowling, "Completing the Puzzle: Issues in the Development of the Field of International Human Resource Management", (mir) *Management International Review*, Special Issue No. 3/99（1999），p. 31. Reproduced with kind permission from VS Verlag Für Sozialwissenschaften.

1.4.1 文化环境

在第2章"国际人力资源管理的文化背景"中我们将详细地介绍文化的概念，在此我们只做简要讨论。有关**文化**（Culture）的定义有很多，这一名词通常是用来描述一种随着时间的推移而逐渐形成的做事方式。这种做事方式代代相承，反映了群体所共享的知识结构，同时也削弱了个体在价值观、行为规范和行为模式上的差异。[20]文化的一个重要特征在于：它是如此微妙，以至于人们并不总能意识到它对价值观、态度和行为的影响。人们通常在不得不面对另一种文化时才真正了解到文化的影响。赴海外的旅行者，无论是观光客还是商务人员，都会感受到在语言、食物、服饰、卫生以及对待时间的态度等方面的文化差异。对于旅行者来说，此类差异可被视为新奇，甚至是一种享受，但对于到一个新国家工作和生活的人来说，这种差异可能会带来麻烦。他们要经历**文化冲击**（Culture Shock）——人们跨越文化时所经历的一种现象。新的环境要求在相对短的时间内做出许多调整，这对人们的观念形成了相当大的挑战，以至于他们的自我意识，特别是国籍意识出现了问题。实际上，人们面对新的文化经历会做出反应，且往往产生心理迷惑，这是因为他们误解或者不能识别重要的文化符号。文化冲击会导致驻外人员对东道国及当地人产生负面印象，并产生返回母国的愿望。[21]

由于跨国企业经营涉及跨国界的交往和人员往来，因此，了解文化差异以及理解这种差异的重要性是非常重要的。这一领域的研究有助于我们更深刻地理解文化环境如何作为一个重要的变量影响国内人力资源管理和国际人力资源管理之间的差异。尽管跨文化和比较性的研究试图探讨和解释彼此的异同，但是这些研究仍然存在问题。这主要是由于对文化的精确定义以及对这一概念的使用并没有达成一致。对于许多研究者而言，文化是一个大杂烩式的变量，代表着用各种社会、历史、经济和政治因素来解释研究结果揭示的相似性和非相似性。巴加特和麦奎德（Bhagat and McQuaid）[22]曾指出：文化经常被肤浅地当作国家的同义词，再没有任何更深刻的含义了。但实际情况是，在组织或其成员特征中找出的国家差异被解释为文化差异。为克服这些困扰，研究者必须经过逻辑推演给文化下一个明确的定义，并且要避免把国家差异必然地假设成文化差异。

跨文化研究所关心的另一个问题是**主位**（Emic）与**客位**（Etic）的区别。[23]主位是指文化概念与行为的具体方面，客位则涉及文化的共性方面。这两个词来源于语言学：音素（Phonemic）系统记录了某种既定语言中有意义的发音；语音（Phonetic）体系则罗列出在任何一种语言中都有意义的发音。[24]主位与客位的研究思路都是合理的。然而，当一位研究者采用客位的研究方法（如假设存在贯通于各种文化的共同性）时，由于缺乏这方面的证据，他的工作就有可能出现很大问题。关于客位研究方法一个广为人知的例子是在 20 世纪五六十年代风靡欧美管理研究界的集中假说。其思路基于两点关键性的假设[25]：其一，在有效管理的原则中并不考虑国家环境，因此，如果本地或本国的商业实践偏离这些原则，只需改变它们；其二，有效管理实践的普遍实行将导致不同的社会在未来变得越来越相像。既然美国是工业经济的领头羊，那么实施的结果就将趋向美国模式。

依照库恩（Kuhn）[26]的术语，集中假说成了一个固定范式，尽管大量的证据都支持分歧假说，但是许多研究者仍然难以放弃集中假说这一观点。在一篇回顾分歧假说和集中假说之争的早期重要文献中，蔡尔德（Child）指出分歧假说和集中假说都有各自的论据。[27]集中假说的研究主要针对宏观层次的变量（例如，跨文化公司的组织结构和所采用的技术）；分歧假说的研究重在微观层次的变量（例如，公司内部成员的行为）。他认为，尽管不同国家的公司越来越相像（一种客位或集中假说的思路），但公司内部的个体行为依然保持着文化的特定性（一种主位或分歧假说的思路）。如上所述，主位与客位的研究思路都是合理的，但是如果忽视这两种思路的区别，或者提出没有经过验证的普遍性假设，就会出现研究方法上的困扰。[28]对普遍性假设的争论不仅在有关国际管理的论著中层出不穷，最近在国际关系与战略研究领域中也引起了不少争论。[29]关于集中和分歧问题的最新观点可见布鲁斯特（Brewster）的理论。[30]

文化意识的重要性以及国际人力资源管理者的作用

尽管对跨文化的研究方法有所关注，但是目前普遍存在的由漠视或者错误信念（"我的方法最好"或"在国内怎么干，到这儿来也应该怎么干"）引起的文化感淡漠的行为和态度不仅不合宜，而且经常导致跨国企业经营管理上的失败。因此，无论在企业总部还是东道国的当地机构，人力资源管理者对文化差异的重视都是十分必要的。[31]诸如聘用、晋升、奖励、解聘等活动将由东道国的实际运作来决定，并且通常以该国文化的特定价值评判体系作为基础。一家公司在海外运营中，可能会外派一位总经理，同时任命一位当地人做人力资源部门经理——此人熟悉东道国的人力资源实际运作情况。对于驻外总经理来说，这种做法能够帮助他避免许多问题，但是也会带来一些尴尬。例如，在一些发展中国家（印度尼西亚就是一个这样的例子），当本地员工有权招聘人员时，他们会倾向于优先雇用自己的亲戚，即使被雇用的员工可能并不具备所必需的技术能力或者没有足够的经验。这种做法符合本地期望和风俗，但是这就是任人唯亲，由于没有为每个岗位雇用最适合的人员而无法为公司带来最大的利益，因此这是一种完全失败的做法。

应对文化差异以及识别这些差异何时、如何与己相关，是外派人员面临的长期挑战。一些跨国公司意识到（或通过经历被迫意识到）文化环境对于员工的工作绩效和生活福利的影响，因此，帮助外派人员及其家人为在一个新的文化环境中工作和生活做好准备已变成一项重要的人力资源活动。

1.4.2 产业类型

波特（Porter）[32]指出，跨国公司从事何种产业（或者大型企业集团所涉及的许多不同产业）相当重要，因为不同产业的国际竞争模式差别很大。如果把国际竞争模式看成一个连续体，它的一端是**多国产业**（Multidomestic Industry），从事这种产业的公司在每一个国家独立开展竞争，与它在其他国家展开的竞争不发生关联，比如零售业、分销业和保险业；它的另一端是**全球性产业**（Global Industry），从事这种产业的公司在一个国家的竞争地位明显受制于它在其他国家的竞争地位，包括商用飞机制造业、半导体业和复印机业。波特对多国产业和全球性产业的关键区别描述如下：

> 全球性产业不是国内产业的简单集合，而是一系列彼此关联的国内产业，身处其中的竞争对手在全世界范围内的真实舞台上较量……在多国产业中，国际战略被拆分为一个个国内战略。这种独特的国际性事务围绕如何拓展海外业务、如何选择适于竞争的国家（或者评估其中的竞争风险）以及如何获得知识传递机制展开，这些问题在已有的论著中已得到了相当深入的研究。在全球性产业中，管理国际事务就如同管理投资组合，会出现削弱赢得竞争优势的可能性。全球性产业公司必须在世界范围内以某种方式整合其活动，以便牢牢把握其在各国之间的联系。

多国产业和全球性产业中人力资源管理的职能角色可以用波特的价值链模型来分析。[33]在波特的模型中，人力资源管理被视为围绕企业五项基本活动的四项支持活动之一。由于人力资源存在于每一项基本活动和支持活动中，因此可以说人力资源管理职能贯穿企业的整个价值链。如果一家企业属于多国产业，人力资源部门的角色极有可能在结构和导向上更倾向于提供国内服务。有时，这一类公司对人力资源管理的国际性服务也有相当大的需求（如在国外某地建立一家新工厂或办事处，对外派人员的需求也会增加），但这些活动都不是主要的，实际上，这方面的许多活动是借助外部顾问和（或）临时人员来完成的，人力资源管理的主要职能是为企业在每一个国家的内部市场的基本活动提供支持，通过成本/效率或者产品/服务差别化来获得竞争优势。

如果企业属于全球性产业，波特描述的"协同规则"要求人力资源管理的职能是提供跨国公司基本活动所需的国际性支持。

对于任何一家跨国公司，提升协同性的需要都会带来复杂的问题。正如劳伦特（Laurent）[34]所指出的：

> 为了建立、维护和发展公司形象，跨国组织需要在世界范围内竭力保持对人员管理方式的一致性。可是，同样为了当地工作的有效进行，它们也需要在方式上适应不同社会的特定文化要求。尽管经营的全球化特性要求增强一致性，但是文化环境的多样性提倡差别化管理。

劳伦特提出真正的国际人力资源管理观念需要具备以下几点：

1. 母公司应清楚地认识到，其自身管理人力资源的特殊方式反映了本国文化的若干假设和价值观；

2. 母公司应清楚地认识到，其自身的特殊管理方式与其他（公司或文化）方式相比，既非十全十美，也非一无是处，它只是一种不同的类型，有优势，也有弱点，尤其是在海外情境下；

3. 母公司应清楚地认识到，国外子公司可能存在另一种更适合的人员管理方式，从本质上讲这种管理方式不是很好或很差，但可能在当地是一种更有效的方式；

4. 总部不仅愿意了解文化的差异，更愿意采取积极的措施使之可以讨论并加以利用；

5. 跨文化学习使所有的相关群体共同建立一种真诚的信念，这可以开拓出一条更具创造性和有效性的人员管理之路。

劳伦特提出上述建议时，发现其中有些实施起来难度较大，只有少数几家企业能做到：

> 这些建议更多地与思想或思维方式的表述有关而不是与行动有关，因此，这些建议只能不断被推广，这或许代表着负责国际人力资源管理的主管们的基本使命。[35]

劳伦特的分析中隐含的一个观点是，如果跨国公司采取他所描述的建议，并尝试通过协同活动来实施全球性战略，它们将会更好地应对这一战略所固有的困难和复杂的权衡抉择。跨国公司在人力资源管理上越来越多地采取一种更具战略性的方式，并且通过调动员工和培训计划来增强活动的协同性。本书随后章节将更为详细地探讨这些问题。

1.4.3　跨国公司对母国国内市场的依赖程度

影响跨国公司行为及由此产生的人力资源实践的一个普遍但经常被忽视的因素是跨国公司对母国国内市场的依赖程度。例如，当浏览商业杂志中的大公司名单时，我们经常假设全球市场观念在这些公司的企业文化中占据着支配地位。然而，审视一家跨国公司时，规模并非唯一的关键变量，该公司对其母国国内市场的依赖程度同样非常重要。事实上，对于许多企业来说，较小的母国国内市场就是其走向世界的主要动机之一。

在全球收入排名前十的跨国公司中，仅有的美国公司是沃尔玛（Walmart）、埃克森美孚（Exxon Mobil）和苹果（Apple）（见表 1-1）。就影响而言，美国企业排名如此之低的原因十分明显且重要——美国企业的国内市场规模。一个规模巨大的国内市场（对美国公司来说，这实际上是指《北美自由贸易协定》（North American Free Trade Agreement，NAFTA））影响着跨国公司组织其活动的各个方面。例如，一家跨国公司很有可能以设立国际分部的方式来组织其国际业务活动（见第 3 章），即使该公司采用全球性的产品结构，其国内市场的重要性仍然显而易见。

表 1-1　2016 年《财富》全球 500 强前十（按收入排名）　　单位：百万美元

1. 沃尔玛（美国）	482 130
2. 国家电网（中国）	329 601
3. 中国石油天然气集团（中国）	299 271
4. 中国石油化工集团（中国）	294 344
5. 荷兰皇家壳牌公司（Royal Dutch Shell，英国和荷兰）	272 156
6. 埃克森美孚（美国）	246 204
7. 大众（Volkswagen，德国）	236 600
8. 丰田汽车（Toyota Motor，日本）	236 592
9. 苹果（美国）	233 715
10. 英国石油公司（BP，英国）	225 982

资料来源：Fortune. com，assessed 30 July 2016.

巨大的国内市场也会影响高层管理者对国际活动的态度，并且产生一支数量庞大的经理人队伍，他们主要甚至仅拥有国内市场的经验。因此，来自经济发达的小国诸如瑞士（人口 800 万）、爱尔兰（人口 500 万）、澳大利亚（人口 2 400 万）、荷兰（人口 1 700 万）和中等规模的国家诸如加拿大（人口 3 600 万）、英国（人口 6 500 万）、法国（人口 6 500 万）的跨国公司与来自拥有 3.24 亿人口的世界最大的发达经济体的美国的跨国公司相比，它们所处的境况差别显著。范·登·布克（Van Den Bulke）和他的同事在研究小国在全球经济中的作用时提出了类似的观点。[36]美国跨国公司在北美自由贸易区（美国、加拿大和墨西哥）也享有同样的本地优势。

值得关注的是，虽然批评美国公司、美国高层管理者和美国商学院经常为内向型、种族中心主义在一定程度上是正确的，但关注美国国内销售和收入也是这些企业针对北美市场做出的至关重要的、完全理性的回应。巨大的国内市场的需求对许多美国公司的全球化努力提出了挑战，如卡瓦斯基尔（Cavusgil）[37]在评论商业教育国际化时提到的，美国商业教育国际化的任务艰巨，许多美国公司在培养全球经理人方面也面临同样的任务。

1.4.4 高层管理者对国际经营管理的态度

此前提到的劳伦特的观点中，人力资源管理职能的真正国际化所要求做出的某种变革"更多地与思想或思维方式的表述有关而不是与行动有关"。劳伦特的观点揭示了影响国内人力资源管理与国际人力资源管理差异的最后一个变量的重要性——高层管理者对国际经营管理的态度。[38]如果高层管理者缺乏强有力的国际导向，他们很可能在制定企业的长期目标和具体目标时不会强调（甚至忽视）国际经营管理的重要性。在这种情况下，经理人或许只倾向于关注国内问题，而较少关注国内人力资源管理与国际人力资源管理之间的差异。

毫无疑问，缺乏国际市场经验（职业生涯成功地建立在国内市场经验之上）的高层管理者或许会假设在国内人力资源管理和国际人力资源管理实践之间存在着很大的可移植性。他们无法识别在国外环境中管理人力资源的差异性，也不考虑这一问题是否源于民族优越感、信息不充分或者缺乏国际视角，这常常给国际经营管理造成麻烦。对希望为企业国际化做出贡献的企业人力资源管理者来说，他们所要面对的挑战是与高层管理者一起培育他们所希望的**全球思维方式**（Global Mindset）。这一目标要求每一位人力资源管理者都能够从全球化的视角思考、制定和运用人力资源政策，促进具有全球导向的企业员工的发展。[39]

■ 1.5 运用战略眼光看待国际人力资源管理

以上讨论说明，我们需要以一个更为宽泛的战略眼光来看待国际人力资源管理，以便更好地解释人力资源管理问题的复杂性和所要面临的挑战。德西里（De Cieri）和道林（Dowling）[40]运用多种方法并通过战略途径构建的理论框架就是这方面的一个例证。他们的框架（见图 1-4）假设跨国公司在世界范围内经营，受到工业（全球或多国内）和区域、国家和地方市场的影响，也受到地缘政治、法律、社会文化和经济特征的影响。

在战略管理实践中，PESTLE 分析模型中的政治（Political）、经济（Economic）、社会（Social）和技术（Technological）因素经常被用来描述可能影响跨国公司的宏观环境，而法律（Legal）和环境因素/生态因素（Environmental/Ecological）后来也被纳入影响因素。[41]虽然这种分析工具在咨询和管理实践中很受欢迎，但似乎很少受到学术研究的关注和使用。德西里和道林认为，在学术工作中探索和采用 PESTLE 将有助于使研究和实践方法更紧密地结合在一起。他们认为外部因素对内部/组织因素、战略性人力资源管理（SHRM）战略和实践都有直接影响，并且直接影响跨国公司绩效。大量研究对此进行了探索，值得注意的是克兰内特（Cranet）对不同国家背景下欧洲人力资源管理实践的研究。[42]在国际商业领域，许多研究考察每一个外部因素对跨国公司的影响，例如，大量研究探究了民族文化的含义。[43]此外，对正在经历重大经济转型的国家（如中国）的研究表明，人力资源管理职能受到不断变化的外部环境的重大影响。[44]

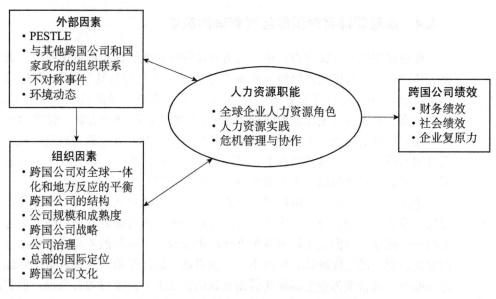

图1-4 跨国公司的战略性人力资源管理模型

资料来源：De Cieri，H. & Dowling，P. J. "Strategic Human Resource Management in Multinational Enterprises：Developments and Directions"，in G. Stahl，I. Björkman and S. Morris （eds.） *Handbook of Research in International Human Resource Management*，2nd ed. （Cheltenham，UK：Edward Elgar，2012）. Reproduced with permission from Helen De Cieri and Peter J. Dowling.

其他外部因素包括与其他跨国公司和国家政府的组织联系、不对称事件和环境动态。组织网络和联盟是基于个人关系的复杂关系网，包括母国管理者和员工、东道国管理者和员工以及东道国政府。网络管理的核心是强调人力资源，认识到知识、权力和感知的可信度通常是针对个人的，而不是针对组织的。

21世纪，国际商务的背景反映了对全球市场的安全性、风险和波动性的高度关注，尤其是一些国际商务学者认为恐怖主义是一个重要问题。[45]自2001年9月纽约遭到恐怖袭击以来，**不对称事件**（Asymmetric Events）被格雷（Gray）[46]描述为一种威胁，我们的政治、战略和军事文化都认为这是不寻常的事件。格雷在尝试定义不对称事件时指出，它们往往具有以下特征：

● 我们的能力和计划无法匹配——这样的事件可能看起来真的很危险，也可能看起来不危险，但它们肯定不同于我们所了解的战争；

● 针对我们的特殊资产——军事资产，可能更常见的是民用资产——进行高杠杆操作；

● 不仅旨在对我们的资产进行杠杆操作，还旨在解决、抵消和否定我们在其他情况下的优势；

● 难以用有区别和相称的方式做出反应。

因此，不对称事件不仅在发生时难处理，而且很难通过具体的计划流程和培训进行规划、识别和应对。[47]可见，外部因素对跨国公司的影响涉及复杂的环境动态变化。正如安德烈亚迪斯（Andreadis）[48]所说，跨国公司在一个动态的环境中运作，在评估组织的有效性时应该考虑到这一环境。

　　组织（或"内部"）因素一直是国际商务和战略人力资源管理研究的主要焦点，因为这些因素不仅对人力资源管理等领域有影响，而且对跨国公司的整体绩效有影响。图 1-4 中列出的第一个组织因素是跨国公司对全球一体化和地方反应的平衡。平衡全球一体化和地方反应的行为指的是跨国公司在多大程度上能够提高地方反应能力，并将各事业部纳入一个有凝聚力的全球组织中。要实现这种平衡并不容易，因为正如莫里斯（Morris）[49]等人指出的，由于当地外部因素的影响，在子公司之间复制人力资源管理实践可能很困难。关于跨国公司的结构，组织结构文献表明，对于跨国公司的人力资源管理而言，国际业务结构[50]、协调机制和进入国外市场的方式同样重要。[51]

　　对于整个跨国企业和每个子公司来说，公司规模和成熟度可能会影响组织的人力资源管理决策。例如，人员配置决策和培训需求将受到公司和/或子公司内部技能和经验的共同影响。[52]关于跨国公司战略，正如已有文献讨论的，跨国公司的组织战略对跨国公司的人力资源管理有实质性影响。[53]随着公司治理这一组织因素的出现，将公司治理以及道德原则和价值观融入国际商务实践的相关问题对于跨国公司管理者来说越来越重要，尤其是在公司存在不当行为的情况下。[54]人力资源管理者需要在设计、实施和维护公司行为准则等公司治理活动中发挥重要作用。

　　继佩尔穆特（Perlmutter）的开创性研究（见第 4 章）之后，组织因素中的总部的国际定位是指，跨国公司总部的国际定位涉及管理国际业务的经验范围和多样性等方面。[55]这些要素被公认为跨国公司人力资源管理的重要因素。组织文化因素也是如此，基杰（Kidger）将其定义为"整个组织的共同认同感和目标"[56]，是框架中的最后一个组织影响因素。对于寻求高度全球一体化的跨国公司来说，这一因素可能会促进全球思维的发展，提高企业绩效。[57]总体而言，德西里和道林提供的模型旨在促进思想的交流，以进一步发展跨国公司战略人力资源管理的理论和实证研究。

■ 1.6　不断变化的国际人力资源管理环境

　　如图 1-3 和图 1-4 所示，国际企业在一个日益复杂的环境中展开竞争，企业经营所要面对的挑战充满了变数。国际企业需要依靠合适的人对其业务进行管理和经营，需要优秀的国际人力资源管理实践来应对企业所面临的环境。这种将适当的人和人力资源实践相结合的做法一直是国际企业成功的关键因素。例如，下面的引文摘自一份对美国大型跨国企业的详细案例研究，作者德萨特尼克（Desatnick）和贝内特（Bennett）总结道[58]：

> 　　在国外环境中，不同层面的人力资源管理存在着本质差异，许多跨国公司失败的主要原因就是对此的忽视。某些管理理念和技术在国内环境下被证明是成功的，但是将它们应用于国外环境常常会导致挫折、失败或不理想的结果。这些对"人"的考虑与财务和营销标准一样重要，都是决定开展跨国经营的企业必须加以考虑的因素。

　　这项研究结果是 1978 年发布的，直到今天许多国际经理人依然认同其中所表达的观点。在本书中，我们尝试展示一些研究结论，帮助大家正确评价人力资源管理中的国际维度。

小　结

　　本章对新兴的国际人力资源管理领域进行了概述，在此我们：

● 定义国际人力资源管理的关键术语，并对国际人力资源管理的现有定义进行了评价。

● 介绍外派人员管理在发展过程中的重大问题，并通过回顾外派任务的变化来阐述国际工作组成、国际任命类型和时间的日益多样化。

● 概述国内人力资源管理与国际人力资源管理之间的差异以及区分两者的六个因素（更多的人力资源管理活动，需要一种更宽广的视野，对员工个人生活给予更多关心，随着外派人员与当地员工的融合而转移管理重心，风险的暴露，更多外部因素的影响），并详细介绍一个模型，该模型总结了能够调节这些差异的变量。

● 展现了国际人力资源管理的复杂性，介绍了当前国际人力资源管理实践和模式所面临的日益严峻的潜在挑战，以及伴随着国际人力资源管理实践透明度的提高及其在组织与公司中更快更深入的推广而产生的对国际人力资源管理实践选择的新认识。

　　我们总结了区分国内人力资源管理与国际人力资源管理的一个关键变量是后者在不同国家中运营并招聘不同国籍的员工的复杂性，而非两者在人力资源实践活动上的显著差异。我们也讨论了另外四个影响国内人力资源管理与国际人力资源管理之间差异的变量：文化环境、跨国公司主要涉及的产业（或产业群）、跨国公司对母国国内市场的依赖程度以及高层管理者的态度。这五个变量如图 1-3 所示。最后，我们讨论了一个跨国公司的战略性人力资源管理模型（见图 1-4），该模型将一系列外部因素和内部组织因素结合在一起，表明这些因素将共同影响国际人力资源战略与实践，也会影响跨国公司的目标。

　　本书在对人力资源管理的国际维度进行讨论时，引用了人力资源管理的相关理论。随后的章节将对以下几个方面进行探讨：

● 国际人力资源管理的文化和组织背景。

● 人员配置、招聘和甄选。

● 国际绩效管理。

● 国际培训、开发和职业生涯与人才。

● 国际薪酬。

● 国际劳动关系和全球制度环境。

● 国际人力资源管理的发展趋势和未来挑战。

　　我们将提供不同国家人力资源实践的对比数据，主要强调的是跨国公司所面对的人力资源管理的国际维度，无论公司是大还是小，都要面对在国际环境中进行人员管理的挑战。

讨论问题

1. 国内人力资源管理与国际人力资源管理之间的主要异同是什么？

2. 请给出以下名词的定义：国际人力资源管理、母国员工、东道国员工、其他国员工。

3. 请举两个典型事例说明在国内环境中可以不用考虑而跨国公司必须进行的人力资源活动。

4. 为什么在许多国际人力资源活动中必须对员工的个人生活给予更大程度的关心？

5. 请指出至少两个调节国内人力资源实践与国际人力资源实践之间差异的变量。

深度阅读

C. Brewster and W. Mayrhofer (eds.) *Handbook of Research on Comparative Human Resource Management* (Cheltenham, UK: Edward Elgar, 2012).

J. Doh, D. Ahlstrom, B. Ambos, D. Collings, J. Cullen, A. Gaur, S. Ang, C. Schwens and L. Zander (guest eds.) Special Issue: 'The World of Global Business 1965–2015', *Journal of World Business*, Vol. 51, No. 1 (2015).

P. Dowling, E. Rose and N. Donnelly (guest eds.) Special Issue: 'The Role and Importance of International Business in Small Population Advanced Economies', *International Studies of Management & Organization* , Vol. 45, No. 2 (2013).

K. Lundby and J. Jolton (eds.) *Going Global: Practical Applications and Recommendations for HR and OD Professionals in* the Global Workspace (San Francisco, USA: Jossey-Bass, 2010).

G. Stahl, I. Björkman and S. Morris (eds.) *Handbook of Research in International Human Resource Management*, 2nd ed. (Cheltenham, UK: Edward Elgar, 2012).

G. Wood, C. Brewster and M. Brookes (eds.) *Human Resource Management and the Institutional Perspective* (New York: Routledge, 2014).

P. Wright, S. Snell and L. Dyer (guest eds.) Special Issue: 'New models of strategic HRM in a global context', *International Journal of Human Resource Management*, 16(6) (2005).

参考文献

1. H. De Cieri and P. Dowling 'Strategic Human Resource Management in Multinational Enterprises: Theoretical and Empirical Developments', in R. Wright *et al.* (eds.) *Research and Theory in SHRM: An agenda for the 21st century* (Greenwich, CT: JAI Press, 1999).

2. For an example of this approach, see N. Adler and A. Gundersen *International Dimensions of Organizational Behavior,* 5th ed. (Cincinnati, OH: South-Western, 2008).

3. See for example, J. Lamare, E. Farndale and P. Gunnigle 'Employment Relations and IHRM', in D. Collings, G. Wood and P. Caligiuri (eds.) *The Routledge Companion to International Human Resource Management* (London: Routledge), pp. 99–120.

4. See P. Dowling and R. Schuler *International Dimensions of Human Resource Management*, 1st ed. (Boston, MA: PWS-Kent, 1990); P. Dowling, R. Schuler and D. Welch *International Dimensions of Human Resource Management,* 2nd ed. (Belmont, CA: Wadsworth, 1994); P. Dowling, D. Welch and R. Schuler *International Human Resource Management: Managing People in a Multinational Context,* 3rd ed. (Cincinnati, OH: South-Western, 1998); P. Dowling and D. Welch *International Human Resource Management: Managing People in a Multinational Context,* 4th ed. (London, UK: Thomson, 2004); P. Dowling, M. Festing and A. Engle *International Human Resource Management: Managing People in a*

Multinational Context, 5th ed. (London, UK: Thomson, 2008).

5. P. Morgan, 'International Human Resource Management: Fact or Fiction', *Personnel Administrator,* Vol. 31, No. 9 (1986), pp. 43–47.

6. See H. De Cieri, S. McGaughey and P. Dowling, 'Relocation'. in M. Warner (ed.) *International Encyclopedia of Business and Management,* Vol. 5 (London: Routledge, 1996), pp. 4300–10, for further discussion of this point. For a presentation of the significant impact international assignment research has had on IHRM and international business research, see D. Welch and I. Bjorkman ' The Place of International Human Resource Management in International Business', *Management International Review,* Vol. 55 (2015), pp. 303–322.

7. For an example of the way in which the term is being used, see M. Harvey, M. Novicevic and C. Speier 'Strategic Global Human Resource Management: The Role of Inpatriate Managers', *Human Resource Management Review,* Vol. 10, No. 2 (2000), pp. 153–175.

8. G. Stahl, I. Björkman and S. Morris (eds.) *Handbook of Research in International Human Resource Management,* 2nd ed. (Cheltenham, UK: Edward Elgar, 2012), p. 1.

9. P. Dowling 'International and Domestic Personnel/Human Resource Management: Similarities and Differences', in R. Schuler, S. Youngblood and V. Huber (eds.) *Readings in Personnel and Human Resource Management,* 3rd ed. (St. Paul, MN: West Publishing, 1988).

10. See D. Pinney 'Structuring an Expatriate Tax Reimbursement Program', *Personnel Administrator,* Vol. 27, No. 7 (1982), pp. 19–25; and M. Gajek and M. M. Sabo 'The Bottom Line: What HR Managers Need to Know About the New Expatriate Regulations', *Personnel Administrator,* Vol. 31, No. 2 (1986), pp. 87–92. Needless to say there are a large number of international consulting firms set up for assisting in this fast-changing area. CCH's longstanding publication, the *Master Tax Guide* for 2012 contains a chapter dedicated to 'taxation of foreign activities/taxpayers'. There is even a specialized bimonthly journal, *International Tax Journal,* published by CCH. Although US in focus, it does present the interaction of international tax regulations and US tax laws.

11. For a recent review of issues and trends see *Mindful Mobility – 2015 Global Mobility Trends Survey Report,* Brookfield Global Relocation Services LLC.

12. For up-to-date information on the FCPA see the US Department of Justice website: www.justice.gov/criminal/fraud/fcpa/. For an overview of corruption and culture, see Y. Akbar and V. Vujic 'Explaining Corruption: The Role of National Culture and its Implications for International Management', *Cross-Cultural Management,* Vol. 21, No. 2 (2014), pp. 191–218.

13. P. Morgan 'International Human Resource Management: Fact or Fiction'. We will deal with the complexities of the relationship between language fluency, transacting business and cross-cultural understanding in Chapter 2 and throughout this book.

14. A classic textbook such as R. D. Robinson *International Business Management: A Guide to Decision Making,* 2nd ed. (Hinsdale, IL: Dryden, 1978) provides good coverage on this point of traditional preferential treatment for US and European expatriates.

15. Although less common in the USA, the use of private boarding schools is common in countries (particularly European countries and former British colonies such as Australia) which have a colonial tradition where both colonial administrators and business people often undertake long assignments overseas and expect to leave their children at a private boarding school in their home country. This is especially true of Britain, which also has a strong cultural tradition of the middle and upper classes sending their children to private boarding schools, even if the parents are working in Britain. A curious tradition in Britain is to describe these schools as 'public' schools, even though almost all are private institutions that charge – often very substantial – fees.

16. Some evidence of how HR practitioners view and deal with how complex the personal and professional lives of MNE members can become is presented by E. Bardoel 'Work-life Management Tensions in Multinational Enterprises (MNEs)', *International Journal of Human Resource Management* (2015) (DOI: 10.1080/09585192.2015.1074089).

17. See 'Terrorism', in T. Gladwin and I. Walter *Multinationals Under Fire: Lessons in the Management of Conflict* (New York: John Wiley, 1980); M. Czinkota, G. Knight, P. Liesch and J. Steen 'Terrorism and International Business: A Research Agenda', *Journal of International Business Studies,* Vol. 41, No. 5 (2010), pp. 826–843.

18. For the latest information on epidemic and pandemic crises see the World Health Organization website at: www.who.int/csr/outbreaknetwork/en and the U.S. Center for Disease Control at https://www.cdc.gov/.

19. G. Lee and M. Warner 'Epidemics, Labor Markets and Unemployment: The Impact of SARS on Human Resource Management in the Chinese Hong Kong Service Sector', *International Journal of Human Resource Management,* Vol. 16, No. 5 (2005), pp. 752–771.

20. M. Erez and P. C. Earley *Culture, Self-Identity and Work* (Oxford: Oxford University Press, 1993).

21. J. E. Harris and R. T. Moran *Managing Cultural Differences* (Houston, TX: Gulf, 1979).

22. R. S. Bhagat and S. J. McQuaid 'Role of Subjective Culture in Organizations: A Review and Directions for Future Research', *Journal of Applied Psychology,* Vol. 67 (1982), pp. 653–685.

23. See J. Berry 'Introduction to Methodology', in H. Triandis and J. Berry (eds.), *Handbook of Cross-Cultural Psychology,* Vol. 2: 'Methodology' (Boston, MA: Allyn and Bacon, 1980); H. De Cieri and P. Dowling, 'Cross-cultural Issues in Organizational Behavior', in C. Cooper and D. Rousseau (eds.) *Trends in Organizational Behavior,* Vol. 2 (Chichester: John Wiley & Sons, 1995), pp.127–145; and M. Teagarden and M. A. Von Glinow, 'Human Resource Management in Cross-cultural Contexts: Emic Practices Versus Etic Philosophies', *Management International Review,* 37 (1 – Special Issue) (1997), pp. 7–20.

24. Se P. Buckley, M. Chapman, J. Clegg and H. Gajewska-DeMattos 'A Linguistic and Philosophical Analysis of Emic and Etic and their Use in International Business Research', *Management International Review,* Vol. 54 (2015), pp. 307–324.

25. See G. Hofstede 'The Cultural Relativity of Organizational Practices and Theories', *Journal of International Business Studies,* Vol. 14, No. 2 (1983), pp. 75–89.

26. T. Kuhn *The Structure of Scientific Revolution,* 2nd ed. (Chicago, IL: University of Chicago Press, 1962).

27. J. Child 'Culture, Contingency and Capitalism in the Cross-National Study of Organizations', in L. Cummings and B. Staw (eds.), *Research in Organizational Behavior,* Vol. 3 (Greenwich, CT: JAI Publishers, 1981).

28. See D. Ricks *Blunders in International Business* (Cambridge, MA: Blackwell, 1993) for a comprehensive collection of mistakes made by MNEs that paid insufficient attention to their cultural environment in their

international business operations. For further literature on this topic see the following: M. Tayeb 'Organizations and National Culture: Methodology Considered', *Organization Studies*, 15, No. 3 (1994), pp. 429–446; J. Delery and D. Doty 'Modes of Theorizing in Strategic Human Resource Management: Tests of Universalistic, Contingency, and Configurational Performance Predictions', *Academy of Management Journal*, Vol. 39 (1996), pp. 802–835; and P. Sparrow (ed.) *Handbook of International Human Resource Management* (Chichester, UK: John Wiley & Sons, 2009).

29. S. Huntington 'The West: Unique, Not Universal', *Foreign Affairs*, November/December (1996), pp. 28–46.

30. C. Brewster 'Comparing HRM Policies and Practices Across Geographical Borders', in G. Stahl and I. Björkman (eds.) *Handbook of Research in International Human Resource Management* (Cheltenham, UK: Edward Elgar, 2006), pp. 68–90.

31. R. Tung 'Managing Cross-national and Intra-national Diversity', *Human Resource Management*, Vol. 32, No. 4 (1993), pp. 461–477.

32. M. Porter 'Changing Patterns of International Competition', *California Management Review*, Vol. 28, No. 2 (1986), pp. 9–40.

33. M. Porter *Competitive Advantage: Creating and Sustaining Superior Performance* (New York: The Free Press, 1985).

34. A. Laurent 'The Cross-Cultural Puzzle of International Human Resource Management', *Human Resource Management*, Vol. 25 (1986), pp. 91–102.

35. *ibid*, p. 100.

36. D. Van Den Bulke, A. Verbeke and W. Yuan (eds.) *Handbook on Small Nations in the Global Economy: The Contribution of Multinational Enterprises to National Economic Success* (Cheltenham, UK: Edward Elgar, 2009).

37. S. Tamer Cavusgil *Internationalizing Business Education: Meeting the Challenge* (East Lansing, MI: Michigan State University Press, 1993).

38. A. Laurent, *op. cit.*, p. 100.

39. See C. Bartlett and P. Beamish *Transnational Management: Text, Cases & Readings in Cross-border Management* 7th ed. (Boston, MA: McGraw-Hill/Irwin, 2014).

40. H. De Cieri and P. Dowling 'Strategic Human Resource Management in Multinational Enterprises: Developments and Directions', in G. Stahl, I. Björkman and S. Morris (eds.) *Handbook of Research in International Human Resource Management*, 2nd ed. (Cheltenham, UK: Edward Elgar, 2012).

41. T. Hughes, N. O'Regan and D. Wornham 'The Credibility Issue: Closing the Academic/practitioner Gap', *Strategic Change*, Vol. 17, Nos. 7–8 (2008), pp. 215–233.

42. M. Brookes, R. Croucher, M. Fenton-O'Creevy and P. Gooderham 'Measuring Competing Explanations of Human Resource Management Practices Through the Cranet Survey', *Human Resource Management Review*, Vol. 21, No.1 (2011), pp. 68–79.

43. R. Tung and A. Verbeke 'Beyond Hofstede and Globe: Improving the Quality of Cross-cultural Research', *Journal of International Business Studies*, Vol. 41, No. 8 (2010), pp. 1259–1274.

44. See C. Zhu and P. Dowling 'The Impact of the Economic System Upon Human Resource Management Practices in China', *Human Resource Planning*, Vol. 17, No. 4 (1994), pp. 1–21; and C. Zhu, B. Thomson and H. De Cieri 'A Retrospective and Prospective Analysis of HRM Research in China: Implications and Directions for Future Study', *Human Resource Management*, Vol. 47, No. 1 (2008), pp. 135–158.

45. W. Henisz, E. Mansfield and M. A. Von Glinow 'Conflict, Security, and Political Risk: International Business in Challenging Times', *Journal of International Business Studies*, Vol. 41 (2010), pp. 759–764.

46. C. Gray 'Thinking Asymmetrically in Times of Terror', *Parameters*, Vol. 32, No.1 (2002), pp. 5–14.

47. See I. Colville, A. Pye and M. Carter 'Organizing to Counter Terrorism: Sensemaking Amidst Dynamic Complexity', *Human Relations*, Vol. 66, No. 9, (2013), pp. 1201–1223.

48. N. Andreadis, 'Learning and Organizational Effectiveness: A Systems Perspective', *Performance Improvement*, Vol. 48, No. 1 (2009), pp. 5–11.

49. S. Morris, P. Wright, J. Trevor, P. Stiles, G. Stahl, S. Snell, J. Paauwe and E. Farndale 'Global Challenges to Replicating HR: The Role of People, Processes, and Systems', *Human Resource Management*, Vol. 48 (2009), pp. 973–995.

50. M. Czinkota and I. Ronkainen 'Trends and Indications in International Business. Topics for Future Research', *Management International Review*, Vol. 49 (2008), pp. 249–266.

51. J. Lawler, S. Chen, P. Wu, J. Bae and B. Bai 'High performance Work Systems in Foreign Subsidiaries of American Multinationals: An Institutional Model', *Journal of International Business Studies*, Vol. 42, No. 2 (2011), pp. 202–220.

52. *Ibid*.

53. T. Crook, D. Ketchen Jr., J. Combs and S. Todd 'Strategic Resources and Performance: A Meta-analysis', *Strategic Management Journal*, Vol. 29 (2010), pp. 1141–1154.

54. M. Czinkota and I. Ronkainen, *op. cit.*

55. H. Perlmutter 'The Tortuous Evolution of the Multinational Corporation', *Columbia Journal of World Business*, Vol. 4, No. 1 (1969), pp. 9–18; A-W. Harzing 'An Empirical Analysis and Extension of the Bartlett and Ghoshal Typology of Multinational Companies', *Journal of International Business Studies*, Vol. 31, No. 1 (2000), pp. 101–120.

56. P. Kidger 'Management Structure in Multinational Enterprises', *Employee Relations*, Vol. 24, Nos. 1/2 (2002), pp. 69–85.

57. Ernst & Young 'Redrawing the Map: Globalization and the Changing World of Business' (EYGM Limited, 2010); O. Levy, S. Beechler, S. Taylor and N. Boyacigiller 'What We Talk About When We Talk About "Global Mindset": Managerial Cognition in Multinational Corporations', *Journal of International Business Studies*, Vol. 38 (2007), pp. 231–258.

58. R. Desatnick and M. Bennett *Human Resource Management in the Multinational Company* (New York: Nichols, 1978).

第 **2** 章

国际人力资源管理的文化背景

章节目标

第 1 章指出，国际人力资源管理与单一国家的人力资源管理存在很大不同，两者之间的差异主要体现在前者需要应对来自不同国家的员工在不同国家工作的复杂性。跨国公司的员工、客户、供应商或东道国政府机构的代表经历了不同的社会化过程，因此他们在工作中往往需要应对差异化程度较大的文化和制度背景。

本章系统地回顾了国际人力资源管理的决策环境，以便读者可以更好地理解这些决策的复杂性，并制定适当的解决方案。具体来说，本章包含以下主题：
- 文化的定义。
- 文化概念。
- 霍夫斯泰德的跨文化管理研究、全球领导力和组织行为有效性研究等。
- 关于跨文化管理研究的思考。
- 文化的演变。

以上主题有助于我们更全面地理解和解释国际人力资源管理的复杂性。

2.1 引 言

国际管理研究的一个关键问题是考虑外国情境因素的影响。[1]杜尔弗（Dülfer）和约斯汀迈尔（Jöstingmeier）指出，在国外工作的专业人员和经理人需要面对工作、生活环境与母国迥然不同的状况。[2]对于识别与跨国经营相关的人力资源问题而言，环境分析这一方法十分有用。在欧洲，对不同文化进行比较研究的学科称为"跨文化比较研究"，在英语国家，该学科称为"跨文化管理"，其核心研究是霍夫斯泰德（Hofstede）[3]提出的**跨文化管理研究**（Cross-cultural Management Study）、全球领导力和组织行为有效性（GLOBE）研究[4]。本章着重介绍霍夫斯泰德的研究成果，并对其他研究进行概述。

2.2 跨文化管理研究导论

跨文化管理的相关研究肇始于 20 世纪 60 年代初期。伴随着全球经济的发展，经营管理的国际复杂性日益增加，经理人与不同东道国的雇员、客户以及供应商进行业务往来时会遇到各种问题，这促使经理人开始参与跨文化管理领域的研究。全球经济的日益复杂引发了很多不可预见的冲突，也导致许多外国企业业绩低迷，人们也开始怀疑"来自英语国家的管理研究和知识可以无障碍地转移到其他国家和文化中"这一假设能否成立。[5] 起初，主要是美国高校[6]重点研究这一问题，但现在世界各地的商学院和高校都在对此进行研究，这也使得跨文化管理研究成为国际商业中具有广泛价值的研究领域。

跨文化管理的研究目标包括：

● 描述不同国家和文化背景中的组织行为；

● 比较不同国家、不同文化间的组织行为；

● 解释并进一步改善来自不同国家和文化背景的员工、客户、供应商或业务伙伴之间的互动行为。[7]

跨文化管理研究的基本假设是不同国家的管理实践之间存在差异，并且环境的国家差异对解释这些差异具有重要意义，这是跨文化管理研究的共同特征。同时，管理知识的可传递性这一不考虑文化差异的管理假定，也在这样的研究背景之下被否定了。[8]

跨文化研究引起了大量的争论，甚至是批评。部分跨文化研究的理论及存在缺陷的实证研究方法论使很多研究结果相互矛盾，也因此引起了该领域的激烈争论。有人质疑"文化"这一观念的性质和应用："文化"是一个集合性质的术语或剩余变量，它在研究中没有被定义或被定义得不充分，或者说在研究开始时已经被杂糅过了；它也常被用来作为解释不同国家之间管理实践差异的独立变量。尽管存在很多批评和争论，但从跨文化比较研究中获得知识是理解国际管理和人力资源管理复杂性的第一步。下文将讨论文化及其概念。

2.3　文化的定义

文化的定义在很多文献中都有所讨论。文化一词起源于拉丁语"Colere"，一般指土壤耕作，意为植物栽培。到目前为止，学术领域对"文化"的确切含义并未达成共识。[9] 早在 20 世纪 50 年代，人类学家克拉克洪（Kluckhohn）和克鲁伯（Kroeber）就从英语国家收集到了 164 个关于"文化"的定义，并将其概括为一个较为完善的定义：

> 文化以模式化的思维、感觉和反应方式存在，以符号为媒介进行学习和传播，文化构成了人类群体的独特成就……在文物中就有所体现；文化的本质核心是传统的……思想，尤其是这些思想的附属价值……。[10]

这个模型被著名的荷兰研究者吉尔特·霍夫斯泰德（Geert Hofstede）称为"心理编程"（Mental programming）或"心理软件"（Software of the Mind），他甚至将这两个概念作为自己 1991 年出版的一本书的标题。[11]

> 本书通过类比计算机的编程方式，把这种思维、感觉和行为的模式称为心理编程，或者称为本书的副标题——"心理软件"。当然，这并不意味着人们的心理编程方式与计算机完全一样。一个人的行为只部分取决于他的心理编程，因为他有能力偏离这些编程，并以新的、具有创造性或破坏性的、意想不到的方式做出新的反应。"心理软件"……只能说明，当我们考虑到一个人过去的经历时，他的哪些反应是可能的和可以理解的。[12]

霍夫斯泰德和特里安迪斯（Triandis）[13]等心理学家通过分析对文化的典型特征进行总结，并将这些特征转化为解释文化现象的工具。[14]这一简短的分析表明，对文化的基本理解会影响人们对文化现象的理解及其随后的行动。[15]下一节将介绍一个更为人知、认可度更高的文化概念。

■ 2.4　沙因的文化概念

沙因[16]的文化概念是在组织文化而非国家文化的研究过程中形成的。这个概念也可以用来分析国家文化，只是需要注意这两种文化概念并不完全对等。沙因文化概念的重要贡献在于：他区分了文化的不同层次，即物质或创造、价值观以及潜意识假定。"物质层"被描述为看得见的组织结构和组织过程。这个层次可以用传统的实证研究方法进行分析，但研究结论往往难以解释。中间层次由公司或社会的价值观组成，属于中间的意识水平，换言之，这一层次一部分是有意识的，一部分是无意识的。第三个层次被描述为潜意识假定层，通常被认为是不言而喻的，具体包括信念、知觉、思想和感觉，这些是看不见的、无意识的，然而，它们是价值观的源泉，也是基于价值观所做出的行为。沙因强调，由物质到价值观再到潜意识假定所引发的关系强度要弱于反方向引发的关系强度，因为潜意识假定对价值观和物质的影响更大，而物质和价值观对潜意识假定的影响就较小了。

沙因思想的基本假设源于克拉克洪和斯特罗德贝克（Strodtbeck）1961 年的研究成果[17]，根据他们的观点，潜意识假定是根据人类的生存能力，独立于每种文化情境下的典型模式中的个体情况而组织起来的。下面我们将根据沙因的解释对一些潜意识假定进行更详细的解释。[18]以下问题隐含在六个潜意识假定中[19]：

1. 真实与真理的本质：什么是真实的？什么是不真实的？某种文化背景下的成员是否会更多地采取实验性的立场，在这种情况下，对与错取决于实验还是遵循更传统的信念？

2. 时间维度：时间维度是如何定义和计算的？时间的重要性如何？某种文化背景下的成员的生活是更多地与过去还是未来相联系？他们是长期取向还是短期取向？

3. 空间距离：空间如何分配给社会成员？哪些物体和位置是私人的，哪些是可以公开的？空间距离怎样影响人际关系，例如如何利用空间距离评估亲密程度？

4. 做人的本质：做人意味着什么？人性更多的是善意还是恶意的？人在成年以后是否还可以改变和发展？

5. 人类活动的类型：如何评估人类活动与环境的关系？环境是可以征服的还是不可抗拒的？社会成员会更被动地接受自己的命运还是会尝试积极地改变命运？

6. 人际关系的本质：在一个社会中占主导地位的社会标准是什么（例如，年龄、出身、成功）？人与人之间的关系有什么特点？团队成功更重要还是个人成功更重要？

文化的定义和概念多种多样，本章只能介绍其中一小部分，在跨文化比较研究中，对"文化"进行清晰明确的、没有歧义的界定是非常有必要的。

2.5 跨文化管理研究

跨文化管理研究旨在描述和比较不同文化体系中人们的组织行为，进而对不同文化成员之间的互动提出建议。本节将从霍夫斯泰德关于跨文化管理的研究开始，继续介绍和讨论全球领导力和组织行为有效性研究，以及特朗皮纳斯（Trompenaars）和汉普登-特纳（Hampden-Turner）、霍尔（Hall）夫妇等人的研究成果。[20]

2.5.1 霍夫斯泰德的跨文化管理研究

霍夫斯泰德的研究是跨文化比较研究领域的第一项主要研究，他的研究在该领域具有特殊地位。[21]其研究层次属于价值观层面，也就是沙因文化概念的中间层次。这意味着这一研究中的变量部分是有意识的，部分是无意识的，这种研究方法显然不同于其他关于物质层面的研究，后者侧重于研究易测量但难以解释的变量，如一个国家的经济增长或其政治制度。[22]

在最初的研究中，霍夫斯泰德根据初步的理论基础和统计分析确定了四个文化维度来描述国家间的文化差异。[23]这是有史以来通过问卷调查对这一主题展开的最全面的研究。这项研究共收集到 11.6 万份员工问卷，均来自 IBM，且遍布各层级，涵盖了 38 个不同的专业群体[24]，分别截取了两个时期（1967—1969 年、1971—1973 年）进行研究。[25]问卷共被翻译成 20 种不同的语言[26]，在全部 150 个题项中，有 60 个涉及受访者的信念和价值观。[27]由于该研究只调查了受雇于同一家公司的员工，因此霍夫斯泰德认为，该研究识别出的文化差异很有可能是国家差异和员工的"心理编程"共同作用的结果。[28]他进而从研究发现的价值观差异中识别出了国家文化的四个潜在维度，这些维度一共可以解释 49％的文化差异。[29]霍夫斯泰德识别出的四个维度分别为权力距离（Power Distance）、不确定性规避（Uncertainty Avoidance）、女性化与男性化（Femininity vs. Masculinity）、个人主义与集体主义（Individualism vs. Collectivism）。其后的一项涉及亚太地区受访者的研究，识别出了第五个维度——儒家动力（Confucianism Dynamics）或长期取向（Long-term

Orientation）。

权力距离代表了一种文化背景下的成员在多大程度上接受权力在组织中不是平等分配的，它反映了员工和上级之间的情感距离。[30]权力不平等在许多文化中都会存在，但可能在某些文化中表现得更加明显。以高权力距离和高权力不平等为标志的社会能接受等级制的组织结构，在这种组织结构中，每个人都可以不需要任何正当理由而获得一个位置。权力距离较小的文化中，人们都渴望平等的权力分配，并要求对任何形式的权力不平等做出解释。各个社会在权力距离指数（Power Distance Index）方面的差异主要体现在其如何处理权力不平等问题。具体可参见案例2-1的内容。当然，权力距离也会对组织结构产生影响。[31]

案例2-1　在中国设立家族企业分支机构

一家德国的家族式碳钢公司将其业务扩展到了中国，收购了当地一家小型的中国传统企业，并决定将公司在德国开发成功的组织结构复制到这家公司。在这一组织结构中，公司由三名总经理领导，他们被平均分配公司的业务活动。目前，该公司的发展情况如下：

1. 由于当地员工以前从未见过这些为其分配任务的人员，并且他们对这些人员想要表达的意思难以理解，又或者因为语言不通，在合作过程中产生了很多误解，导致了严重的后果。

2. 欧洲来的员工只关心分配的任务是否完成，没有考虑到当地员工的其他需求以及公司面临的其他状况，如处理与政府、银行的关系等。

3. 最终，当地员工变得非常沮丧，打算离职。

这个案例的最终结果是，他们改变了该公司的管理模式，安排了子公司的一名常务董事负责当地的所有业务。

讨论问题：

1. 请将案例中所描述的情况与霍夫斯泰德确定的某一文化维度联系起来，并对此进行解释。

2. 这种情况与你所在国家的类似情况相比如何？文化解释的局限性是什么？

资料来源：Based on DGFP, M. Festing, K.-P. Gempper, G. Gesche, J. Hagenmüller, U. Hann, D. Slevogt, G. Trautwein, P. Esch and S. Armutat (eds.) *Interkulturelle Managementsituation in der Praxis, Kommentierte Fallbeispiele für Führungskräfte und Personalmanager* (Bielefeld: Bertelsmann, 2004).

不确定性规避代表了一种文化背景下的成员面对不确定性时感受到并尝试避免这种不确定、模棱两可或非结构化情况的威胁的程度。不确定性规避强的文化以严格的信念和行为准则为特征，无法容忍背离这些准则的人或想法。相反，在不确定性规避弱的文化背景下，实践的重要性超越了原则的重要性，人们对不确定性的容忍度很高。不同国家的不确定性规避指数得分不同，它们之间的主要区别在于个人对时间压力或未来不确定性的反应不同。人们总是尝试在不同程度上影响和控制未来。[32]就如权力距离一样，不确定性规避也会对组织结构产生影响。霍夫斯泰德甚至认为，不确定性规避较弱的国家因对不确定性的容忍度更高而更有可能实现根本性的创新（具体可见案例 2-2）。但是他认为这些国家在实现这些创新方面有致命的缺陷，那就是实现这些创新要求制订详细的工作计划并按时完成这些计划。同时，复杂流程的完美实现与不确定性规避较高的文化相关，与不确定性规避较弱的文化特征不符。总之，霍夫斯泰德确信诺贝尔奖获得者中英国人多于日本人，但日本却能够将更多的新产品推向世界市场。[33]

案例 2-2　某德国跨国公司在美国的长期发展计划

一家德国跨国企业已进军美国电气行业两年，该企业的首席执行官彼得·汉森（Peter Hansen）对公司目前的发展状况很满意：公司重要产品的市场份额大幅增加，业务进展情况比预期的更好。员工人数也有所增加，其中包括很多美国本地经理人担任高级管理职位。一家在美国的德国跨国公司的子公司在发展初期就取得了这么好的业绩是非常难得的。这位首席执行官从一开始就确立的目标是避免采取种族中心主义的方式，并采取多中心主义的发展方式，支持招聘美国本地经理人。

该公司的营销总监约翰·米勒（John Miller）就是其中一位美国本地经理人。在过去两年里，他为自己的新工作做了充分准备。公司曾派他到顶尖商学院参加各种高级培训项目，并为他提供了长期的职业发展规划，其中包括短期的直线职位晋升。尽管彼得·汉森愿意支持发展美国的管理方式，但他仍然希望将德国一些非常受重视的人力资源实践方式转移到美国，尤其是重视培训投资的管理实践以及着眼于组织内长期职业发展的理念。虽然美国也有一些公司采取了这些实践方式，但是在美国，这些理念并不像在德国那样被广泛接受。彼得·汉森认为，这些管理政策会受到公司新的美国员工的重视，也是留住员工的重要激励措施。

一天早上，彼得·汉森得知约翰·米勒要辞职了，他非常震惊。原来是他们的竞争对手向约翰·米勒提供了一个富有挑战性的职位，他之所以会得到这个机会，很大程度上是因为他在这家德国企业的支持下系统地建立了自己的知识和经验基础。请问如何从文化的角度来解读彼得·汉森的震惊？

讨论问题：

1. 请将案例中所描述的情况与霍夫斯泰德确定的某一文化维度联系起来，你可以用该理论解释彼得·汉森的震惊吗？

2. 这一情况与你所在国家的类似情况对比如何？文化解释的局限性是什么？

女性化与男性化的文化维度是基于价值观可以区分为更男性化或更女性化这一假设（见案例 2-3）。男性化取向指追求经济成功、英雄主义以及强有力的表现方式；女性化取向是指对高质量生活、谦虚和良好人际关系的偏好。此外，角色灵活性在女性化取向的文化中比在男性化取向的文化中更清晰明确，换言之，在女性化取向的文化中性别角色可以重叠。[34]这两种文化特征的根本区别在于：不同社会体系对不同性别的社会角色定位不同。[35]

案例 2-3　不同环境下的女性职业发展

伊丽莎白·哈斯塔德（Elisabeth Harstad）在挪威的风险管理咨询公司 DNV 担任实习生时，她意识到身为女性，她的职业发展受到了一定的阻碍。按照规定，实习生需要出国工作一段时间，但是公司在为她寻找国外子公司的工作时遇到了问题，伊丽莎白说："我想去伦敦、休斯敦或新加坡，但最后，我得到的工作是从奥斯陆到哥本哈根去执行国际任务。"

那是 20 世纪 80 年代的事了。之后，伊丽莎白并没有选择放弃，她仍然坚持不懈地追求着自己的事业。现在，她已经是 DNV 研究和创新部门的经理，自 2006 年以来，她还一直是挪威大型化工公司 Yara 的董事会成员。董事会成员换届时，伊丽莎白第一次因女性的性别优势而当选。因为自 2008 年后，挪威法律规定，该国公司的董事会中必须有 40% 的女性成员。因此，伊丽莎白可以说是这条法律试行的对象，如果女性没有单靠自己的力量获得成功，挪威的法律会支持她们。

讨论问题：

1. 请将挪威的情况与霍夫斯泰德确定的某一文化维度联系起来，并对案例中的情况进行解释。

2. 需要有一定比例女性管理者的规定是否也适用于其他国家？这类规定有哪些优势和劣势？

资料来源：M. Festing, P. J. Dowling, W. Weber, A. D. Engle *Internationales Personalmanagement*, 3rd ed. （Wiebaden: Gabler, 2011), based on L. Nienhaus Der neidische Blick auf die norwegische Quote (Frankfurter Allgemeine Sonntagszeitung, 2007), S. 42. Reproduced with kind permission from VS Verlag Für Sozialwissenschaften.

个人主义与集体主义的文化维度描述了一个社会是更倾向于提倡个人主动性、关心个人和亲属，还是提倡公共援助或大家庭之类的概念。在倾向于个人主义的文化中，人与人之间的关系网络较为随意，而在倾向于集体主义的文化中，关系网络更紧密、更清晰，人们在自己所在的群体和其他群体之间划分出清晰的界限。在一个大家庭中如此，在公司中也如此。在集体主义文化中，群体内的个体会受到群体的关怀，个体则会培养出对群体的忠诚感，以此作为对群体关怀的回报。个人主义或集体主义这一维度的主要区别在于社会中的个体在工作和生活中自给自足的程度（具体可见案例 2-4）。

案例 2-4　在肯尼亚，星期五晚上开会？

我们的建筑公司在肯尼亚完成了一条新主干道建设的重要项目。然而在项目完成后，公司并没有收到所有的项目款。为此，建筑公司的肯尼亚子公司的常务董事与肯尼亚有关政府机构的代表召开了一次会议。

会议开始后，肯尼亚方的代表表现得非常有礼貌，也非常友好，不过，同时他也看起来非常紧张不安。每隔几分钟，他就会接一个电话或者打一个电话，所有的电话交流都是用当地语言进行的。尽管我跟他的谈话被多次打断，但我还是尽力向他解释我来访的主要原因——项目款没有结清。当然，这位政府代表每一次都会为打断我们之间的谈话而道歉。然而 15 分钟后，我们之间的气氛开始紧张起来，因为谈话根本没有任何进展。

最后，我很抱歉地说，我知道政府代表很忙，有很多事情要做，并提出下周二再开一次会议。这位政府代表立刻松了一口气，并愉快地约定了新的会议时间。他现在终于可以集中精力准备和组织周末的那个大家庭聚会了，这是肯尼亚大家庭的典型特征。

讨论问题：

1. 请将案例中的情况与霍夫斯泰德确定的某一文化维度联系起来，并对案例中的情况进行解释。

2. 这一情况与你所在国家的类似情况对比如何？文化解释的局限性是什么？

资料来源：Based on DGFP, M. Festing, K.-P. Gempper, G. Gesche, J. Hagenmüller, U. Hann, D. Slevogt, G. Trautwein, P. Esch, and S. Armutat（eds.）*Interkulturelle Managementsituation in der Praxis. Kommentierte Fallbeispiele für Führungskräfte und Personalmanager*（Bielefeld: Bertelsmann, 2004）.[36]

以集体主义文化为特征的公司和以个人主义文化为特征的公司的不同之处在于：集体主义的组织架构中，上级和员工之间更倾向于非正式的关系。此外，招聘和职位升迁往往是在组织内部进行的，也就是说，组织是由主管和主管信任、青睐并认为会更加努力工作的员工组成的二元结构。另外，管理是指对团队的管理，奖励制度往往也是针对团队的。相比之下，以个人主义文化为特征的公司则注重构建以个人为基础的薪酬体系。上级和员工之间的关系通常建立在相对中立、客观的契约关系基础之上。总而言之，虽然这四个文化维度是根据一家跨国公司的员工问卷总结出来的，但霍夫斯泰德指出，这四个维度在之后的相关研究中也得到了其他研究人员的证实，这些研究人员运用了不同研究方法且选择了不同目标群体。[37]

鉴于霍夫斯泰德第一次研究时的研究团队成员构成，我们不能排除这些西方工业国家（英国、法国、荷兰、挪威、美国）的研究人员的文化认同影响问卷形式的风险，也就是说，有可能有些问题在某些文化中被视为无关紧要，而其他与这些文化相关的问题却没有被设计在问卷中。为了避免调查结果出现偏差，研究团队后来又补充设计了一份能清楚反映中国文化认同的问卷，称为"中国人价值观调查"（Chinese Value Survey）。这份问卷被翻译成 10 种语言，用于调查来自 23 个国家的100 个人。中国人价值观调查问卷中只有少数几个条目与 IBM 的问卷的内容相同。调查的结果反映了权力距离、个人主义与集体主义以及男性化与女性化这三个文化维度，只有不确定性规避维度没有反映出来。但是，他们发现了另一个新维度，研究人员将其描述为**"儒家动力"**（Confucianism Dynamics），这在最初的泛欧洲IBM 的研究结果中无法找到相应的内容。这一维度本质上反映了人们生活中一种基本的长期取向或短期取向。其中，长期取向文化具有以下特征：

- 具有追求目标的耐力或毅力；
- 根据地位进行职位排序；
- 使传统适应现代条件；
- 在有限范围内尊重社会和地位所赋予的义务；
- 社会储蓄率高、高投资活动多；
- 愿意服从某一目标。

短期取向文化具有以下特征：

- 个体为人坦率、稳重；
- 避免丢面子、不计成本地尊重社会和地位所赋予的义务；
- 社会储蓄率低、低投资活动多；
- 追求快速获利；
- 尊重传统；
- 建立在互惠基础上的相互问候、礼物馈赠和礼节。

可见，长期取向文化更多的是面向未来，也更强调动态性（尤其强调坚持和节俭）；短期取向文化更倾向于关注当下或过去，是相对静态的。[38]长期取向文化或短期取向文化的特征几乎都可以直接从对儒家的研究中得出。[39]

2.5.2　霍夫斯泰德研究中特定国家的研究结果

每个国家的文化维度是通过评估预先确定的问卷结果而获得的，这使得结果可以用点值来体现。点值反映的是各国的相对位置而不是绝对位置。[40]文化维度的结果可以在坐标轴中进行表示，X轴表示某文化维度，Y轴表示另一种文化维度，通过坐标轴，可以看出两国在某一方面的文化距离。例如，如图2-1所示，各个国家被定位在基于个人主义或集体主义、权力距离这两个文化维度的坐标系中。

在霍夫斯泰德的研究中，可以根据统计数据来确定国家之间的相似程度，从而将某些国家归类到同一个集群中。例如，美国的文化特点是个人主义，而澳大利亚和英国等其他盎格鲁-撒克逊（Anglo-Saxon）国家的文化也同样具备此特点，同时，这些国家的权力距离也都被归类为相对较低。就这两个文化维度的特征而言，许多南亚国家和地区是与此相反的。例如，新加坡（以及许多南美国家）的文化特征是集体主义和高权力距离。根据霍夫斯泰德的研究结论，这两个集群在文化上相距甚远。

一些亚洲国家普遍在不确定性规避和权力距离方面得分很高，如新加坡。相反，德国、奥地利和瑞士等德语国家与其他一些国家构建的集群则在不确定性规避方面得分很高，而在权力距离方面得分相对较低。

将男性化指数与不确定性规避维度相结合，我们可以确定一个集群，其中就包括德国、奥地利和瑞士等主要讲德语的国家。这三个国家的文化特征更倾向于男性化，也具有相对较高的不确定性规避倾向。从全球来看，以德语为主的国家是仅次于日本的第二大男性化倾向群体。与此相反的是斯堪的纳维亚集群，其中包括丹

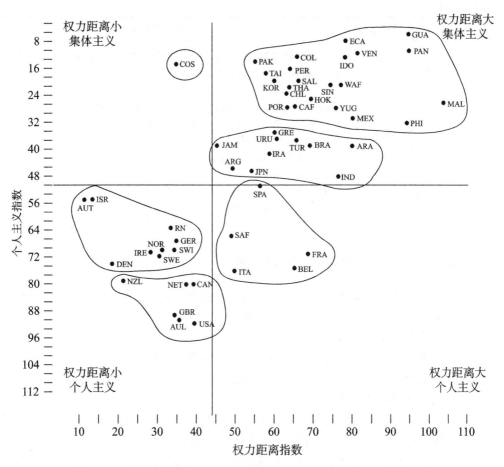

图 2-1　霍夫斯泰德研究结论（一）：权力距离及个人主义或集体主义

资料来源：Based on Geert Hofstede, Gert Jan Hofstede, Michael Minkov, "*Cultures and Organizations, Software of the Mind*", Third Revised Edition, McGraw-Hill 2010, ISBN 0 - 07 - 166418 - 1. Reproduced with permission.

麦、瑞典、挪威和芬兰等国。

　　在第五种文化维度，即长期取向与短期取向，美国更多地被归为短期取向的文化。这一结果与亚洲国家恰恰相反，后者在此维度上表现出长期取向。亚洲四小龙——中国香港、新加坡、韩国和中国台湾——在 20 世纪 80 年代强劲的经济增长一定程度上反映了这些亚洲国家和地区强烈的儒家价值观取向。[41]表 2-1 展现了文化背景如何影响特定的人力资源管理实践。

表 2-1　文化背景对人力资源管理实践的影响举例

人力资源管理实践	文化背景的影响
招聘与选拔	在缺乏"团队集体主义"的社会中，个人成就是重要的选拔标准。 在高度崇尚"团队集体主义"的社会中，招聘过程中更看重团队相关技能而不是个人能力。

续表

人力资源管理实践	文化背景的影响
培训与开发	在崇尚性别平等的社会中，女性与男性获得均等的职位晋升机会。 在性别较不平等的社会中，女性管理者更为稀少。
薪酬福利	在高度不确定性规避的社会中，员工往往非常厌恶风险，他们更喜欢固定薪酬方案或基于资历的薪酬分配方案。 在低不确定性规避的社会中，员工往往更愿意冒险，并接受基于绩效的薪酬体系所带来的收入的可变性。
任务分配	崇尚集体主义的社会倾向于强调团队合作。 崇尚个人主义的社会倾向于在工作体系中赋予个人工作责任。

2.5.3　对霍夫斯泰德研究的思考

霍夫斯泰德的研究对跨文化管理研究做出了重要贡献。该研究内容全面、研究缜密，并且在不同时间点进行了重复研究，成果斐然。该研究成果体现了不同文化之间的潜在差异，可以作为解释人们行为至少是初始取向中行为的指导原则。然而，人们对霍夫斯泰德的研究一直存有一些根本性和持续性的批评和争论，质疑他从决定论和普遍论[42]的角度界定文化的基本概念以及他将文化缩减到几个维度而不是使用更复杂的描述方法。[43]

正如本章前面所提到的，霍夫斯泰德的研究放在了价值观层面，这属于沙因文化概念中的中间层次。然而，新的问题是，标准化的问卷调查方法在多大程度上能够考察到管理者的无意识行为，从而评估这些行为背后的深层动机。另外，霍夫斯泰德因没能划清实践本身和感知到的实践之间的界限而受到了批评，也就是说，他的研究属于一种主观推断。[44]人们还提出了一些其他的重要问题，比如说该研究没有明确区分价值观和行为[45]，使得研究中概括出的"西方价值观"存在被扭曲的潜在可能性。[46]

对霍夫斯泰德研究的另一些批评认为，他的研究区分了国家而没有区分文化。有例子表明，国家边界内也不都是相对同质的文化群体。卡莎（Kaasa）等人[47]将霍夫斯泰德研究中的数据与欧洲社会调查的最新数据进行了比较，结果表明，霍夫斯泰德关于价值观的研究是值得怀疑的，尤其是在比利时这样的多元文化社会中。霍夫斯泰德的研究没有充分考虑现有的族裔群体，也无法在他的国家集群中对拥有几种相对平等共存语言的国家进行分类。另外，民族文化也不是人类行为的唯一影响因素。[48]越来越多的学者认为，民族国家对文化认同和行为的影响越来越小。[49]

以下总结了几个有关该研究的代表性问题：该项研究只在一家公司（IBM）内进行，霍夫斯泰德本人认为这对研究是有利的，因为许多条件可以保持不变。然而，对于IBM这样具有非常浓厚的企业文化特征的组织来说，它在世界各地对员工的选拔要求是类似的，这就导致研究结果可能出现偏差，也就是说，被选定的"IBM人"不是典型的特定国家公民。问题随之而来，随机抽样的几家公司的调查结果会不会因个别国家或国家集群之间的差异而有所不同？另外，由于 IBM 的研究样本主要来自营销和服务岗位的中产阶层男性，这使得数据的代表性也存在争议。柯克曼（Kirkman）等人[50]认可霍夫斯泰德有关文化维度研究的重要性，但他们也指出未来的研究需要考虑的问题：

- 进行不同层面的研究：在评估个人层面的同时，还必须考虑群体、组织和国家等不同层面；
- 进行跨文化差异的研究：不应将文化视为同质的，而应考虑特定文化内的差异；
- 将理论上相关的调节变量纳入研究中：不应将文化理解为唯一的影响因素，其他变量如性别、阶级属性等也应考虑在内；
- 考虑文化变量之间相互作用的影响：目前关于单一文化变量之间的相互作用及其影响缺乏经验证据，未来的研究需要考虑到这一点。

霍夫斯泰德的研究在历史上具有重要地位，对其研究结果的争论一直存在，如今我们必须以新的视角对研究结论加以审视。霍夫斯泰德的第一次研究发生在1967—1973 年，考察当时的这些结论对当今各个国家的有效性还需要一项新的全面研究。尽管我们假设文化在这样一段时期内不会发生根本性的变化，但文化确实发生了某些决定性的变化，例如，德国的统一就有可能会影响结果的平均值。[51]在卡莎等人近期的一项研究中，他们再次以欧洲样本测试了霍夫斯泰德的研究结果并得出了一个总体结论，即霍夫斯泰德的研究结果相对比较稳定。然而，在其他经济强劲增长的国家（如西班牙、葡萄牙）或在国家政策发生重大变化（如加入欧盟）之后，研究结果就产生了变化。[52]正是由于上述这些变化，我们不难理解为何科古特（Kogut）和辛格（Singh）[53]基于霍夫斯泰德的研究结论所开发的指数会因为过时、有限的有效性以及局限于简单、静态的研究方法而受到批判，即使他们宣称其指数可以测量文化距离，也可以预测一个特定的国家会对一个人移居该国产生多大挑战。[54]

■ 2.6　GLOBE 研究

全球领导力和组织行为有效性（GLOBE）研究是罗伯特·豪斯（Robert J. House）于 1991 年发起的一个跨国项目，该项目的研究团队由来自 60 多个国家的 170 名研究人员组成。[55]GLOBE 是全球领导力和组织行为有效性（Global Leadership and Organizational Behavior Effectiveness）的首字母缩写，该项目旨在关注全球层面的组织领导力和行为的有效性问题，并着重考虑文化的影响因素。该项目共分为三个研究阶段：第一阶段（1993—1994 年）确定主要开展的基本研究，包括新的社会和组织文化层面以及六个领导层面；第二阶段（2004—2007 年）的目标是收集以上方面的相关数据；第三阶段（2012—2013 年）的主要目标是分析领导行为对员工绩效和态度的影响。[56]全球领导力和组织行为有效性的研究目标可以用以下问题来说明：

- 有没有在各个文化中被普遍接受并有效的领导行为、属性和组织实践？
- 是否有一些仅在某些文化中被接受并有效的领导行为、属性和组织实践？
- 具有社会和组织背景的领导属性对特定领导行为的有效性和下属的接受度有多大影响？
- 特定文化中的行为和属性对本研究中的社会成员的经济、身体和心理健康有多大影响？
- 这些社会文化变量与不同样本社会中的国际竞争力之间有何关系？

全球领导力和组织行为有效性研究主要研究文化、领导行为、组织有效性、社会共存条件以及社会经济成功之间的复杂关系。[57]

2.6.1　GLOBE 的文化维度

从某种程度上来说，该研究是基于霍夫斯泰德确定的不确定性规避和权力距离这两个文化维度展开的。然而，这两个维度被修改和扩展了，这导致评估和比较霍夫斯泰德和 GLOBE 的研究结果时出现一些混乱。[58]集体主义维度分为社会集体主义和基于群体/家庭的集体主义，它们描述了同一维度的两个层面——分别是从社会层面和组织层面进行测量的。此外，问卷中的题项在实践（实际情况）和价值观（应该如此）层面也具有不同的维度。该研究的问卷调查涵盖了在各自的社会或组织中常见的实践方式。同时，价值观也决定了具体实践在各个组织或社会中应该是什么样的。GLOBE 的研究者尝试在研究中避免对霍夫斯泰德研究早期的批评，即价值观和实践之间的界限是模糊的、无法区分的。

下面简要说明该研究中不同的维度。

- **制度集体主义**（Institutional Collectivism）描述了"组织和社会制度实践在多大程度上鼓励和奖励集体资源分配和集体行动"。[59]
- **团队集体主义**（In-group Collectivism）是指"个人在组织或家庭中表现出的自豪感、忠诚度和凝聚力的程度"。[60]
- **不确定性规避**（Uncertainty Avoidance）包括"一个社会、组织或团队在多大程度上依赖社会规范、规则和程序来降低对未来事件的不可预测性"。[61]
- **权力距离**（Power Distance）被定义为"集体成员期望权力平均分配的程度"。[62]
- **性别平等主义**（Gender Egalitarianism）是"一个集体将性别不平等最小化的程度"。[63]
- **自信**（Assertiveness）是"个人在与他人的关系中表现出的果断、对抗性和攻击性的程度"。[64]
- **绩效导向**（Performance Orientation）被定义为"集体对团队成员绩效的提高以及表现卓越的鼓励和奖励程度"。[65]
- **以人为本**（Humane Orientation）指"一个集体对公平、利他、慷慨、关心和善待他人的成员的鼓励和奖励程度"。[66]

2.6.2　GLOBE 研究结论

GLOBE 研究在 62 个国家完成了定量数据收集；三个行业（金融、食品和电信）的 951 个组织中的 17 370 名中层管理人员接受了调查。根据对 GLOBE 的研究文献进行分析，我们发现该研究中的国家和文化被分成 10 个大陆集群，并进行了实证检验。这些文化集群包括南亚、拉丁美洲、北美、盎格鲁集群、日耳曼和拉丁欧洲、撒哈拉以南非洲、东欧、中东以及亚洲儒家文化圈。[67] 这些文化集群在各自的文化维度上具有不同的特点。当将不同文化中的属性特征结合在一起时，就会产生独特的文化特征。

2.6.3 关于 GLOBE 研究的思考

GLOBE 研究充分考虑了跨文化比较研究的方法论挑战，其理论基础比霍夫斯泰德的研究更为全面。来自世界各地的 170 名学者参与了该项目，这有助于避免研究片面地关注西方，同时也区分了组织文化和国家文化。[68] 此外，与其他跨文化管理研究相比，GLOBE 研究中确定的维度也更加完善。例如，从实证研究的角度来看，霍夫斯泰德的研究常常因为其样本局限于 IBM 员工而备受批评。相比之下，GLOBE 研究调研的机构更多，其调研对象是管理者而不是员工，这也是与霍夫斯泰德研究的另一个不同之处。

GLOBE 研究也有一些局限性。霍夫斯泰德认为该研究量表的有效性不足，对该研究进一步区分其最初的五个文化维度提出了批评。但这一批评遭到了 GLOBE 研究人员的反驳[69]，继而引发了一场持续的争论。[70] 除此之外，在研究范围方面，尽管 GLOBE 研究将研究范围扩展到了金融、食品和电信三个行业，但这些数据对其他行业没有代表性，因此其研究集中在有限的行业。与霍夫斯泰德的研究类似，该研究将文化等同于国家这一点也存在问题，这是组织研究中一直存在的有关"分析层面"的争论的又一例证。尽管 GLOBE 的研究人员考虑了不同文化层面（个人、组织和社会），并进一步区分了南非、瑞士和德国等不同国家的样本，但文化还可能由各种亚文化组成，这在现阶段的 GLOBE 研究中没有得到充分体现。像中国、印度和美国这样的人口大国，其文化多种多样，它们无法真正被 GLOBE 研究中相对较小的样本涵盖。[71]

2.6.4 特朗皮纳斯和汉普登-特纳的研究

从 20 世纪 80 年代开始，特朗皮纳斯和汉普登-特纳就对不同层次和不同企业的员工进行了一项持续几十年的调查。[72] 该调查中的调查对象主要是特朗皮纳斯此前进行的跨文化培训的参与者。第一次调研大约收回了 15 000 份问卷。到 2002 年，他们共收到来自 55 个国家的约 3 万份调查问卷。[73] 在他们的著作《跨越文化浪潮》（*Riding the Waves of Culture*）中，特朗皮纳斯和汉普登-特纳划分了七个文化维度，这些维度的特征显示出不同文化之间的差异。[74] 他们又将这七个维度归纳为三个方面：人与人之间的关系、时间概念和自然概念。

1. 人与人之间的关系。

● **普遍主义**（Universalism）与**特殊主义**（Particularism）：特朗皮纳斯和汉普登-特纳认为，普遍主义是指："'好'和'正确'都可以被定义并且这个定义始终适用。"[75] 特殊主义恰恰相反，更注重个别情况，根据关系和特殊的情分来决定什么是好的和正确的。

● **个人主义**（Individualism）与**社群主义**（Communitarianism）：这个维度的基本问题是："人们更倾向于把自己看作个人还是群体的一部分？"[76]另一个问题是：个人倾向于服务集体目标还是个人目标？他们对个人主义的解释与霍夫斯泰德类似，也认为个人主义文化强调个人，主要考虑自己。[77]社群主义文化关注的是一个更大的社会群体的身份与责任。

● **情感化**（Emotional）与**中立化**（Neutral）：这个维度描述了人们如何对待情感以及人们是否表达情感。[78]中立化倾向于不太表达情感，尽可能将业务处理看作客观的、功能性的。在情感化的文化中，情感基础被认为是业务往来的一部分，在许多社会背景下都可以自由地表达情感。[79]

● **特定型**（Specific）与**扩散型**（Diffuse）：在扩散型文化中，业务往来主要靠人的参与，而特定型文化则更注重按照契约规定进行业务往来。特定型文化强调精确、对环境的客观分析和结果的呈现，扩散型文化则会考虑到其他的环境因素。[80]

● **归属型**（Ascription）与**成就型**（Achievement）：在注重地位成就的文化中，人们根据所取得的成就来评判他人，换言之，人们关注他人已实现的目标。在归属型文化中，人们的地位从出生起就由自己的出身、资历和性别等特征来决定。[81]

2. 时间概念。时间概念中的顺序观念与同步观念：文化可以通过时间概念来进行区分，特定类型的文化可以倾向于面向过去、未来或现在。不同的时间概念也体现在工作过程的组织上。顺序观念行为指连续发生的行为，同步观念行为指同时做多个任务和多件事情的可能性。[82]

3. 自然概念。**内部控制**（Internal Control）与**外部控制**（External Control）：这个维度描述了自然概念，指社会控制自然的程度。特朗皮纳斯和汉普登-特纳引用了索尼（Sony）高管盛田昭夫（Akio Morita）的例子来解释外部控制，盛田昭夫曾解释说，随身听的发明就是源于他对古典音乐的热爱，但他也不想听音乐时打扰到别人。这个例子很好地说明了外部控制的文化中人们是如何适应环境的。西方社会中，人们的思维方式是不同的，他们认为耳机是用来听音乐而不用考虑环境。另一个例子是在感冒或流感时期戴口罩。特朗皮纳斯认为，在外部控制的文化中，人们戴口罩是因为不想传染给他人，而在内部控制的文化中，口罩是用来保护自己免受外部感染的。[83]

特朗皮纳斯和汉普登-特纳的七个文化维度的起源以及具体操作的确切原理仍不甚清楚。他们借用了克拉克洪和斯特罗德贝克、帕森斯（Parsons）以及霍夫斯泰德研究的某些方面，但并没有深入解释为什么借用这些研究，也没有说明为什么忽略了另外一些研究。到目前为止，特朗皮纳斯和汉普登-特纳尚未能够证明他们的文化维度的有效性和可靠性，也没有证明他们的分类模式是否合理。同时，他们对民族特征差异性的描述也没有实证支持。尽管如此，这一模型还是可以提供描述人们行为的框架，并且能够为与外国业务伙伴互动提供指导，因此该模型在高管培训项目中仍被广泛使用。

2.6.5　霍尔夫妇的文化维度

人类学家爱德华·霍尔（Edward Hall）和他的妻子米尔德里德·霍尔（Mildred Hall）[84]根据他们担任政府和企业顾问的经历以及各种定性研究，提出了四个文化维度。他们没有称他们的模型涵盖了所有的可能性，认为也可能存在其他维度。他们的研究特别强调了文化和传播之间的关系，文化与传播密不可分。这些文化维度主要涉及交流形式和时空概念的差异。

● **高语境交际**（High Context Communication）与**低语境交际**（Low Context Communication）：不同文化中的成员之间具有不同的交流方式。在高语境文化中，间接的表达方式更常见，也就是说，倾听者必须对语境进行解读以获得信息。在低语境文化中，倾诉者往往直接地交流，用语言表达所有的重要信息。日本和法国是典型的高语境文化，德国则在更大程度上是一种低语境文化。

● **空间倾向**（Spatial Orientation）：这一维度重点关注不同文化背景下的人们在交流时对距离的倾向。在一种文化下成员交流时觉得合适的距离有可能会让另一种文化中的成员觉得被干扰。

● **单维时间概念**（Monochrome Concept of Time）与**多维时间概念**（Polychrome Concept of time）：单维时间概念由一件事情接着另一件事情完成的过程所主导，在多维时间概念中，这些行为是同时发生的。

● **信息速度**（Information Speed）：这一维度关注的是沟通过程中群体间信息流的速度。例如，在美国，人们倾向于相对较快地交换个人信息，在欧洲，个人信息交换则需要更长的时间。[85]

如前所述，霍尔夫妇对文化维度的分类是以归纳的方式进行的，并且他们并不认为这些分类是全面的。此外，这些维度之间密切相关、相互重叠，他们只是从宏观上划分了美国和欧洲等不同的文化区域。他们的研究虽然提到了个人差异，却未提及同一文化内的差异。霍尔夫妇的研究与特朗皮纳斯和汉普登-特纳的研究都专注于提供一个实用的框架，让人们能够感知到并处理文化间的差异。

▌2.7　关于跨文化管理研究的思考

跨文化研究通常存在一个问题，即不能公平地对待一个动态的、对环境敏感的文化概念。[86]近年来，这种批评得到了更广泛的认同。然而，跨文化互动有着自身的动力，其中新的方面会变得更加突出，这就导致难以用现有的文化维度来加以解释。在这种背景下，我们更倾向于利用定性研究来评估这些动态变化。[87]一些研究者还发现，在特定任务或角色的情况下考虑文化的影响是很重要的，并且不应局限在价值观层面。虽然很多研究都从价值观层面切入的，但文化不仅仅体现在价值观层面上。[88]

戈哈特（Gerhart）[89]在其研究中，以组织文化为例清楚地论述了跨文化管理研究的结果对解释文化背景影响力的局限性。根据戈哈特的分析，GLOBE 研究中 23％的差异是由具体国家的差异造成的，而实际上只有 6％是由文化差异造成的。戈哈特同样认为文化差异很重要，但他也指出这些差异的影响并没有人们通常认为的那么大。对此，他认为有必要进行进一步的理论和实证研究。[90]与此同时，实践领域的从业者和相关研究人员越来越多地开始讨论文化的静态-动态性质。

下文将集中讨论文化如何发展和变化。

■ 2.8　文化的演变

此前，本章主要讨论了文化是如何定义和概念化的，并介绍了跨文化管理研究的相关成果。在某种程度上，大多数概念和解释都是基于静态的观点。本节将讨论文化随着时间的推移而可能发生的变化。这样的讨论与一个问题密切相关，即组织及其管理实践是会因为日益紧密的国际联系和更强趋势的全球经济协同而日趋相似，还是仍然会表现出特定的文化特征？例如，欧洲国家之间的文化趋同经常被归结为欧盟在发展过程中法律法规的逐渐协同统一。因此，人们普遍认为，欧盟内部各个国家的文化日益趋同，进而各国间的文化差异可能会被忽略。如果与此相反，我们假设文化差异（文化分流）是长期稳定的，那么可以预见，文化层面的调查研究可能会成为国际商业活动成功的决定性因素。就欧盟内部而言，这意味着管理实践的泛欧洲标准化无法轻易实现，仍需要根据当地的基本情况进行调整。

这两种关于文化趋同的冲突立场在学术研究中引起了持续争议。[91]蔡尔德（Child）[92]分析了大量的跨文化研究，他发现一半研究认为文化趋于相似，一半研究认为文化趋于不同。他通过更详细的分析，发现针对宏观层面的研究（例如对组织结构的分析）倾向于论证文化趋同，而微观层面的研究（例如对员工行为的分析）得出的结论则更偏向于认为文化趋于不同。因此，可以得出结论，世界各地的组织在其流程和技术上越来越相似，因为组织也受到融合趋势的影响[93]，但员工行为方面仍然存在着真实而有意义的差异，而且这些差异是持久的。[94]沙因也强调了这一点，他认为从表面的**物质**（artefact）层到潜意识假定层的影响比从深层的潜意识假定层到表面的物质层的影响要弱得多。[95]

各种文化元素正在重新组合，由此产生了区分曾经截然不同的文化差异性和杂糅性的新方法。[96]近期有研究者对跨国地区进行了调查，在这些地区，国家边界逐渐被文化边界取代。地区间日益增加的相互依存度和高迁移流动性，使得文化并不局限在一个有限的领土范围内。如何接受地方层面或国家层面的多数族裔形成不同的亚文化是一个重要问题，这一问题将在本书的最后一章中进行讨论。这个问题给人力资源管理带来了新的挑战，也提供了新的机遇。

人力资源管理者还必须考虑到文化内部的变化。当下人口结构的变化就是一个很好的例子，说明了几代人之间价值观的变化程度。[97]美国 Y 世代就是这样一个例子，他们在职业关系和员工留任方面的要求与其他代际是不同的。[98]这一代人在信息社会的时代背景下出生，他们的成长过程伴随着计算机的发展，因此他们被描述为快速、自我组织的学习者，他们在处理多项任务时非常灵活，高度的自我意识也让他们展示出审查决策方面的巨大潜力。这使得 Y 世代成员很有吸引力，但有些注重自我的员工有着截然不同的偏好，比如对工作和生活平衡的追求。这种现象将超越文化界限。整个社会的老龄化以及由此导致的劳动力老龄化（例如在日本和意大利）也是代际现象的一种体现。

最后，还有一些研究人员认为，文化是一种过于生硬的工具，不适用于跨国公司的决策过程。他们主张以制度为核心，认为这样能够更好地解释工作中更复杂、更具互动性的驱动因素。长期研究该领域的研究者也认为，跨文化差异不一定会对跨国公司的运营产生负面影响，也可能会产生积极影响。[99]

小　结

在前文，我们概述了文化环境如何影响人力资源管理。总而言之，文化影响着组织员工的行为，具有举足轻重的作用，我们需要充分理解文化背景。跨文化比较研究的结果也会为管理者应对具有外来文化背景的员工提供有价值的启示。[100]此外，这些概念框架可以协助母公司针对现有人力资源政策的特定要素向国外子公司转移的可能性做结构化分析，因此这些研究结果可以成为制定跨文化培训措施的基础，对跨国公司的人力资源管理也有很大帮助。我们还需要考虑在特定的文化中是应当制定针对群体的激励制度，还是制定针对个人的激励制度。[101]

表 2-1 举例说明了当跨国公司尝试引入全球标准化的人力资源管理实践时可能会导致问题的文化背景差异。[102]对于此类问题，需要回顾第 1 章中提到的关于人力资源管理和工作实践趋同和分歧的讨论。

讨论问题

1. 请定义文化，并描述文化是如何被概念化的。
2. 请概述霍夫斯泰德的跨文化管理研究并对其进行讨论。
3. 请概述 GLOBE 研究的方法论及研究结论。
4. 请比较各种跨文化管理研究，说明每个研究的优点和不足。
5. 文化在多大程度上发生了变化？请举例说明。
6. 你如何看待"欧洲文化变得越来越相似"这一观点？

深度阅读

M. J. Adler and A. Gundersen *International Dimensions of Organizational Behavior*, 5th ed. (Mason, CA: Thomson South-Western, 2008).

S. Dolan and K. Kawamura *Cross Cultural Competence: A Field Guide for Developing Global Leaders and Managers* (Bingley, UK: Emerald Group Publishing, 2015).

G. Hofstede *Culture's Consequences: International Differences in Work Related Values*, 2nd ed. (Beverly Hills, CA: Sage, 2008).

I. Weller and B. Gerhart 'Empirical Research Issues in Comparative Human Resource Management', in C. Brewster and W. Mayrhofer (eds.) *Handbook of Research in Comparative Human Resource Management* (Cheltenham, UK: Edward Elgar, 2012).

参考文献

1. See, for example, N. J. Adler and A. Gundersen, *International Dimensions of Organizational Behavior*, 5th ed. (Cincinnati, OH: Thomson South-Western, 2008); R. M. Hodgetts, F. Luthans and J. P. Doh, *International Management: Culture, Strategy, and Behavior*, 6th ed. (New York: McGraw-Hill/Irwin, 2006).

2. See E. Dülfer and B. Jöstingmeier, *Internationales Management in unterschiedlichen Kulturbereichen*, 7th ed. (München: Oldenburg, 2008).

3. Homepage of Geert Hofstede http://www.geert-hofstede .com.

4. For more information see the website of the GLOBE Project: http://www.thunderbird.edu/-wwwfiles/ms/ globe. *Organizational Behavior*, 5th ed. (Cincinnati, OH: Thomson Learning, South-Western, 2008).

5. N. J. Adler and A. Gundersen, *International Dimensions of Organizational Behavior*, 5th ed. For two recent reviews of the strengths and weakness of 'American' HRM see B. Fisher 'The Historical Development of American HRM Broadly Viewed', *Human Resource Management Review* 24 (2014), pp. 196–218 and J. Boudreau and E. E. Lawler 'Stubborn Traditionalism in HRM: Causes and Consequences', *Human Resource Management Review*, Vol. 24 (2014), pp. 232–244.

6. See also S. A. Sackmann and M. E. Phillips, 'Contextual Influences on Culture Research: Shifting Assumptions for New Workplace Realities', *International Journal of Cross Cultural Management*, Vol. 4, No. 3 (2004), pp. 370–390.

7. N. J. Adler and A. Gundersen, *International Dimensions of Organizational Behavior*, 5th ed. For a specifc instance of how even globally accepted lean manufacturing practices can go wrong – in this case in India – see S. Mathew and R. Jones ' Toyotism and Brahminism: Employee Relations Difficulties in Establishing Lean Manufacturing in India', *Employee Relations*, Vol. 35, no. 2 (2013), pp. 200–221.

8. See the classic article by J. Child, 'Culture, Contingency and Capitalism in the Cross-National Study of Organizations', in L. L. Cummings and B. M. Staw (eds.) *Research in Organizational Behavior* (Greenwich, CT: JAI, 1981), Vol. 3, pp. 303–356.

9. For an overview about the development of new culture concepts and culture criticism see M. Fischer, M.J. 'Culture and Culture Analysis', *Theory, Culture and Society*, Vol. 23, No. 2–3 (2006), pp. 360–364. An analysis of articles in the area from 2001 to 2010 leads P. Arnold and M. Menendez to conclude that pursuing how actors enact roles in cultures and how 'cross-national learning' takes place are promising areas to move forward through the confusion. See P. Almond and M. Menendez 'Cross-National Comparative Human Resource Management and the Ideational Sphere: A Critical Review', *International Journal of Human Resource Management*, Vol. 25, no. 18 (2014), pp. 2591–2607.

10. A. L. Kroeber and C. Kluckhohn *Culture. A Critical Review of Concepts and Definitions.* (New York, NY: Random House, 1952), p. 181.

11. G. Hofstede *Culture and Organizations Software of the Mind* (London, UK: McGraw-Hill, 1991). German translation by G. Hofstede *Lokales Denken, globales Handeln Kulturen: Zusammenarbeit und Management*, 5th ed. (München: Beck, 2009).

12. G. Hofstede *Cultures and Organizations – Software of the Mind*, 4th ed. This definition is based on Hofstede's study described further on in this chapter.

13. H. C. Triandis *The Analysis of Subjective Culture* (New York: John Wiley, 1972).

14. F. Fiedler, T. Mitchell and H. C. Triandis 'The Culture Assimilator: An Approach to Cross-Cultural Training', *Journal of Applied Psychology*, Vol. 55 (1971), pp. 95–102.

15. On respective different types of culture concepts that various trends of cross-cultural management are based on, and the effects on research design and research topics, see S. A. Sackmann and M. E. Phillips 'Contextual Influences on Culture Research: Shifting Assumptions for New Workplace Realities', *International Journal of Cross Cultural Management*, Vol. 4, No. 3 (2004), pp. 370–390.

16. See E. H. Schein *Organizational Culture and Leadership*, 3rd ed. (San Francisco: Jossey-Bass, 2004).

17. F. R. Kluckhohn and F. L. Strodtbeck *Variations in Value Orientations* (Evanston, IL: Row, Peterson and Company, 1961).

18. E. H. Schein *Organizational Culture and Leadership*, 3rd ed. In addition, see also N. J. Adler and A. Gundersen *International Dimensions of Organizational Behavior*, 5th ed.

19. See also N. J. Adler and A. Gundersen *International Dimensions of Organizational Behavior*, 5th ed.

20. Other extremely important studies, like the value study by Schwartz (1999) unfortunately could not be considered here due to lack of space. The relevance of the mentioned studies is proven in an article in the *Manual of Comparative Human Resource Management* by B. S. Reiche, Y. Lee and J. Quintanilla, 'Cultural Perspectives on Comparative HRM', in C. Brewster and W. Mayrhofer (eds.) *Handbook of Research*

in Comparative Human Resource Management (Cheltenham, UK: Edward Elgar, 2012), pp. 51–68.

21. B. L. Kirkman, K. B. Lowe and C. B. Gibson 'A Quarter of Century of Culture's Consequences: A Review of Empirical Research Incorporating Hofstede's Cultural Values Framework', *Journal of International Business Studies*, Vol. 37, No. 3 (2006), pp. 285–320. This article identifies those studies that apply Hofstede's cultural frames to determine how the model has impacted research in this field. However, the review is limited to articles in business and psychology journals. So it is to be assumed that Hofstede's impact is even higher in reality.

22. G. Hofstede *Culture's Consequences: International Differences in Work Related Values* (Beverly Hills: Sage, 1980). According to Hofstede, culture can be compared to an onion, which has various peels or levels. Artefacts that he subdivides into symbols, heroes and rituals are at the outer levels of the 'culture onion', according to Hofstede, whereas values are on the inner level. Changes and similarities are more probable on the outside than in the core of the culture, so measurement of values is the best approach in his opinion.

23. Remarks are supported by the following sources:
G. Hofstede 'Cultural Dimensions in Management and Planning', *Asia Pacific Journal of Management*, Vol. Januar (1984a), pp. 1–22; G. Hofstede 'The Cultural Relativity of the Quality of Life Concept', *Academy of Management Review*, Vol. 9, No. 3 (1984b), pp. 389–398; G. Hofstede *Culture and Organizations – Software of the Mind* (London, UK: McGraw-Hill, 1991); G. Hofstede *Interkulturelle Zusammenarbeit. Kulturen – Organisationen – Management* (Wiesbaden: Gabler, 1993); G. Hofstede *Culture's Consequences: International Differences in Work Related Values*, 2nd ed. (Beverly Hills: Sage, 2008); G. Hofstede *Lokales Denken, globales Handeln, Kulturen, Zusammenarbeit und Management*, 5th ed. (München: Beck, 2009).

24. G. Hofstede *Culture and Organizations – Software of the Mind* (London, UK: McGraw-Hill, 1991).

25. G. Hofstede *Culture's Consequences: International Differences in Work Related Values*, 2nd ed. (Beverly Hills: Sage, 2008). The following remarks serve to explain different information about the empirical basis of studies in the literature: the first assessment involved only 40 of the 72 surveyed national subsidiaries, because no sample data that was less than 50 were to be used. The number of researched countries was later expanded by 10, while 14 other countries were combined into three country groups (East Africa, West Africa and Arabic-speaking countries), so the number went up to 53. Eight of the subsidiaries did not have enough employees from the focal country to be able to include them in the analysis. The number of entities increased later was expanded by ten countries. 14 more countries have been subsumed into three regions. G. Hofstede *Culture and Organizations – Software of the Mind* (London, UK: McGraw-Hill, 1991).

26. G. Hofstede 'Cultural Dimensions in Management and Planning', *Asia Pacific Journal of Management*, Vol. Januar (1984a), p. 3; G. Hofstede *Culture's Consequences: International Differences in Work Related Values*, 2nd ed. (Beverly Hills: Sage, 2008).

27. In general: satisfaction, perception, personal goals and preferences and demographic data. G. Hofstede *Culture's Consequences: International Differences in Work Related Values* (Beverly Hills: Sage, 1980).

28. G. Hofstede 'Cultural Dimensions in Management and Planning', *Asia Pacific Journal of Management*, Vol. Januar (1984a).

29. G. Hofstede *Culture's Consequences: International Differences in Work Related Values*, 2nd ed. (Beverly Hills: Sage, 2008).

30. G. Hofstede *Culture and Organizations – Software of the Mind* (London, UK: McGraw-Hill, 1991).

31. G. Hofstede 'Cultural Dimensions in Management and Planning', *Asia Pacific Journal of Management*, January (1984a).

32. G. Hofstede 'Cultural Dimensions in Management and Planning', *Asia Pacific Journal of Management*, January (1984a).

33. G. Hofstede *Culture and Organizations – Software of the Mind*. (London, UK: McGraw-Hill, 1991).

34. G. Hofstede *Culture and Organizations – Software of the Mind*.

35. G. Hofstede 'Cultural Dimensions in Management and Planning', *Asia Pacific Journal of Management*.

36. Based on DGFP, M. Festing, K.P. Gempper, G. Gesche, J. Hagenmüller, U. Hann, D. Slevogt, G. Trautwein, P. Esch and S. Armutat (eds.) *Interkulturelle Managementsituation in der Praxis. Kommentierte Fallbeispiele für Führungskräfte und Personalmanager* (Bielefeld: Bertelsmann, 2004).

37. G. Hofstede 'Cultural Dimensions in Management and Planning', *Asia Pacific Journal of Management*, Vol. January (1984a) as well as A. Kaasa, M. Vadi and U. Varblane 'Retesting Hofstede's Cultural Dimensions of the European Sample: Some implications for Human Resource Management', in *10th International Human Resource Conference*, edited by W. Scroggins, C. Gomez, P. G. Benson, R. L. Oliver and M. J. Turner (Santa Fe, NM, USA, 2009) and B.L. Kirkman, K. B. Lowe and C. B. Gibson 'A Quarter of Century of Culture's Consequences: A Review of Empirical Research Incorporating Hofstede's Cultural Values Framework', *Journal of International Business Studies*, Vol. 37, No. 3 (2006), pp. 285–320.

38. G. Hofstede 'Cultural Dimensions in Management and Planning', *Asia Pacific Journal of Management*.

39. G. Hofstede *Culture and Organizations – Software of the Mind* (London, UK: McGraw-Hill, 1991).

40. G. Hofstede *Culture and Organizations – Software of the Mind* (London, UK: McGraw-Hill, 1991).

41. See also G. Hofstede and M. Bond 'Confucius and Economic Growth: New Trends in Culture's Consequences', *Organizational Dynamics*, Vol. 16, No. 4 (1988), pp. 4–21.

42. B. McSweeney 'Hofstede's Model of National Cultural Differences and their Consequences: A Triumph of Faith – a Failure of Analysis', *Human Relations*, Vol. 55, No. 1 (2002).

43. On criticism see C. Early 'Leading Cultural Research in the Future: a Matter of Paradigms and Taste', *Journal of International Business Studies*, Vol. 37, No. 6 (2006), pp. 922–931; A. Kaasa, M. Vadi and U. Varblane 'Retesting Hofstede's Cultural Dimensions of the European Sample: Some implications for Human Resource Management', in *Proceedings of the 10th International Human Resource Conference*, edited by W. Scroggins, C. Gomez, P. G. Benson, R. L. Oliver and M. J. Turner (Santa Fe, NM, USA, 2009); B. McSweeney 'Hofstede's Model of National Cultural Differences and their Consequences: A Triumph of Faith – a Failure of Analysis', *Human Relations*, Vol. 55, No. 1 (2002), pp. 89–118; W. H. Staehle *Management: Eine verhaltenswissenschaftliche Perspektive*, 8th ed. (München: Vahlen, 1999); V. Taras, J. Rowney and P. Steel 'Half a Century of Measuring Culture: A Review of Approaches, Challenges, and Limitations for Quantifying Culture', *Journal of International Management*, Vol. 15, No. 4 (2009), pp. 357–373.

44. B. McSweeney 'Hofstede's Model of National Cultural Differences and their Consequences: A Triumph of Faith – a Failure of Analysis', *Human Relations*, Vol. 55, No. 1 (2002).

45. R. J. House, N. S. Wright and R. N. Aditya 'Cross-Cultural Research on Organizational Leadership', in P. C. Earley and M. Erez (eds.), *New Perspectives on International Industrial/Organizational Psychology*, (San Francisco: Wiley, 1997), pp. 535–625.

46. G. Ailon 'Mirror, Mirror on the Wall: Culture's Consequences in a Value Test of its own Design', *Academy of Management Review*, Vol. 33, No. 4 (2008), pp. 885–904; B. McSweeney 'Hofstede's Model of National Cultural Differences and their Consequences: A Triumph of Faith – a Failure of Analysis', *Human Relations*, Vol. 55, No. 1 (2002).

47. A. Kaasa, M. Vadi and U. Varblane 'Retesting Hofstede's Cultural Dimensions of the European Sample: Some Implications for Human Resource Management', in *10th International Human Resource Conference*, edited by W. Scroggins, C. Gomez, P. G. Benson, R. L. Oliver and M. J. Turner (Santa Fe, NM, USA, 2009).

48. F. Chiang 'A Critical Examination of Hofstede's Thesis and its Application to International Reward Management', *International Journal of Human Resource Management*, Vol. 16, No. 9 (2005), pp. 1545–1563.

49. S. Hall 'The Question of Cultural Identity', in T. McGrew, S. Hall and D. Held (eds.) *Modernities and its Futures. Understanding Modern Societies* (London: Polity Press, 1992), pp. 273–326; S. Hall 'Kulturelle Identität und Globalisierung', in K.-H. Hörning and R. Winter (eds.) *Widerspenstige Kulturen. Cultural Studies als Herausforderung*, (Frankfurt/Main Suhrkamp, 1999), pp. 393–441.

50. B. L. Kirkman, K. B. Lowe and C. B. Gibson 'A Quarter of Century of Culture's Consequences: A Review of Empirical Research Incorporating Hofstede's Cultural Values Framework', *Journal of International Business Studies*, Vol. 37, No. 3 (2006).

51. W. Weber, P. J. Dowling and M. Festing 'Reducing Barriers in Management Education: Evidence from the Command Economics of Eastern Europe', in *Academy of Management* (Dallas, 1994).

52. A. Kaasa, M. Vadi and U. Varblane 'Retesting Hofstedes Cultural Dimensions of the European Sample: Some implications for Human Resource Management', in *10th International Human Resource Conference*, edited by W. Scroggins, C. Gomez, P. G. Benson, R. L. Oliver and M. J. Turner (Santa Fe, NM, USA, 2009).

53. B. Kogut and H. Singh 'The Effect of National Culture on the Choice of Entry Mode', *Journal of International Business Studies*, Vol. 19, No. 3 (1988), pp. 411–432.

54. H. Yeganeh and Z. Su 'Conceptual Foundations of Cultural Management Research', *International Journal of Cross Cultural Management*, Vol. 6, No. 3 (2006), pp. 361–376.

55. http://www.thunderbird.edu/wwwfiles/ms/globe/index.app.

56. R. J. House, P. J. Hanges, M. Javidan, P. W. Dorfman and V. Gupta (eds.) *Culture, Leadership, and Organizations: The GLOBE Study of 62 Societies* (Thousand Oaks, London, New Delhi: Sage, 2004). Detailed analyses of individual countries or cultures are based on various qualitative processes like focus group interviews, in-depth interviews and the analysis of various documents; in addition see Vol. 2 of the GLOBE Study, published by J. S. Chhokar, F. C. Brodbeck and R. J. House (eds.) *Culture and Leadership Across the World: the GLOBE Book of In-Depth Studies of 25 Societies* (Mahwah, NJ: Erlbaum, 2008). In this volume, management behavior in 25 cultures is described in depth and recommendations are made for management employees.

57. R. J. House, P. J. Hanges, M. Javidan, P. W. Dorfman and V. Gupta (ed.) *Culture, Leadership, and Organizations: The GLOBE Study of 62 Societies* (Thousand Oaks, London, New Delhi: Sage, 2004).

58. R. J. House, P. J. Hanges, M. Javidan, P. W. Dorfman and V. Gupta (ed.) *Culture, Leadership, and Organizations: The GLOBE Study of 62 Societies* (Thousand Oaks, London, New Delhi: Sage, 2004).

59. R. J. House, P. J. Hanges, M. Javidan, P. W. Dorfman and V. Gupta (ed.) *Culture, Leadership, and Organizations: The GLOBE Study of 62 Societies* (Thousand Oaks, London, New Delhi: SAGE, 2004), p. 49.

60. Ibid, p. 49.

61. Ibid, p. 49.

62. Ibid, p. 49.

63. Ibid, p. 49.

64. Ibid, p. 49.

65. Ibid, p. 49.

66. Ibid, p. 49.

67. The study integrates 59 and 62 cultural regions. Three countries are subdivided like East and West Germany, Switzerland and French-speaking Switzerland; South Africa is divided into white and black, only English-speaking Canada is considered. Ibid, p.49.

68. For detailed presentation see M. Javidan, R. J. House, P. W. Dorfman, P. J. Hanges and M. S. De Luque 'Conceptualizing and Measuring Cultures and their Consequences: a Comparative Review of GLOBE's and Hofstede's Approaches', *Journal of International Business Studies*, Vol. 37, No. 6 (2006), pp. 897–914.

69. G. Hofstede 'What did GLOBE Really Measure? Researchers' Minds Versus Respondents' Minds', *Journal of International Business Studies*, Vol. 37, No. 6 (2006), pp. 882–896.

70. On discussion between Hofstede and authors of the GLOBE study Vol. 37, No. 6 of the *Journal of International Business Studies* from 2006. For a commentary on the dispute see P. B. Smith 'When Elephants Fight, the Grass Gets Trampled: the GLOBE and Hofstede Projects', *Journal of International Business Studies*, Vol. 37, No. 6 (2006), pp. 915–921. Ongoing and forceful presentations of the differences, strengths, weaknesses and exact nature of these two very different perspectives on this topic continue unabated – see M. Minkov and G. Hofdtede (2014) 'A Replication of Hofstede's Uncertainty Avoidance Dimension Across Nationally Representative Samples From Europe', International Journal of Cross-Cultural Management, 14 (2), pp. 161–171 and S. Venaik, Y. Zhu and P. Brewer (2013) 'Looking Into the Future: Hofstede Long Term Orientation Versus GLOBE Future Orientation', Cross Cultural Management, 20 (3), pp. 360–385.

71. G. B. Graen 'In the Eye of the Beholder: Cross-Cultural Lessons in Leadership from Project GLOBE', *Academy of Management Perspectives*, Vol. 20, No. 4 (2006), pp. 95–101.

72. F. Trompenaars and C. Hampden-Turner *Riding the Waves of Culture* (London: Nicholas Brealey, 2002).

73. F. Trompenaars and C. Hampden-Turner *Riding the Waves of Culture* (London: Nicholas Brealey, 2002).

74. It should, however, be noted that these dimensions present an analytical differentiation that is hard to maintain statistically, because the value of Cronbach's alpha exceeds the minimum value of 0.7 only in five dimensions (Universalism/Particularism = 0.71; Individualism/Communitarism = 0.73; Neutral/Affective = 0.75; Ascription/Achievement = 0.71; Concept of time requires a special measurement but has a value of 0.74). The scales are not thoroughly reliable. F. Trompenaars and C. Hampden-Turner, *Riding the Waves of Culture*

(London: Nicholas Brealey, 2002). Respectively, the number of dimensions varies (Ibid).

75. F. Trompenaars and C. Hampden-Turner *Riding the Waves of Culture*.

76. F. Trompenaars and C. Hampden-Turner *Riding the Waves of Culture*.

77. F. Trompenaars and C. Hampden-Turner *Riding the Waves of Culture*.

78. F. Trompenaars and C. Hampden-Turner *Riding the Waves of Culture*.

79. F. Trompenaars and C. Hampden-Turner *Riding the Waves of Culture*.

80. F. Trompenaars and C. Hampden-Turner *Riding the Waves of Culture*.

81. F. Trompenaars and C. Hampden-Turner *Riding the Waves of Culture*.

82. F. Trompenaars and C. Hampden-Turner *Riding the Waves of Culture*.

83. F. Trompenaars and C. Hampden-Turner *Riding the Waves of Culture*.

84. E. T. Hall and M. R. Hall *Understanding Cultural Differences. Germans, Frenchs and Americans*. (Yarmouth, ME: Intercultural Press, 1990).

85. E. T. Hall and M. R. Hall *Understanding Cultural Differences. Germans, Frenchs and Americans*. (Yarmouth, ME: Intercultural Press, 1990).

86. S. A. Sackmann and M. E. Phillips 'Contextual Influences on Culture Research: Shifting Assumptions for New Workplace Realities', *International Journal of Cross Cultural Management*, Vol. 4, No. 3 (2004), pp. 370–390; A.M. Søderberg and N. Holden 'Rethinking Cross Cultural Management in a Globalizing Business World', *International Journal of Cross Cultural Management*, Vol. 2, No. 1 (2002), pp. 103–121; H. Yeganeh and Z. Su 'Conceptual Foundations of Cultural Management Research', *International Journal of Cross Cultural Management*, Vol. 6, No. 3 (2006), pp. 361–376.

87. V. Taras, J. Rowney and P. Steel 'Half a Century of Measuring Culture: A Review of Approaches, Challenges, and Limitations for Quantifying Culture', *Journal of International Management*, Vol. 15, No. 4 (2009), pp. 357–373.

88. C. Early 'Leading Cultural Research in the Future: a Matter of Paradigms and Taste', *Journal of International Business Studies*, Vol. 37, No. 6 (2006), pp. 922–931; K.H. Hörning 'Kultur als Praxis', in F. Jaeger, B. Liebsch, J. Rüsen and J. Straub (eds.) *Handbuch der Kulturwissenschaften. Bd.1: Grundlagen und Schlüsselbegriffe* (Stuttgart: Metzler, 2004), pp. 139–151. For a presentation of the task-specific complexities of cross-cultural practices – in this case 'high performance work systems' (HPWS) – see T. Rabl, B. Gerhart, M. Jayasinghe and T. Kuhlmann 'A Meta Analysis of Country Differences in the High-Performance Work Systems – Business Performance Relationship: The Roles of National Culture and Managerial Discretion', Journal of Applied Psychology, Vol. 99, no. 6, (2014) pp. 1011–1041.

89. B. Gerhart 'How Much Does National Culture Constrain Organizational Culture?', *Management and Organization Review*, Vol. 5, No. 2 (2008), pp. 241–259. Also see B. Gerhart 'Does National Culture Constrain Organization Culture and Human Resource Strategy? The Role of Individual Mechanisms and Implications for Employee Selection', Research in Personnel and Human Resources Management, Vol. 28 (2009), pp. 1–48.

90. Also B. Gerhart and M. Fang 'National Culture and Human Resource Management: Assumptions and Evidence', *International Journal of Human Resource Management*, Vol. 16 (2005), pp. 975–990; B. L. Kirkman, K. B. Lowe and C. B. Gibson 'A Quarter of Century of Culture's Consequences: A Review of Empirical Research Incorporating Hofstede's Cultural Values Framework', *Journal of International Business Studies*, Vol. 37, No. 3 (2006), pp. 285–320; I. Weller and B. Gerhart 'Empirical Research Issues in Comparative Human Resource Management', in C. Brewster and W. Mayrhofer (eds.), *Handbook of Research in Comparative Human Resource Management* (Cheltenham, UK: Edward Elgar, Im Druck).

91. e.g. N. J. Adler and A. Gundersen *International Dimensions of Organizational Behavior*, 5th ed. (Cincinnati, OH: Thomson Learning, South-Western, 2008); J. Child 'Culture, Contingency and Capitalism in the Cross-National Study of Organizations', in L. L. Cummings and B. M. Staw (eds.) *Research in Organizational Behavior*, (Greenwich: Elsevier, 1981), Vol. 3, pp. 303–356; G. Hofstede *Culture and Organizations – Software of the Mind* (London, UK: McGraw-Hill, 1991), p. 238; D. L. Kincaid 'The Convergence Theory and Intercultural Communication', in Y. Y. Kim and W. B. Gudykunst (eds.) *Theories in Intercultural Communication* (Newbury Park, CA: Sage, 1988), pp. 280–298; J. Walls and H. Triandis 'Universal Truths: Can Universally Held Cultural Values Inform the Modern Corporation?', Cross-Cultural Management, Vol. 21, no. 3 (2014), pp. 345–356.

92. J. Child 'Culture, Contingency and Capitalism in the Cross-National Study of Organizations', in L. L. Cummings and B. M. Staw (eds.), *Research in Organizational Behavior* (Greenwich: CT: JAI, 1981), Vol. 3, pp. 303–356.

93. Like the World Polity Approach by J. W. Meyer 'The World Polity and the Authority of the Nation State', in G. M. Thomas, J. W. Meyer, F. O. Ramirez and J. Boli (eds.) *Institutional Structure. Constituting State, Society, and the Individual* (Newbury Park, CA: Sage, 1987), pp. 41–70., see J. W. Meyer 'Globalization: Theory and Trends', *International Journal of Comparative Sociology*, Vol. 48 (2007), pp. 261–273.

94. See evidence for systematic variations in job satisfaction across cultures as reported by J. Andreassi and L. Lawter 'Cultural Impact of Human Resource Practices on Job Satisfaction', *Cross-Cultural Management*, Vol. 21, no. 1 (2014), pp. 57–79; and calls for a multi-level approach to understanding the complex topic of work–life balance across cultures by A. Ollier-Malaterre, M. Valcour and L Dulk 'Theorizing National Context to Develop Comparative Work-Life Research: A Review and Research Agenda', *European Management Review*, vol. 31 (2013), pp. 433–447.

95. E. H. Schein *Organizational Culture and Leadership*, 3rd ed. (San Francisco: Jossey-Bass, 2004).

96. H. Bhabha *The Location of Culture* (New York, NY: Routledge 2005).

97. Deloitte (eds.) *Connecting across the Generations in the Workplace: What Business Leaders Need to Know to Benefit from Generational Differences* (2005). For a more complex discussion of subcultures and measurement issues in international management, see S. Venaik and D. Midgley 'Mindscapes Across Landscapes: Archtypes of Transnational and Subnational Culture', Journal of International Business Studies, Vol. 46, No. 9 (2015), pp. 1051–1079.

98. Deloitte (eds.) *Managing the Talent Crisis in Global Manufacturing. Strategies to Attract and Engage Generation Y* (2007). For a more involved and updated discussion of variations in the meaning of the work exchange across cultures and across generations, see Peter Kuchinke 'Work and its Personal, Social, and Cross-Cultural Meanings', in R. Poell, T. Rocco and G. Roth (eds.) The Routledge Companion to Human Resource Management, (London: Routledge Publishing, 2015), pp. 287–297.

99. G. Stahl and R. Tung argue to a more balanced assessment of both the positive and negative impacts that doing business across cultures actually has in MNEs. See G. Stahl and R. Tung 'Towards a More Balanced Treatment of Culture in International Business Studies: The Need For Positive Cross-Cultural Scholarship', *Journal of International Business Studies* Vol. 49, no.4, (2015) pp. 391–414.

100. On aspects of cross-cultural management particularly see D. N. Den Hartog, R. J. House, P. J. Hanges, S. A. Ruiz-Quintanilla and P. W. Dorfman 'Culture-Specific and Cross-Culturally Generalizable Implicit Leadership Theories: Are Attributes of Charismatic/Transformational Leadership Universally Endorsed?', *Leadership Quarterly*, Vol. 10, No. 2 (1999), pp. 219–256; as well as the website of the GLOBE project http://mgmt3.ucalgary .ca/web/globe.nsf/index. In addition see information on further reading. On Global Leadership see R. J. House, N. S. Wright and R. N. Aditya 'Cross-Cultural Research on Organizational Leadership', in P. C. Earley and M. Erez (eds.) *New Perspectives on International Industrial/ Organizational Psychology* (San Francisco: Wiley, 1997), pp. 535–625; M. Mendenhall, T. Kühlmann and G. Stahl (eds.) *Developing Global Business Leaders* (Westport, CT: Quorum Books, 2001). Examples of cross-cultural behavioral situations in organizations can be found in G. Oddou and M. Mendenhall *Cases in International Organizational Behavior*, (Malden, MA: Blackwell, 2000).

101. The major empirical studies by C. B. Gibson,'Implementation of Work Teams Across Cultures: Knowledge Sources, Team Beliefs and Team Effectiveness', in Carnegie Bosch Conference on Knowledge in International Coporations (Rom, 1997); T. Kostova and L. L. Cummings 'Success of Transnational Transfer of Organizational Practices within Multinational Companies', Carnegie Bosch Institute, in Carnegie Bosch Conference on Knowledge in International Corporations (Rom, 1997); S. H. Schwartz, 'A Theory of Cultural Values and Some Implications for Work', *Applied Psychology: An International Review*, Vol. 48, No. 1 (1999), pp. 23–47; P.C. Wu and P. R. Sparrow 'Understanding the Connections between National Value Orientations, Work Values, Commitment, and Job Satisfaction: Lessons for International HRM', in K. Macharzina, M. J. Oesterle and J. Wolf (eds.) *Global Business in the Information Age. Proceedings of the 23rd Annual EIBA Conference*, (Stuttgart: Extec, 1997), pp. 975–1012.

102. Until recently, the influence of institutional and cultural clarification approaches have frequently been analyzed separately. In the end, they are in an interdependent relationship, which has not been adequately explained until now. There is is certainly a need for future research on this – see Z. Aycan 'The Interplay between Cultural and Institutional/Structural Contingencies in Human Resource Management Practices', *International Journal of Human Resource Management*, Vol. 16, No. 7 (2005), pp. 1083–1119.

第 **3** 章
组织背景

章节目标

本章着重介绍日益国际化对人力资源管理部门的管理要求和挑战，以及跨国公司经理人如何应对这些挑战。人力资源管理并不是在真空中进行，有各种各样的组织因素决定并影响着人力资源管理活动。基于此，本章将探讨：

- 标准化和本土化问题。
- 国际化趋势增强的结构性反应。
- 控制和协调（控制和协调什么）的方法，包括企业文化控制。
- 人力资源管理方法和活动的影响。

围绕第 1 章的内容所进行的讨论为分析国际人力资源管理提供了一个有意义的组织背景，这也是本书的主题思想所在。

3.1 引 言

人力资源的实践、政策和过程都蕴含在跨国公司的战略、结构和技术背景之中。[1]当跨国公司处于复杂的竞争环境，并在各种各样的社会、政治、经济背景和母国背景中寻求平衡时，"行政遗产"（administrative heritage）对于跨国公司来说变得极为重要。[2]在第 1 章中，我们讨论了企业的国际竞争环境，在本章中，我们将重点介绍跨国公司为应对国际环境挑战所进行的人力资源配置。图 3-1 描述了企业国际化成长对高管提出的要求。

在图 3-1 中，各种因素并非互相排斥。例如，地域分散性会影响企业规模，增加企业控制的难度，这种压力反过来会影响企业结构。企业的发展（如企业规模）会影响企业信息流和信息量的大小，这可能会提高企业的控制能力（例如明确哪些运作模式、管理系统和流程需要集中化，哪些需要分散授权）。地域分散性涉及多个国家的文化和语言，由此影响企业信息流和信息量的大小。**东道国**（Host Country）的要求会影响**母国员工**（PCNs）、**东道国员工**（HCNs）和其他国员工（TCNs）的构成。

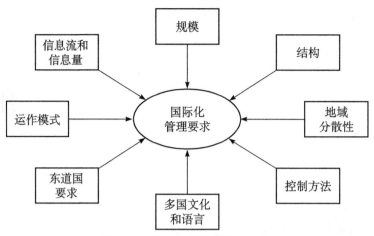

图3-1 国际化成长的管理要求

对于这些因素的深入研究超出了本书的范围。本章的目的是发掘人力资源管理的国际化因素。我们着重介绍组织因素、管理决策和人力资源配置之间的联系。在一定程度上，跨国公司如何应对国际化对人力资源管理的要求决定了该公司扩张战略实施的效果。[3]实际上，早期芬兰学者的研究成果表明人力资源配置要早于国际化运作决策。[4]也有观点认为许多公司的情况正好相反，即在制定市场导向战略之后进行人力资源配置。我们将讨论标准化和本土化的双重作用，探索国内企业转变成跨国公司的途径，并阐述国际化过程将如何影响人力资源配置。

■ 3.2 人力资源管理实践的标准化与本土化

在跨国公司跨境经营的控制工作中，哪些流程、惯例、程序和实践可以而且应该转移到国外，它们在多大程度上需要针对具体国家进行调整（如果有的话），以便在当地得到有效实施？在转移系统和专业知识的过程中，人的作用至关重要。由于跨国公司文化环境的多样性，人员管理（在国际环境中可能是最受文化约束的资源）面临着高度的复杂性。[5]

如前几章所述，外派人员经常被用来监督工作实践的实施。某些时候跨国公司管理层会启用**当地员工**（Local Staff）取代外派人员，并希望这些工作实践能按计划继续下去。这种方法基于这样的假设：通过培训计划和雇用实践，已经将适当的行为方式灌输给当地员工，并使当地员工能够按照预期接受跨国公司的经营方式。通过这种方法，跨国公司的**企业文化**（Corporate Culture）将作为一种微妙的、非正式的控制机制进行运作，从而取代直接的监督机制。

是否采取上述举措取决于当地劳动力对公司行为准则的接受程度、外派人员作为**社会化代理人**（Agents of Socialization）的有效性以及可能导致跨国公司过早地实行本地化管理的成本因素。在此过程中，适当的人力资源管理活动的作用变得至关重要。人力资源管理实践全球标准化的目标是达到上述的一致性、透明性，以及围绕共同的原则和目标调整地域分散的员工队伍。[6]使用共同的管理实践旨在培养参与跨境活动的管理人员之间被平等对待的感觉，以及对员工的期望达成共识。此外，具有一致性的系统还能够通过提高运营效率来优化管理流程。[7]

实现本土化响应（Local Responsiveness）的目的是尊重当地的文化价值、传统、法律或其他体制限制，如政府政策、教育系统、人力资源管理和工作实践。但如前文所述，在一个环境中成功的方法和技术可能并不适用于另一个环境。[8]

许多跨国公司面临的挑战是如何建立一种有效运作的体系，让各国在利用地方差异性和相互依赖性的同时保持全球一致性。例如，联合利华（Unilever）就采用了这样的招聘标准，在全球范围内建立评估体系，以确保每个子公司都实行特定类型的管理行为。但是，国家教育系统的特征和技能水平也是必须要考虑的因素。[9]

研究表明，跨国公司在营销等经营领域面临的标准化-本土化选择也适用于全球劳动力的管理，这是由于人力资源管理在公司内部也执行战略支持职能。但是，如上所述，人力资源管理系统倾向于标准化还是本土化取决于各种相互依存的因素，我们称之为"人力资源管理在标准化和本土化之间的平衡"。图3-2展示了促进标准化或本土化的重要因素。

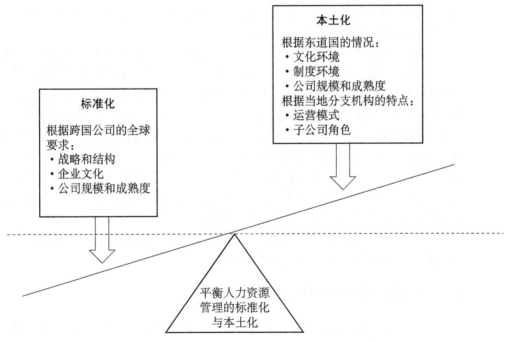

图3-2 跨国公司人力资源管理标准化与本土化的平衡

资料来源：This article was published in M. Festing, J. Eidems and S. Royer. "Strategic Issues and Local Constraints in Transnational Compensation Strategies: An analysis of Cultural, Institutional and Political Influences", *European Management Journal*, Vol. 25, No 2, 2007, pp. 118 – 131. Copyright Elsevier 2012. Reproduced with permission.

综上所述，企业人力资源管理标准化与本土化的精确平衡需要基于战略和结构、公司规模和成熟度等因素。[10]企业文化的力量在标准化方面起重要作用，当地文化与制度环境，包括子公司运营模式和角色等当地实体特征，在本土化方面也起着重要作用。正如哈金（Harzing）[11]所证实的，标准化和本土化都具有一系列优势。

通过对16家北美和欧洲跨国公司的研究的回顾，研究人员得出结论：在标准化（与作者所说的"完全依赖"相关：由公司总部批准实施的人力资源管理实践）和本土化（与作者所说的"高度独立"相关：由当地管理者自行决定的人力资源管理实践）的两极之间，人力资源管理实践可以实行一些中间策略（分别称为"相互依赖"和"独立"）。[12]这些实践是动态的，人力资源管理实践会在这两个极点之间移动，以响应特定的企业战略、环境和监管发展。

3.2.1　推动标准化的因素

相关研究提出，具有悠久国际化历史和广泛跨境业务的大型跨国公司：

- 追求多国或跨国公司战略[13]；
- 由相应的组织结构支持[14]；
- 强调建立全球共享的企业文化。

然而，在实践中，并非所有跨国公司都完全遵守这些因素。例如，并非所有子公司的所有员工都共享全球企业文化。[15]尽管如此，上述三类因素至少是许多希望应对全球化挑战的公司的发展目标。

高度国际化的组织经常试图在全球范围内建立标准化的人力资源管理实践。当然，这种标准化的管理实践并不适用于全体员工，而是针对在总部或国外公司工作的跨国经理人，即国际管理者。[16]德国制药公司先灵公司（Schering AG）是这方面实践的一个很好的例子。该公司尝试为全球高层管理人员在全球范围内建立标准化的薪酬体系，因此引入了全球绩效体系。[17]在新的战略定位下，先灵针对高管实施了标准化的奖金制度，旨在加强公司的绩效文化，促进所有管理人员的共同导向。奖金制度的要素包括标准化的奖金结构。由于不同文化背景下的各子公司对可变奖金的接受程度不同，因此先灵公司根据具体国家的情况对管理人员薪酬总额中固定部分和可变部分之间的比例进行了调整。先灵公司的例子不仅向我们表明实施全球标准是可能的，而且清楚地表明公司经常需要对标准进行本土化调整。下面将概述推动人力资源管理实践本土化的因素。

3.2.2　推动本土化的因素

如图3-2所示，推动本土化的因素包括文化环境、制度环境以及当地分支机构的特点等。我们将在下面讨论这些因素。

文化环境

在第2章中，我们将民族文化作为国际人力资源管理的调节变量。我们注意到，一个群体或社会中有着不同生活方式的成员也会有共同的价值观、态度和行为，这些价值观、态度和行为会随着时间的推移在一个渐进但动态的过程中传递。有证据表明，文化对工作和人力资源管理实践有重要影响。斯派罗（Sparrow）确定了文化对奖励行为的影响，如"管理者-下属关系的不同期望及其对绩效管理和激励过程的影响"。[18]特里安迪斯（Triandis）[19]发现，将工作建立在更完整的个人-社会"关系"基础之上的文化可能会重视内在奖励和**外在奖励**（Extrinsic Rewards）的全面平衡，而以个人独立和孤立（"个人主义"）以及快速变化的个人和社会背景为特征的文化可能更强调外在奖励，这是由于缺乏赋予**内在奖励**（Intrinsic Rewards）意义和权力的强大而持久的社会矩阵。这些例子表明，在不同的文化背景下，标准化实践的有效性可能会有所不同。

制度环境

　　除了国家或地区文化外，制度环境也会影响子公司员工的行为和期望。[20]**制度主义观点**（Institutionalism Perspective）[21]认为，制度压力可能对人力资源实践产生强烈影响。[22]惠特利（Whitley）[23]认为，制度规范和价值观可能以国家商业体系的特点为基础。与人力资源管理相关的要素会具有如教育系统或劳动关系系统的特征。

　　例如，在德国，双重职业培训制度很普遍，这种制度同时为人们提供在非全日制学校的理论学习机会和在公司的实践。在同一个年龄组中有 60% 以上的人参加了双重职业培训。[24]这种培训在德国是一种公认的资历，而在法国等其他国家，这种制度并不存在或仅代表着较低的资历。这种培训制度的普遍性和声誉对国际人力资源管理具有一定影响，如招聘过程和甄选标准都反映了这项资历的重要性。另一个可能对人力资源管理产生影响的相关制度因素的例子是，"劳动立法的范围及其法典化，它针对性别歧视、同工同酬和最低工资等问题制定了新的行为守则"[25]，出于合法性的原因，一些组织提供特定的利益或优势是有意义的，即使提供这些成本非常高且不符合效率原则。

　　制度环境对国际人力资源管理的影响如下面的例子所示，该例子涉及人员配置决策。阿斯-萨贝（As-Saber）、道林（Dowling）和利希（Liesch）[26]的一项研究发现，在印度运营的多国公司明显倾向于在关键岗位上使用东道国员工（HCNs）。他们认为，偏好东道国员工的一个主要原因是，该公司相信印度员工知道的要比外籍管理者在工作中所学到的知识多得多。一般而言，人力资源工作人员职位的本土化更有可能确保遵守当地习俗和东道国政府的雇佣条例。卡尔基（Khilji）[27]发现，尽管在巴基斯坦的外国跨国公司也制定了相关政策，但执行率很低，"因为在按等级划分并且高度集中的机构中培养和培训的经理人反对分享权力，也反对让雇员参与决策"。尽管东道国期望跨国公司将其最佳管理实践引入当地，并发挥西方管理风格的积极作用，但还是出现了这种情况。在卡尔基的研究中，跨国公司采取了多中心方法（Polycentric Approach），由东道国员工担任人力资源经理等关键职位。

　　利伯曼（Liberman）和托比隆（Torbiörn）[28]在对一家全球公司的八家欧洲子公司进行的研究中发现，员工遵守企业规范的程度存在差异。他们认为在全球业务创立之初，管理实践的差异可归因于文化差异和制度因素，而共同点可由共同的企业文化来解释。实证结果也证实了这一点。在一些国家，雇员同意穿着印有公司标志的服装，因为这样做并没有挑战他们的民族文化，但对非管理职位实行业绩评估遇到了很大阻力，因为这违背了其中一个子公司的现行做法。泰勒（Taylor）[29]发现，在中国的日资工厂里工作的中国员工认为，团队简报和其他类似的论坛只是一种新的宣传形式，工人和管理者认为这些信息并没有什么价值。这些例子说明了为标准化-本土化平衡找到适当解决方案的重要性。

上面从制度主义的理论视角阐述了制度环境差异所导致的各种现象。**来源国效应**（Country-of-origin Effect）意味着跨国公司是由来源国现有的机构塑造的，它们试图在其国外子公司中引入这些基于母国的人力资源管理实践。[30] 在种族中心主义企业中尤其如此。来源国效应在非限制性的国家环境中比在高限制性的国家中更强。例如，美国跨国公司将其人力资源管理实践导入英国子公司比导入德国子公司更为灵活，因为英国的就业法没有德国严格，这给企业留下了更多的选择。[31] 还有证据表明，如果跨国公司在一些实践上具备核心竞争力，那么跨国公司通常会限制其推广。[32]

东道国效应（Host-country Effect）是指子公司人力资源管理实践受到东道国环境的影响。例如，在德国的外国跨国公司在薪酬水平或薪酬组合的选择上并不自由。这是由集体工资协议规定的，在典型的德国环境中企业必须接受这种规定。总部也存在类似的影响，如人力资源管理活动受到母国环境的影响，我们称之为**母国效应**（Home-country Effect）。这种差异反映了跨国公司对母国和东道国环境的关注。母国效应是上述来源国效应的基础，描述了跨国公司试图将母国环境下塑造的人力资源管理活动转移到国外的情况。

这一讨论表明，制度环境对人力资源管理产生了不同影响。如前所述，不仅东道国的制度环境能够促进本土化，来源国的力量也在发挥作用。有时也存在**反向扩散**（Reverse Diffusion），即管理实践从东道国向总部转移。[33] 例如，有证据表明，美国跨国公司向其在英国的子公司学习。[34] 爱德华兹（Edwards）等人[35]的研究显示，管理者在英国开发了一种组织人力资源职能的"共享服务"方法，之后美国总部引入了这种方法。制度环境和跨国公司不同单位之间的影响关系如图3-3所示。

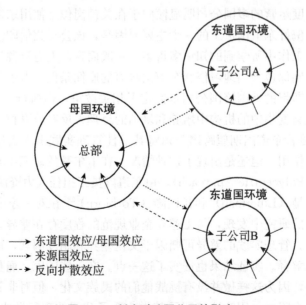

图3-3　制度对跨国公司的影响

关于东道国环境的结论

前面我们概述了制度环境如何影响人力资源管理，特别是在全球标准化和**本土响应**（Local Responsiveness）方面的尝试。[36] 表 3-1 总结了这些结论，并列出了环境差异的例子。当跨国公司试图引入全球标准化的人力资源管理实践时，可能会引发一些问题。在此背景下，有必要回顾第 1 章中关于人力资源管理与工作实践的趋同与分歧的讨论。

表 3-1　文化和制度背景对人力资源管理实践影响的例子

人力资源管理实践	文化背景的影响
招聘与选拔	教育系统 不同国家的公立和私立大学等教育机构的声誉各不相同，这反映在这些国家公司的招聘流程（即人力资源营销）和选择标准中。
培训与开发	教育系统 不同国家的教育制度不同（双重职业培训制度的存在、高等教育机构的质量和声誉），这对跨国公司可感知和可满足的培训需求具有影响。
薪酬福利	立法和劳动关系 最低工资条例或与薪酬有关的工会协议等立法对公司在薪酬结构和薪酬水平方面的选择产生了影响。
任务分配	立法和规范 在不同的国家，立法和相关规范在不同程度上支持基于性别的分工。虽然在一些国家，女性管理者的比例相对较高，但在有些国家，女性参与工作并不常见。

国外运营模式

我们可以站在当地分支机构的层面来审视运营模式。下文将讨论企业内生因素如何决定全球**标准化**（Standardization）和**本土化**（Localization）之间的平衡。在本章后续部分，我们将讨论国外运营的各种模式及其相关的人力资源管理实践。巴克利（Buckley）等人[37]的一项研究提供了两个关于运营模式如何抑制或促进工作标准化的例子。1978 年，中国政府宣布实行改革开放，并开始经济改革，旨在使国家从中央计划经济转向市场经济。早期进入中国的西方企业或多或少与国有企业（SOEs）建立合资企业，后来进入中国的西方企业则能够建立全资子公司（WOSs）。

巴克利等人研究中的一个案例是上海贝尔，这是一家由比利时电信公司（现为阿尔卡特·贝尔公司（Alcatel Bell））、比利时政府和中国邮电工业总公司（PTIC）于 1983 年成立的合资企业。比利时公司逐步转让了相关技术，并在运营中长期依赖比利时侨民。这家比利时公司对合资企业中的中国员工控制有限，而且受到合作伙伴期望和不同目标的制约。

研究的第二个案例与此大不相同。美国电信公司摩托罗拉（Motorola）于 1992 年在中国天津成立了一家全资子公司。中国不断变化的环境使得摩托罗拉可以有效地建立一个"移植工厂"：从母公司或其全球网络中的其他子公司进口生产设备、组织流程和实践。这使得摩托罗拉能够将中国业务融入更广泛的企业网络中，并实现管理的本土化。这些协调和标准化工作得到了人力资源管理计划的支持，如特别管理培训计划（中国加速管理计划（CAMP））[38]、英语培训以及将中国员工转移到美国业务部门等。摩托罗拉已经能够在人力资源管理活动的支持下，将其**六西格玛质量控制**（Six Sigma Quality Control）等流程和系统、其他技术、知识和工作实践相对快速地转移到中国的新工厂中。

当跨国公司试图对工作和人力资源管理实践进行标准化时，还需要考虑所有权和控制权。在全资子公司中，企业独立实施流程和程序的能力自然更高，国际合资企业（International Joint Ventures，IJV）中的控制问题仍然需要跨国公司关注。国际合资企业合作伙伴之间的互补性以及国际合资企业与跨国公司其他部门之间的相互依存程度已被证明对国际合资企业的有效运作和工作实践的转移具有重要影响。例如，严（Yan）[39]对在中国经营的 87 家国际合资企业的研究揭示了在确定工作实践时为国际合资企业确定战略目标的重要性。严总结说，任务导向在国际合资企业中发挥了重要作用，这直接塑造了人力资源管理的措施。

这里的讨论表明，与跨国联盟相比，全资子公司的人力资源管理实践更难以达成标准化与本土化的平衡。对于跨国联盟来说，平衡还取决于联盟的许多特征，包括所有权和控制权问题。正如我们将在后文讨论的那样，进一步区分全资子公司非常重要。现在我们将介绍子公司角色的概念。

子公司角色

子公司角色明确了特定单位相对于组织其他部门的位置，并在对整个跨国公司效益的贡献方面确定了对它的期望。子公司可以扮演不同的角色。[40]现有研究考察了子公司的角色与职能、权力和资源关系、主动性、东道国的环境、高级管理人员的倾向、子公司管理者的积极支持这几个方面。[41]子公司可能是关键竞争力和能力的发起者和生产者，作为利润中心，子公司会为整个跨国公司的竞争优势做出贡献，子公司层面的精英中心可以被视为这方面优势的一种标志。这表明一些跨国公司已认识到，整个组织的专业知识水平是不同的，并非所有创新和最佳实践都来自总部。日本的日立公司（Hitachi）在中国设立研发中心（R&D），就是将其建设成为全球空调研发中心的一个例子。[42]

下面我们将讨论古普塔（Gupta）和戈文达拉扬（Govindarajan）[43]所提出的著名的子公司角色类型。他们将跨国公司解释为资本、产品和知识流动的网络，他们认为知识流动最为重要，并且区分了：（1）知识流动的规模，即子公司参与知识转移的强度；（2）交易的方向性，即子公司是知识提供者还是接受者。根据知识流入和流出之间的区别可以将子公司扮演的角色分为四类：全球创新者、整合扮演者、执行者和本地创新者，具体见表 3 - 2。

表 3 - 2 古普塔和戈文达拉扬的四个一般的子公司角色

	低流出（子公司）	高流出（子公司）
低流入（田公司）	本地创新者	全球创新者
高流入（田公司）	执行者	整合扮演者

资料来源：Adapted from A. Gupta and V. Govindarajan "Knowledge Flows and the Structure of Control within Multinational Corporations", *Academy of Management Review*, Vol. 16, No. 4 (1991), pp. 768 - 792.

作为全球创新者的子公司为其他部门提供了重要知识，并且随着公司向**跨国**（Transnational）模式发展而变得越来越重要。这一角色体现在国际人力资源管理的定位上，即母公司制定人力资源管理政策和实践，然后将这些政策和实践转移给其海外子公司。[44]

整合扮演者创造知识，同时它也是知识的接受者。具有这种角色的子公司可以代表跨国公司网络中的一个重要知识节点[45]，它们应该得到高度整合的人力资源管理定位的支持。因此，总部和子公司采用的人力资源管理实践和政策非常相似，可能具有高度的全球标准化和本土化的特点。

执行者严重依赖母公司或同级子公司的知识，它们自己创造的知识量相对较少。如果国际人力资源管理系统以输出为导向，则全球人力资源管理决策主要由母公司做出，子公司负责本地层面的执行实施过程。

作为本地创新者，子公司完全承担本土化责任，参与国家或地区范围内所有功能领域特定知识的创建。由于每个子公司都独立于母公司和其他子公司运营，这种多中心的人力资源管理系统与总部的联系很弱，这种独立性导致了许多本土化的人力资源管理政策和实践。哈尔茨和诺德海文（Noorderhaven）[46]对这一类型进行了检验，并在总部位于荷兰、法国、德国、英国、日本和美国的 169 家跨国公司的子公司样本中找到了实证支持：

> 与先前的研究相比，我们的结果显示，子公司之间的差异越来越大，子公司之间知识和产品流动的相对重要性也越来越高，这表明跨国公司正越来越接近理想的跨国公司类型。[47]

向理想的跨国公司类型发展需要更多的子公司参与知识外流，从而承担起全球创新者或整合扮演者的角色。从子公司层面（无论是否从指定的"精英中心"[48]）向全球网络的其他部分转移管理实践方面的知识和能力的困难，与总部向子公司转移的困难类似。例如，任何来源的知识均具有"黏性"，子公司所扮演的特定角色及其管理层的地位对于决定子公司实践的推广和采用至关重要。

黏性是一些公司以输出为导向而不是采用综合性管理导向的国际人力资源管理方法的原因之一。[49]综合性方法的一个主要障碍是伯金肖（Birkinshaw）和里德斯特拉尔（Ridderstråle）[50]所描述的"企业免疫系统"。子公司的提议经常遇到很大阻力，组织内的个人会抵制变革或支持低风险项目，并对挑战自己权力基础的想法持谨慎态度。米切洛娃（Michailova）和赫斯特德（Husted）使用"知识共享敌意"和"知识囤积"这两个术语来解释对在俄罗斯经营的公司的研究中发现的不共享行为。[51]

提高管理人员的流动性是打破这些障碍、培养企业而非子公司拥护者的一种方法——子公司拥护者传播有关子公司举措和能力的信息，并酌情建议组织的其他部门采用。特里加斯基斯（Tregaskis）[52]在对研发中心的研究中报告，一家公司发现通过关键员工访问其他部门所形成的个人关系促进了信息共享，并最终促进了其他子公司采用新产品。面对面的互动对于建立信任和隐性知识的交流很重要，这在公司或区域会议上是可能的。因此，跨国公司各单位之间通过个人接触或区域/全球会议进行频繁的个人交流对于知识的成功识别和转移至关重要。[53]

本部分讨论了知识转移的相关过程和子公司如何影响人力资源管理中标准化与本土化的平衡。回顾本部分开头概述的权力与资源的关系，必须强调的是，在影响标准化-本土化平衡方面，强大的子公司可能比那些活跃在不太重要的市场或具有非特定技能的子公司具有更高的地位。[54]伯金肖和里德斯特拉尔[55]将子公司相对于总部的结构性权力和基于资源的权力定义为全球网络中两个基本的影响力来源，并区分了"核心"子公司和"外围"子公司。有证据表明，那些在跨国公司网络中控制着巨大市场，并拥有战略上重要的特定技能的子公司对标准化-本土化平衡产生了重大影响。[56]

3.2.3　平衡人力资源管理标准化和本土化的措施

很多研究[57]考察了母公司和子公司之间的协调、沟通和控制过程。对这些机制的分析有助于我们理解标准化与本土化之间的平衡是如何实现的。

本部分将遵循马丁内斯（Martinez）和贾里洛（Jarillo）[58]使用的结构性/正式协调机制和非正式/微妙协调机制之间的区别。作者将协调定义为"整合分散在子公司之间的活动的过程"。[59]这两组协调机制之间的本质区别是后者以人为本，而前者不是。马丁内斯和贾里洛将非以人为本的协调机制归因于简单的国际化战略。然而，更复杂的战略需要更多的协调支持。高度协调通常通过同时采用非以人为本的协调机制和以人为本的协调机制来实现。[60]在企业国际人力资源管理实践和政策中，非以人为本的协调机制包括：关于人力资源管理实践的书面材料，如印刷品或通过内部网络提供的手册、信息传单。然而，由于这是一种单向渠道，它只能补充平衡全球和本地需求的复杂过程，也不符合复杂的国际人力资源管理办法的要求。在此过程中，以人为本的协调机制是必不可少的。

正如我们在子公司之间的知识转移方面已经指出的那样，总部和国外子公司的人力资源管理者必须互相交流他们在不同地方背景下的知识、期望和经验。因此，在确定和实施国际人力资源管理标准化与本土化平衡的整个过程中，使用各自的支持基础设施（如内部网络平台[61]）进行会议和公共项目工作是必不可少的。此外，作为意见领袖的强有力的直线管理人员也应参与这一过程，以获得对跨国人力资源管理措施的广泛支持。最后，企业高层管理者对各自的人力资源管理解决方案的高度重视对计划的成功也至关重要。[62]

■ 3.3　全球化演变的路径

大多数企业在其国际化活动的性质和规模得以发展的过程中都要经历几个阶段，组织结构[63]在此过程中也会相应发生变化。产生这一变化的原因有以下三点：

- 增长和地域扩张的压力；
- 各业务单位之间改善协调和控制的需要；
- 东道国政府的规定对资产所有权和股权的约束。

　　跨国公司不是一夜之间产生的，从一家国内公司发展成为一家真正的全球组织或许要经历漫长的、在某种程度上是曲折的过程，这个过程包含了很多阶段（见图3-4）。虽然对国际化的研究表明这些企业都会经历一个共同的过程，但是必须强调的是，对所有的企业来说，这个过程并不完全相同。[64] 图3-4表明，有些企业会采取许可生产、分包经营或者其他经营方式来代替直接在国外建立生产和服务基地。

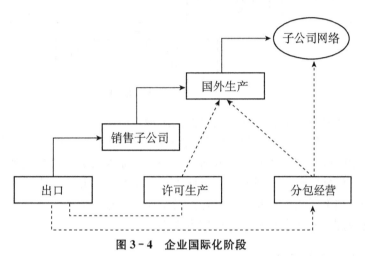

图 3-4　企业国际化阶段

　　尽管最近的研究表明，完成国际化过程的总体速度已经加快，有些企业非常迅速地完成了各个阶段，但是仍有一些企业发展得比较慢，完成此过程花费了很多年。例如，有些公司通过兼并跳过中间阶段来加速完成这一过程（也就是说，它们通过购买外国企业来直接进行国外的生产，而不是先出口，再成立销售子公司，见图3-4）。也不是所有的企业国际化时都经历了这样的顺序——有些企业会受到外部因素，诸如政府行为的影响（例如东道国要求建立合资企业）或要约购买一家企业。还有一些企业随着国际化市场观念的形成而快速全球化——通常被称为天生全球化企业。换句话说，就像各跨国企业现状不同以及发展的时间长短也不同一样，不同的企业成为跨国公司所要经历的步骤、阶段也各不相同。[65] 然而，我们有必要将演进过程这一概念用于阐释一家企业在迈向跨国公司的过程中所需要的结构调整。就像我们讨论过的，与这一概念相联系的是结构性反应、控制方法和人力资源管理政策。

3.3.1　出口

　　出口是企业进行跨国经营最典型的初始阶段。对于出口来说，除非出口水平达到了一定程度，否则它不会对组织产生多大的影响。当然，对于服务性公司而言，简单的出口也许比较困难（如律师事务所），因此，它们不得不提前进行国外直接投资运作（通过成立办事处或合资企业）。[66]

　　出口经常通过中间商来操作（如国外代理商或经销商），当地市场知识被认为是至关重要的。当出口额增长时，就必须委派出口的管理者对国外市场加以控制并积极开拓新的市场。这个管理者一般是在国内运作。当出口额继续增长，公司更加重视或更加依赖出口时，也许就要成立和国内销售部门规模相当的出口部门了（见图 3-5）。

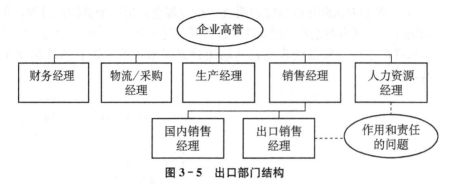

图 3-5 出口部门结构

在此阶段，虽然任命了出口部门经理，但出口仍由母公司相关部门控制。人力资源部门的作用并不是很明确，如图 3-5 虚线箭头连接的两个部门。即使在国际化初始阶段中有一些人力资源活动，如出口业务人员的选择，或者国外代理商的培训，但仍然缺乏足够证据说明早期人力资源管理对此阶段有多大作用。这说明了当市场营销部门或出口业务人员在涉及早期国际化人力资源方面的政策和程序时，人力资源部门即使参与其中，作用也很小。[67]

3.3.2 销售子公司

当公司在国外市场积累了一定的发展经验后，公司就可以在国外成立销售子公司或办事处进行直接销售以取代经销商和代理商。这一阶段被一些因素推动，如国外代理商的问题，在国际销售活动中更加自信，对出口活动加大控制力度和支持力度的需要。国外销售子公司的建立通常取决于出口活动在组织业绩中日益突出的重要性。主管出口的经理被赋予与其他部门经理同样的权力，如图 3-6 所示。

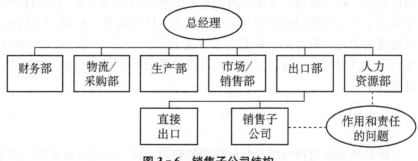

图 3-6 销售子公司结构

公司总部始终对出口进行控制，同时企业必须对销售子公司进行协调，包括对人员配备问题进行决策。假如公司想维持直接控制，持母国中心态度，那么它就会倾向于为销售子公司配备从母公司派来的管理人员。假如公司认为东道国的特殊因素——如对国外市场情况的了解、语言以及对东道国市场需求的敏锐性——很重要的话，它可能就会为其子公司配备东道国员工。尽管如此，仍然存在销售子公司的主要职位是由母国员工来担任的情况。

使用母国员工引发了外派管理问题和活动。尽管可能没有迹象表明人力资源部门在何时以及如何介入人员配备活动，但人力资源部门还是积极参加了企业国际化活动的人事方面的工作。

3.3.3　国际部

对于一些企业来说，从成立销售子公司到建立国外生产和服务设施的间隔非常短。假如公司已经在国外进行产品的装配，从而可以利用国外廉价的劳动力并节约运输费用和关税，那么这个阶段就会非常短。例如，公司拥有一个很好的出口营销计划并能享受东道国的出口优惠政策，或者公司成立国外生产基地并受控于东道国政府。然而，对于某些企业来说，对国外进行投资是一个非常艰难的过程。一旦做出了在国外进行生产的决定，公司就要投入自己的生产设施，或与当地一家企业组成合资企业，或买下当地一家企业。[68]无论以何种形式，国外生产和服务的管理趋向于积极创办一个独立的、包含所有国际活动的国际部（见图 3 - 7）。

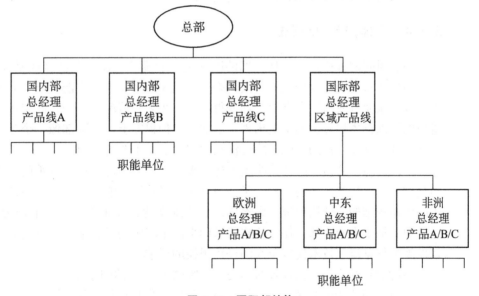

图 3 - 7　国际部结构

资料来源：Adapted from C. Hill, International Business：Competing in the Global Marketplace, 2nd edn (McGraw-Hill, Newark, 1997) copyright The McGraw-hill Companies, Inc. Reproduced with permission.

值得注意的是，比起欧洲企业，国际部形式在美国企业中更为常见，因为欧洲企业往往在前殖民地国家有较长的活动历史，其国外生产和服务的管理相较于美国企业而言更为容易。

随着国际活动的深入，公司会成立越来越多的"微缩公司"（相对于国内组织结构而言）。子公司经理不仅向国际部的领导汇报，还可能向其他部门的领导进行非正式汇报。图 3 - 7 中，在人员配备问题上，子公司的人力资源经理和总部的人力资源经理就可能会有接触。

在国际化的这一阶段，考虑到维持对新成立的子公司的控制，部分母公司会派出管理人员担任子公司的关键岗位。另外一些企业则认为在东道国的招聘活动必须由东道国员工进行，因此委任东道国员工负责子公司的人力资源部门。还有部分企业选择由东道国员工担任部分部门的关键岗位，包括人力资源部门，以遵守该国政府的各种法规。

公司人力资源部门的主要作用是对外派人员进行管理，尽管对子公司人力资源部门也有一些监控，但正式的控制是通过国际部的领导进行的。普契克（Pucik）[69]最初认为，公司人力资源活动被局限于对新的国际部人员的选择上。外派经理的主要作用是："确定那些能够直接进行国外子公司的日常管理活动的人员，监督其在管理和技术方面知识的传授、公司政策沟通以及与总部保持联系。"当公司在别的国家扩大生产、增加服务时，伴随着外派人员的增加，外国劳动力的规模也在不断增加，因此，必须有更多正式的人力资源政策。人力资源部门员工设计人力资源政策的能力取决于外派管理方法制度化的程度，尤其是**薪酬**（Compensation）制度和**驻外前培训**（Pre-departure Training）制度。人力资源职能越远离国际活动，国际任务越难完成。[70]如果出口部（或类似部门）负责过国际人力资源的配备工作，那么可以认为出口部是有能力管理外派人员的。

3.3.4　全球产品/地区部

随着时间的推移，企业从早期的国外生产阶段转为通过产品（或服务）、标准化和多样化来实现快速增长的阶段，因此，庞大的企业规模可能会产生问题，国际部过度扩张使有效沟通和高效管理变得困难。在某些情况下，公司高层管理者应该避免国际部自主权过大的情况出现，诸如在某种程度上，国际部像一个独立的企业一样，或者其在公司的国际战略性活动中起到过于重要的作用。

母公司与子公司之间的紧张关系通常来源于子公司对东道国政策的响应与母公司全球一体化战略之间的矛盾。子公司对东道国政策的响应是不断发展的，它们受不同的市场结构、分销渠道、顾客需求、当地文化以及来自该国政府压力的影响。母公司更加集中的全球一体化战略需求则来源于跨国的顾客群、全球的竞争者、快速发展的信息流、技术流以及大的经济规模的要求。

各种引发变化的力量导致跨国公司面临两个结构上的问题：

● 母公司或者子公司做出关键决策的程度（集权还是分权）；

● 母公司对子公司控制的类型或者形式。

在这个国际化阶段中，可以是以产品或服务为基础的全球化结构（如果扩张战略是基于产品或服务的多样化），也可以是地区结构（假如扩张战略是基于区域扩张来实现）（见图3-8A和图3-8B）。

权力下放是调节子公司各种利害关系的一种手段，跨国公司的外派人员正努力使其人力资源活动满足每个东道国的特殊需求，这些活动将影响公司人力资源管理部门的职能。东道国员工被赋予越来越多的在子公司的决策责任，而母公司人力资源部门只起到监督作用，并且只在出现特殊情况时才对东道国事件进行干涉。人力资源管理活动的监督作用反映了公司对战略规划集中控制的需要，在全球市场中形成、执行并协调母公司战略。[71]另外，国外市场的扩张和国际化运作中组织结构的

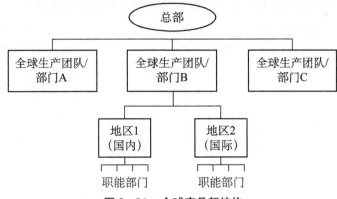

图 3-8A　全球产品部结构

资料来源：Adapted from C. Hill, International Business: Competing in the Global Marketplace, 2nd edn (McGraw-Hill, Newark, 1997) copyright The McGraw-hill Companies, Inc. Reproduced with permission.

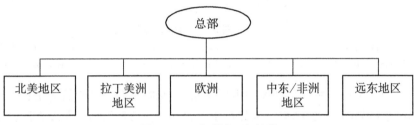

图 3-8B　全球地区部结构

变化，都会引起监督母公司和国外子公司之间活动的雇员人数的增加。在人力资源管理职能范围内，培养能够在国际环境中运作的管理人员成为跨国公司新的当务之急。[72]

随着跨国公司的发展和全球化的加快，跨国公司越来越多地面对"思维全球化，运作本土化"的矛盾。[73]日趋复杂的国际环境——全球范围内的竞争者、顾客群、产品、技术革新和世界范围内的工厂——迫使跨国公司推进全球一体化，同时东道国政府和其他利益相关者（顾客、供应商、员工）致力于推动本地响应。为满足冲突双方的需要，跨国公司尤其需要考虑一种更加适合的组织结构，如矩阵式结构、混合式结构、多中心结构、跨国结构以及跨国网络结构等形式。以下对这几种形式分别进行描述和讨论。

3.3.5　矩阵式结构

在**矩阵式结构**（Matrix Structure）中，跨国公司试图通过多个层面来整合其运作。在图 3-9 中，国际部或地区部和产品部享有共同的权力。这种结构形式的优点在于利益冲突的公开化，而且对于决策来说，每一个重要问题都会被提出来而不会被忽视。换句话说，矩阵式结构把"结构需求同决策过程相匹配"这一理念引入到管理系统中。对矩阵式结构的研究表明[74]："在具有相同的优先权的情况下，矩阵式结构是能满足追求多元化经营战略的唯一结构形式，这种结构的成功之处在于它能适应这种情形。"实践证明，采取矩阵式结构的企业取得了全面成功，但是这种昂贵的结构形式需要来自最高管理层的支持才能成功。

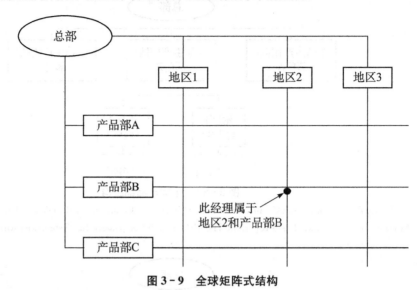

图 3-9　全球矩阵式结构

资料来源：Adapted from C. Hill，International Business：Competing in the Global Marketplace，2nd edn（McGraw-Hill，Newark，1997）copyright The McGraw-hill Companies，Inc. Reproduced with permission.

在图 3-9 中，地区经理主要负责所辖地区的特定产品的销售，产品经理负责跨区域特定产品的销售。例如负责产品 A 的经理关注产品 A 在欧洲、美洲和亚太地区的销售情况。产品经理向全球产品副总裁汇报产品情况，并向国际部副总裁汇报地区性事务。职能部门和人力资源部门的员工同样有双重汇报途径。某国/地区人力资源经理就产品部人员配备相关问题间接向全球产品副总裁汇报，并向总部人力资源部门汇报。欧洲电气系统和设备制造商 ABB 公司（Asea Brown Boveri）的前首席执行官珀西·巴尼维克（Percy Barnevik）是矩阵式结构的早期支持者。[75]该公司数十年在矩阵式结构控制方面做出的努力对理论界和学术界产生了重大影响，也使一些跨国公司总裁对此产生了兴趣。

总的来说，为成功实施矩阵式结构所做的努力仍然存在问题。巴特里特（Bartlett）和戈沙尔（Ghoshal）[76]认为，"在实践中，特别是在国际背景下，矩阵式结构已被证明是很难管理的"。问题在于：

1. 双重领导会导致冲突和混淆；
2. 沟通渠道的增多会导致信息堵塞；
3. 职责重叠会导致互相争夺势力范围，并造成无人负责的情况；
4. 语言、距离、时间和文化的障碍从本质上来说使经理人不可能解决冲突、澄清混淆。

巴特里特和戈沙尔做了这样的总结：当今大多数成功的跨国公司并非将重点放在寻找理想的组织结构上，而是更注重开发经理人个人的能力、行为和业绩。这有助于形成"经理人头脑中的矩阵"，进而发掘个人能力，使整个公司获得激励，从而对复杂和动态的环境做出合作式的响应。如果一个跨国公司选择了矩阵式结构，就必须特别注意人员配备问题。罗伦（Ronen）[77]指出：

> 矩阵式结构需要经理人从总体上了解企业，具备良好的人际沟通技巧，处理好矩阵式结构中固有的职责和权力不清问题。诸如计划程序技能、矩阵式结构中所需的人际沟通技巧、分析能力和在组织内部有序地为计划提出所必需的建议等多方面的培训，对于支持矩阵式结构的方法是最重要的。另外，与传统结构形式相比，在多变的矩阵式结构的环境中管理和进行人力资源规划显得尤为重要。

3.3.6 混合式结构

由于多样化的运作过程，管理范围不断扩大，或由于矩阵式结构运作并不成功，有些企业选择了混合式结构。道林[78]的一项调查表明，超过 1/3（35%）的被调查者回答说他们的企业属于混合形式，大约 18% 是产品或者矩阵式结构。加尔布雷斯（Galbraith）和卡赞金（Kazanjian）[79]指出混合式结构是为了顺应全球压力和交换而产生的：

> 例如，追求地区结构的组织保持着其地区利润中心，但是增设了世界范围内的产品经理。高露洁公司拥有能力很强的地区经理，当公司对产品研发投入双倍资金并使高露洁牙膏成为全球性的产品时，公司总部增加了产品部经理直接负责研发、投资事项和协调世界范围内的产品项目。类似地，产品部门化的企业重新组建国际部。在摩托罗拉公司，产品部负责全球范围内的产品生产线，当摩托罗拉与当地企业竞争时，它专门成立了一个国际小组来协调各产品生产线。

虽然所有因跨国公司的发展而形成的组织形式都很复杂而且难以有效管理，但鉴于跨国公司在每一个新阶段都会获得能力和经验，混合式结构就更复杂、更难解释，也更难执行和控制。因此，就如我们在矩阵式结构中重点讨论的那样，重要的是所有员工都能理解混合式结构并关注其支持机制，诸如公司形象、人际关系、管理态度和人力资源系统，尤其是晋升和薪酬政策。[80]

3.3.7 矩阵式结构之外的结构

早期对母公司和子公司之间关系的研究倾向于强调资源、人员以及母公司到子公司的信息流，并主要通过控制和协调来验证这种关系。然而，在大型成熟的跨国公司内，这些流程是多方位的，包括从母公司到子公司、从子公司到母公司以及子公司之间。[81]这就形成了由相互关联的活动和关系所组成的复杂网络。从跨国公司管理文献中能归纳出三种组织结构——**多中心公司**（Heterarchy）、**跨国公司**、网络公司。尽管名称不同，但不管是以上哪种形式都使我们认识到，在国际化阶段，仅仅顺应公司战略的高级结构的概念已经不恰当了。这三种形式的提出者都认为在这一阶段跨国公司应该具有较少的层次结构。接下来我们将简要介绍几种更分散、更有机的组织形式。

多中心公司

多中心公司是赫德伦（Hedlund）提出的一种结构形式[82]，他认为跨国公司需要许多不同类型的中心，它们不同于传统的"公司总部"形式。赫德伦认为，竞争优势并不一定存在于一个国家（如母国），更恰当地说，它存在于很多国家中。因此，每一个子公司既是一个中心又是一个分散活动的全球协调者，它不但为自己而且为跨国公司整体扮演战略角色（图 3-10 中标为"中心"的是子公司）。例如，一些跨国公司会在它特定的子公司内进行集中研发。多中心的跨国公司很少依赖以前多层次结构中的最高管理层，而是依赖规范的机制，如公司文化以及为大众所知晓的中心目标和战略。

从人力资源管理的角度来看，多中心结构的有趣之处在于它似乎只在跨国公司形成、执行和加强所需的人力资源要素的能力方面比较成功。赫德伦认为，多中心结构需要有专业技能和有经验的人员，还需要成熟的薪酬和奖罚制度来建立有效的标准控制机制，将员工使用作为一种非正式的控制手段也是很重要的，我们将在本章的后面进行讨论。

在后来的一篇文章中，赫德伦提出"N 形式"的结构模型。这个模型建立在多中心概念的基础上，并融合了知识组织学者们的一些理论。赫德伦认为，一个新的结构形式需要允许知识管理的存在。N 形式模型取消了部门，允许人员暂时聚集，采取项目团队的工作方式，与此同时强调团队或者个人之间双边沟通的重要性。高层管理人员担任催化剂、建筑师或知识的保护者的角色，而不是监视者和资源的分配者。[83] 他还建议，可以使用诸如跨功能团队或对低级别员工授权这些机制来支持N 形式模型。

跨国公司

跨国公司是一种新型的组织结构，它所有的事业部共享资源、共担责任，不分国别。跨国公司试图处理其子公司间组成部分、产品、资源、人、信息等的大量流动，同时也要顾及已经分配的专业资源和能力。因此，跨国公司需要经历一个复杂的协调和合作过程，这个过程包含了强大的跨部门集成设备、强烈的企业认同感以及成熟的全球管理视角。巴特里特和戈沙尔[84]提到：

> 在我们研究的公司中，有几个公司正在开发这种组织结构能力。这种能力超过了通过**分权**（Decentralized）来对外部多种多样的国际需求和机会进行感知并迅速反应的跨国公司的传统能力，它可以通过集权在世界范围内紧密控制管理运作的中心机构，从而大大超过一些全球企业的能力。它已经具有我们所称的跨国公司的能力——一种跨国界的管理能力以及在实现全球一体化的同时保持当地灵活性的能力。最重要的是，这种形式涉及以一种灵活的方式将本地运作相互连接并连接到中心的能力，这样的运作平衡了当地与中心的能力水平。

事实上，矩阵式结构、多中心公司和跨国公司在人力资源方面的主要作用是相同的。因此，培养能够跨越国界和子公司的边界进行思考和运作的跨国经理人或全球中心领导者，是最高管理层在引入这些复杂的组织结构时的重要任务。人员调动在整合和协调中起着关键作用。[85]

跨国公司作为网络公司

一些学者将大型的、成熟的跨国公司称为网络公司的原因在于：

1. 子公司已经发展成为投资、活动和影响力的重要中心，它不再被认为只是外围者。[86]公司总部与子公司之间的相互作用是二元化的，在不同组织层面的各种角色之间产生并涉及不同的交换，这种相互作用对于全球业绩的有效性来说非常重要。

2. 这样的跨国公司是松散的，其具有双重机制的政治系统（political systems），而不是紧密型的、单一的、科层式的控制系统。[87]跨国公司在联系方式上与传统结构完全不同。对传统结构中的联系方式，通过组织结构和标准程序确定的被认为是正式的，而通过个人或社会化的联系确定的则被认为是非正式的。[88]

图3-10表示的就是这样一个复杂的纵横交错的关系。一个子公司就好像是连接一簇卫星组织的节点，这样一个中心就能承担起一个国家或地区其他部门的责任。与该观点类似，戈沙尔和巴特里特[89]已经将他们的跨国公司概念扩展到将跨国公司定义为一个组织间的系统，它由在不同的组织部门间交换关系的网络组成，包括公司总部和国内子公司以及外部组织，如东道国政府、客户和竞争者以及与跨国公司发生联系的各个单位。他们认为，一种新的结构并非关键因素——这更像是一种新的管理理念的诞生，重点在于管理过程。"根据各个公司的业务和传统的不同，各个公司所依赖的现实管理过程中的配置和企业结构也可以不同。"[90]戈沙尔和巴特里特引用了通用电气（GE）、ABB和丰田这些正在经历该过程的公司作为主要范例，同时又引用了英特尔（Intel）、康宁（Corning）、飞利浦（Philips）、阿尔卡特（Alcatel）、松下（Matsushita）和东芝（Toshiba）等着手建立网络结构的公司的例子对此进行了说明。

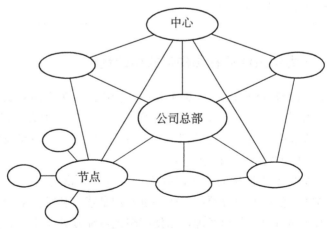

图3-10　网络组织

一个中心网络组织的管理是很复杂的。除了组织内部的网络（包括公司总部和许多子公司），每一个子公司也有一定范围内的外部联系（包括与当地供应商、顾客、竞争者、东道国政府和合作者的联系）。组织结构内部和组织结构之间以及整个网络的管理对全球中心公司的业绩是很重要的。它涵盖所谓的"扁平化结构"，其特点包括以下五个维度：

- 决策权下放至适当的单位和层面；
- 不同国家单位间的主要职能部门在地理上的分散化；
- 机构扁平化；
- 减少正式程序的官僚作风；
- 工作具有多样性，网络子公司承担责任并拥有权利。[91]

诺里亚（Nohria）和戈沙尔引用的例子集中在网络型子公司对松散资源（超出地区需要的资本资源、生产资源和人力资源）进行打包来刺激"地区对地区""地区对全球""全球对全球"的创新过程。[92]这些经过整合的松散资源中的网络、人际关系、学习关系与复杂的沟通网络结合在一起是为了发现和传播新的技术和过程。

网络公司之外的结构

多兹（Doz）、桑托斯（Santos）和威廉姆森（Williamson）[93]创造了"元国家"（Meta-National）这个词来描述由三种类型的单位所组成的公司。第一，基于地区的"敏感单位"负责发现分散的市场和工程信息的来源，因此开发新的技术和流程不再仅仅是母国总公司研发部门或者跨国公司全球开发中心的任务。第二，"磁性单位"负责吸收这些分散的创新流程，开发一个商业计划来把这些创新流程转化成有望实现的产品和服务。第三，"第三种单位"负责根据全球客户的要求进行产品和服务的调整和营销。元国家体系被描述为：

> 全球化的较量发生在三个层面上，争取先于竞争对手发现和获取新的技术，争取把分散的知识转化成创新的产品和服务，争取在全球范围内开发这些创新的产品和服务的市场。[94]

3.3.8　人力资源活动在结构形式中的地位

正如我们对各种结构形式的解释中所指出的，少有研究关注人力资源的职能是如何随着由国际化发展导致的结构性变化而发展的。但在一项涉及30家英国公司中的人力资源职能角色变化的研究中斯卡林（Scullion）和斯塔基（Starkey）[95]发现了三个不同的群体，如下所述：

1. 人力资源集权化的公司以强大的、资源丰富的人力资源部门承担大范围的职责为特征。公司人力资源部门的关键作用是建立和维护对全球高层管理职位的控制，如国际部门和子公司经理，以便战略人员配置处于中央控制之下。这种类型的公司采用产品化结构或者矩阵式结构。

2. 人力资源分权化的公司特点是把人力资源的职责下放给一个小团队，这个小团队负责公司总部高级人员的管理。这与其他职能的授权类似。这种类型的公司采用产品化结构或者地区化结构，其中只有一家公司使用了矩阵式结构。

3. 转型中的公司有中等规模的人力资源部门，在公司总部由一个相对较小的团队负责。这种类型的公司采用分权化、产品化结构，其中也只有一家公司使用了矩阵式结构。

斯卡林和斯塔基提出，这三种类型公司的人力资源部门的不同角色影响诸如培训和绩效评估等活动的方式，并且影响人力资源部门在全球各个机构中调动人员的能力。

3.3.9　不同的国家采用不同的方法

上述讨论从总体上考察了一个国际化企业如何经过各种阶段发展成为跨国公司，以及在每个阶段采用的与之相适应的组织结构。此外，关注文化因素是很有必要的。如果像斯多普富德（Stopford）和威尔斯（Wells）所说的，跨国公司通过强调产品多样化来发展全球能力，从而形成全球性的产品结构，或者通过强调文化形成地区化结构，那么问题演变为：文化在跨国公司国际化的过程中究竟起到何种作用。欧洲企业的组织结构演化过程与美国企业不同。对欧洲 70 多个跨国公司的研究表明，欧洲公司直接从职能化的母-子结构演化为全球结构（拥有世界范围内的产品和地区部）或矩阵式结构，而不经历国际部的跨国公司阶段。[96] 人力资源的管理实践为了适应这些新结构的需要做出了相应的调整。瑞典公司沿袭传统上的母-子结构，但是赫德伦认为这种状况也正在发生改变。他研究的瑞典跨国公司倾向于采用一种把母-子结构的要素和它们在国际化阶段中的产品部要素结合起来的结构形式。[97] 欧洲公司（尤其是北欧的跨国公司）更倾向于采用矩阵式结构，也许这种结构形式更适合那些更加强调团队工作的公司。

那些尝试使用矩阵式结构的美国公司似乎很少成功。例如，作为"福特 2000"结构重组过程的一部分，福特汽车公司（Ford Motor Company）在 1993 年放弃了区域化结构而采取了一种全球矩阵式结构，在这种结构之下，由网络连接的各地区的工厂之间采取了多领域产品团队的工作方法。在此过程中，欧洲地区总部被搬到美国来尝试发展全球决策系统。2001 年，福特宣布了一场结构重组和工厂理性化运动，这场运动把福特重新变成了地区化结构。2006 年，福特进一步实行结构重组，特别是通过北美部门的结构重组来强化福特的竞争性市场地位。[98]

日本跨国公司正沿着与美国同行类似的路线发展，出口部已经变成了国际部，但罗伦[99]认为它们的发展速度比较慢。日本组织文化的特点（如控制和汇报机制以及决策系统）、贸易公司的作用和管理系统都会导致国际化进程放缓。在某些情况下，尽管日本企业的国际化程度很高，但随着它们变得更加分散，它们可能不会调整自己的结构。戈沙尔和巴特里特在对网络结构的描述中论述了日本企业。1996 年，在对 1991 年《财富》世界 500 强工业企业中的 54 家公司的研究表明[100]，在美国、欧洲和日本的公司中，国际化程度各不相同。研究报告指出，被调查的美国跨国公司较日本同类企业给予了其国际化运营的管理者更多的自主权。

我们也应当考察其他亚洲国家的国际化企业是否在结构形式和发展模式上有所不同。韩国企业集团（财阀）更倾向于通过收购实现增长，而不是日本跨国公司采取的"**绿地**"（Greenfield）方式，这影响了它们在控制和协调方面的结构性反应。对于中国跨国企业中的家庭式企业来说随着它们的国际活动范围不断扩大，维持家族式企业的严格控制可能会面临更大的挑战。[101]

1995 年，有三家中国企业进入《财富》全球 500 强榜单。随着越来越多的中国企业开始开展国际业务，这一数字正在增大。斯莱奇（Sledge）的一篇论文指出，到 2009 年，全球 500 强中的中国企业数量已增至 37 家，这一趋势仍在继续。在 2015 年《财富》全球 500 强中，中国共有 100 家公司，其中三家公司进入前十名（中国石油化工集团、中国石油天然气集团和国家电网）。随着中国企业走向国际，一些研究已经涉及中国跨国企业的国际化。例如，沈（Shen）[102] 在 2001 年关于 10 家中国企业（其中绝大多数来自各个行业的国有企业）的研究发现，这些企业采取的是一种渐进路线：先进入相邻的东亚和东南亚地区，然后进入相对较远的北美地区。这些企业正处于国际化的不同阶段：四家企业有国外销售办事处，三家有销售办事处和子公司，其余三家鉴于其国外子公司的数量（包括独资子公司和合资子公司）可以称为跨国公司。这些公司已充分采用全球地区部或全球职能结构。有关印度跨国公司及其国际化的信息相对匮乏。在 2015 年《财富》全球 500 强排行榜上，印度共有七家企业上榜，排名从第 119 位（印度石油）到第 449 位不等。

一些学者更进一步研究真正的全球公司是否真的存在。多雷穆斯（Doremus）等人[103] 发现，机构基础设施（蕴含文化遗产的立法、银行和金融市场的价值观念、研发能力、技术变化的模式，以及政府和管理偏好、战略倾向）的综合作用会限制跨国公司的发展，他们对此进行了证明。跨国公司大概可以划分为三大区域：北美、欧洲（主要为英国、法国、德国和荷兰的跨国企业）和亚洲（主要为日本和韩国的跨国企业）。学者们用经济数据证明了他们的论点，虽然每个区域内跨国公司对区域外市场有一定的影响力，但是基本上没有公司能够在这三个区域平衡运行。金融机构间的巨大差异、如何获得和发展技术、产品和服务是如何被消费的，都使得起源于不同区域的公司在进行全球化扩张时有所区别。根据鲁格曼（Rugman）的看法，具有区域竞争优势的中心通常存在进入壁垒。[104]

以上探讨了企业从面向国内到面向全球的发展过程。特别要注意的是，企业国际经营的发展确实需要有结构性的反应。跨国公司的演变过程各有不同，除了重要的来源国因素外（特别是在相当长一段时间有殖民地的国家），其他变量——组织规模、国际化模式、管理政策等也发挥了作用。可见，企业在战略性应对环境变化时，会经历战略性重组阶段。

▋ 3.4 控制机制

如图 3-1 所示，国际化进程给企业控制机制带来很大的困难，也对公司协调资源和活动产生了影响。就像法国酒店和旅游公司主席在接受一家报纸采访时所解释的[105]：

> 服务部门正在发生变革，它们不得不成为全球公司——国内连锁酒店已不再能优化它们的运作模式。它们无法再投入更多的资金……全球化带来的巨大挑战以前被低估了。最主要的困难是要求本国的管理遵循团队价值……每天早晨当我醒来时，我想到的就是如何协调在不同国家经营所面临的挑战。

图 3-11 展示了两种不同的跨国公司控制战略。这两种战略并不是完全无关的，只是它们各自强调的重点不同。

传统的跨国企业强调更正式的、更结构化的控制形式。正如本章前文所述，战略是通过对工作流程的分解来实施的，通过以职能、全球产品部、国家、地区或矩阵式结构为特征的专业化组合来控制的。这种结构会导致层级化、职能权力化以及工作描述、选人规则、培训标准和薪酬因素不断增加。人力资源活动的作用在于实施现有的结构控制系统。组织内部的沟通和关系被正式化，预算更加透明和理性，可量化的标准主导着绩效管理系统。[106]组织内部的第二种控制战略是通过非正式的人际关系网络——由非正式组织发展和维持，补充第一种战略。[107]

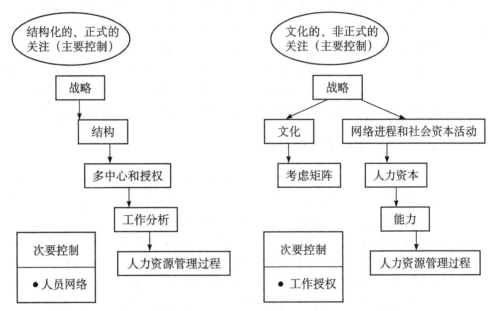

图 3-11 跨国公司控制战略

资料来源：Adapted form A. Engle and Y. Stedham, "Von Nebenrolle zu Hautptrolle, von Statist ins Rampenlicht：Multinational and Transnational Strategies—Implications for Human Resource Practices", Conference Proceedings of the Sixth Conference on International Human Resource Management, Paderborn, Germany：University of Paderborn, 1998; and A. Engle, M. Mendenhall, R. Powers and Y. Stedham, "Conceptualizing the Global Competency Cube：A Transnational Model of Human Resource", *Journal of European Industrial Training*, Vol. 25, No. 7, pp. 15-23.

几十年来，研究者一直注意到，官僚控制结构在远距离处理重大变化时存在不足。跨国经营中特有的文化互动、文化背景以及机构之间的物理距离，可能超过了单纯的结构性与正式形式的控制能力。[108]早在 1981 年，威廉·大内（William Ouchi）提出了"社群控制"一词，他把"社群控制"描述为一种合法的控制系统，用以补充或取代传统的结构控制和官僚控制。[109]文化焦点主义强调企业文化、非正式社会流程、个人工作网络等团体潜力以及对社会资本的投资。文化焦点主义可以在复杂的多产品、多文化环境中发挥更全面、更灵活的控制作用。在个体层面上，对个体、个体能力、技术和人力资本投资的关注成为人力资源实践定制化的关注焦点。[110]正式的、结构化的控制仍然存在，但它们不是主要的控制方式。

一份由戈麦斯（Gomez）和桑切斯（Sanchez）[111]所做的关于美国跨国企业在墨西哥的390家分公司的调查结果显示，预测跨国公司将正式控制和非正式控制作为首选组合是有问题的。在确定正式控制与非正式控制的组合时，需要考虑对子公司授权的复杂性、对当地或公司技术的依赖，以及公司和东道国文化之间的文化距离。显然，这一领域需要更多更深入的研究。[112]下面我们将讨论图3-11中的非正式控制过程。

3.4.1　通过个人关系进行控制

在描述跨国和网络组织形式时，能够达成的共识是，需要通过工作关系网络的横向交流促进重要知识的产生和传播。网络被视为个人和组织的社会资本：契约、联系、规范和信任使得个人、团队和组织之间能够方便地进行知识分享和信息交流。[113]由于网络关系是通过个人联系建立和维护的，因此组织需要建立有利于不同单位的员工发展个人关系以实现组织目标的流程和论坛。例如，在跨职能团队和跨国团队中工作可以帮助发展个人之间的联系。在地区中心或总部举行的培训和发展计划成为可以发展个人网络关系的重要平台，这些平台提供了非正式的交流渠道。

3.4.2　通过企业文化进行控制

对于主张采用更为复杂的结构形式的人来说，文化控制被视为一种有效的非正式控制机制。企业文化有很多种定义方法，从根本上来说，它指的是一个社会化过程，这个过程使人们能够分享一套共同的价值观和信念，进而塑造人们的行为和观点。文化通常被称为"我们做事的方式"。对于某些人来说，文化控制是一个有争议的话题——在子公司，如果把企业文化强加给当地员工就形成了"跨国帝国主义"，但是企业文化的支持者提供了具有说服力的论据来证明企业文化具有可以作为有效管理工具的价值。[114]与此同时，文化控制强调培养员工自愿遵守公司的行为准则和期望，这又是通过对企业价值和信仰的内化来实现的。

有关企业文化的文献说明在塑造公司文化的过程中人力资源所起到的作用。例如，阿尔维森（Alvesson）和伯格（Berg）[115]把人力资源活动视为建立公司文化认同的重要方式。塑造公司文化的人力资源活动包括：能够建立为公司雇用具有相似价值观员工的招聘和甄选程序。培训和发展计划、奖励系统、晋升系统也是加强公司文化的有效工具。[116]这些强化活动为公司带来更加负责的、更有生产率的员工，这些员工自觉地做出合适的行为，从而减少对正式控制机制的需要。人员配置是塑造企业文化的另外一种方法。一些跨国企业已经变得更为系统，他们通过共享的企业文化来实现控制。正如案例3-1所示，这些措施可以成为国际人力资源管理战略的核心要素。

案例 3-1 在辛辛那提/北肯塔基国际机场接驳车上的思考

2月14日

在辛辛那提/北肯塔基国际机场，当玛丽·诺克斯（Mary Knox）进入机场入口时，冷雨变成了雪。玛丽托运了四件行李，支付了高额的额外的行李托运费，告别了丈夫和三个孩子，然后内疚地坐上了去往2号航站楼的接驳车。

玛丽在田纳西州边界附近的肯塔基州克莱县农村长大。她的父亲是长途卡车司机，母亲是传统的家庭主妇。玛丽长大的县城离祖父母的农场很近。后来，玛丽获得了护理学学士学位，并当了十年护士。当她的第一次婚姻结束时，她带着两个女儿在肯塔基州的米德韦（Midway）重新开始生活。

丰田汽车制造公司（Toyota Motor Manufacturing）1985年在米德韦建立了一家制造厂。2003年，丰田在米德韦的工厂（投资40亿美元，雇用约4 500名员工）在美国首次制造六缸发动机时，丰田公司雇用了大量人员来应对业务扩张。玛丽是那些新雇员之一。玛丽做得很好，她对生产过程的技术细节非常了解，很快就升到了生产线经理的位置。

玛丽的主管曾推荐她参加一个在日本丰田市举办的为期七周的经理培训项目。玛丽是来自美国、日本、中国和澳大利亚的35位经理中资历最浅的一位。丰田研究所成立于两年前，旨在提供培训，帮助人们解决对丰田企业文化的担忧。丰田的企业文化长期以来被认为是这家汽车公司在全球取得成功的关键因素（据统计，丰田在日本的10家工厂和日本以外的21家工厂共有17万名工人），而快速增长和远离日本的地理分布弱化了它的文化。几年前，一些零件质量问题加剧了这种担忧。丰田研究所是为这家全球公司重建一条强大、统一的"丰田之路"的努力的一部分。

当接驳车向2号航站楼开动时，玛丽紧握着旁边的扶手，担心她的家人在她不在的七周里如何应对各种问题，也担心饮食差异（她带了大量的胃药和止泻药），担心语言差异（她在高中学了两年西班牙语），担心在电影中看到的文化冲击，最重要的是担心让她的团队失望。当接驳车到站时，她深吸了一口气，走下车，进入候机大厅，等待登机。

4月22日

玛丽很累。她在洛杉矶喝了少有人尝试的法伯克斯（Farbocks）牌"双红眼"咖啡，咖啡的作用已经慢慢消退。洛杉矶国际机场因为安全方面的考虑延误了航班，这使得回家的长途旅程更加漫长。尽管玛丽比离开时轻了12磅（由于她在丰田研究所和迷人的小城Mokkibi（不是她原先认为的那样在丰田市）周围长时间散步，以及经常在研究所的恒温游泳池里长时间游泳），奇怪的是，她感到与世界和平相处。

小组问题解决会议、丰田高级管理人员的讲座（包括与丰田总裁难忘的晚餐会）、练习寻找复杂问题背后的根本原因、建立共识活动、强调如何领导和培训他人改善经营方法以及持续改进的五阶段原则，使每天十小时培训的日子飞快地过去。很多个晚上，她躺在宿舍床上，累得无法对澳大利亚和日本的室友说晚安。培训过程中，整整一周的时间都用来解释丰田复杂的交互式生产数据显示、进度图表和色码状态信息图标。玛丽心想，"那个时候我正想回家"——相比之下，所有这些信息都让医院重症监护病房看起来简单而平静。

玛丽开始了解班级成员，她花了一个周末和同伴一起徒步旅行（山里春天的复苏和开花的植物让她想起了她在肯塔基州东部的家），其他周末乘新干线去京都和东京。她非常清楚，她的澳大利亚、中国和日本同学的语言技能比她更好，但好在她已经克服了她后来所说的"信息过度危机"。

玛丽回忆起，小时候她第一次在家乡附近的肯塔基州东南部徒步登上派思山（Pine Mountain），俯视小镇，她看到连接山谷的铁路线和公路，它们就像微型火车组一样展现在她面前。也许这就是我在日本得到的东西——一种和丰田有联系的感觉，她沉思着。不同的文化、人员、产品线、职能专门化和地理区域的联系现在对她来说都更清晰了。

机场接驳车上挤满了乘客，玛丽不禁注意到美国人的嗓门有多大、身体特征多么明显。她身旁站着一个男人以及他的妻子和他们的两个女儿。也许他是米德韦的丰田公司的工薪族。从小女儿和母亲的谈话中玛丽只勉强听到了三个日语单词——"家""学校""朋友"，都是很好的词语。

当机场接驳车停在终点站时，玛丽轻快地走出电车，她满怀希望地走向等待她的家人。玻璃门后挤满了耐心等待的人，玛丽想起了她祖父最喜欢的一首诗的一部分，这首诗是著名的旅行家罗伯特·路易斯·史蒂文森（Robert Louis Stevenson）写的："他抵达了心仪之所在，就像航海归来的水手，山中返家的猎人。"

资料来源：Allen D. Engle, Sr. - fictional composite case from interviews, web sources and articles related to global corporate culture and management development practices.

小　结

本章主要阐释国际化增长给公司带来的多样化选择对于公司的人力资源管理有哪些启示。这一章主要讨论了：

● 如何平衡跨国公司运营的标准化和本土化，以及这种平衡行为如何贯穿所有人力资源规划、流程、活动和系统。

● 国际人力资源管理活动的组织结构环境。公司国际化会采取不同的结构安排——从出口部到更加复杂的矩阵式结构、多中心公司、跨国公司和网络公司。

● 控制和协调问题。列出了正式控制、非正式控制和协调机制，并强调如何通过个人网络和关系的控制以及通过公司文化的控制来进行管理，并提出对人力资源管理的启示。

● 国际化增长怎样影响公司的人力资源管理。在经历各个国际化阶段时，每个公司都是不一样的，它们会针对变化的环境做出不一样的反应。在国际人力资源管理、组织结构和国际化阶段之间有很多种不同的匹配方式。道林[117]所调查的美国企业近半数称人力资源的运作和公司国际化运作的本质是不一样的。由孟克斯（Monks）[118]所做的针对在爱尔兰运作的跨国公司的九个子公司的研究表明，绝大多数企业采取了本土化的人力资源运作方式，总部的参与仅仅局限于监测人力资源决策的财务效果。

● 发展的阶段性和组织形式不应该被认为是固定的。[119]有关的研究确实提出了一些国际化的方式和过程，但公司在如何适应国际化运作方面是不一样的——我们用母公司的国家性来说明这一点。

通过本章的分析，我们可以证实人力资源管理方法和组织环境之间相互联系，人力资源经理的角色十分重要。为了更好地扮演这个角色，人力资源经理应该理解国际化的不同结构选择并满足国际化增长对控制和协调的需求。

讨论问题

1. 跨国公司的标准化和本土化一般面临哪些问题？它们在国际人力资源管理活动中是如何表现出来的？

2. 企业在国际发展过程中通常会经历哪些阶段？每个阶段对人力资源职能有何影响？

3. 网络公司人力资源管理面临哪些具体挑战？

4. 来源国对公司的组织结构有很大的影响。中国和印度的跨国公司与日本、欧洲和美国的跨国公司有多大的不同？

深度阅读

C. Bartlett and P. Beamish *Transnational Management: Text, Cases and Readings in Cross-border Management*, 7th Ed. (Boston, MA: McGraw-Hill/Irwin, 2014).

P. Caligiuri, D. Lepak and D. Bonache *Managing the Global Workforce* (Chichester, UK; John Wiley and Sons, Ltd, 2010).

W. Egelhoff and J. Wolf 'New Ideas About Organizational Design for Modern MNEs', in A. Verbeke and H. Merchant (eds.) *Handbook of Research on International Strategic Management* (Cheltenham: Edward Elgar, 2012), pp. 137–154.

M. Festing and J. Eidems 'A Process Perspective on Transnational HRM Systems – A Dynamic Capability-based Analysis', *Human Resource Management Review* Vol. 21 (2011), pp. 162–173.

E. Stiles, E. 'The International HR Department,' in G. Stahl, I. Bjorkman and S. Morris (eds.) *Handbook of Research in International Human Resource Management*, 2nd ed. (Cheltenham: Edward Elgar, 2012), pp. 36–51.

参考文献

1. For more on the potential of strategic and structural activities to impact on international human resource processes and systems see P. Evans, V. Pucik and I. Björkman *The Global Challenge: International Human Resource Management*, 2nd ed. (Boston: McGraw-Hill, 2011), particularly Chapter 2. Also see D. Minbaeva and H. De Cieri 'Strategy and IHRM' in D. Collins, G. Wood and P. Caligiuri (eds.) The Routledge Companion to International Human Resource Management (New York: Routledge Publishing, 2015), pp. 13–28.

2. A discussion of the 'administrative heritage' that may link MNE country of origin to a predisposition for certain strategies and structural options is presented by C. Bartlett and P. Beamish in *Transnational Management: Text, Cases and Readings in Cross-Border Management*, 7th ed. (Boston: McGraw-Hill/Irwin, 2014), pp. 292–303; T. Jackson *International HRM: A Cross-Cultural Approach* (London: Sage Publications, 2002); and P. Buckley and P. Ghauri, 'Globalization, Economic Geography and the Strategy of Multinational Enterprises', *Journal of Interna-*

tional Business Studies, Vol. 35. No. 2 (2004). pp. 81–98.

3. See A. Levinson 'Organizational Design and Talent Strategies for Emerging Markets', *Organizational Dynamics*, Vol. 43 (2014), pp. 205–213. For a well-presented review of novel forms of organizing globally – described by the authors as bundles of elements in evidence – see P. Puranam, O. Alexy and M. Reitzig 'What's "New" About New Forms of Organizing?', *Academy of Management Review*, Vol. 39, no. 3 (2014), pp. 162–180.

4. M. Svard and R. Luostarinen *Personnel Needs in the Internationalising Firm*, FIBO Publication No. 19 (Helsinki: Helsinki School of Economics, 1982).

5. P. M. Rosenzweig and N. Nohria 'Influences on Human Resource Management Practices in Multinational Corporations', *Journal of International Business Studies*, Vol. 25, No. 2 (1994), pp. 229–51. For an empirical review of the complexities of the standardization–localization issue see R. Raffaelli and M. Glynn 'Turnkey or Tailored? Relational Pluralism, Institutional Complexity, and the Organizational Adoption of More or Less Customized Practices', Academy of Management Journal, Vol. 57, no. 2 (2014), pp. 541–562.

6. Evans, Pucik and Björkman *The Global Challenge*; R. White 'A Strategic Approach to Building a Consistent Global Rewards Program', *Compensation and Benefits Review*, Vol. 37, No. 4 (2005), pp. 23–40.

7. M. Bloom, G. T. Milkovich and A. Mitra 'International Compensation: Learning from How Managers Respond to Variations in Local Host Contexts', *International Journal of Human Resource Management*, Vol. 14, No. 8 (2002), pp. 1350–1367.

8. P. Lawrence and J. Lorsch 'Differentiation and Integration in Complex Organizations', *Administrative Science Quarterly*, Vol. 12 (1967), pp. 1–30; N. Forster and R. Whipp 'Future of European Human Resource Management: A Contingent Approach', *European Management Journal*, Vol. 13, No. 4 (1995), pp. 434–42; P. Gunnigle, K. R. Murphy, J. N. Cleveland, N. Heraty and M. Morley 'Localization in Human Resource Management: Comparing American and European Multinational Corporations', *Advances in International Management*, Vol. 14 (2002), pp. 259–284.

9. K. Kamoche 'Strategic Human Resource Management within a Resource-capability View of the Firm', *Journal of Management Studies*, Vol. 33 (1996), pp. 213–233.

10. The firm-specific complexities of this standardization–localization issue are presented in a review of dynamic structures, roles and responsibilities at Nestlé SA by M. Hird and M. Stripe 'Nestlé: Reflections on the HR Structure Debate', in P. Sparrow, M. Hird, A. Hesketh and C. Cooper (eds.) *Leading HR* (Basingstoke, UK: Palgrave Macmillan, 2010), pp. 46–67. For an empirical review of four multinationals that concludes that a more or less constant flux between global integration and local adaptation can be expected see Y.Y. Chang, A. Smale and S.S. Tsang 'A Diachronic Analysis of HRM transfer: Multinational in the UK', Cross Cultural Management, Vol. 20, no. 3 (2013), pp. 464–482.

11. A.W. Harzing *Managing the Multinationals: An International Study of Control Mechanisms* (Cheltenham: Edward Elgar, 1999).

12. E. Farndale, J. Paauwe, S. Morris, G. Stahl, P. Stiles, J. Trevor and P. Wright 'Context-Bound Configurations of Corporate HR Functions in Multinational Firms', *Human Resource Management*, Vol. 49, No. 1, (2010), pp. 45–66.

13. N. J. Adler and F. Ghadar 'Strategic Human Resource Management: A Global Perspective', in R. Pieper (ed.) *Human Resource Management: An International Comparison* (Berlin and New York: De Gruyter, 1991), pp. 235–260.

14. Bartlett and Beamish, *Transnational Management* (New York: McGraw-Hill, 2013).

15. S. Blazejewski and W. Dorow *Corporate Cultures in Global Interaction: A Management Guide* (Gütersloh, Germany: Bertlesmann Foundation, 2007).

16. J. D. Thompson *Organizations in Actions* (New York: McGraw-Hill, 1967); A. H. Aldrich *Organizations & Environments* (Englewood Cliffs, NJ: Prentice Hall, 1979); Royer and F. Kullak *When in Rome Pay as the Romans Pay? Considerations About Transnational Compensation Strategies and the Case of a German MNE*, ESCP-EAP Working Paper No. 22 (Berlin: ESCP-EAP European School of Management, 2006). Schering AG was acquired by Bayer AG in 2006 and is now Bayer Schering Pharma AG.

17. Further details can be found in M. Festing, J. Eidems, S. Royer and F. Kullak, *When in Rome Pay as the Romans Pay? Considerations About Transnational Compensation Strategies and the Case of a German MNE*, ESCP-EAP Working Paper No. 22 (Berlin: ESCP-EAP European School of Management, 2006). Schering AG was acquired by Bayer AG in 2006 and is now Bayer Schering Pharma AG.

18. P. Sparrow 'International Rewards Systems: To Converge or Not to Converge?', in C. Brewster and H. Harris (eds.) *International HRM: Contemporary Issues in Europe* (London: Routledge, 2004), pp. 102–119. See also G. T. Milkovich and M. Bloom 'Rethinking International Compensation', *Compensation and Benefits Review*, Vol. 30, No. 1 (1998), pp. 15–23.

19. H. Triandis 'Generic Individualism and Collectivism', in M. Gannon and K. Newman (eds.) *The Blackwell Handbook of Cross-cultural Management* (Oxford: Blackwell Business Pub., 2002), pp. 16–45.

20. A well-known definition for institutions is the following: institutions consist of cognitive, normative and regulative structures and activities that provide stability and meaning to social behavior. See W. R. Scott *Institutions and Organizations* (Thousand Oaks, CA: Sage, 1995), p. 33.

21. P. J. DiMaggio and W. Powell 'The Iron Cage Revisited: Institutional Isomorphism and Collective Rationality in Organizational Fields', *American Sociological Review*, Vol. 48 (1983), pp. 47–160; R. D. Whitley *European Business Systems: Firms and Markets in Their National Contexts* (London: Sage, 1992); R. D. Whitley *Business Systems in East Asia: Firms, Markets and Societies* (London: Sage, 1992). For a more concrete application of the institutional approach to a specific human resource practice see M. Festing and I. Sahakiants 'Compensation Practices in Central and Eastern European EU Member States – An Analytical Framework Based on Institutional Perspectives, Path Dependencies and Efficiency Considerations', *Thunderbird International Business Review*, Vol. 52, No. 3 (2010), pp. 203–216.

22. A. Ferner 'Country of Origin Effects and HRM in Multinational Companies', *Human Resource Management Journal*, Vol. 7, No. 1 (1997), pp. 19–37.

23. Whitley *Business Systems in East Asia;* Whitley *European Business Systems.*

24. Federal Ministry of Education and Research (ed.) *Education in Germany* (Bonn/Berlin: Federal Ministry of Education and Research, 2004).

25. P. Sparrow 'International Rewards Systems: To Converge or Not to Converge?', in C. Brewster and H. Harris (eds.) *International HRM: Contemporary Issues in Europe* (London: Routledge, 2004), p. 103.

26. S. N. As-Saber, P. J. Dowling and P. W. Liesch 'The Role of Human Resource Management in International Joint Ventures: A Study of Australian-Indian Joint Ventures', *International Journal of Human Resource Management*, Vol. 9, No. 5 (1998), pp. 751–766.

27. S. E. Khilji 'Modes of Convergence and Divergence: An Integrative View of Multinational Practices in Pakistan',

International Journal of Human Resource Management, Vol. 13, No. 2 (2002), pp. 232–253.

28. L. Liberman and I. Torbiörn 'Variances in Staff-related Management Practices at Eight European Country Subsidiaries of a Global Firm', *International Journal of Human Resource Management*, Vol. 11, No. 1 (2000), pp. 37–59.

29. B. Taylor, 'Patterns of Control within Japanese Manufacturing Plants in China: Doubts about Japanization in Asia', *Journal of Management Studies*, Vol. 36, No. 6 (1999), pp. 853–873.

30. Ferner 'Country of Origin Effects and HRM in Multinational Companies'.

31. Human Resource Management of US American Enterprises in the United Kingdom, published in German language as: A. Ferner, P. Almond, P. Butler, I. Cark, T. Colling, T. Edwards and L. Holden 'Das Human Resource Management amerikanischer Unternehmen in Grobbritannien', in H. Wächter and R. Peters (eds.) *Personalpolitik amerikanischer Unternehmen in Europa* (München and Mering: Hampp, 2004); A. Ferner, P. Almond and T. Colling 'Institutional Theory and the Cross-national Transfer of Employment Policy: The Case of "Workforce Diversity" in US Multinationals', *Journal of International Business Studies*, Vol. 36 (2005), pp. 304–321.

32. M. Pudelko and A.W Harzing 'Country-of-Origin, Localization or Dominance Effect? An Empirical Investigation of HRM Practices in Foreign Subsidiaries', *Human Resource Management*, Vol. 46, No. 4 (2007), pp. 535–559. Also see M. Pudelko and A.W. Harzing 'The Golden Triangle for MNCs: Standardization towards Headquarters Practices, Standardization towards Global Best Practices and Localization', *Organizational Dynamics*, Vol. 37, No. 4 (2008), pp. 394–404.

33. T. Edwards, P. Almond, I. Clark, T. Colling and A. Ferner 'Reverse Diffusion in US Multinationals: Barriers from the American Business System', *Journal of Management Studies*, Vol. 42 (2005), pp. 1261–1286.

34. A. Ferner, J. Quintanilla and M. Varul 'Country-of-origin Effects, Host-country Effects, and the Management of HR in Multinationals', *Journal of World Business*, Vol. 36, No. 2 (2001), pp. 107–127.

35. Edwards, Almond, Clark, Colling and Ferner 'Reverse Diffusion in US Multinationals: Barriers from the American Business System'.

36. For a recent tri-regional approach ('bundles' of HR practices apropos to 'North Western Europe', 'Anglo-Irish Europe' and 'Central-Southern Europe') to European HR practices and firm performance see E. Stavrou, C. Brewster and C. Charalambous 'Human Resource Management and Firm Performance in Europe Through the Lens of Business Systems: Best Fit, Best Practice or Both?', *International Journal of Human Resource Management*, Vol. 21, No. 7 (2010), pp. 933–962.

37. P. Buckley, J. Clegg and H. Tan 'The Art of Knowledge Transfer: Secondary and Reverse Transfer in China's Telecommunications Manufacturing Industry', *Management International Review*, Vol. 43, Special Issue 2 (2003), pp. 67–93.

38. Motorola company website information, December 2002.

39. Y. Yan 'A Comparative Study of Human Resource Management Practices in International Joint Ventures: The Impact of National Origin', *International Journal of Human Resource Management*, Vol. 14, No. 4 (2003), pp. 487–510.

40. For example see J. Birkinshaw and N. Hood 'Multinational Subsidiary Evolution: Capability and Charter Change in Foreign Owned Subsidiary Companies', *Academy of Management Review*, Vol. 23, No. 4 (1998), pp. 773–795; J. Birkinshaw and N. Hood (eds.) *Multinational Corporate Evolution and Subsidiary Development* (New York: St. Martin's Press, 1998); T. Ambos and J. Birkinshaw 'Headquarters' Attention and its Effect on Subsidiary Performance', *Management International Review*, Vol. 50,

No. 4 (2010), p. 449–469; K. Fatehi *Managing Internationally* (London: Sage Publications, 2008), pp. 416–419.

41. See, for example, Birkinshaw and Hood, 'Multinational Subsidiary Evolution'.

42. T. Ying 'Electronics Giant to Open R&D Company', *China Daily*, 26–27 March (2005), p. 4.

43. Gupta and Govindarajan 'Knowledge Flows and the Structure of Control within Multinational Corporations'.

44. Ibid.

45. Human resource management implications are mainly based on S. Taylor, S. Beechler and N. Napier 'Toward an Integrative Model of Strategic International Human Resource Management', *Academy of Management Review*, Vol. 21, No. 4 (1996), pp. 959–985. For a more specific exposition of subsidiary mandates and HR issues (in the Hungarian context) see J. Poór, A. Engle, and A. Gross 'Human Resource Management Practices of Large Multinational Firms in Hungary, 1988–2005', *Acta Oeconomica*, Vol. 60, No.4 (2010), pp. 427–460.

46. A. Harzing and N. Noorderhaven 'Knowledge Flows in MNCs: An Empirical Test and Extension of Gupta and Govindarajan's Typology of Subsidiary Roles', *International Business Review*, Vol. 15 (2006), pp. 195–214.

47. Ibid., p. 195.

48. For an interesting study and review of centers of excellence, see M. Adenfelt and K. Lagerstrom 'The Development and Sharing of Knowledge by Centers of Excellence and Transnational Teams: A Conceptual Framework', *Management International Review*, Vol. 48, No. 3 (2008), pp. 319–338.

49. S. Morris, S. Snell and P. Wright 'A Resource-based View of International Human Resources: Toward a Framework of Integrative and Creative Capabilities', in G. Stahl and I. Bjorkman (eds.) *Handbook of Research in International Human Resource Management* (Cheltenham: Edward Elgar, 2006), pp. 433–448.

50. J. Birkinshaw and J. Ridderstrâle 'Fighting the Corporate Immune System: A Process Study of Subsidiary Initiatives in Multinational Corporations', *International Business Review*, Vol. 8, No. 2 (1999), p. 154.

51. S. Michailova and K. Husted 'Knowledge-sharing Hostility in Russian Firms', *California Management Review*, Vol. 45, No. 3 (2003), pp. 59–77.

52. O. Tregaskis 'Learning Networks, Power and Legitimacy in Multinational Subsidiaries', *International Journal of Human Resource Management*, Vol. 14, No. 3 (2003), pp. 431–447.

53. Taylor, Beechler and Napier 'Toward an Integrative Model of Strategic International Human Resource Management'. For a detailed discussion of the potential complexities of the transfer of knowledge to subsidiaries in the automobile industry in India see F. Becker-Ritterspach *Hybridization of MNE Subsidiaries: The Automotive Sector in India*, (Basingstoke, UK: Palgrave Macmillan, 2009).

54. Festing, Eidems and Royer 'Strategic Issues and Local Constraints in Transnational Compensation Strategies'.

55. J. Birkinshaw and J. Ridderstrâle 'Fighting the Corporate Immune System', pp. 149–80.

56. Festing, Eidems and Royer 'Strategic Issues and Local Constraints in Transnational Compensation Strategies'. For other resource-dependent-oriented analyses see Y. Kim 'Different Subsidiary Roles and International Human Resource Management: An Exploratory Study of Australian Subsidiaries in Asia', *Journal of Asia-Pacific Business*, Vol. 4 (2002), pp. 39–60; Myloni, Harzing and Mirza 'The Effect of Corporate-level Organizational Factors on the Transfer of Human Resource Management Practices'.

57. Gupta and Govindarajan 'Knowledge Flows and the Structure of Control within Multinational Corporations'; Harzing *Managing the Multinationals*. For a study emphasizing the discretionary power of the headquarters in the headquarters–subsidiary relationship see T. Ambos, U. Andersson and J.

Birkinshaw 'What are the Consequences of Initiative-taking in Multinational Subsidiaries?' *Journal of International Business Studies*, Vol. 41, No. 7 (2010), pp. 1099–1118.

58. J. Martinez and J. Jarillo 'The Evolution of Research on Coordination Mechanisms in Multinational Corporations', *Journal of International Business Studies*, Vol. 19 (1989), pp. 489–514. For a more wide-ranging and recent discussion of the many facets of coordination and control in multinational and subsidiary relationships, see U. Andersson and U. Holm (eds.) *Managing the Contemporary Multinational: The Role of Headquarters* (Cheltenham: Edward Elgar, 2010).

59. J. I. Martinez and J. C. Jarillo 'Coordination Demands of International Strategies', *Journal of International Business Studies*, Vol. 21 (1991), p. 431.

60. For a further discussion in the context of IHRM strategies see M. Festing 'International HRM in German MNCs', *Management International Review*, Vol. 37, Special Issue No. 1 (1997), pp. 43–64. For a discussion of the possible roles corporate HR executives may take on, specific to the context of talent management aspects of global HRM, see E. Farndale, H. Scullion and P. Sparrow 'The Role of the Corporate HR Function in Global Talent Management', *Journal of World Business*, Vol. 45, No. 2, (2010), pp. 161–168.

61. A PriceWaterhouseCoopers report points out that global workforce management includes the management of a respective database. For example, 70,000 employees of IBM have their profile online. PriceWaterhouseCoopers (eds.) *Technology Executive Connections: Successful Strategies for Talent Management* (USA: PriceWaterhouseCoopers, 2006), p. 40. For a discussion and empirical investigation of the human capital implications of global databases see C. Ruta 'HR Portal Alignment for the Creation and Development of Intellectual Capital', *International Journal of Human Resource Management*, Vol. 20, No. 3 (2009), pp. 562–577.

62. These insights are based on an interview by one of the authors with the Head of HR of a transnational organization. For a more general view from the top of the capabilities of HRM in global coordination – from a UK perspective – see G. Maxwell and L. Farquharson 'Senior Manager's Perceptions of the Practice of Human Resource Management', *Employee Relations*, Vol. 30, No. 3 (2008), pp. 304–322.

63. The organization's structure defines the tasks of individuals and business units within the firm and the processes that result from the intertwined tasks: identifying how the organization is divided up (differentiated) and how it is united (integrated). For a recent conceptual review of the ongoing quest for an optimal structure in an increasingly turbulent world, see J. Davis, K. Eisenhardt and C. Bingham 'Optimal Structure, Market Dynamism, and the Strategy of Simple Rules', *Administrative Science Quarterly*, Vol. 54, No. 3 (2009), pp. 413–452.

64. P. Sparrow 'Integrating People, Processes, and Context Issues in the Field of IHRM', in P. Sparrow (ed.) *Handbook of International Human Resource Management* (New York: John Wiley and Sons, 2009), pp. 3–28.

65. See M. Forsgren *Theories of the Multinational Firm* (Cheltenham, UK: Edward Elgar, 2008), particularly Chapter 4, 'The Designing Multinational: A Tale of Strategic Fit', pp. 71–100; J. Johanson and J. E. Vahlne 'The Mechanism of Internationalisation', *International Marketing Review*, Vol. 7, No. 4 (1990), pp. 11–24; N. Malhotra and C. Hinings 'An Organizational Model For Understanding Internationalization Processes', *Journal of International Business Studies*, Vol. 41, No. 2 (2010), pp. 330–349.

66. The willingness to entertain and success of export strategies are presented in the Chinese context by G. Gao, J. Murray, M. Kotabe and J. Li 'A "Strategy Tripod" Perspective on Export Behaviors: Evidence from Domestic and Foreign Firms Based in an Emerging Economy', *Journal of International Business Studies*, Vol. 14, No. 3 (2010), pp. 377–396. A study of US service firms involved in international operations showed that a wholly owned subsidiary/branch office was the most common method, though engineering and architecture firms used direct exports and consumer services used licensing/franchising (K. Erramilli 'The Experience Factor in Foreign Market Entry Behavior of Service Firms', *Journal of International Business Studies*, Vol. 22, No. 3 (1991), pp. 479–501).

67. J. Ricart, M. Enright, E Ghemawat, S. Hart and T. Khanna 'New Frontiers in International Strategy', *Journal of International Business Studies*, Vol. 35 (2004), pp. 175–200; D. Welch and L. Welch 'Pre-expatriation: The Role of HR Factors in the Early Stages of Internationalization', *International Journal of Human Resource Management*, Vol. 8, No. 4 (1997), pp. 402–413.

68. U. Zander, L. Zander and H.E. Yildiz 'Building Competitive Advantage in International Acquisitions: Grey Box Conditions, Culture, Status and Meritocracy', in A. Verbeke and H. Merchant (eds.) *Handbook of Research on International Strategic Management* (Cheltenham: Edward Elgar, 2012), pp. 211–237.

69. See V. Pucik 'Strategic Human Resource Management in a Multinational Firm', in H. Wortzel and L. Wortzel (eds.) *Strategic Management of Multinational Corporations: The Essentials* (New York: John Wiley, 1985), p. 425.

70. N. Adler and A. Gundersen *International Dimensions of Organizational Behavior*, 5th ed. (Mason, OH: Thomson South-Western, 2008), Chapter 9; M. Bloom, G. Milkovich and A. Mitra 'International Compensation: Learning How Managers Respond to Variations in Local Host Contexts', *International Journal of Human Resource Management*, Vol. 14, No. 8 (2003), pp. 1350–1367.

71. For an example of the ongoing research on subsidiary roles, autonomy and overall relations with corporate headquarters see J. Birkinshwa and S. Prashantham 'Initiative in Multinational Subsidiaries', in A. Verbeke and H. Merchant (eds.) *Handbook of Research on International Strategic Management* (Cheltenham: Edward Elgar, 2012), pp. 155–168; J. Hamprecht and J. Schwarzkof 'Subsidiary Initiatives in the Institutional Environment', *Management International Review*, Vol. 45 (2014), pp. 757–778; S. Schmid, L. Dzedek and M. Lehrer 'From Rocking the Boat to Wagging the Dog: A Literature Review of Subsidiary Initiative Research and Integrative Framework', *Journal of International Management*, Vol. 20 (2014), pp. 201–218. For a more specific presentation of subsidiary HR autonomy see M. Belizon, P. Gunnigle and M. Morley ' Determinants of Central Control and Subsidiary Autonomy in HRM: the Case of Foreign-Owned Multinational Companies in Spain', *Human Resource Management Journal*, Vol. 23, No. 3 (2013), pp. 262–278.

72. Pucik 'Strategic Human Resource Management in a Multinational Firm'.

73. C. Bartlett and S. Ghoshal 'Organizing for Worldwide Effectiveness: The Transnational Solution', in R. Buzzell, J. Quelch and C. Barrett (eds.) *Global Marketing Management: Cases and Readings*, 3rd ed. (Reading, MA: Addison Wesley, 1992). For a presentation reflecting multiple possible paths and motivations for finding this balance, see P. Buckley and R. Strange 'The Governance of the Global Factory: Location and Control of World Economic Activity', Academy of Management Perspectives, Vol. 29, No. 2 (2015), pp. 237–249.

74. J. Galbraith and R. Kazanjian 'Organizing to Implement Strategies of Diversity and Globalization: The Role of Matrix Designs', *Human Resource Management*, Vol. 25, No. 1 (1986), p. 50. See also R. Daft *Organization Theory and Design*, 10th ed. (Mason, OH: South-Western Pub., 2008), Chapter 5; and R. Fitts and J. Daniels 'Aftermath of the Matrix Mania', *Columbia Journal of World Business*, Vol. 19, No. 2 (1984), for an early discussion on the matrix structure.

75. W. Taylor 'The Logic of Global Business: An Interview with ABB's Fercy Barnevik', *Harvard Business Review*, March-April 1991, pp. 91–105. For a more complete presentation of ABB's strategic intent and structural and process qualities see K. Barham and C. Heimer *ABB: The Dancing Giant* (London: Financial Times/Pitman Publishing, 1998).

76. C. Bartlett and S. Ghoshal 'Matrix Management: Not a Structure, a Frame of Mind', *Harvard Business Review*, July-August 1990, pp. 138–145. Hofstede's concerns with the workability of balanced matrix structures are presented in his prescription that 'structure should follow culture' and be flexible and fluid, Hofstede, Hofstede and Minkov, *Cultures and Organizations*, pp. 402–409.

77. S. Ronen *Comparative and Multinational Management* (New York: John Wiley, 1986), p. 330.

78. P. Dowling 'International HRM', in L. Dyer (ed.) *Human Resource Management: Evolving Roles and Responsibilities*, Vol. 1, ASFA/BNA Handbook of Human Resource Management Series (Washington, DC: BNA, 1988), pp. 228–257.

79. Galbraith and Kazanjian 'Organizing to Implement Strategies', p. 50.

80. For a recent review in support of the usefulness of the matrix form see J. Qui and L. Donaldson 'Stopford and Wells were right! MNC Matrix Structures Do Fit "High-High" Strategy', *Management International Review*, Vol. 52 (2012), pp. 671–689.

81. See M. Baaij, T. Mom, F. Van den Bosch and H. Volberda 'Why Do Multinational Corporations Relocate Core Parts of their Corporate Headquarters Abroad?', *Long Range Planning*, Vol. 48 (2015), pp. 46–58.

82. G. Hedlund 'The Hypermodern MNC – A Heterarchy?', *Human Resource Management*, Vol. 25, No. 1 (1986), pp. 9–35.

83. G. Hedlund 'A Model of Knowledge Management and the N-form Corporation', *Strategic Management Journal*, Vol. 15 (1994), pp. 73–90.

84. Bartlett and Ghoshal 'Organizing for Worldwide Effectiveness', p. 66.

85. A. Engle and M. Mendenhall 'Transnational Roles, Transnational Rewards: Global Integration in Compensation', *Employee Relations*, Vol. 26, No. 6 (2004), pp. 613–625.

86. Birkinshaw and Hood *Multinational Corporate Evolution and Subsidiary Development*.

87. M. Forsgren 'Managing the International Multi-center Firm: Case Studies from Sweden', *European Management Journal*, Vol. 8, No. 2 (1990), pp. 261–267. Also see Forsgren *Theories of the Multinational Firm*, Chapter 5, 'The Networking Multinational: A Tale of Business Relationships', pp. 101–124. Much of this work has been based on the concepts of social exchange theory and interaction between actors in a network.

88. J. I. Martinez and J. C. Jarillo 'The Evolution of Research on Coordination Mechanisms in Multinational Corporations', *Journal of International Business Studies* (Fall 1989), pp. 489–514.

89. S. Ghoshal and C. Bartlett 'The Multinational Corporation as an Interorganizational Network', *Academy of Management Review*, Vol. 8, No. 2 (1990), pp. 603–625.

90. S. Ghoshal and C. Bartlett 'Building the Entrepreneurial Corporation: New Organizational Processes, New Managerial Tasks', *European Management Journal*, Vol. 13, No. 2 (1995), p. 145.

91. R. Marschan 'Dimensions of Less-hierarchical Structures in Multinationals', in I. Björkman and M. Forsgren (eds). *The Nature of the International Firm* (Copenhagen: Copenhagen Business School Press, 1997).

92. N. Nohria and S. Ghoshal *The Differentiated Network: Organizing Multinational Corporations for Value Creation* (San Francisco, CA: Jossey-Bass, 1997), pp. 28–32.

93. Y. Doz, J. Santos and P. Williamson *From Global to Metanational: How Companies Win in the Knowledge Economy* (Boston: Harvard Business Press, 2001).

94. Y. Doz, J. Santos and P. Williamson *From Global to Metanational*, p. 247.

95. H. Scullion and K. Starkey 'In Search of the Changing Role of the Corporate Human Resource Function in the International Firm', *International Journal of Human Resource Management*, Vol. 11, No. 6 (2000), pp. 1061–1081.

96. L. Leksell 'Headquarter-Subsidiary Relationships in Multinational Corporations', unpublished doctoral thesis, Institute for International Economic Studies, University of Stockholm, Stockholm (1981).

97. G. Hedlund 'Organization In-between: The Evolution of the Mother-Daughter Structure of Managing Foreign Subsidiaries in Swedish MNCs', *Journal of International Business Studies*, Fall (1984), pp. 109–123.

98. Assessment of Ford Motor Company from the *New York Times*, accessed January 27, 2011 at http://topics.nytimes.com/top/news/business/companies/ford_motor_company/index.html.

99. S. Ronen *Comparative and Multinational Management* (New York: John Wiley, 1986).

100. R. B. Peterson, J. Sargent, N. K. Napier and W. S. Shim 'Corporate Expatriate HRM Policies, Internationalisation and Performance', *Management International Review*, Vol. 36, No. 3 (1996), pp. 215–230.

101. S.K. Chai and M. Rhee 'Confucian Capitalism and the Paradox of Closure and Structural Holes in East Asian Firms', *Management and Organizational Review*, Vol. 6, No. 1 (2010), pp. 5–29.

102. J. Shen 'Factors Affecting International Staffing in Chinese Multinationals (MNEs)', *International Journal of Human Resource Management*, Vol. 17, No. 2 (2006), pp. 295–315.

103. P. Doremus, W. Keller, L. Pauley and S. Reich *The Myth of the Global Corporation* (Princeton, NJ: Princeton University Press, 1998).

104. For additional empirical support for the idea of the regional multinational and the difficulties inherent in being a balanced, fully global firm, see A. Rugman and R. Hodgetts 'The End of Global Strategy', *European Management Journal*, Vol. 19, No. 4 (2001), pp. 333–343. For a more recent debate on the presence of absence of global as opposed to regional firms, see the special issue in the *Journal of International Business Studies*, particularly an empirical review of Japanese MNEs, 'The Regional Nature of Japanese Multinational Business', by S. Collinson and A. Rugman in *Journal of International Business Studies*, Vol. 39, No. 2 (2008), and a rejoinder to criticisms of the regional approach by A. Rugman and A. Verbeke 'The Theory and Practice of Regional Strategy: A Response to Osegowitsch and Sammartino', *Journal of International Business Studies*, Vol. 39, No. 2 (2008), pp. 326–332.

105. Interview by Andrew Jack, *Financial Times*, October 13 (1997), p. 14.

106. A. D. Engle, P. J. Dowling and M. Festing 'State of Origin: Research in Global Performance Management, a Proposed Research Domain and Emerging Implications', *European Journal of International Management*, Vol. 2, No. 2 (2008), pp. 153–169; G. Jones, *Organization Theory, Design and Change*, 6th ed. (Upper Saddle River, NJ: Pearson/Prentice-Hall, 2010); Hofstede, Hofstede and Minkov *Cultures and Organizations*, Chapter 8.

107. For an empirical review of the need for a wider range of control techniques in Jordan see F. Baddar AL-Husan, F. Baddar AL-Hussan and S. Perkins 'Multilevel HRM Systems and Intermediating Variables in MNCs: Longitudinal Case Study Research in Middle Eastern Settings', *International Journal of Human Resource Management*, Vol. 25, No. 2 (2014), pp. 234–251.

108. See C. Bartlett and P. Beamish in *Transnational Management* for their discussion of a more complete form of control, more appropriate to advanced multinational firms, via a more balanced combination of structural 'anatomy', process 'physiology' and cultural 'psychology', pp. 324–330.

109. W. Ouchi *Theory Z* (New York: Avon Books, 1981).

110. A. Engle, M. Mendenhall, R. Powers and Y. Stedham 'Conceptualizing the Global Competence Cube: A Transnational Model of Human Resource Management', *European Journal of Industrial Training,* Vol. 25, No. 7 (2001), pp. 346–353.

111. R. Gomez and J. Sanchez 'Human Resource Control in MNCs: A Study of the Factors Influencing the Use of Formal and Informal Control Mechanisms', *International Journal of Human Resource Management,* Vol. 6, No. 10 (2005), pp. 1847–1861.

112. A prescriptive approach to developing a hybrid, more balanced formal and informal strategy of control is provided by F. Nilsson and N. G. Olve 'Control Systems in Multibusiness Companies: From Performance Management to Strategic Management', *European Management Journal,* Vol. 19, No. 4 (2001), pp. 344–358. An empirical assessment of 24 international manufacturing firms in the UK provided evidence of wide variance in the degree to which multinational firms provide forums for informal control processes, some respondents appeared to rely on more formal control systems. R. Kidger 'Management Structures in Multinational Enterprises: Responding to Globalization', *Employee Relations,* Vol. 24, No. 1 (2002), pp. 69–85; for a theoretical discussion of the potential relationships between social capital, HRM and corporate strategy see S.C. Kang, S. Morris and S. Snell 'Relational Archetypes, Organizational Learning, and Value Creation: Extending Human Resource Architecture', *Academy of Management Review,* Vol. 32, No. 1 (2007), pp. 236–256.

113. J. Nahapiet and S. Ghoshal 'Social Capital, Intellectual Capital, and the Organizational Advantage', *Academy of Management Review,* Vol. 23, No. 2 (1998), pp. 242–266; M. Hitt, L. Bierman, K. Uhlenbruck and K. Shimizu 'The Importance of Resources in the Internationalization of Professional Service Firms: the Good, the Bad and the Ugly', *Academy of Management Journal,* Vol. 49, No. 6 (2006), pp. 1137–1157.

114. D. Ravasi and M. Schultz 'Responding to Organizational Identity Threats: Exploring the Role of Organizational Culture', *Academy of Management Journal,* Vol. 49, No. 3 (2006), pp. 433–458.

115. M. Alvesson and R. Berg *Corporate Culture and Organizational Symbolism* (Berlin: Walter de Gruyter, 1992). For a more recent discussion of the critical role of organizational culture and effectiveness see E. Schein *The Corporate Culture Survival Guide,* 2nd ed. (San Francisco: Jossey-Bass, 2009).

116. A. Engle and M. Mendenhall 'Transnational Roles, Transnational Rewards: Global Integration in Compensation', *Employee Relations,* Vol. 26, No. 6 (2004), pp. 613–625; D. Welch and L. Welch, 'Commitment for Hire? The Viability of Corporate Culture as a MNC Control Mechanism', *International Business Review,* Vol. 15, No. 1 (2006), pp. 14–28.

117. P. Dowling 'Hot Issues Overseas', *Personnel Administrator,* Vol. 34, No. 1 (1989), pp. 66–72. The ability or effectiveness of actually balancing standardization and localization – tilting neither one way nor the other – remains a question open to empirical assessment. See Festing and Eidems 'A Process Perspective on Transnational HRM Systems – A Dynamic Capability-based Analysis'.

118. K. Monks 'Global or Local? HRM in the Multinational Company: The Irish Experience', *International Journal of Human Resource Management,* Vol. 7, No. 3 (1996), pp. 721–735.

119. For a discussion of the search for patterns and the evolution of research in the area of international human resource management studies see R. Schuler, P. Sparrow and P. Budhwar 'Preface: Major Works in International Human Resource Management', in P. Budhwar, R. Schuler and P. Sparrow (eds.) *International Human Resource Management: Volume I – International HRM: The MNE Perspective* (Los Angeles: Sage, 2010), pp. xxiii–xxxv; also see P. Sparrow, 'Integrating People, Process, and Context Issues in the Field of IHRM', in P. Sparrow (ed.) *Handbook of International Human Resource Management* (Chichester, UK: John Wiley and Sons, 2009), pp. 3–28.

第 **4** 章
为全球市场寻找人力资源
——人员配置、招聘和甄选

章节目标

本书的前三章重点关注跨国公司经营的全球环境和组织背景，本章将关注"经理人"方面的相关内容，目的是定义人力资源管理在维持国际商务运营和发展中的角色。我们首先介绍以下内容：

● 通过不同方式为国际运营配置人员的问题。

● 国际委派的原因：职位填充、管理发展、组织发展。

● 国际委派的类型：短期委派、中长期委派和长期委派；几类非标准委派——往返委派、轮换委派、合同委派、虚拟委派以及自我安排的委派。

● 外派人员和非外派人员在支持国际商务活动中扮演的角色。

在此基础上，我们将更密切关注招聘与甄选问题，特别侧重于：

● 围绕外派失败的相关争论。

● 国际委派人员的甄选标准和程序。

● 国际人力资源管理中的性别：双重职业与女性外派人员。

4.1 引 言

本章的目的在于扩展国际人力资源管理在支撑企业国际化运作过程中所起的作用，在这种背景下资源决策是最重要的。我们仔细分析了为不同国际业务配备人力资源以获得有效的战略结果的各种方法，概述了国际委派的重要作用。在此基础上，我们对影响全球任务成功与否的主要因素——招聘与甄选进行了集中讨论。

4.2 人员配置方法

国际化的公司在运营中经常会面临很多人员配置问题，这些问题在国内环境中基本不存在，同时人员配置活动又处于国际环境中，使得这一问题更为复杂。以下面的情形为例，美国一家跨国公司希望为其爱尔兰子公司任命一名新的财务总监，它可以通过三种方式来填补这个职位空缺：一是从母公司业务部门现有的财务人员中挑选，即母国员工；二是在爱尔兰当地招聘一名新员工，即东道国员工；三是从其他国家（第三国）的子公司中寻找一名合适的人来担任，即其他国员工。

国际人力资源管理相关的研究文献中用了四个术语来描述跨国公司管理子公司和为子公司配备人员的方法。这些术语来源于珀尔马特（Perlmutter)[1]开创性的早期作品。他认为在国际高管中确定采用的三种主要态度——**民族中心**（Ethnocentric）、**多中心**（Polycentric）和**全球中心**（Geocentric）是有可能的。珀尔马特运用了组织设计这个概念，即决策、评估和控制、信息流和结构的复杂性来阐述这三种态度。他还使用了术语"永久性"（perpetuetion），并将其定义为招聘、人员配置和发展。后来又增加了第四种态度——**地区中心**（Regiocentric)。[2]我们将考虑这四种态度和人员配置活动之间的关系，并讨论每一种方法的优缺点。

4.2.1　民族中心

在民族中心的公司中，海外子公司很少拥有自治权，战略决策几乎都由企业总部制定，国内外运营单位的关键职位由总部人员担任，子公司所有主要的管理职能都由母国员工管理。采用民族中心的人员配置政策是出于以下两个商业原因的考虑：

- 子公司所在国缺乏能够胜任某一职位的当地管理人员；
- 需要与公司总部在沟通、协调和控制等方面保持良好联系。

对于跨国经营初期的公司来说，民族中心的人力资源配置能够降低风险。例如，当一家跨国公司在另一国收购一家公司时，它可能希望在开始时使用母国员工来代替当地的管理者，以保证新的子公司服从总公司的整体目标和政策，也可能是由于当地的员工还没有具备职位所要求的能力素质，因此对有经验的跨国公司来说，民族中心对某种特定的国外市场来说可能相当有效。让信任的自己人去做"正确的事情"，能降低国外活动中觉察到的高风险，这就是博纳切（Bonache）、布鲁斯特和苏塔里（Suutari）所说的"控制中的委派"。[3]

然而，采用民族中心的政策有若干缺点[4]：

- 它限制了子公司所在地员工，即东道国员工的晋升机会，这可能导致该群体生产力降低、人员流失率提高。
- 外派经理需要花相当长的一段时间去适应东道国环境，在此期间，母国员工经常会犯错误、做出糟糕的决定。
- 对比母国员工和东道国员工的薪酬方案，有利于母国员工的收入差距会被东道国员工认为是不公平的。
- 对许多外派人员来说，一个关键的国际职位意味着新的地位、权力以及生活水平的提高，这些变化将影响外派人员对东道国下属的需要和期望的敏感度。

4.2.2　多中心

多中心是指跨国公司将每一个子公司视为一个基本上独立于母公司、拥有决策自主权的独立实体。子公司通常由东道国员工来管理，这些东道国员工很少被提拔到总部任职，母公司员工也很少到国外分公司任职。多中心的政策弥补了民族中心的政策的一些缺陷，其优点如下：

● 聘用东道国员工可以消除语言障碍，避免外派经理人及其家庭的适应问题，而且免除了昂贵的文化适应等培训开支。

● 聘用东道国员工可以使跨国公司回避一些敏感的政治风险。

● 聘用东道国员工费用不高，即使增加一些额外费用吸引当地的高层次的人才。

● 聘用东道国员工可以保持子公司管理的连续性。这种方法可以避免重要的经理人离职，而民族中心方法却难以避免这一点。

然而，多中心政策有其自身的缺点：

● 扩大了子公司经理人和母公司总部经理人之间的距离。语言障碍、相互冲突的民族忠诚和一系列文化差异（例如，个人价值观差异以及对商业的态度差异）可能使公司总部的工作人员与各国外子公司隔离开来。这样跨国公司就可能成为众多独立子公司的"简单集合体"，造成子公司和总部之间只有名义上的从属关系。

● 子公司和母公司经理人的职业生涯问题。子公司的经理人很少有机会到国外获得国际经验，也无法晋升到子公司之外更高的管理层。母公司的经理人也只能获得很有限的国际经验，较少获得海外锻炼的机会。由于总部的管理职位仅由母公司员工担任，所以高层管理团队与国际子公司的接触有限，长期下去将制约企业战略决策的制定和资源分配。

当然，在某些情况下，子公司的当地政府会要求由其本国人担任关键的管理职位。同时，考虑到公司的本土化战略，跨国公司有时可能也愿意被视为一家本地企业，并愿意让当地员工来担任子公司高层的管理职位。

4.2.3　全球中心

全球中心方法是指跨国公司从全球经营的需要出发实施人力资源管理战略，并认为每个部分（子公司和总部）都以其独特的能力做出了独特贡献。伴随着全球性综合业务的开展，采用全球中心模式的跨国公司的能力得到强调，而国籍被淡化。实现全球中心的人员配置是欧洲的电信公司沃达丰（Vodafone）想要达到的一个主要目标。正如该公司的发言人所说的：

> 我们想要创建一个拥有国际水平的管理团队。我们认为，实现这个目标的正确做法是让员工相互接触沟通并分享他们不同的工作方法，让他们理解在相同的总体环境中公司的不同部门应怎样面对具体的商业挑战。我们想要建立这样一个团队：他们了解全球化面临的挑战，同时稳稳地立足当地国家。我们的目标是发展国际管理能力，并由此扩大我们的全球规模和市场份额，以确保我们在行业中的领先地位。[5]

这种方法有三个主要优点：

1. 它赋予跨国公司发展国际管理团队的能力，有助于发展全球性的视角，并促进全球组织范围内人力资源的开发。

2. 它克服了多中心方法导致的"简单集合体"的缺陷。

3. 它有助于合作以及部门间的资源共享。

相对于其他人员配置方法，全球中心的政策也有自身的缺陷：

● 东道国政府希望实现国民高就业率，为了增加东道国员工数量，东道国政府会通过一些政策来迫使跨国公司使用适合条件的东道国当地人，或者要求跨国公司对暂不具备资格的当地人进行一段时间的培训，让他们来取代当地的外国员工。

● 大多数国家（发达经济体和发展中经济体）要求那些想聘用外国人员而非当地人员的跨国公司提供大量文件，这种做法耗时、耗资，有时甚至是徒劳的。当然，民族中心也有同样的缺陷。这里还涉及一个问题，即配偶或陪同人员很难获得工作许可证。

● 由于培训和重新安置成本的增加，全球中心的政策实施起来费用很高，同时还需要根据标准的国际基本工资设计薪酬计划，这可能比许多国家的本国工资水平要高得多。

● 为了支持全球中心人员配置政策，大量的母国员工、其他国员工和东道国员工需要被派遣到国外以建立和维持国际管理人员团队。为了成功推行全球中心的人员配置政策，需要在人员配置过程中花费较长时间并对人员配置过程采取更集中的控制方式，这必然会降低子公司管理的独立性，这种自主权的丧失可能会遭到子公司的抵制。

4.2.4 地区中心

这种方法反映了跨国公司的地域战略和结构。同全球中心方法一样，地区中心模式也以一种有限的方式利用更多的经理人资源。员工可以轮换到其他国家工作，但是必须在特定的地区范围内。地区经理可能不会晋升到总部，但是有一定的地区自治权。[6]例如，一家美国公司可能会形成三个地区：欧洲地区、美洲地区和亚太地区。欧洲人员将在欧洲地区内调动，但很少被调到亚太地区任职，这些地区的人员被调到美国总部就职的情况也很少。

使用地区中心方法的优点是：

● 促进从地区子公司调动到地区总部的高层管理员工与任命到地区总部的母国员工之间的互动。

● 这反映了对当地条件的某种敏感性，因为当地子公司的工作人员通常几乎全部是当地员工。[7]

采用地区中心的政策也有一些缺点：

● 容易产生以地区为基础而不是以国家为基础的"联邦主义"，同时，地区中心模式还会阻碍公司从全球立场看问题。

● 虽然从企业整体层面看，这种方法的确在国家层面上能改善员工的职业生涯前景，但它仅把障碍移至地区层面，人员能晋升到地区总部但很少能升到母国总部。

4.2.5　人员配置的原则

总而言之，跨国公司可以部分根据高层管理者的态度，从几种国际人员配置模式中选择一种，甚至基于特定的情境展开[8]，而不是仅仅从上述的四种模式中选择一种。然而，某一种特定模式实际上是一种默认的人事政策，因为没有对适当策略进行决策和评估。"临时展开的人事政策"是企业的惰性或缺乏经验的结果，或二者共同的产物，除了其对资源的低效使用这一明显的缺陷外，主要的缺点还在于企业的反应是被动的而非主动的，难以实施与企业总体战略相适应且一致的人力资源战略。

表 4-1 总结了跨国公司甄选管理人员时分别使用的三类不同国别的员工，即母国员工、其他国员工或东道国员工，各自存在的优缺点。这些人员配置方法在一定程度上反映了高层管理者的态度，但重要的是，国际业务的性质往往会迫使各种模式在执行时做出调整。例如，一个跨国企业可能对其所有的海外业务采取民族中心模式，但东道国政府可能要求任命本国人员担任关键职位。因此，对于该市场而言，跨国公司需要采取一种多中心模式。国外市场的战略重要性、经营的成熟度以及母国与东道国之间的文化差异程度都可以影响跨国公司做出关键人员配置决策。在某些情况下，跨国企业可能会使用综合性措施。例如，它可能在欧洲地区采用地区中心方法，在亚太地区采用民族中心方法，直到对该地区的运作有充足的信心再运行全球性人力资源策略。

表 4-1　使用母国员工、其他国员工和东道国员工的优缺点

使用母国员工
优点：
• 组织控制和协调得以维持和促进
• 为有前途的经理人员提供获取国际管理经验的锻炼机会
• 由于具有特殊的技巧和经验，母国员工可能是最适合该工作的人选
• 确保子公司遵守公司的目标、政策等
缺点：
• 东道国员工的提升机会有限
• 适应东道国的时间较长
• 母国员工可能将公司总部某一不合适的方法用于子公司
• 母国员工和东道国员工薪酬差异
使用其他国员工
优点：
• 工资和福利要求比母国员工低
• 其他国员工比母国员工更了解东道国环境
缺点：
• 调任必须考虑到可能存在的民族仇恨问题
• 东道国政府可能反对雇用其他国员工
• 其他国员工可能在任职结束后不想返回自己的国家

续表

使用东道国员工

优点：

- 消除了语言和其他方面的障碍
- 减少了招聘成本，也不需要工作许可证
- 由于东道国员工在岗时间长，从而增加了管理的连续性
- 政府政策可能强行聘用东道国员工
- 东道国员工看到职业生涯发展潜力，他们的士气会提高

缺点：

- 公司总部的控制和协调可能受阻
- 东道国员工在子公司以外的职业生涯发展机会有限
- 招聘东道国员工限制了母国员工获得国外经验的机会
- 雇用东道国员工可能促成"联邦主义"而非全球性发展

4.2.6　人员选择的决定因素

由于这些运营的现实状况，有时很难准确地将对国际经营的管理态度与我们在第 3 章中提出的结构形式等同起来。国际化企业面临的外部和内部的突发事件影响着其人员配置模式的选择。其中包括：

● **特定环境因素**（Context Specificities）。公司总部和分公司的特定环境因素可以用文化和制度环境来描述（如第 2 章所述）。[9]公司总部和东道国的文化价值观可能有很大不同。例如，塔里克（Tarique）、舒勒（Schuler）和龚（Gong）将母国和子公司东道国之间的文化相似性看作跨国公司的战略和子公司人员配置之间关系的一个调节变量。[10]龚发现跨国公司倾向于将母国员工派遣到文化差异较大的子公司中，这种策略对于劳动生产力会产生积极的效果。[11]例如，制度环境包括法律环境和教育环境[12]，后者更直接影响当地劳动力市场上的人才素质。此外，母国特定的国家背景因素可能导致来源国效应，即跨国公司可能试图将管理方法从其母国转移到外国。另一个影响是东道国效应，即子公司受到当地环境的影响。[13]另外，正如第 1 章中讨论到的，企业所涉及的产业类型也会产生影响。

● **公司具体特征**（Firm Specific Variables）。我们在第 1 章中描述了跨国公司人力资源管理战略的框架，其中最主要的变量是跨国公司的结构和战略、国际经验、公司治理以及组织文化，这些变量作为一个整体描述了跨国公司的具体特征。[14]

● **地方性单位特征**（Local Unit Specificities）。跨国公司人员配置的方式会随着文化和体制环境的变化而改变，也会因地方性单位的具体特征而发生变化，其中一个重要的影响因素是建立子公司的方法，例如会有绿地投资、合并、收购以及建立合作伙伴关系等方法。[15]此外，子公司的战略角色、对跨国公司整体战略的重要性、控制需要的相关问题以及决策地点等，对人员配置方法的选择也有重要影响。[16]

● **国际人力资源管理实践**（IHRM Practices）。人力资源的甄选、培训和开发、薪酬以及职业生涯管理（包括外派和归国管理问题）等在制定有效政策以维持最优

人员配置方法方面起到了重要作用。

这四组因素被认为系统性地影响了跨国公司人员配置的实践。由于以上这些因素的影响，企业对个别工作人员的配置常常会以一种非预期的方式进行。确切地说，在人员配置的实践中不能忽略的是图4-1中所概括的这些决定性变量之间存在着相互依赖的关系。在跨国企业进行人员配置选择时，"人员选择的决定性因素的模型"能帮助企业制作一张包含不同背景、不同组织以及人力资源管理相关问题的表格作为决策依据。例如，一个正在成长为网络组织的公司（公司具体的背景），或一个想发展成网络组织的公司（公司具体变量），将会要求其国际人力资源管理的方式和运作有助于其发展成为富有弹性的全球性组织，即进行集中整合和协调，这是一种全球中心模式。然而，在这种情形下还必须考虑到，全球中心模式的人员配置方法所暗含的一个关键假设是跨国公司拥有足够多的高素质人才（母国员工、其他国员工和东道国员工），一旦发出全球管理需要的指令，这些人才无论何时何地都将能被派往任何地方。[17]

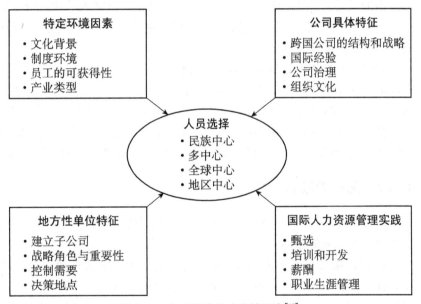

图4-1 人员甄选的决定性因素[18]

虽然大多数关于人员配置的研究集中于跨国公司总部向其他单位的流动，但科林斯（Collings）、麦克唐奈（McDonnell）、甘尼格尔（Gunnigle）和拉韦尔（Lavelle）的一项研究分析了跨国公司的人员外流，即在爱尔兰子公司工作的其他国员工和东道国员工向总部或其雇主的其他单位流动。虽然外流的人数很少，但这表明许多跨国公司从民族中心方法转向全球人员配置方案。[19]来自发达国家的跨国公司对人员配置政策的决定性因素进行了许多研究。沈（Shen）对中国跨国公司的研究证实，西方模式对中国跨国公司同样适用。[20]然而，作者指出，相同的政策有时也会有不一样的含义。很有意思的是，在这项研究中，诚信和个人道德等文化决定因素已被证明对人员配置决策具有特殊的重要性。总体而言，以上概述的人员选择的不同决定性因素都具有重要影响，这些因素是国际人力资源管理研究人员关注的焦点。

4.3　为国际商业活动输送人才

以上的讨论是关于为跨国公司重要职位配置人员的选择问题。现在我们将从使用国际委派的原因、国际委派的类型、外派人员和非外派人员的角色以及内派人员的角色等方面，探讨这些人员配置决策的结果以及更广泛的影响。

4.3.1　国际委派的重要性

国际委派面临重重困难，我们需要思考跨国公司为何坚持使用外派人员。当然，国际外派人员流动的数量是波动的。人们经常预测，随着公司实施本土化战略，用东道国员工取代外派人员来控制雇用成本时，外派人员将变得非常稀有。此外，"国际委派"一词涵盖了各种各样的委派形式、目的、流程、关注点和人力资源方面的安排。[21]由此我们可以得出这样的结论：研究人员和从业人员对大约40年前开始的"外派人员"问题的形式、优势、劣势、成本的研究仍然是国际人力资源管理的一个主要部分。[22]

《2015年布鲁克菲尔德全球流动趋势调查报告》（*Brookfield Global Mobility Trends Survey Report* 2015）表明，外派人员将会应对越来越多的国际流动的压力。[23]约34%的公司预期国际委派工作的数量会增加，12%的公司相信国际委派工作的数量会减少。目前，74%的被调查公司已缩减了委派费用。降低成本的重要措施是"更密切地审查政策例外情况"（25%）以及"向委派人员提供政策规定"（23%）。

4.3.2　国际委派的理由

国际管理和国际人力资源管理文献指出，使用各种形式的国际委派包括以下三个主要组织层面的原因：

1. **职位填充**（Position Filling）。组织需要为特定的管理职位选择合适的人员，或者在本地雇用一个人，或者委派一个合适的候选人。一些研究[24]表明找不到合格雇员的问题已经减少，在决定国际委派任务时，人员成本更加重要。然而，《2015年布鲁克菲尔德全球流动趋势调查报告》提供的证据表明，缺乏可用的技能是国际委派的主要原因。在许多情况下，最重要的任务目标是"填补管理技能缺口"（28%）和"填补专门技能缺口"（21%）。[25]

2. **管理发展**（Management Development）。工作人员经常被调到本组织的其他部门进行培训和发展，并协助发展共同的公司价值观念。因此，总部工作人员可以调到附属业务部门，或附属业务部门工作人员调到母公司或其他附属业务部门。委派可能持续不同的时间，可能会涉及项目任务以及培训职位。获取国际经验和职业生涯管理之间的联系可视为企业员工接受这种委派的一个动机。[26]《2015年布鲁克菲尔德全球流动趋势调查报告》将"建立国际管理经验"确定为被调查公司提到的员工接受国际委派的第二个最重要的原因。[27]

3. **组织发展**（Organization Development）。跨国企业运作的战略目标如下：进行管理控制；将知识、能力、程序和实践转移到不同地点；开发全球市场机会。因此，跨国公司在全球市场竞争的组织能力会得到发展。[28]《2015 年布鲁克菲尔德全球流动趋势调查报告》中提到的其他三个委派原因可以说明这一类别："技术转移"（7%）、"开展新工作"（9%）和"企业文化转移"（6%）。[29]

哈尔茨（Harzing）[30]在她的研究报告中指出，国际委派的大多数原因最终导致了组织的发展。[31]事实上，承担国际任务往往是为了同时达到几个目标。[32]此外，邓莉（Tungli）和佩珀尔（Peiperl）对 136 家跨国公司的委派政策和措施的调查研究[33]表明，委派目标的重要性也因来源国而异。例如，管理技能的发展是德国跨国公司进行国际委派的最重要原因之一，来自美国的跨国公司则主要派遣管理人员到国外填补当地的技能缺口。日本和英国的跨国公司都表示，在国外发展新业务是它们向国外派遣外派人员的主要原因。[34]

4.3.3　国际委派任务的类型

员工国际委派要持续的时间并不相同，这取决于跨国公司进行外派的目的以及所执行任务的性质。传统上各公司倾向于依据委派所持续的时间对国际委派进行划分：

● **短期**（Short-term）：三个月以内。通常是为了解决纠纷，进行项目监督，或者作为确定一个更稳定的委派人员之前的权宜之计。

● **中长期**（Extended）：一年以内。委派人员通常从事与短期委派相类似的活动。

● **长期**（Long-term）：1～5 年不等。委派人员在所接到的任务中有一个被清晰定义的角色（如某子公司的常务董事）。长期委派也被视为传统委派。

表 4-2 说明了短期委派和长期委派之间的区别。需要指出的是，短期委派和长期委派的定义不同，具体定义还依赖于跨国组织的选择策略。《2015 年布鲁克菲尔德全球流动趋势调查报告》的结果指出，国际委派任务中 45% 是长期的，55% 是短期的。[35]大多数关于国际委派的研究都集中在传统的长期委派上，因为这些委派代表了最多的国际委派情况。我们对诸如往返委派、轮换委派、合同委派和虚拟委派（也称为"非标准委派"）等替代委派类型的了解仍然有限[36]，这些非标准委派的增长情况将在以下分析中进一步详细说明。[37]

表 4-2　长期委派和短期委派之间的不同

	长期委派	短期委派
目的	● 填补职位或技术空缺 ● 管理发展 ● 组织发展	● 技术转移/解决问题 ● 管理发展 ● 管理控制
历时	通常为 12～16 个月	通常为 6～12 个月
家庭位置	家庭可随同	家庭不随同
选拔	正式的程序	非正式，少有官僚主义
优点	● 与同事良好的关系 ● 不间断的监控	● 灵活 ● 简明 ● 成本效益高

续表

	长期委派	短期委派
缺点	• 双重职业的考虑 • 花费昂贵 • 灵活性低	• 征税 • 负面影响（酗酒、高离婚率） • 与同事关系差 • 工作许可证问题

资料来源：Adapted from M. Tahvanainen, D. Welch and V. Worm 'Implications of Short-term International Assignments', *European Management Journal*, Vol. 23, No. 6 (2005), p. 669, with permission from Elsevier.

● **往返委派**（Commuter Assignments）。员工每周或每两周从本国往返到另一个国家的工作地点的特殊安排，跨境工作人员或日常通勤者不包括在内。通常被委派人员的家属留在本国。例如，该员工可能居住在伦敦，但在莫斯科工作。这些委派的理由包括必须解决某一特定问题，或者由于其经验和资历，被指派的员工需要同时在两个地方工作；或者目标国家不稳定。[38]《2015 年布鲁克菲尔德全球流动趋势调查报告》显示，31％的被调查公司制定了往返委派政策，这种委派在未来甚至会变得更加重要。[39] 然而，必须指出，非标准委派并不总能有效地替代传统委派："由于密集的旅行以及对个人关系的影响所造成的压力的累积，人们对长时间内的往返安排的可行性确实感到担忧。"[40]

● **轮换委派**（Rotational Assignments）。员工从本国到另一个国家的工作地点工作一段时间（通常时间短而固定），然后在本国休息一段时间。员工的家人通常留在本国。这种布置通常用于石油钻机行业以及全球采矿业发达的艰苦地区。《2015 年布鲁克菲尔德全球流动趋势调查报告》被调查的公司中有 18％制定了这类任务的政策。

● **合同委派**（Contractual Assignments）。适用于对某一国际项目具有至关重要的特定技能的员工，一般委派 6～12 个月。跨国项目小组被应用于研发领域，适合短期合同委派，同时配合长期委派和虚拟团队。[41]

● **虚拟委派**（Virtual Assignments）。员工不调到委派地，而是在本国管理在另一个国家或地区的各种国际业务。在这种情况下，管理者严重依赖电话、电子邮件或视频会议等通信技术。访问东道国也是必要的。使用虚拟委派的主要原因与其他非标准形式的国际委派相似：准备接受长期职位、经验丰富的工作人员短缺、稳定的家庭以及费用限制。韦尔奇（Welch）、沃姆（Worm）和芬威克（Fenwick）[42] 对澳大利亚和丹麦公司使用虚拟委派的研究表明，虚拟委派虽然有某些优点（如不必重新安置家庭单位），但也存在可能影响工作结果的缺点。例如，角色冲突、需要服务于双重组织的困难以及发生在本地和外地虚拟工作组之间的身份识别问题。一个问题是：不清楚虚拟委派人员"属于"谁——是该员工大部分时间实际居住的地方，还是外国单位？另一个问题是"虚拟的"工作职责和"真实的"工作应该分别投入多少时间。此外，由于许多工作是通过电子媒介完成的，这更容易引起文化误解，地理距离也阻碍了正常的群体互动。沟通主要是通过电话会议、视频会议和电子邮件，这就需要良好地使用这些媒体的技能。

支持虚拟工作安排，在这两个地点之间互访是十分必要的，因为并非所有事情都能通过虚拟方式解决，仍然需要面对面的会议。总之，虚拟委派往往用于地区职位，例如，欧洲市场营销经理，该人员主要负责协调多个国家市场营销活动，但以地区中心为基础。根据德国和亚洲案例研究的结果，霍特布雷奇（Holtbrügge）和席洛（Schillo）[43]建议为虚拟外派人员以及在国外的团队成员提供具体的跨文化培训，以避免跨文化误解。

● **自我安排的委派**（Self-Initiated Assignments）。标准的委派通常由组织启动，而自我安排的委派则由个人发起。许多组织没有系统地跟踪和管理这类委派，然而，这些员工通常对国际挑战非常感兴趣，有足够的语言能力和国际化的思维方式，并且具有企业家精神。他们是雇主的重要资源，可以增加本组织的国际流动潜力。[44]因此，重要的是要仔细管理他们，了解他们留在跨国公司的动机，特别是在完成自己发起的国际委派后。[45]根据塞尔登（Cerdin）和普拉格努斯（Pragneux）的一项研究[46]，在国际主义、挑战和生活方式等职业支柱方面，组织委派人员和自我安排的委派人员比较相似，更倾向于在工作和个人生活之间取得平衡，但他们在诸如安全等其他方面彼此不同。塞尔默（Selmer）和劳林（Lauring）报告了一个最近的例子，说明大学学者也是自我安排的委派人员。[47]

■ 4.4　外派人员的角色

正如前面所提到的，跨国公司使用国际委派的各种原因并非相互排斥。同时，跨国公司对外派人员所扮演的角色有很多期望，这些角色是员工从一个地方转移到另一个国家或地区的结果。这些角色如图4-2所示。

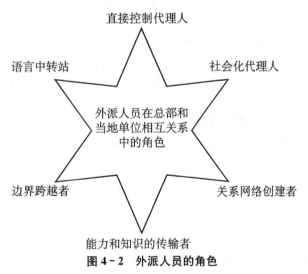

图4-2　外派人员的角色

外派人员是直接控制代理人

通过外派来配置人员被视为一种管理控制机制，这种机制的主要作用是通过外派人员对子公司的管理控制来确保母公司、子公司在战略和运作上的一致性。哈尔茨[48]发现德国的跨国公司偏好这种控制形式，她将这些外派人员比喻为"熊"，认为这个比喻反映了这类外派人员的管理控制水平。从某种程度上讲，将外派用于管理控制，反映了跨国公司的民族中心倾向，这对于确保子公司的服从以及总的战略目标的实现非常重要。

外派人员是社会化代理人

企业对于外派有一个潜在的期望，即希望通过外派来促进共享价值观及信念。哈尔茨将外派的这种角色比喻成"大黄蜂"。芬威克（Fenwick）等人[49]却指出，有关外派人员如何有效地充当社会化代理人角色的实证研究很少。事实上，试图以某种预想的方式向子公司灌输企业文化和日常规范常常会适得其反。

外派人员是关系网络创建者

正如我们在第 3 章所讨论的，国际委派被跨国公司视为通过培养人际关系来发展社会资本的一种方式[50]，这种人际关系可用于非正式控制和沟通的目的。实际上当员工在不同的组织部门之间流动时，他们的人际关系网就发生了改变。正因为这一点，哈尔茨将外派人员比作"蜘蛛侠"来描述他们的角色，以及他们如何利用关系网中能够依赖的人。人们倾向于发展和保护自己的关系网，很谨慎地选择沟通方式，并会对因使用不恰当的沟通方式造成的对重要关系的潜在破坏进行评估。施韦杰（Schweiger）等人[51]在有关项目任务和关系网的研究中，举了下面这个例子解释国际委派如何有助于关系网的建立：

> 我很大程度上依赖于我多年发展起来的人脉。在国际委派中所花的时间是宝贵的。我认识几个关键行动中的重要人物。我知道他们是如何运作的，什么对他们来说很重要。他们也知道我是可信的，有机会时会帮助他们。

虽然短期委派可能无法使外派人员像长期委派那样在一个地点建立广泛的关系网，但随着时间的推移，他们可以增加关系网中的人数和类型，为思想和能力的转移建立渠道。[52]因此，委派持续时间的长短将影响个人发展关系网的能力。

外派人员是边界跨越者

边界跨越（Boundary Spanning）涉及诸如收集信息的活动，它为组织内部和外部的交流沟通搭建桥梁。外派人员被视为边界跨越者，是因为他们能收集东道国的信息，扮演其母公司在东道国代表的角色，并能影响这种代理角色。例如，参加一个外国大使馆的社交活动可以为外派人员提供一个建立关系网、收集市场情报和提升公司形象的机会。

外派人员是语言中转站

马尚-皮卡里（Marschan-Piekkari）等人[53]发现，在通力电梯公司（Kone）工作的芬兰外派人员在回国后有时会成为"语言中转站"。

外派人员是能力和知识的传输者

国际委派确实有助于知识共享和能力转移，并鼓励各个子公司采用共同的工作做法，从而加强企业文化的要素。因此，国际委派有助于进一步开发跨国公司内部的社会资本。[54]各组织单位的工作人员会遇到不同的观点和视角，这些观点和视角将塑造他们的行为，并可能增强他们的归属感。古道尔（Goodall）和罗伯茨（Roberts）[55]讲述了一位中国员工在欧洲石油公司处理中国业务的经历。她在欧洲母公司运营的经历使她领略到公司是如何重视其名称和声誉的，她也能够更好地理解公司的行为准则以及对职业健康和安全的态度。

从总体上说，国际委派被视为能完成企业国际化经营的多重目标的一种有效方式。事实上可以断定，在以上外派人员的每种角色中都存在着我们所确定的能力和知识的转移。然而，关于外派人员在发挥其众多作用的有效性方面，明确的经验证据十分有限。

某些因素可能影响有效性：

● 创建一个开放环境并能支持各种想法的交流，支持**最佳实践**（Best Practice）的运作。

● 能否双向应对在东道国和自己国家之间产生的对知识和信息的需求，以及国际委派行为能否作为一种能力和知识转移机制，进而从国际工作中获益。

● 尽管认识到个人关系网在知识和信息转移中的重要性，但是公司在做出人员配置决策时，通常没有考虑到个人对关系网的影响，因此在很多情况下没有采用战略方法来控制潜在的负面影响。

● 工作任务的持续时间与知识和能力的有效转移之间存在一种联系。某些知识和能力可能会更快地转移，而另一些知识和能力（尤其是表现出高度非文字化的知识和能力）的转移也许会花更长的时间。

● 在很大程度上，所转移知识的广度和深度取决于有关的外派人员是否有能力教导他人，是否有动机作为知识转移的代理人。

● 知识转移过程的成功不仅取决于被外派人员的动机和能力，还取决于当地员工及其与外派人员的关系。[56]

最后一点，博利诺（Bolino）和费尔德曼（Feldman）[57]进行了一项有趣的观察后得出结论：当由于缺少合适的当地员工而使用外派人员时，这些外派人员经常由于知识和能力水平方面的差异而被迫承担原本属于他们同事的一些责任。他们认为，这些外派人员经常花费大量的时间在挑战性较小的任务上，以此来帮助其工作伙伴并且对其进行培训。在这种情况下，虽然这些外派人员或许能够在技术转移方面提供一些帮助，但是一段时间后他们自己的能力水平可能会下降，因为他们自己的技能并没有得到发展。因此，当这些外派人员归国时，他们可能发现自己的知识已经有些过时了。

■ 4.5 非外派人员的角色

以上的讨论集中于国际人员配置问题。容易被忽视的一点是，数量相当可观的国际商务都涉及**非外派人员**（Non-Expatriates），他们从事国际商旅活动但是不被认为是外派人员，因为他们没有被重新安置在另一个国家，也就是说，非外派人员是国际商旅人员[58]——他们大部分的角色都涉及对外国市场、子公司、国际工程项目等的持续性国际视察。当说到这个群体时，他们通常被称为"马路战士""环球旅行者""高频飞行者""弹性委派者"。[59]国际旅行是非外派人员工作的一个基本组成部分，就如国际销售人员的工作一样，非外派人员的工作几乎是由国际旅行组成的，不同的是非外派管理者的工作包括大量的、定期的对国际业务的视察。国际销售代表的工作是参与贸易事宜、访问外国代理商和批发商、向潜在的顾客展示新产品以及洽谈销售合同，许多非外派人员的工作是访问组织的国外子公司或分公司、与东道国的政府部门、联盟伙伴、转包公司及国外供应商进行洽谈等。

除了所涉资源影响外，还有与国际商务旅行者管理有关的问题。德弗兰克（DeFrank）等人[60]确定了以下因素为压力源：

- **家庭及家庭问题**：比如错过重要的纪念日和学校活动。旅行越频繁，家庭和婚姻关系出现紧张状况的可能性就越大。
- **工作安排**：即使员工正在进行国际旅行，他所负责的国内工作部分仍然要由他来完成。现代通信技术使得工作可以随时带在身边，因此企业期望商务旅行者在远离办公室时仍然能够通过网络来处理一些国内工作事宜。
- **旅行后勤**：航空公司对接、酒店住宿以及会议日程安排。
- **健康问题**：不良饮食、缺乏体育锻炼、睡眠不足、倒时差、受到疾病侵袭和其他健康问题（例如因过度乘坐飞机而形成的深静脉血栓）。
- **东道国文化问题**：由于国际商务是在其他文化环境中进行的，因此非外派人员仍被期待能够在不熟悉的环境中工作，并有效地处理文化差异。然而，有限的经验和事实证据表明，非外派人员没有得到与外派人员同等水平的跨文化培训。

非外派人员经常也会扮演很多外派人员的角色——社会化代理人、关系网络创建者、边界跨越者和语言中转站等。从已有的有限研究来看，对于非外派人员的管理更多是由职能经理或者直线经理来完成的，而不是由人力资源部门来管理的。德梅尔（Demel）和梅尔霍夫（Mayrhofer）提出了可以更好地满足弹性外派者需求的人力资源策略。[61]他们建议弹性外派者的具体情况应包括在职务说明和工作合同中，并可成为针对这一目标群体的具体人力资源管理政策的一部分。例如，选择标准应不只有技术知识和跨文化技能，还要包括诸如身体健康等问题。认识到员工需要从国际旅行中恢复（调整时差、改变饮食等），还必须解决工作和旅行时间的问题。如果考虑到这些问题，弹性委派可以成为国际流动的一个更有价值的替代解决方案。

■ 4.6 内派人员的角色

正如我们在第 1 章中所概述的，内派人员主要是从定义上区别于外派人员，他们包括从外国委派到跨国公司母国（通常是企业总部）的东道国员工或者其他国员工。**内派人员**（Inpatriates）是：

> 希望与总部工作人员分享当地背景知识，以促进公司在这些当地市场的有效活动。同时，他们也能了解公司总部的文化，并且学到组织里特定的日常工作惯例以及行为，从而使他们能够在组织内部掌控未来的管理任务。因此，内派人员似乎既是知识的传输者，也是知识的接受者。[62]

科林斯和斯卡利恩（Scullion）[63]确定了以下跨国企业用于招募内派经理人的关键驱动因素：

- 企业希望能够在高层管理队伍中塑造以全球为中心的管理能力和文化多样性的战略视角[64]，这种期望提升了企业"全球性统筹，区域性执行"的能力。
- 企业期望为高潜质的员工提供在东道国工作的机会，例如，企业招募东道国员工和其他国员工。
- 企业跨国经营中出现了新兴市场，就生活质量和文化调整适应方面而言，这种市场对于外派人员来说是比较艰难的工作地点。

内派人员战略仍然普遍强调了公司总部战略的重要性，暗示了总部特有的文化、结构和进程等方面的知识仍然是人力资源纵向职业发展的重要条件。通常派遣员工的总部的目标在于在国外子公司培养高层管理人员。在许多跨国公司中，内派的任务可能是职业生涯的第一步，也是有限的一步，反映了一种相当偏向于民族中心模式的方法。哈维（Harvey）和巴克利（Buckley）[65]的结论是，在这种情况下，"内派也许成为一个危险的过程"。相对于母国员工，内派人员也许更难实现其在总部的纵向升迁。内派人员在执行并完成国际任务后面临着与外派人员一样的驻留及归国问题，结果是他们可能得不到与外派人员一样的投入的回报。只有内派的东道国员工和其他国员工在总部也同样存在职业发展机会时，回报才能得到保证。在这种情况下，内派人员可能成为在国际企业内部实现全球中心导向的重要角色，东道国和其他国经理人也获得了"开放的天空"（即职业成功与员工的国籍无关）。赖歇（Reiche）、克莱默（Kraimer）和哈尔茨[66]以德国 10 家跨国公司的 143 名董事为样本，分析了内派人员的保留情况。他们发现，对总部员工的信任和契合，以及公司特有的学习和职业前景，在保留优秀员工方面发挥了重要作用。

邓莉和佩珀尔在一项国际比较研究中发现，德国、英国、日本和美国的跨国公司在国际任务的目标群体上存在显著差异。作者对母国员工、其他国员工和内派人员进行了区分。研究发现，日本跨国公司的国际委派几乎完全是母国员工，英国的跨国公司似乎系统地使用不同的员工群体（母国员工占 56%，其他国员工占 37%，总部的外派人员占 7%）。德国跨国企业的国际委派人员包括 79% 的母国员工、12% 的其他国员工和 9% 的内派员工。[67]需要更多的研究发现这些不同做法的长期后果。

■ 4.7　国际管理人员的招聘与甄选

无论是国内公司还是跨国公司，招聘员工并将其安排在合适的岗位上是绝大多数组织的目的。**招聘**（Recruitment）被定义为在足够的数量和质量的人员中寻找并获得岗位候选人，从而使组织能够挑选到最合适的人来满足工作需要。在这方面，雇主的品牌化会起到至关重要的作用，特别是在中国或印度等新兴经济体，由于这些经济体的强劲增长和当地劳动力市场对人才的激烈竞争，外国公司可能很难找到足够的合格人员。**甄选**（Selection）是为了评价和决定谁将成为特定岗位的人选而收集信息的过程。阐明招聘和甄选是不连续的过程，这非常重要，如果公司要有效管理员工，两个过程都需要有效运作。例如，公司可能有一个非常优秀的甄选系统来测评候选人，但是如果没有足够的候选人，这个甄选系统就会失去效用。只有招聘和甄选过程均有效运作，企业才能招聘到最理想的员工。

国内和国际人员配置之间有一些主要差异，首先是许多公司在总部和子公司的关键职位应由谁担任方面有偏好（即民族中心、多中心、地区中心和全球中心的人员配置取向）；其次，东道国政府施加的限制（例如，关于工作签证的入境规则，以及大多数国家通常要求证明需要雇用外国人员而非当地人员的文件）可能严重制约了跨国公司雇用合适人选的能力。此外，如斯卡利恩和科林斯[68]指出的，大多数外派人员由内部招聘而不是外部招聘产生，因此如何说服公司经理（尤其是在国内工作的经理）外派公司最优秀的员工，是国际人力资源部门需要解决的关键问题。2010年全球重新安置趋势调查（Global Relocation Trends Survey）的数据证实了**外部招聘**（External Recruits）的数量很低。在参与2010年调查的所有公司中，国际职位的外部招聘比例仅为8％，这是该调查历史上最低的数字（历史平均基准是外部招聘的外派人员占12％）。[69]

最好为外派工作招聘内部员工，因为这样可以减少选择决策不佳的风险。在内部甄选过程中，绩效评估、个人报告、对同事的访谈以及公司内部职业规划都可以作为信息来源，以减少不确定性。有研究者对653家西班牙公司的研究表明**内部招聘**（Internal Recruitment）的动机不仅是最大限度地减少选择风险，而且希望确保目前和过去对人力资本的投入能够发挥作用。[70]在外部劳动力市场上进行外部人员招聘的情况下，甄选风险往往是通过使用专门的（而且费用相对较高的）顾问来管理的。更传统的招聘和甄选手段，如传统的招聘广告和高管搜索（也称为猎头）也可以使用（参见案例4-1）。

梅克制（Maekelae）等人[71]确定了与人力资本优势有关的各种人员配置原型（本地-内部、本地-外部、全球-内部和全球-外部）。这些主要涉及知识和社会资本的优势，包括对组织内部的互动和信任的积极影响。

案例4-1　国际猎头

当外部服务提供商被指派寻找国际管理人员并参与随后的甄选时，这一甄选过程就会出现一些特殊情况。尽管在文献中几乎没有关于这一主题的讨论或想法，但实际上，猎头是填补国际职位空缺的常用方法。翰威特（Hewitt）的人力资源外包调查涵盖了100多家美国公司。该调查显示，这些公司追求四个中心目标，并将大部分（国内的和国际的）人力资源活动转移给外部服务提供商。因此，大部分受访公司（65%）表示希望通过外包活动降低成本。此外，获得外部专业知识和改善的服务质量对许多公司具有吸引力，而且公司有可能将内部资源更集中地用于战略性人力资源管理。关于外包的国际人力资源管理，调查显示，43% 的公司就外派人员管理事项求助于具有专门知识的外部服务提供商，56% 的公司会咨询归国问题，3%～4% 的公司甚至计划在不久的将来将外派管理事务外包。在招聘方面，10% 的受访公司表示，它们已将招聘工作交由外部服务提供商负责；另有 6% 明确计划外包招聘工作。由于没有确切的数字，我们只能推测有多少家公司在选择国际员工时使用外包。但是，众多专业的猎头机构和国际人力资源管理领域的管理咨询机构，以及寻求国际管理人员的高管都表明，在这一领域中需求很高。

　　以来自韩国的管理咨询公司 ABC（Asian Business Consultants）为例，它不仅帮助不同分支机构的公司寻找和选择合格的管理人员，还协助公司组织国际管理培训或国际职业生涯规划。目前，该公司在韩国、中国、印度和德国的办事处有 7 名员工和 15 名培训师从事国际项目。每年约有 15 个员工甄选项目由 ABC 完成。猎头甄选标准和职务说明会根据招聘公司的需要和空缺职位的要求进行调整。由于候选人的资历很高且信息保密，甄选过程会十分复杂。首先，必须确定潜在的候选人并亲自联系。由于需要保密，因此未使用其他形式的人力资源营销方式（例如，涉及基于互联网平台或社交网络的活动）。通常最重要的是确定合格的候选人，寻求进一步的信息和评估兴趣。在应聘者与招聘公司进行首次接触之前，应当评估应聘者的履历，然后应聘者接受 ABC 代表的两次面试。通过 ICQ、Skype 或 Windows Live Messenger 等软件程序，有时可以跨越远距离，在无须进行国内或国际迁移的情况下进行面试。根据面试的程序和申请表，该公司编制一份有关每位候选人的简短报告，并向招聘公司提交一份最合格候选人的简短名单。最终，在就国际职位的填补做出最终决定之前，由招聘公司的员工对候选人进行最后的面试。整个甄选过程可能需要几个月的时间。国际评估中心偶尔也会采用不同的方法组织甄选，如个人陈述、角色扮演或向董事会陈述。

　　ABC 的所有者兼首席执行官乌利齐·汉恩（Ulrich Hann）根据经验能够识别来自不同国际背景的候选人的文化差异和资格差异。例如，在甄选面试中的个人联系会因不同国籍而有所差异。在候选人的专业资格和技能方面也存在差异。许多印度候选人具有很高的自然科学学历，对拥有机械工程学位的德国候选人的需求也很大。

　　在动态的国际环境中，人力资源顾问面临着特殊的挑战。汉恩指出，"与候选人的要求相似，在国际商业环境中对合格的人力资源顾问的要求和标准也很高"。值得注意的是，使用多种语言对于理解客户和候选人的需求很重要。除了具有专业资格外，企业家思想和国际工作经验对于在招聘公司中担任国际人力资源管理的外部服务提供商也是必不可少的。

　　资料来源：© Lena Knappert and Marion Festing. Based on personal communication with Ulrich Hann, 8 June 2010.

■ 4.8　外派的失败与成功

　　外派的失败与成功显然是全球公司面临的重要问题。这个主题被全球人力资源管理的研究人员深入研究了几十年。我们将从关注外派失败这一更传统的角度开始，我们将介绍外派失败的主要决定因素，阐明其与外派成功的联系。首先，存在三个与外派失败有关的问题：它的定义、现象的程度以及与失败相关的成本。

4.8.1　我们说的外派失败是什么意思

"外派失败"一词是指外派人员提前回国（即在外派期结束之前回国）。在这种情况下，外派人员的失败代表了一种甄选错误，而外派人员管理政策的无效常常使情况更加复杂。对于如此狭隘地定义外派人员失败在文献中也有过一些讨论。例如，尽管可能无效率或者不适应，但是如果外派人员没有被召回，就不能视为失败。显然，不能有效地处理新的责任或适应派遣国也可能导致业绩水平下降。这些结果可能不会立即显现，但可能对子公司的业绩产生长期的负面影响。然而，如果外派人员在外派期间一直留在当地，则无论如何，外派都将被认为是成功的。

另一个重要问题是，外派人员觉得自己新获得的知识没有得到重视，他们会在归国后的第一年或第二年离开跨国企业（关于归国的更多细节，见第 6 章）。[72]在这种情况下，国际委派同样被视为成功，尽管它导致失去一名有价值的员工。外派人员提前回国还可能是因为提前完成了在国外的项目。根据上述定义，这种情况的提前回国将被错误地归类为外派失败。因此，在文献中占主导地位的传统定义，即外派人员提前返回并不一定表明外派人员的失败。哈尔茨建议，外派失败的定义应包括表现不佳和遣返问题。[73]福斯特（Forster）[74]对 36 家英国公司进行的一项研究采用了外派失败这一更广泛的定义（即包括表现不佳和完成任务后的留任问题），该研究得出以下结论：

> 如果我们认为有必要对外派失败率（Expatriate Failure Rates，EFRs）进行更广泛的定义，那么在英国及其合作伙伴的外派人员中"未能"完成国际委派的实际人数可能达到 8%～28%。

在后面，我们将进一步详细讨论外派失败的程度。

4.8.2　我们所称的外派失败现象的程度

《2015 年布鲁克菲尔德全球流动趋势调查报告》为外派失败提供了几个指标。各公司表示，有 5% 的外派工作被视为失败。调查亦显示，外派人员的离职率约为 12%；20% 的外派人员在外派期间离开，25% 在回国后第一年离开，26% 在第一年至第二年离开，29% 在两年后离开。与 12% 的平均年离职率相比，这些百分比可以被认为是比较高的，特别是因为委派公司的重要投资受到影响。外派失败率最高的地区是中国（12%）、英国（10%）和印度（9%）。[75]

在后文，我们将报告一些关于外派失败的学术研究结果。首先，分析表明，比较跨国公司母国的外派失败率，其差异相对较小。其次，它们展现了外派失败率的历史发展过程。我们利用了 20 世纪 80 年代初邓（Tung）[76]关于美国、欧洲和日本跨国公司的外派失败的重要工作数据，以及邓莉和佩珀尔报告的 2009 年来自德国、日本、英国和美国的工作数据。[77]两项研究的结果见表 4 - 3。

表 4-3　外派失败率

提前返回率	西欧 1982 年	德国 2009 年	英国 2009 年	日本 1982 年	日本 2009 年	美国 1982 年	美国 2009 年
小于 10%	97%	91%	93%	86%	94%	24%	86%
高于 10%但少于 20%	3%	0%	3%	14%	0%	69%	2%
等于或高于 20%	0%	9%	3%	0%	6%	7%	11%

资料来源：R. L. Tung "Selection and Training Procedures of U. S. , European, and Japanese Multinationals", *California Management Review*, Vol. 25, No. 1 (1982), pp. 57-71 and p. 164；Z. Tungli and M. Peiperl "Expatriate Practices in German, Japanese, U. K. , and U. S. Multinational Companies: A Comparative Survey of Changes", *Human Resource Management*, Vol. 48, No. 1 (2009), pp. 153-171. Reproduced with permission.

如表 4-3 所示，邓指出，与欧洲或日本的跨国公司相比，美国跨国公司的外派失败率更高，报告失败率超过 10% 的跨国公司比例也更高。最近的数据表明，报告的数字在被调查国家之间变得更加相似，外派人员提前返回仍然是一个持续存在的挑战。[78]哈尔茨[79]对美国文献中报告的失败率提出质疑，称"当以提前返回来衡量时，高失败率的存在几乎没有实证基础"。克里斯滕森（Christensen）和哈尔茨再次质疑了外派失败这一整体概念的价值，他们认为"现在应该完全放弃外派失败的概念，转而借鉴一般的人力资源文献来分析外派人员与离职及绩效管理有关的问题"。[80]

从上面的讨论我们可以得出以下结论：

1. 有理由将外派失败的定义扩大到提前返回之外的情况。通过与相关公司的访谈来跟进广泛的调查可能有助于这个方向的探索。

2. 无论"失败"的定义或确切数量如何，它作为一个问题提出，本身就扩大了这一问题的范围，表明了国际委派的复杂性。事实上，人们可以说，所谓的美国持续的高外派失败率是一个积极的因素，因为它后来引起了对外派人员行为的关注，这无疑引起了对外派失败原因的大量研究。

4.8.3　失败的代价是什么

外派失败的成本可能是**直接的**（Direct）和**间接的**（Indirect）。**直接成本**（Direct Costs）包括飞机票、相关迁居成本、薪资和培训等。具体数额根据相关职位、外派国家、汇率的变化、外派管理者是否被其他驻外人员替代而变化。"看不见的"或**间接成本**（Indirect Costs）很难用货币来衡量，但对公司来说可能更昂贵。许多外派人员职位涉及与东道国政府官员和主要客户的联系。这一层面的失败可能导致丧失市场份额，与东道国政府官员沟通困难，并要求用东道国员工取代母国员工（从而影响跨国公司的一般人员配置方法）。对当地工作人员可能产生的影响也是一个间接成本因素，因为士气和生产率可能受到影响。[81]

失败对有关的外派人员也有影响，他们可能会失去自尊、自信以及在同龄人中的威信。[82]他们未来的业绩可能因为积极性不高、晋升机会减少而受到影响，这就需要提高生产率以弥补失败。最后，外派人员的家庭关系可能受到影响。这些往往是组织忽视的额外成本。

4.8.4　外派失败和成功的原因

邓[83]是公认的第一个调查外派失败原因的研究者。她发现，跨国公司的母国不同会对外派失败造成差异，重要的个人因素是外派人员的配偶或管理者本身不能适应外派。她还注意到其他的家庭问题、管理人员的成熟程度以及在国外的职位需要承担固有的更高责任的问题。邓莉和佩珀尔最近的比较研究结果中并没有指出任何国家特异性，这证实了邓在研究中提到的外派失败原因的重要性：外派人员家属或管理者本人无法适应外派，以及其他的家庭问题。他们还发现，外派人员的具体问题和表现不佳是提前返回的主要原因。[84] 在基于 21 次访谈的研究中，李(Lee)[85] 为外派失败找到了类似的原因。他还发现跨国公司本身的活动以及对外派人员和家属的支持是国际派遣成功的主要因素。[86]

努力了解与外派成功有关的个人因素[87]，以及如何提供正确的背景支持（指导，工作设计和任务排序，以及对职业问题的理解）[88] 正在进行中。

最后，《2015 年布鲁克菲尔德全球流动趋势调查报告》指出，配偶或伴侣不满意（10%）、无法适应（9%）、其他家庭问题（14%）和候选人选择不佳（11%）是外派失败的主要原因。这一报告证实了李的结论，即全球人力资源管理在创造成功的国际委派方面发挥了重要作用："职业和人才管理（工作前、工作中和工作后）是在外派后留住员工的最重要因素"。[89]

4.9 甄选标准

我们现在对所谓"外派失败"的现象以及对国际委派工作的多面性有了更全面的了解，也理解了为什么制定合适的**甄选标准**（Selection Criteria）已成为国际人力资源管理的一个关键问题。我们应该注意到甄选对个人和组织是双向选择的过程。有发展前途的候选人可能由于个人原因（如家庭）或环境因素（如感觉到难以适应某一特定文化环境）而拒绝委派。对那些负责甄选外派人员的人来说，面临的最大挑战就是确定合适的甄选标准。图 4-3 列出了外派人员甄选过程中涉及的个人和环境因素，应该指出这些因素是互相关联的。下面围绕图 4-3 进行讨论。

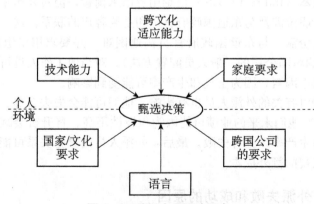

图 4-3 外派人员甄选因素

4.9.1　技术能力

很自然，一个员工执行特定工作任务所需的能力是一个重要的选择因素。因此，技术和管理技能是一项基本标准。事实上，研究表明，跨国公司在甄选外派人员的过程中严重依赖相关的技术能力。[90]由于外派人员主要是内部招聘人员，可以审查人事评价记录，并与候选人过去和现在的上司核对。另一个问题是，一个人过去的表现可能与其在外国文化环境中完成一项任务的能力关系不大，甚至没有关系。

4.9.2　跨文化适应能力：胜任力、适应力和其他指标

正如我们已经讨论过的，外派人员工作的文化环境是决定成功表现的重要因素。这里，**跨文化能力**（Intercultural Competence）的相关概念以及适应外国文化的能力起着重要作用。跨文化适应能力的一个重要组成部分是软技能，软技能在其他国家任职中也很重要。

软技能

软技能是被许多跨国公司低估的一个标准。[91]它是跨文化能力的一个重要部分。正如卡利朱里（Caligiuri）、塔里克和雅各布斯（Jacobs）所述，软技能是国际经理人的重要成功因素，需要在技术知识和技能之外加以考虑。软技能包括心理和个人特征，国际经验和语言知识。此外，使当地人员内部化并向其提供培训的能力往往是一个被忽视的问题。由于知识和技术转让至关重要，这种能力可能对国际派遣的成功发挥至关重要的作用。[92]

跨文化能力

除了明显的技术能力和管理技能外，外派人员还需要跨文化能力，以便能够在新的环境中工作，并保证文化多样性团队的运作。[93]跨文化能力是"在另一种文化中有效运作的能力"。[94]人们似乎一致认为，理想的品质应包括文化同理心、适应能力、外交能力、语言能力、积极态度、情绪稳定、成熟等方面。[95]这些品质与跨文化能力的三个基本结构维度相关。[96]跨文化能力的情感维度反映了对异国文化的情感态度，认知层面与文化特定的知识有关[97]，最重要的是能力维度，这一维度包括实际的跨文化行为。[98]

跨文化能力及其相关概念

与跨文化能力密切相关的是文化智力。安（Ang）等人[99]将文化智力定义为"一种特定的智力形式，其重点是在以文化多样性为特征的情况下有效地把握、推理和行为的能力"。虽然它与跨文化能力的概念非常相似，也考虑了知觉、认知、动机和能力等因素，但它主要关注跨文化能力的认知维度。[100]比克尔（Bücker）和保茨马（Poutsma）[101]将跨文化能力、跨文化敏感度、文化智力和全球思维（欣赏各种文化元素的能力）等相关概念[102]与"全球管理能力"联系起来，并将其作为

一种更全面的方法来描述一个全球经理人需要具备哪些管理技能。

伯德（Bird）等人[103]将跨文化能力视为全球领导力。在他们的概念中，跨文化关系技能、特质和价值观、认知取向和全球商业专业知识是跨文化能力的核心支柱。为了绘制全球领导力模型，他们增加了宏观层面的全球业务能力，包括全球组织专长和愿景。为了定义"全球领导力"这一术语，他们采用了奥斯兰（Osland）和伯德的定义。根据他们的说法，全球领导力是"影响全球社会的思维、态度和行为，以协同一致的方式朝着共同的愿景和共同的目标努力的过程"。[104]

适应外国文化的能力

这一能力不足一直是外派失败的原因，也是研究人员相当感兴趣的课题。[105]问题是，对外国文化的适应是多方面的，此外，考虑到个人的反应和应对行为，人们的适应方式也各不相同。调整周期或曲线的概念有助于说明文化调整过程中可能遇到的典型阶段。这条基于外派的心理反应的曲线（有时称为 U 形曲线）包括四个阶段。[106]

第 1 阶段从委派前的反应开始——外派人员可能会经历一系列积极和消极的情绪，如兴奋、焦虑、对未知事物的恐惧或冒险的感觉。在到达委派国家时，情绪可能会上升，这就产生了所谓的**"蜜月期"**（Honeymoon Phase）或**"游客期"**（Tourist Phase）。然后，随着新鲜感的消退，外国日常生活的现实开始侵入，乡愁和消沉可能开始——一种"派对结束了"的感觉[107]，这可能造成对环境和当地的负面评价，导致一段危机时期，即第 2 阶段。这可能是一个关键时期，个人如何应对这一阶段的心理调整，对成败有重要影响。有一种说法是，"作为提前召回的失败"可能在这一点上被触发。一旦过了这个危机点，外派人员接受新环境的要求时，就会有一个拉升期，即第 3 阶段——外派人员开始适应新环境。随着时间的推移，这种情况会逐渐趋于良好，即第 4 阶段。

在考虑上述 U 形曲线时，要记住一些临界点。U 形曲线是规范的，但有些人可能并不会经历这种 U 形曲线。个人对外国地点的反应和在执行委派任务之前的国际经验会有所不同。[108]委派所涉时间长短不一，各个阶段没有确凿的统计数据支持。[109]布莱克（Black）和门登霍尔（Mendenhall）[110]指出 U 形曲线描述了这些阶段，但没有解释人们如何和为什么需要经历这四个阶段。在委派过程中——在第 4 阶段之后——可能会有其他临界点，这些临界点可能会产生下降、负面反应和上升（即周期波动而不是 U 形曲线）。总之，可以说，尽管 U 形曲线有其合理性，但它缺乏理论基础和经验支持，也没有表明跨文化调整的结果必然是什么。[111]

对 U 形曲线调节和其他调节概念的批判[112]引发了一系列重要的研究，并使调节进程的决定因素、进程本身及其结果更加清楚。[113]图 4-4 提供了对这些研究的概述。

今天，我们将心理调节和社会文化调节两种调节能力区分开来：前者是根据外派人员的心理健康状况来衡量的，后者描述个体在外国成功互动的能力。[114]

跨文化调节的前因包括：

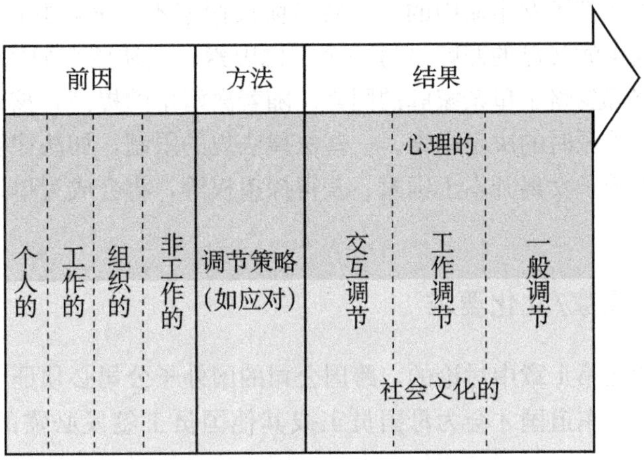

图 4-4　重要调节变量概述

资料来源：M. Festing and M. Maletzky，"Cross-Cultural Leadership Adjustment-A Framework Based on the Theory of Structuration"，*Human Resource Management Review*，Vol. 21，No. 3（2011），p. 188. With permission from Elsevier.

- 个人方面（例如性别或目标取向）。
- 与工作有关的因素（如角色清晰、决策自主）。[115]
- 组织方面（如公司支持）。
- 与工作无关的因素（如家庭问题）。

调节方法是实现调节的策略。例如，根据研究的重点，调节方法可以是应对压力的策略。[116]

调节结果则通常指布莱克和门登霍尔在流行概念中确定的三个变量[117]：

1. 工作调节。

2. 交互调节。

3. 一般调节。

结果通常还包括一个明确的表现[118]、效率维度[119]或解决承诺问题[120]。

4.9.3　家庭要求

家庭，尤其是配偶，是国际派遣成功与否的一个非常重要的影响因素。[121]如谢弗（Shaffer）和哈里森（Harrison）[122]指出的那样，尽管随行配偶或伴侣很重要，但外派成功的焦点仍然在于外派人员本人。从跨国企业角度来说，在东道国的业绩是一个重要的因素。同时，在外派人员、配偶/伴侣和家庭成员之间，关于协调能力的经验交流被证实是有效的。

需要指出的是，配偶（或随行伴侣）往往背负着沉重的负担。在抵达委派国后，安置新家的责任落在配偶身上，他们可能会失去工作以及朋友和社会支持网络（特别是亲属）。由于移民条例，配偶/伴侣往往不可能在派遣国工作，子女的福祉和教育可能是配偶持续关注的问题。

如上文所述，除了随行伴侣的职业之外，还有其他家庭方面的考虑因素可能会导致外派人员拒绝国际委派。子女的教育问题是一个重要的考虑因素，被选中的候选人认为在其子女生命中的这一特定阶段搬家不合适，并以此为由拒绝国际委派。对年老或生病父母的照顾是另一个考虑因素。上述两个原因在许多研究中提到过，很多研究都忽略了单亲家庭的因素。随着离婚率的提高，孩子的监护权成为接受和选择国际委派时的决定因素。一些法律法规的限制，如法律要求需要获得另一方同意后才可带子女离开本土国家、获得探望权等，将会成为单亲父母进行国际流动的主要障碍。

4.9.4　国家/文化要求

正如在第 1 章中讨论的，跨国公司的国外子公司必须证明在东道国招募不到合适的人员，东道国才会为母国员工或其他国员工签发必需的工作许可证和入境签证。有时候跨国公司希望外派人员出国并已经选出了合适的候选人，但遭到东道国政府的阻挠。许多发达国家正在修改立法，为与就业有关的移民提供便利，这将使国际委派在一定程度上变得更容易，例如，《欧洲社会宪章》（European Social Charter）允许成员国公民在欧盟内自由流动。重要的是，人力资源工作人员应及时了解跨国公司所在国家的相关立法变化。

与此相关的一个重要问题是，一般来说工作许可证只授予外派人员，随行配偶或伴侣不得在东道国工作。越来越多的跨国公司发现，配偶不能在东道国工作可能会导致被选中的候选人拒绝国际委派。如果接受国际委派，随行配偶或伴侣没有工作许可证可能造成外派人员适应上的困难，甚至导致长期失败。出于这些原因，一些跨国公司会在这方面提供援助。

此外，东道国也许是一个重要的决定因素。一些国家或地区被认为是"艰苦地区"：离主要城市或现代化设施较远的地区，或者有生命危险的战争多发地区。这时，随同家庭成员就成为跨国企业额外的责任，当然这个责任是跨国公司不愿意承担的。在有些国家和地区，选择外派女性是很难做到的，这就会导致公司选择东道国的员工任职而不是外派人员。

为了解决这个问题，20 多家跨国公司（包括壳牌（Shell）、英国航空（British Airways）、联合利华、普华永道（Pricewaterhouse Coopers）和西门子（Siemens）等）建立了一个名为"工作许可联合会"（Permits Foundation）[123]的组织，试图改进驻外人员配偶的工作许可规定，它的目的也在于增加政府对工作许可和员工流动之间联系的意识。

4.9.5　跨国公司的要求

甄选决策受到跨国公司具体情况的影响。例如，跨国公司在做出甄选决定时，可能会考虑外派人员与当地工作人员的比例，这主要是受其人员配置理念的影响。有些国家的企业在经营过程中需要聘用一半以上的母国员工和其他国员工，这就会影响员工（即母国员工、其他国员工和东道国员工）的比例。此外，还需要考虑所涉及的运作方式。在国际合资企业中甄选工作人员可能涉及当地合作伙伴的主要投入问题，并且受到已签订的协议中规定的有关选择程序的限制。[124]

4.9.6　语言

语言技能对一些外派职位来说可能是至关重要的，对另一些职位来说则不那么重要，有些人认为，无论职位级别如何，对东道国语言的了解是外派人员的一个重要方面。具备当地语言能力是一个经常与跨文化能力联系在一起的方面。然而，掌握当地语言往往不是语言方面最重要的条件。[125]选择决策中语言的另一个组件是通用企业语言。如前文所述，许多跨国公司采用一种共同的公司语言作为报告制度和程序标准化的一种方式。[126]对于英国、美国、加拿大、澳大利亚和新西兰，所选择的公司语言与母国的公司语言保持一致。然而，对于采用英语作为公司语言的非英语国家的跨国公司来说，这就成了一个选择外派人员的问题，除非派往具有共同语言的国家。例如，一个以西班牙语为公司语言的西班牙跨国公司选择一个母国员工来领导其在墨西哥的新子公司，与以英语为公司语言的西班牙跨国公司选择一个母国员工去美国子公司所面临的语言问题不同。对于后者而言，需要英语流利。因此，公司语言不流利可能是一个选择障碍。潜在的候选人可能会因为缺乏共同语言方面的能力而被排除在潜在的人才库之外。[127]因此，语言能力可能是限制跨国公司选择最合适候选人的因素。

4.10　实际的外派人员甄选程序

一旦确定了国际职位的甄选标准，就需要制定衡量这些标准的程序。然而，在许多跨国公司中，比较常见的情况是，国际甄选程序可能非常不正式。正如我们在关于甄选标准一节所指出的，大多数跨国公司认为，技术和管理技能是所使用的主要标准，有时是唯一的标准。我们曾指出，对技术技能的依赖主要是因为大多数国际外派的原因是"填补职位"。在图 4 - 3 概述的因素中，技术技能也许是最容易衡量的。可以说，图 4 - 3 代表了一种最佳做法或理想的选择模式，但许多跨国公司实际上并不采用这种模式。

哈里斯（Harris）和布鲁斯特[128]认为，在现实中，外派人员的选择往往是一个临时的过程，他们称之为"咖啡机系统"。他们建议，在咖啡机（或饮水机）旁闲聊的管理者们可以通过一次关于一个需要填补的空缺外派职位的不经意对话来开始甄选过程。一个同事可能会主动提出一个潜在的外派人员的名字——这样就开始了一个非正式的候选人的短名单。按照哈里斯和布鲁斯特的说法，接下来发生的事情是，跨国公司的正式甄选程序启动，从而使事实上已经在咖啡机旁做出的决定合法化。哈里斯和布鲁斯特说，这是他们在研究英国公司时遇到的最常见的甄选程序。然后，他们总结了一个甄选系统的类型，以解释在外派人员甄选的方式中发现的差异。

当然，在公司中可以找到正式的、公开的甄选程序的例子，也可以找到非正式的或封闭的系统的例子。哈里斯和布鲁斯特指出，这一过程可能受到跨国公司的成熟程度、其国际化进程的阶段及其规模或行业的影响。涉及的职位类型、人力资源职能在程序中的作用以及跨国公司在涉及国际委派甄选时是不是反应性的而不是前瞻性的，仍然是跨国公司甄选程序如何运作的关键因素。

正式甄选程序

在比较研究中，邓莉和佩珀尔[129]研究发现，在德国、英国和美国，结构化面试在跨国公司外派人员的甄选中占据主导地位，此外，推荐和自我选择发挥了重要作用。相反，在日本跨国公司中，推荐和自我选择是最重要的方式，其次是跨文化技能测试。相比之下，心理和认知测试的使用要少得多，尤其是在德国和美国。这类测试作为文化调整的预测指标的有效性有待商榷。例如，托比隆[130]评论说，尽管通过这些测试可以发现理想的人格特征，但评估这些特征的测试或标准很少得到令人信服的验证。同样，威利斯（Willis）[131]指出，如果使用测试，应谨慎选择，并注意其信度和效度，因为尽管有些测试可能有助于提示潜在问题，但测试成绩与实际表现之间似乎没有什么相关性。他还补充说，大多数相关测试都是在美国开发的，因此可能与文化相关。在美国以外的地方使用这种测试，如果没有经过仔细修改，就会影响这些测试成为外派人员能否成功的预测指标的信度和效度。

长期以来，推荐通过评估中心和面试为国际职位甄选人员。在这种情况下，可利用甄选委员会（即一组有国际经验的管理人员和国际人力资源管理专家）对候选人进行面试，评估他们是否适合国际委派。因此，问题应针对国际管理人员工作环境的具体情况。以前的国际经验、适应国外环境的能力、跨文化背景下的软技能（如跨文化交际能力）以及应聘者的个性都是这些面试的重点。[132]

除了以候选人为重点的甄选做法外，还可以与可能的未来外派人员的配偶进行面谈。邓莉和佩珀尔[133]的比较研究表明，这种做法在德国、英国、美国和日本没有显著差异。例如，13.6％的受访跨国公司与配偶进行了面谈。我们可以从对外派人员提前回国的讨论中找到引入这一做法的原因——配偶无法适应而导致外派人员提前回国，一些公司正试图将这一可能导致外派失败的风险降至最低。为国际甄选程序设计的方法往往侧重于跨文化能力。例如，哈默（Hammer）、本尼特（Bennett）和怀斯曼（Wiseman）[134]设计了文化发展量表，提出根据50个项目的调查问卷测试跨文化差异的敏感度，其目的是在民族中心主义和民族相对主义两个维度上区分候选者。民族中心主义表现为对外来文化的否定，而民族相对主义表现为对外来文化的调适和融合。衡量跨文化能力的另一个选择是跨文化评估中心。这就需要对跨文化能力做出明确的定义，评估中心的每一项工作都必须加以设计，以便衡量其各个方面。表4-4提供了德国跨国企业使用的这种设计的一个例子。一般来说，会由一组具有国际经验的国际人力资源管理经理和管理人员观察候选人并评估结果。为确保选择工具的有效性，重要的是对评估结果是积极的还是消极的指标有一个明确的共识。这必须由跨国公司或负责指导跨文化评估中心的顾问提供。[135]案例4-2中的角色扮演练习说明了其中一种练习方式，表4-5显示了角色扮演练习的评估标准。

表 4-4 跨文化评估中心使用的测试和练习

练习特征	展示	角色扮演	问卷	团队讨论	案例学习
容忍模棱两可					
目标导向					
人际交往技能					
共情					
无判断主义					
灵活性					
元信息传递					

资料来源：Based on T. M. Kühlmann and G. Stahl "Diagnose interkultureller Kompetenz：Entwicklung und Evaluierung eines Assessment Centers", in C. I. Barmeyer and J. Bolten（eds.），*Interkulturelle Persona-lorganisation*（Berlin：Verlag Wissenschaft und Praxis, 1998），p. 220. Reproduced with permission.

表 4-5 跨文化评估中心角色扮演的评估标准

维度	高跨文化能力的例子	低跨文化能力的例子
容忍模棱两可	耐心 显示出幽默感	不耐烦 很严肃
人际交往技能	利用时间进行简短的交谈 谈论自己或私人问题	马上说"再见" 马上谈生意
共情	把自己放在商业伙伴的位置上避免攻击性行为	只知道他的处境 冒犯性的
无判断主义	假定意外迟到 不与本国行为比较	假定有意迟到 指出了他的国家守时的美德
灵活性	改变主题 建议召开新会议	不断重复 谈到浪费的机会
学习导向	试图澄清不清楚的问题	不要求澄清不清楚的问题

资料来源：T. Kühlmann and G. Stahl "Fachkompetenz allein genügt nicht -Interkulturelle Assessment Center unterstützen die gezielte Personalauswahl", *Personalführung Plus*（1996），p. 24. Reproduced with permission.

案例 4-2 角色扮演：跨文化能力

你被分配到墨西哥进行为期两年的国际委派。你的任务是协助一家新的子公司发展。在墨西哥逗留的最初几周，你一次又一次地碰到墨西哥员工以及供应商和客户未准时到达。

现在，你坐在餐厅里，等待一个墨西哥供应商的销售总监。你的会议时间是 12：30，但是已经 13：00 了，你所等待的人仍然没有出现。由于你在 13：30 有其他安排，只能饿着肚子结账！正在此刻，销售总监出现了——迟到了半个小时。

你对此如何反应？你希望你的墨西哥伙伴有何反应？哪些反应能够表现出跨文化能力，哪些反应不能？

资料来源：Based on T. M. Kühlmann and G. K. Stahl "Fachkompetenz allein genügt nicht-Interkulturelle Assessment Center unterstützen die gezielte Personalauswahl", *Personalführung Plus* (1996), p. 24. Reproduced with permission.

■ 4.11　双职工夫妇

到目前为止，我们的重点是确定个人相关的内容以及为国际委派挑选合适的候选人。现在我们还将考察一个新出现的制约因素——双职工夫妇，他们会对现有候选人人才库产生制约，从而阻碍招聘和甄选进程。随着人口老龄化和其他家庭相关条件的变化，双职工夫妇的增多限制了员工的流动性。员工可以因为家庭因素而拒绝委派任务，这个原因也使得公司考虑对工作产生影响的非工作因素。这反映了人们对影响与工作有关的事项中非工作方面的作用的看法发生了重大转变。一些数字显示双职工挑战的重要性已非常明显：《2015 年布鲁克菲尔德全球流动趋势调查报告》表明，其中 48％的配偶在委派前（但不是在委派期间）有工作，只有 11％的配偶在委派前和委派期间都有工作（历史平均数是 13％）。[136]

尽管《2015 年布鲁克菲尔德全球流动趋势调查报告》显示拒绝委派的最重要原因是家庭问题（38％），但配偶的职业问题（21％）是第二个常见的原因，这并不奇怪。跨国公司意识到了双重职业挑战，并通过提供一系列资源来应对这一挑战。重要的支持措施包括语言培训、教育援助、雇主赞助的工作许可和职业规划援助。[137]

应对双职工夫妇挑战的其他解决办法包括：

● **公司间网络**。跨国公司总是尽力为其外派人员的随行配偶或伴侣在另一家跨国公司中安排一份合适的工作，有时这种协议是互惠互利的。例如，一家美国跨国公司与一家德国跨国公司在中国都有分公司，那么它们可能会达成一项协议（即将各自的外派人员的配偶安排在对方的公司里工作）。当地供应商、销售商或合资伙伴也可能为这些外派人员的配偶提供工作机会。

● **求职援助**。在这方面，跨国公司为外派人员的配偶或伴侣在东道国寻找工作提供援助。这可以通过支付职业介绍所费用、提供职业咨询或简单的工作许可援助来实现。有些可能在实际委派之前提供到东道国进行实地调查。

● **公司内部雇用**。这也许是一个合乎逻辑但往往有些困难的解决办法。这意味着把这对夫妇送到同一个外国机构，还可能是同一个部门。并不是所有的跨国公司（也不是所有的夫妇）都乐于接受夫妻在同一工作地点工作，而且为这种安排获得工作签证往往会遇到很大困难。

● **工作岗位上的职业支持**。不久前摩托罗拉[138]提供了一个跨国公司如何通过摩托罗拉所谓的"双职工职业政策"帮助配偶保持甚至提高职业技能的例子。这包括一笔总付的教育、专业协会、参加研讨会、提高与工作有关的技能的语言培训和职业介绍费用。也有附加条件，例如配偶必须在委派前就已受雇。因此，如果配偶无法找到合适的工作，委派时可用于职业发展活动。

委派援助的其他措施是建立联系或支付配偶收入损失。这样做的目的是保持技能，以便配偶在重新回到本国后能够找到工作。这些尝试表明，创造性思维可以帮助跨国公司克服这一潜在障碍。就克服双职工障碍而言，上述援助计划的效力如何，我们无法权威地加以评论。然而，显然跨国公司正尝试解决这一问题，并为这一流动障碍创造解决办法。根据《2010 年布鲁克菲尔德全球流动趋势调查报告》：

> 配偶和伴侣强烈认为他们的职业生涯是值得关注的问题——在国际委派期间和之后都是如此。毕竟，有一半的配偶在派遣任命之前是有工作的，因此，他们要求公司帮助维持他们的职业生涯——尤其是在经济条件变困难的时候。[139]

除了在国际委派工作之前、期间和之后支持外派人员的配偶外，跨国公司还可以选择提供本章前面所述的非标准委派工作，如往返委派和虚拟委派似乎也是一种选择。

女性外派人员有什么不同吗

国际委派方面的最后一个问题与性别有关。典型的外派人员仍然以男性居多。《2015 年布鲁克菲尔德全球流动趋势调查报告》显示，所有外派人员中有 19％ 是女性（历史平均数是 17％）。有一种趋势是女性外派人员的人数越来越多。例如，1984 年阿德勒（Adler）[140] 对 600 多家美国和加拿大公司的国际人力资源实践进行了调查，发现在 13 338 名外派人员中，只有 3％ 是女性。她发现，女性外派人员往往受雇于银行、电子、石油和出版等行业且拥有超过 1 000 名员工的公司。研究人员继续研究为什么外派人员中女性如此之少。因为她们不愿意搬迁？是态度上的原因？这是否反映了一种普遍的成见，即在某些文化中，例如某些亚洲国家，男性不喜欢向女性管理者汇报工作，特别是外国女性，因此女性不应被派驻海外？这个未言明的假设可能促成了所谓的"玻璃天花板"。然而，这方面没有强有力的实证支持。[141]

一些研究对女性是否适合国际委派的一些看法提出了质疑。例如斯特罗（Stroh）、瓦尔马（Varma）和瓦利-杜尔宾（Valy-Durbin）[142] 发现美国和加拿大妇女对接受国际派遣很感兴趣，而且很可能接受国际派遣，尽管有孩子和没有孩子的妇女的反应有所不同。然而，这项研究中的女性倾向于认为，她们的公司在要求她们接受国际委派方面犹豫不决，尽管主管（不论是男性还是女性）并不一定承认这一点。此外，在某些国家——被认为是文化上存在困难的委派地点——对妇女的偏见在最初会影响女性外派人员的业绩。然而，女性委派的时间越长，她们就越不认为偏见是提高业绩的障碍。卡利朱里和邓[143] 对一家美国跨国公司的女性和男性外派人员进行了研究，结果发现，无论一个国家对女性担任管理职位的态度如何，女性的表现都能与男性同行一样出色。

费施迈尔（Fischlmayr）[144]在研究奥地利女性外派人员时采取了一种不同的方法，即运用外部和自身障碍的概念来探讨为什么女性在国际委派中任职人数偏低。

通过21次采访奥地利跨国公司的人力资源经理和来自不同行业和职位的女性外派人员，费施迈尔发现，人力资源主管的态度是选择女性外派人员的主要障碍，尽管女性同事自身设置的障碍也非常大。奥地利公司的女性往往需要特别申请才能进行国际委派，而男性同事则需要接受国际委派任务。此外，一些女性认为她们的年龄是影响他人对她们行为的看法和期望的一个因素，女性年龄越大，越容易获得海外职位。费施迈尔的结论是，女性的代表性偏低。

梅尔霍夫和斯卡利恩[145]关于德国服装业男性和女性外派人员的经验报告显示，女性被派往不同的国家。总体而言，两个性别群体的经历差别不大，尽管女性外派人员比抽样中的男性更重视在国际委派前和委派期间配偶和家庭的问题。这一行业的任务期限往往较短，涉及各种形式的非标准任务，而且女性管理人员通常比其他行业更多。女性比男性更多，被委派的工作期限更长，作者因此认为，女性在该行业中所占比例较高，似乎使性别问题不那么重要，但是这并不适用于女性任职人数较少的高级管理职位。梅尔霍夫和斯卡利恩认为，女性外派人员在担任高级职位方面仍然存在障碍。

内皮尔（Napier）和泰勒（Taylor）[146]对在日本、中国和土耳其工作的来自不同国家的女性外派人员的研究也值得关注。这些女性分为三类：传统的外派人员，作为男性外派人员配偶或伴侣的"拖车族"，"独立派"——可称为自选外派人员的职业妇女。内皮尔和泰勒发现，赢得当地客户的信任是一个主要问题。适应文化差异、维持社会生活和需要适当的人际交往是应付工作需求的重要因素。网络对商业和社会环境都变得很重要。女性外派人员作为少数群体意味着比以往可以获得更高的知名度，在接触关键客户方面可能是积极的。

在关于女性外派人员的各种研究中，常见的是，工作地点、组织支持程度、配偶或伴侣满意度以及跨文化经历对绩效都很重要。调节变量与我们在本章前面一般性讨论的调节变量类似。男女外派人员之间的区别似乎在于这些调节变量对个人业绩的影响程度以及在国际委派之前对文化意识培训的重视程度。由于男性更不愿意陪伴配偶或伴侣，双重职业问题可能成为女性流动的更大障碍。

因奇（Insch）、麦金泰尔（McIntyre）和内皮尔[147]制定了打破国际委派前、中、后玻璃天花板的策略。他们既考虑到女性外派人员的观点，也考虑到跨国公司的观点。表4-6描述了这些战略。总体而言，女性外派人员的业绩受到各自国家对女性管理人员的偏见的影响。然而，女性管理人员在国外待的时间越长，这种影响就越小。[148]卡利朱里和卡西奥（Cascio）[149]认为，评价外国妇女往往是根据其他标准而不是本地标准。在工作生活中歧视女性的国家，外国女性通常被当地人认为是中立的。卡利朱里和卡西奥指出，如果女性外派人员通过自己的专业行为让人们认可为专家，而不有意强调性别角色，有助于获得成功和建立平等的商业关系。

表 4-6 打破外派人员"玻璃天花板"的策略

策略	对于女性外派人员	对于跨国公司
委派前策略	• 自我意识 • 了解她的长处，并认识到基于她的教养和文化，她认同的价值观和情感 • 充分利用这些长处和技能 • 既要规划她的事业，也要规划她的生活 • 发展人际关系和社会网络 • 寻找和利用导师，并与女性外派人员保持联系，寻求建议和指导	• 首先要彻底审查国际委派的甄选标准 • 通过政策和培训，消除甄选过程中任何公开的或微妙的性别偏见 • 培训甄选决策者，避免甄选过程中微妙的性别偏见 • 无论管理者的性别如何，都应讨论并解决随行配偶和"双重职业"问题 • 更加努力地将女性纳入相关的非正式和正式组织网络
委派时策略	• 寻找和利用导师是成功的关键 • 培养从当地环境中吸收知识的意愿和技能	• 考虑将女性外派人员分配到她们可能有更多机会迅速调整、发展和成长的国家，特别是在职业生涯早期 • 考虑和发展短期委派的可能性 • 继续培训和指导
委派后策略	• 承认有大量知识、实际中用不上 • 女性外派人员的思维和行动可能更具有企业家精神，在管理自己的职业生涯方面承担更大的责任	• 外派人员返回时必须履行"心理契约"，例如，特别注意继续指导和培训，以及外派人员利用其新的专门知识的机会

资料来源：G. Insch, N. McIntyre and N. Napier, "The Expatriate Glass Ceiling: The Second Layer of Glass", *Journal of Business Ethics*, Vol. 83, No. 1 (2008), pp. 19-28. Reproduced with permission via Rightslink.

小　结

本章扩展了国际业务中维持国际业务的人员配置、招聘和甄选的作用。讨论了下列问题：

• 我们概述了为国际运营配置人员的不同方法——民族中心、多中心、全球中心及地区中心，并分别探讨了它们的优势和不足。另外，本章引入了一个"人员甄选的决定性因素模型"，并列出了影响跨国公司选择人员配置方法的四组因素：特定环境因素、公司具体特征、地方性单位特征和国际人力资源管理实践。

• 采用国际人员配置的主要原因包括职位填充、管理发展及组织发展。有指标显示管理发展的重要性正在增加。

• 可区分各种类型的国际委派：短期、中长期和长期（传统的）；非标准委派，如往返、轮换、合同、虚拟和自我安排的委派。以上的委派类型都会对跨国公司和个人产生影响。

• 外派人员的角色是复杂的。他们可以充当直接控制代理人、社会化代理人、关系网络创建者、边界跨越者以及"语言中转站"。外派人员的这些不同角色有助于解释为什么需要利用外派人员，并说明为什么从本组织的角度来看，国际委派仍然是国际业务的一个重要方面。

● 我们强调，非外派人员对国际商业活动也是至关重要的。非外派的国际商务旅行者提出了他们面临的挑战，例如经常外出对家庭生活的影响，可能对健康产生的负面影响，以及其他压力因素。不过，对这些人员的管理似乎不属于人力资源部门的职权范围。

● 国际人力资源管理的另一个重要进步就是关于内派人员的讨论。内派人员与外派人员仅在定义上有所区别，内派人员只包括那些由国外子公司派遣到母公司去的职员，而不包括由母公司派到国外子公司的职员。

本章阐述了影响国际委派招聘和甄选的关键因素。主要涉及：

● 关于外派失败与成功的争论。

● 选择外派人员的重要因素，包括技术能力、跨文化适应能力（国际环境下的软技能、跨文化能力和跨文化适应能力）、家庭要求、国家/文化要求、语言和跨国公司的要求。

● 非正式的甄选过程往往会影响外派人员的选择，更正式的甄选包括面试、评估中心、推荐和自我选择。

● 双职工夫妇是工作人员流动的障碍，跨国公司正在采取多种措施克服这个困难。

● 女性外派人员的具体情况，以及她们与男性外派人员面临的问题是否不同。

尽管我们在过去30年中对有关外派人员招聘和甄选问题进行了深入研究，但仍有许多问题有待探讨。虽然这一领域被以美国外派人员为样本的美国研究主导，但是欧洲学者和实践人员仍然对这一领域有着浓厚兴趣。对中国和印度等国的跨国公司来说，影响甄选决定的因素会不会类似？如果更多的跨国公司鼓励子公司员工将国际委派作为组织内部网络管理方法的一部分，那么我们将进一步了解本章讨论的问题和调查结果对于来自不同国家和地区的各类员工的有效性。显然，工作人员的甄选仍然至关重要。找到合适的人来填补这些职位，特别是关键管理者——无论是母国、其他国还是东道国的员工，对公司的国际扩张具有重大影响。然而，有效的招聘和甄选只是第一步。

讨论问题

1. 请简要概括跨国公司的四种人力资源配置方法的主要特征。

2. 有哪些因素决定了跨国公司对人力资源配置方法的选择？一个跨国公司会在全球范围内选择相同的人力资源配置方式吗？请以"人员甄选的决定性因素模型"为参考提出自己的观点。

3. 跨国企业采用国际委派的原因有哪些？

4. 内派人员的角色是什么？内派人员确保了全球中心的员工配置策略吗？

5. 作为一个新指派的项目经理，你认为即使另外六个成员在慕尼黑，你也能够在你位于伦敦的办公室里对工程项目进行虚拟管理吗？这种工作方式能够解决你的个人困境，即你不想与家庭分离。你负责的这个项目距截止日期还有六个月，为了保证这项虚拟委派工作圆满完成，你还需要考虑哪些因素？

　　6. 跨国公司应该关注外派失败吗？为什么？

　　7. 影响甄选决策的最重要的因素有哪些？

深度阅读

M. Andresen and T. Biemann 'A taxonomy of internationally mobile managers', *International Journal of Human Resource Management*, Vol. 24, No. 3 (2013), pp. 533–557.

P. Caligiuri and J. Bucker 'Selection for international assignments', in D. Collings, G. Wood and P. Caligiuri (eds.) *The Routledge Companion to International Human Resource Management* (London: Routledge Publishing, 2015), pp. 275–288.

D. Collings and H. Scullion 'Global staffing', in G. Stahl, I. Bjorkman and S. Morris (eds.) *Handbook of Research in International Human Resource Management*, 2nd ed. (Cheltenham: Edward Elgar Publishing, 2012), pp. 142–161.

P. Caliguri and J. Bonache 'Evolving and enduring challenges in global mobility', *Journal of World Business*, Vol. 51, No. 1 (2016), pp. 127–141.

L. Howe-Walsh and B. Schyns 'Self-Initiated Expatriation: Implications for HRM', *International Journal of Human Resource Management*, Vol. 21, No. 2 (2010), pp. 260–273.

I. Nikandrou and L. Panayoutopoulou 'Recruitment and selection in context', in C. Brewster and W. Mayrhofer (eds.) *Handbook of Research on Comparative Human Resource Management* (Cheltenham: Edward Elgar Publishing, 2012), pp. 121–138.

H. Scullion and D. Collings *Global Talent Management* (London: Routledge, 2010).

参考文献

1. H. V. Perlmutter 'The Tortuous Evolution of the Multinational Corporation', *Columbia Journal of World Business*, Vol. 4, No. 1 (1969), pp. 9–18.

2. D. A. Heenan and H. V. Perlmutter *Multinational Organizational Development. A Social Architectual Perspective* (Reading, MA: Addison–Wesley, 1979).

3. J. Bonache, C. Brewster and V. Suutari 'Expatriation: A Developing Research Agenda', *Thunderbird International Business Review*, Vol. 43, No. 1 (2001), pp. 3–20.

4. Y. Zeira 'Management Development in Ethnocentric Multinational Corporations', *California Management Review*, Vol. 18, No. 4 (1976), pp. 34–42.

5. PricewaterhouseCoopers (eds.) *Managing Mobility Matters 2006* (London: PricewaterhouseCoopers, 2006).

6. D. A. Heenan and H. V. Perlmutter *Multinational Organizational Development. A Social Architectual Perspective* (Reading, MA: Addison–Wesley, 1979).

7. A. J. Morrison, D. A. Ricks and K. Roth 'Globalization Versus Regionalization: Which Way For the Multinational?', *Organizational Dynamics*, Vol. 19, No. 3 (1991), pp. 17–29.

8. I. Torbiörn 'Staffing Policies and Practices in European MNCs: Strategic Sophistication, Culture-Bound Policies or Ad-hoc Reactivity', in H. Scullion and M. Linehan (eds.) *International Human Resource Management. A Critical Text* (Basingtoke, UK: Palgrave Macmillan, 2005), pp. 47–68.

9. For a recent discussion based on comparative HRM data see M. Brookes, R. Croucher, M. Fenton-O'Creevy and P. Gooderham 'Measuring Competing Explanations of Human Resource Management Practices through the Cranet Survey: Cultural versus Institutional Explanations', *Human Resource Management Review*, Vol. 21, No. 1

(2011), pp. 68–79. Also see N. Ando and Y. Paik 'Institutional distance, host country and international business experience, and the use of parent country nationals', Human Resource Management Journal, Vol. 23, No. 1 (2013), pp. 52–71.

10. I. Tarique, R. Schuler and Y. Gong 'A Model of Multinational Enterprise Subsidiary Staffing Composition', *International Journal of Human Resource Management*, Vol. 17, No. 2 (2006), pp. 207–224.

11. See the results of a study among Japanese subsidiaries by Y. Gong 'Subsidiary Staffing in Multinational Enterprises: Agency, Resources, and Performance', *Academy of Management Journal*, Vol. 46, No. 6 (2003), pp. 728–739. A similar analysis has been carried out by K. Thompson and M. Keating 'An Empirical Study of Executive Nationality Staffing Practices in Foreign-Owned MNC Subsidiaries in Ireland', *Thunderbird International Business Review*, Vol. 46, No. 6 (2004), pp. 771–797.

12. For an institutional perspective see the national business systems approach by R. Whitley *European Business Systems: Firms and Markets in their National Contexts* (London: Sage, 1992).

13. For a discussion of European staffing approaches see I. Torbiörn 'Staffing Policies and Practices in European MNCs: Strategic Sophistication, Culture-Bound Policies or Ad-hoc Reactivity', in H. Scullion and M. Linehan (eds.) *International Human Resource Management. A Critical Text* (Basingtoke, UK: Palgrave Macmillan, 2005), pp. 47–68.

14. For a similar discussion see C. M. Vance and Y. Paik *Managing a Global Workforce. Challenges and Opportunities in International Human Resource Management*

(Armonk, N. Y., London: M. E. Sharpe, 2006).

15. For a discussion of these factors on subsidiary HRM see Y. Kim and S. J. Gray 'Strategic Factors Influencing International Human Resource Management Practices: An Empirical Study of Australian Multinational Corporations', *International Journal of Human Resource Management*, Vol. 16, No. 5 (2005), pp. 809–830.

16. For the issue of subsidiary consideration see M. M. Novicevic and M. Harvey 'Staffing Architecture for Expatriate Assignments to Support Subsidiary Cooperation', *Thunderbird International Business Review*, Vol. 46, No. 6 (2004), pp. 709–724. For a discussion of the impact of different subsidiary strategies see J. Bonache and Z. Fernandez 'Strategic Staffing in Multinational Companies: A Resource-Based Approach', in C. Brewster and J. E. Harris (eds.) *International Human Resource Management: Contemporary Issues in Europe* (London, New York: Routledge, 2004), pp. 163–182. For a resource-dependence perspective on the emergence of international HRM strategies see M. Festing, J. Eidems and S. Royer 'Strategic Issues and Local Constraints in Transnational Compensation Strategies: An Analysis of Cultural, Institutional and Political Influences', *European Management Journal*, Vol. 25, No. 2 (2007), pp. 118–131.

17. D. E. Welch 'HRM Implications of Globalization', *Journal of General Management*, Vol. 19, No. 4 (1994), pp. 52–68.

18. This figure is informed by the work of D. E. Welch 'Determinants of International Human Resource Management Approaches and Activities: A Suggested Framework', *Journal of Management Studies*, Vol. 31, No. 2 (1994), pp. 139–164; H. De Cieri and P. J. Dowling 'Strategic International Human Resource Management in Multinational Enterprises', in G. K. Stahl and I. Björkman (eds.) *Handbook of International Human Resource Management Research* (Cheltenham, Northhampton, MA: Edward Elgar, 2006), pp. 15–35; M. Festing, J. Eidems and S. Royer 'Strategic Issues and Local Constraints in Transnational Compensation Strategies: An Analysis of Cultural, Institutional and Political Influences', *European Management Journal*, Vol. 25, No. 2 (2007), pp. 118–131; K. Thompson and M. Keating 'An Empirical Study of Executive Nationality Staffing Practices in Foreign-Owned MNC Subsidiaries in Ireland', *Thunderbird International Business Review*, Vol. 46, No. 6 (2004), pp. 771–797.

19. In their model they predict that headquarters, subsidiary, structural and HR systems factors predict these flows. The empirical findings partly support these assumptions. For details see D. G. Collings, A. McDonnell, P. Gunnigle and J. Lavelle 'Swimming against the Tide: Outward Staffing Flows from Multinational Subsidiaries', *Human Resource Management*, Vol. 49, No. 4 (2010), pp. 575–598.

20. J. Shen 'Factors Affecting International Staffing in Chinese Multinationals (MNEs)', *International Journal of Human Resource Management*, Vol. 17, No. 2 (2006), pp. 295–315.

21. See M. Andresen and T. Biemann's interesting assessment of research on differing forms of international assignments, 'A taxonomy of internationally mobile managers', *International Journal of Human Resource Management*, Vol. 24, No. 3 (2013), pp. 533–557, as well as methodological concerns raised by P. Tharenou on how research has been designed and carried out in this area, 'Researching expatriate types: The quest for rigorous methodological approaches', *Human Resource Management Journal*, Vol. 25, No. 2 (2015), pp. 149–165.

22. See M. Dabic, M. Gonzalez-Loureiro and M. Harvey 'Evolving research on expatriates: What is 'known' after four decades (1970–2012)' *International Journal of Human Resource Management*, Vol. 26, No. 3 (2015), pp. 316–337; P. Caliguri and J. Bonache, J. 'Evolving and enduring challenges in global mobility', *Journal of World Business*, Vol., 51, No. 1 (2016) pp. 127–141.

23. Brookfield Global Relocation Services (ed.) *Global Mobility Trends Survey Report* 2015 (Woodridge, IL, 2015).

24. See PricewaterhouseCoopers (eds.) *Managing Mobility Matters 2006* (London: PricewaterhouseCoopers, 2006), *Relocation Trends Survey 2010* (2010).

25. Brookfield Global Relocation Services (ed.) *Global Mobility Trends Survey Report* 2015 (Woodridge, IL, 2015).

26. For example, Benson and Patties (2008) found that, in the case of US-American managers, international experience was associated with greater firm internal and external career opportunities. Jokinen (2010) argues that expatriates build international career capital, i.e. knowing-how, knowing-why and knowing-whom as a basis for international career development. See G. S. Benson and M. Pattie 'Is Expatriation Good for my Career? The Impact of Expatriate Assignments on Perceived and Actual Career Outcomes', *International Journal of Human Resource Management*, Vol. 19, No. 9 (2008), pp. 1636–1653; T. Jokinen 'Development of Career Capital through International Assignments and its Transferability to New Contexts', *Thunderbird International Business Review*, Vol. 52, No. 4 (2010), pp. 325–336.

27. Brookfield Global Relocation Services (ed.) Global Mobility Trends Survey Report 2015 (Woodridge, IL, 2015).

28. Based on a literature review on German IHRM studies, Harzing concludes that all key reasons for international assignments can lead to organization development 'defined as the increase of the company's potential to succeed and to compete in the international market' (Harzing 2001: 368). See A.W. Harzing 'Of Bears, Bumble-Bees, and Spiders: The Role of Expatriates in Controlling Foreign Subsidiaries', *Journal of World Business*, Vol. 36, No. 4 (2001), pp. 366–379. With respect to IHRM, Morris *et al.* distinguish between integrative and creative capabilities to meet the challenges of the global market. See S. S. Morris, S. A. Snell, P. M. Wright, G. K. Stahl and I. Björkman (eds.) 'A Resource-Based View of International Human Resources: Toward a Framework of Integrative and Creative Capabilities', *Handbook of Research in International Human Resource Management* (Northampton, MA: Edward Elgar, 2006), pp. 433–448.

29. Brookfield Global Relocation Services (ed.) *Global Mobility Trends Survey Report 2015* (Woodridge, IL, 2015).

30. See also A.W. Harzing 'Of Bears, Bumble-Bees, and Spiders: The Role of Expatriates in Controlling Foreign Subsidiaries', *Journal of World Business*, Vol. 36, No. 4 (2001), p. 368.

31. For recent empirical evidence on organizational assignments (and individual) goals see M. Dickmann and N. Doherty 'Exploring Organizational and Individual Career Goals, Interactions, and Outcomes of Developmental International Assignments', *Thunderbird International Business Review*, Vol. 52, No. 4 (2010), pp. 313–324. They summarize their arguments by introducing the dimensions of knowing-how, knowing-whom and knowing-why on the organizational as well as on the individual side.

32. For further details see P. Sparrow, C. Brewster and J. E. Harris *Globalizing Human Resource Management* (London, New York: Routledge, 2004).

33. For further details see Z. Tungli and M. Peiperl 'Expatriate Practices in German, Japanese, U.K., and U.S. Multinational Companies: A Comparative Survey of Changes', *Human Resource Management*, Vol. 48, No. 1 (2009), pp. 153–171.

34. For further details see Z. Tungli and M. Peiperl 'Expatriate Practices in German, Japanese, U.K., and U.S. Multinational Companies: A Comparative Survey of Changes', *Human Resource Management*, Vol. 48, No. 1 (2009), pp. 153–171.

35. For further details see Brookfield Global Relocation Services (ed.) Global Mobility Trends Survey Report 2015 (Woodridge, IL, 2015).

36. For further details see D. E. Welch, V. Worm and M. Fenwick 'Are Virtual Assignments Feasible?', *Management International Review*, Vol. 43 Special Issue No. 1 (2003), pp. 95–114.

37. For further discussions about non-standard assignments see also J. Bonache, C. Brewster, V. Suutari and P. De Saá 'Expatriation: Traditional Criticisms and International Careers: Introducing the Special Issue', *Thunderbird International Business Review*, Vol. 52, No. 4 (2010), pp. 263–274; D. G. Collings, H. Scullion and M. J. Morley 'Changing Patterns of Global Staffing in the Multinational Enterprise: Challenges to the Conventional Expatriate Assignment and Emerging Alternatives', *Journal of World Business*, Vol. 42, No. 2 (2007), pp. 198–213; H. Harris, C. Brewster and C. Erten 'Auslandseinsatz, aber wie? Klassisch oder alternative Formen: Neueste empirische Erkenntnisse aus Europa und den USA', in G. K. Stahl, W. Mayrhofer and T. M. Kühlmann (eds.) *Internationales Personalmanagement: Neue Aufgaben, Neue Lösungen* (München, Mering: Hampp, 2005), pp. 271–292.

38. For more details see J. Bonache, C. Brewster, V. Suutari and P. De Saá 'Expatriation: Traditional Criticisms and International Careers: Introducing the Special Issue', *Thunderbird International Business Review*, Vol. 52, No. 4 (2010), pp. 263–274.

39. Brookfield Global Relocation Services (ed.) *Global Mobility Trends Survey Report* 2015 (Woodridge, IL, 2015).

40. Ibid, p. 11.

41. A. Mendez 'The Coordination of Globalized R&D Activities through Project Teams Organization: An Exploratory Empirical Study', *Journal of World Business*, Vol. 38, No. 2 (2003), pp. 96–109.

42. D. E. Welch, V. Worm and M. Fenwick 'Are Virtual Assignments Feasible?', *Management International Review*, Vol. 43 Special Issue No. 1 (2003), pp. 95–114, p. 98.

43. For further details see D. Holtbruegge and K. Schillo 'Intercultural Training Requirements for Virtual Assignments: Results of an Explorative Empirical Study', *Human Resource Development International*, Vol. 11, No. 3 (2008), pp. 271–286.

44. For a summary of the historical development of this type of assignment J. Bonache, C. Brewster, V. Suutari and P. De Saá 'Expatriation: Traditional Criticisms and International Careers: Introducing the Special Issue', *Thunderbird International Business Review*, Vol. 52, No. 4 (2010), pp. 263–274. The ongoing debate on the construct and how to understand it is presented by J.L. Cerdin and J. Selmer 'Who is a self-initiated expatriate? Towards conceptual clarity of a common notion,' *International Journal of Human Resource Management*, Vol. 25, No. 9 (2015), pp. 1281–1301. The relationship between an interest in initiating an assignment and early childhood influences – a multicultural home life – is related by J. Selmer and J. Lauring, 'Self-initiated expatriates. An exploratory study of adjustment of adult third-culture kids vs. adult monoculture kids,' *Cross-Cultural Management*, Vol. 21, No. 4 (2014), pp. 422–436.

45. For a study on the impact factors on self-assigned expatriate repatriation see P. Tharenou and N. Caulfield 'Will I Stay or Will I Go? Explaining Repatriation by Self-initiated Expatriates', *Academy of Management Journal*, Vol. 53, No. 5, pp. 1009–1028.

46. For details of the study see J.L. Cerdin and M. L. Pargneux 'Career Anchors: A Comparison between Organization–assigned and Self–initiated Expatriates', *Thunderbird International Business Review*, Vol. 52, No. 4 (2010), pp. 287–299.

47. For an empirical study see J. Selmer and J. Lauring 'Self-Initiated Academic Expatriates: Inherent Demographics and Reasons to Expatriate', *European Management Review*, Vol. 7, No. 3 (2010), pp. 169–179.

48. A.W. Harzing 'Of Bears, Bumble-Bees, and Spiders: The Role of Expatriates in Controlling Foreign Subsidiaries', *Journal of World Business*, Vol. 36, No. 4 (2001), pp. 366–379.

49. M. S. Fenwick, H. L. De Cieri and D. E. Welch 'Cultural and Bureaucratic Control in MNEs: The Role of Expatriate Performance Management', *Management International Review*, Vol. 39 (1999), pp. 107–124.

50. S. S. Morris, S. A. Snell, P. M. Wright, G. K. Stahl and I. Bjoerkman (eds.) 'A Resource-Based View of International Human Resources: Toward a Framework of Integrative and Creative Capabilities', *Handbook of Research in International Human Resource Management* (Northampton, MA: Edward Elgar, 2006), pp. 433–448.

51. D. M. Schweiger, T. Atamer and R. Calori 'Transnational Project Teams and Networks: Making the Multinational Organization More Effective', *Journal of World Business*, Vol. 38, No. 2 (2003), pp. 127–140.

52. J. Birkinshaw and N. Hood 'Unleash Innovation in Foreign Subsidiaries', *Harvard Business Review*, Vol. 79, No. 3 (2001), pp. 131–137.

53. R. Marschan-Piekkari, D. Welch and L. Welch 'Adopting a Common Corporate Language: IHRM Implications', *International Journal of Human Resource Management*, Vol. 10, No. 3 (1999), pp. 377–390.

54. K. Maekelae 'Knowledge Sharing Through Expatriate Relationships', *International Studies of Management & Organization*, Vol. 37, No. 3 (2007), pp. 108–125.

55. K. Goodall and J. Roberts 'Only Connect: Teamwork in the Multinational', *Journal of World Business*, Vol. 38, No. 2 (2003), pp. 150–164.

56. For an analysis of these relationships see J. Bonache and C. Zárraga-Oberty 'Determinants of the Success of International Assignees as Knowledge Transferors: A Theoretical Framework', *International Journal of Human Resource Management*, Vol. 19, No. 1 (2008), pp. 1–18.

57. M. C. Bolino and D. C. Feldman 'Increasing the Skill Utilization of Expatriates', *Human Resource Management*, Vol. 39, No. 4 (2000), pp. 367–379.

58. D. E. Welch, L. S. Welch and V. Worm 'The International Business Traveller: A Neglected but Strategic Human Resource', *International Journal of Human Resource Management*, Vol. 18, No. 2 (2007), pp. 173–183.

59. H. Mayerhofer, L. C. Hartmann, G. Michelitsch-Riedl and I. Kollinger 'Flexpatriate Assignments: A Neglected Issue in Global Staffing', *International Journal of Human Resource Management*, Vol. 15, No. 8 (2004), pp. 1371–1389.

60. R. S. DeFrank, R. Konopaske and J. M. Ivancevich 'Executive Travel Stress: Perils of the Road Warrior', *Academy of Management Executive*, Vol. 14, No. 2 (2000), pp. 58–71.

61. For more details and empirical evidence see B. Demel and W. Mayrhofer 'Frequent Business Travelers across Europe: Career Aspirations and Implications', *Thunderbird International Business Review*, Vol. 52, No. 4 (2010), pp. 301—311; and B. Demel *Karrieren von Expatriates und Flexpatriates* (München, Mering: Hampp, 2010).

62. S. B. Reiche 'The Inpatriate Experience in Multinational Corporations: An Exploratory Case Study in Germany',

International Journal of Human Resource Management, Vol. 17, No. 9 (2006), pp. 1572–1590, p. 1580.

63. D. Collings and H. Scullion 'Global Staffing', in G. K. Stahl and I. Björkman (eds.) *Handbook of Research in International Human Resource Management* (Cheltenham, Northampton, MA: Edward Elgar, 2006), pp. 141–157.

64. Similar ideas can be found in M. Harvey, C. Speier and M. M. Novicevic 'The Role of Inpatriation in Global Staffing', *International Journal of Human Resource Management*, Vol. 10, No. 3 (1999), pp. 459–476.

65. M. G. Harvey and M. R. Buckley 'Managing Inpatriates: Building a Global Core Competency', *Journal of World Business*, Vol. 32, No. 1 (1997), pp. 35–52.

66. For more details see S. B. Reiche, Kraimer M. L. and A.W. Harzing 'Why do International Assignees Stay? An Organizational Embeddedness Perspective', *Journal of International Business Studies*, Vol. 42, No. 4 (2011), pp. 521–544.

67. For further details see Z. Tungli and M. Peiperl, 'Expatriate Practices in German, Japanese, U.K., and U.S. Multinational Companies: A Comparative Survey of Changes', *Human Resource Management*, Vol. 48, No. 1 (2009), pp. 153—171.

68. H. Scullion and D. Collings 'International Recruitment and Selection', in H. Scullion and D. Collings (eds.) *Global Staffing* (London, New York: Routledge, 2006), pp. 59–86. Services (eds.) *Global Relocation Trends: 2010 Survey Report* (2010).

69. For further details see Brookfield Global Relocation Services (eds.) *Global Relocation Trends: 2010 Survey Report (2010)*.

70. For further details see A. Bayo-Moriones and P. Ortín-Ángel 'Internal Promotion versus External Recruitment in Industrial Plants in Spain', *Industrial & Labor Relations Review*, Vol. 59, No. 3 (2006), pp. 451–470.

71. For further details see K. Maekelae, I. Björkman and M. Ehrnrooth 'MNC Subsidiary Staffing Architecture: Building Human and Social Capital within the Organisation', *International Journal of Human Resource Management*, Vol. 20, No. 6 (2009), pp. 1273–1290.

72. For further details see Brookfield Global Relocation Services (ed.) *Global Mobility Trends Survey Report 2015* (Woodridge, IL, 2015).

73. For further details see A.W. Harzing (eds.) *Composing International Staff* (London, UK: Sage, 2004).

74. N. Forster 'The Persistent Myth of High Expatriate Failure Rates: A Reappraisal', *International Journal of Human Resource Management*, Vol. 8, No. 4 (1997), p. 430.

75. For further details see Brookfield Global Relocation Services (ed.) *Global Mobility Trends Survey Report 2015* (Woodridge, IL, 2015).

76. R. L. Tung 'Selection and Training of Personnel for Overseas Assignments', *Columbia Journal of World Business*, Vol. 16, No. 1 (1981), pp. 68–78; R. L. Tung 'Selection and Training Procedures of U.S., European, and Japanese Multinationals', *California Management Review*, Vol. 25, No. 1 (1982), pp. 57–71; and R. L. Tung 'Human Resource Planning in Japanese Multinationals: A Model for U.S. Firms?', *Journal of International Business Studies*, Vol. 15, No. 2 (1984), pp. 139–149.

77. For further details see Z. Tungli and M. Peiperl 'Expatriate Practices in German, Japanese, U.K., and U.S. Multinational Companies: A Comparative Survey of Changes', *Human Resource Management*, Vol. 48, No. 1 (2009), pp. 153–171.

78. For further details see Z. Tungli and M. Peiperl 'Expatriate Practices in German, Japanese, U.K., and U.S. Multinational Companies: A Comparative Survey of Changes', *Human Resource Management*, Vol. 48, No. 1 (2009), pp. 153–171.

79. A.W. K. Harzing 'The Persistent Myth of High Expatriate Failure Rates', *International Journal of Human Resource Management*, Vol. 6, No. 2 (1995), p. 458.

80. A.W. Harzing and C. Christensen, 'Expatriate Failure: Time to Abandon the Concept?', *Career Development International*, Vol. 9, No. 7 (2004), pp. 616–626.

81. M. E. Mendenhall and G. Oddou 'The Overseas Assignment: A Practical Look', *Business Horizons*, Vol. 31, No. 5 (1988), pp. 78–84.

82. M. Mendenhall and G. Oddou 'The Dimensions of Expatriate Acculturation: A Review', *Academy of Management Review*, Vol. 10, No. 1 (1985), pp. 39–47.

83. For further details see R. L. Tung 'Selection and Training Procedures of US, European, and Japanese Multinationals', *California Management Review*, Vol. 25, No. 1 (1982), pp. 57–71.

84. For further details see Z. Tungli and M. Peiperl 'Expatriate Practices in German, Japanese, U.K., and U.S. Multinational Companies: A Comparative Survey of Changes', *Human Resource Management*, Vol. 48, No. 1 (2009), pp. 153–171.

85. H.W. Lee 'Factors that Influence Expatriate Failure: An Interview Study', *International Journal of Management*, Vol. 24, No. 3 (2007), pp. 403–413.

86. For similar results see M. L. Kraimer, S. J. Wayne and R. A. Jaworski 'Sources of Support and Expatriate Performance: The Mediating Role of Expatriate Adjustment', *Personnel Psychology*, Vol. 54, No. 1 (2001), pp. 71–99.

87. The complexities of personal factors are represented by a study by S. Remhof, M. Gunkel and C. Schlaegel 'Goodbye Germany! The influence of personality and cognitive factors on the intention to work abroad', *International Journal of Human Resource Management*, Vol. 25, No. 16 (2014), pp. 2319–2343; also P. Nguyen, J. Felfe and I. Fooken 'Interaction effects of dual organizational commitment on retention in international assignments: The case of Western expatriates in Vietnam', *International Journal of Human Resource Management*, Vol. 26, No. 11 (2015), pp. 1407–1427.

88. See W.L. Zhuang, M. Wu and S.L. Wen 'Relationship of mentoring functions to expatriate adjustments: Comparing home country mentorship and host country mentorship,' *International Journal of Human Resource Management*, Vol. 24, No. 1 (2013), pp. 35–49. Also see N. Kawai and R. Strange 'Perceived organizational support and expatriate experience: Understanding a mediated model', *International Journal of Human Resource Management*, Vol. 25, No. 12 (2014), pp. 2438–2462; M. Malek, P. Budhwar and S. Reiche 'Sources of support and expatriation: A multiple stakeholder perspective of expatriate adjustment and performance in Malaysia', *International Journal of Human Resource Management*, Vol. 26, No. 2 (2015), pp. 258–276.

89. Brookfield Global Relocation Services (ed.) *Global Mobility Trends Survey Report 2015* (Woodridge, IL, 2015).

90. I. Björkman and M. Gertsen 'Selecting and Training Scandinavian Expatriates: Determinants of Corporate Practice', *Scandinavian Journal of Management*, Vol. 9, No. 2 (1993), pp. 145–164; A. L. Hixon 'Why Corporations Make Haphazard Overseas Staffing Decisions', *Personnel Administrator*, Vol. 31, No. 3 (1986), pp. 91–94; E. Marx *International Human Resource Practices in Britain and Germany* (London: Anglo–German Foundation for the Study of Industrial Society, 1996); J. McEnery and G. DesHarnais 'Culture Shock', *Training & Development Journal*, Vol. 44, No. 4 (1990), pp. 43–47; M. E. Mendenhall, E. Dunbar and G. R. Oddou 'Expatriate Selection, Training and Career–Pathing: A Review and Critique', *Human Resource Management*, Vol. 26, No.

3 (1987), pp. 331–345; PricewaterhouseCoopers (eds.) *International Assignments. European Policy and Practice* (PricewaterhouseCoopers, 1996).

91. For further details see D. G. Collings, H. Scullion and M. J. Morley 'Changing Patterns of Global Staffing in the Multinational Enterprise: Challenges to the Conventional Expatriate Assignment and Emerging Alternatives', *Journal of World Business*, Vol. 42, No. 2 (2007), pp. 198–213.

92. For further details see P. Caligiuri, I. Tarique and R. Jacobs 'Selection for International Assignments', *Human Resource Management Review*, Vol. 19, No. 3 (2009), pp. 251–262.

93. For empirical evidence see, for example, the recent paper by S. Lloyd and C. Haertel 'Intercultural Competencies for Culturally Diverse Work Team', *Journal of Managerial Psychology*, Vol. 25, No. 8 (2010), pp. 845–875.

94. M. C. Gertsen 'Intercultural Competence and Expatriates', *International Journal of Human Resource Management*, Vol. 1, No. 3 (1990), p. 341.

95. P. M. Caligiuri 'The Big Five Personality Characteristics as Predictors of Expatriate's Desire to Terminate the Assignment and Supervisor-rated Performance', *Personnel Psychology*, Vol. 53, No. 1 (2000), pp. 67–88.

96. For further details see W. B. Gudykunst, R. L. Wiseman and M. R. Hammer 'Determinants of the Sojourner's Attitudinal Satisfaction: A Path Model', *Communication Yearbook*, Vol. 1 (1977), pp. 415–425.

97. For further details see R. L. Wiseman, M. R. Hammer and H. Nishida 'Predictors of Intercultural Communication Competence', *International Journal of Intercultural Relations*, Vol. 13, No. 3 (1989), pp. 349–370.

98. These three facets are very common elements in a discussion on intercultural competence. See, for example, M. C. Gertsen 'Intercultural Competence and Expatriates', *International Journal of Human Resource Management*, Vol. 1, No. 3 (1990), pp. 341–362; S. Lloyd and C. Haertel 'Intercultural Competencies for Culturally Diverse Work Team', *Journal of Managerial Psychology*, Vol. 25, No. 8 (2010), pp. 845–875.

99. S. Ang, L. Van Dyne, C. Koh, K. Y. Ng, K. J. Templer, C. Tay and N. A. Chandrasekar 'Cultural Intelligence: Its Measurement and Effects on Cultural Judgment and Decision-Making, Cultural Adaptation and Task Performance', *Management & Organization Review*, Vol. 3, No. 3 (2007), pp. 335–371, p. 337.

100. For further details see K.Y. Ng, L. Van Dyne and S. Ang 'Beyond International Experience: The Strategic Role of Cultural Intelligence for Executive Selection in IHRM', in P. Sparrow (eds.) *Handbook of International Human Resource Management: Integrating People, Process, and Context* (Chippenham, UK: Wiley, 2009), pp. 97–114.

101. For more details see J. Bücker and E. Poutsma 'Global Management Competencies: A Theoretical Foundation', *Journal of Managerial Psychology*, Vol. 25, No. 8 (2010), pp. 829–844.

102. T. Jokinen 'Global Leadership Competencies: A Review and Discussion', *Journal of European Industrial Training*, Vol. 29, No. 3 (2005), pp. 199–216.

103. For more details see A. Bird, M. Mendenhall, M. J. Stevens and G. Oddou 'Defining the Content Domain of Intercultural Competence for Global Leaders', *Journal of Managerial Psychology*, Vol. 25, No. 8 (2010), pp. 810–828.

104. J. S. Osland and A. Bird 'Global Leaders as Experts', in W. H. Mobley and E. Weldon (eds.) *Advances in Global Leadership* (London: Elsevier, 2006), Vol. 4, pp. 123–142, p. 123.

105. M. L. Kraimer, S. J. Wayne and R. A. Jaworski 'Sources of Support and Expatriate Performance: The Mediating Role of Expatriate Adjustment', *Personnel Psychology*, Vol. 54, No. 1 (2001), pp. 71–99.

106. For a review and assessment of the U-Curve, see J. S. Black and M. Mendenhall 'The U-Curve Adjustment Hypothesis Revisited: A Review and Theoretical Framework', *Journal of International Business Studies*, Vol. 22, No. 2 (1991), pp. 225–247.

107. H. De Cieri, P. J. Dowling and K. F. Taylor 'The Psychological Impact of Expatriate Relocation on Partners', *International Journal of Human Resource Management*, Vol. 2, No. 3 (1991), pp. 377–414; M. Kauppinen 'Antecedents of Expatriate Adjustment. A Study of Finnish Managers in the United States' (Helsinki School of Economics, 1994).

108. For a critical discussion of the adjustment concept see A. Furnham and S. Bochner *Culture Shock – Psychological Reactions to Unfamiliar Environments* (London: Routledge 1986); C. Ward, Y. Okura, A. Kennedy and T. Kojima 'The U-Curve on Trial: A Longitudinal Study of Psychological and Sociocultural Adjustment during Cross-Cultural Transition', *International Journal of Intercultural Relations*, Vol. 22, No. 3 (1998), pp. 277–291.

109. T. Hippler, C. Brewster and A. Haslberger 'The elephant in the room: The role of time in expatriate adjustment', *International Journal of Human Resource Management*, Vol. 26, No. 16 (2015), pp. 1920–1935.

110. J. S. Black and M. Mendenhall 'The U-Curve Adjustment Hypothesis Revisited: A Review and Theoretical Framework', *Journal of International Business Studies*, Vol. 22, No. 2 (1991), pp. 225–247.

111. For further details see J. S. Black and M. Mendenhall 'The U-Curve Adjustment Hypothesis Revisited: A Review and Theoretical Framework', *Journal of International Business Studies*, Vol. 22, No. 2 (1991), pp. 225–247.

112. For further details see D. C. Thomas and M. B. Lazarova 'Expatriate Adjustment and Performance: A Critical Review', in G. K. Stahl and I. Björkman (eds.) *Handbook of Research in International Human Resource Management* (Cheltenham, UK: Edward Elgar, 2006), pp. 247–264. For further details see M. Festing and M. Maletzky 'Leadership Adjustment of Western Expatriates in Russia – A Structurationalist Perspective', in 10th International Human Resource Management Conference (Santa Fe, NM, 2009); A. Haslberger 'The Complexities of Expatriates Adaption', *Human Resource Management Review*, Vol. 15 (2005), pp. 160–180; T. Hippler and P. Caligiuri 'Revisiting the Construct of Expatriate Adjustment: Implications for Theory and Measurement', in 10th International Human Resource Management Conference (Santa Fe, NM, USA, 2009).

113. For further details see P. Bhaskar-Shrinivas, D. A. Harrison, M. A. Schaffer and D. Luk 'What Have We Learned About Expatriate Adjustment? Answers Accumulated from 23 Years of Research', in Academy of Management Annual Meeting (2004); A. Haslberger 'The Complexities of Expatriates Adaption', *Human Resource Management Review*, Vol. 15 (2005), pp. 160–180; A. Haslberger 'Expatriate Adjustment. A More Nuanced View', in M. Dickmann, C. Brewster and P. Sparrow (eds.) *International HRM: A European Perspective* (New York: Routledge, 2008), pp. 130–149; G. K. Stahl *Internationaler Einsatz von Führungskräften* (München: Oldenbourg, 1998).

114. For further details see W. Searle and C. Ward 'The Prediction of Psychological and Sociocultural Adjustment during Cross-Cultural Transitions', *International Journal of Intercultural Relations*, Vol. 14, No. 4 (1990), pp. 449–464; and J. Li 'When Does Decision Autonomy Increase Expatriate Managers' Adjustment? An Empirical Test', *Academy of Management Journal*, Vol. 51, No. 1 (2008), pp. 45–60.

115. See, for example, the study by R. Takeuchi, J. Shay and J. Li 'When does decision autonomy increase expatriate managers' adjuctment? An empirical test.' *Academy Management Journal*, Vol. 51, No. 1, (2008), pp. 45–60.

116. For further details see G. K. Stahl *Internationaler Einsatz von Führungskräften* (München: Oldenbourg, 1998).

117. For further details see J. S. Black and M. Mendenhall 'The U-Curve Adjustment Hypothesis Revisited: A Review and Theoretical Framework', *Journal of International Business Studies*, Vol. 22, No. 2 (1991), pp. 225–247; Farh and S. Tangirala 'When Does Cross-cultural Motivation Enhance Expatriate Effectiveness? A Multilevel Investigation of the Moderating Roles of Subsidiary Support and Cultural Distance', *Academy of Management Journal*, Vol. 53, No. 5 (2010), pp. 1110–1130; A. M. Osman-Gani and T. Rockstuhl, 'Antecedents and Consequences of Social Network Characteristics for Expatriate Adjustment and Performance in Overseas Assignments: Implications for HRD', *Human Resource Development Review*, Vol. 7, No. 1 (2008), pp. 32–57; and J. W. Slocum 'Individual Differences and Expatriate Assignment Effectiveness: The Case of US-based Korean Expatriates', *Journal of World Business*, Vol. 43, No. 1 (2008), pp. 109–126.

118. See, for example, G. Chen, B. L. Kirkman, K. Kim and C. Farh, 'When does cross-cultural motivation enhance expatriate effectiveness? A multilevel investigation of the moderating roles of cultural distance and support." *Academy of Management Journal*, Vol. 53, No. 5 (2010), pp. 1110–1130.

119. This has, for example, been the subject of a study by K. Kim and J. Slocum, 'Individual differences and expatriate assignment effectiveness: The case of US-based Korean expatriates.' *Journal of World Business*, Vol. 43, No. 1 (2008), pp. 109–126.

120. See, for example, S.Y. Lii and S.Y. Wong 'The Antecedents of Overseas Adjustment and Commitment of Expatriates', *International Journal of Human Resource Management*, Vol. 19, No. 2 (2008), pp. 296–313.

121. See also The Economist Intelligence Unit (eds.) *Up or Out: Next Moves for the Modern Expatriate* (London, New York, Hong Kong, Geneva: *The Economist*, 2010).

122. M. A. Shaffer and D. A. Harrison 'Forgotten Partners of International Assignments: Development and Test of a Model of Spouse Adjustment', *Journal of Applied Psychology*, Vol. 86, No. 2 (2001), pp. 238–254.

123. See www.permitsfoundation.com/home.htm for the home page of the Permits Foundation.

124. S. N. As-Saber, P. J. Dowling and P. W. Liesch 'The Role of Human Resource Management in International Joint Ventures: A Study of Australian-Indian Joint Ventures', *International Journal of Human Resource Management*, Vol. 9, No. 5 (1998), pp. 751–766.

125. S. N. As-Saber, P. J. Dowling and P. W. Liesch 'The Role of Human Resource Management in International Joint Ventures: A Study of Australian-Indian Joint Ventures', *International Journal of Human Resource Management*, Vol. 9, No. 5 (1998), pp. 751–766.

126. For further information on company-specific language issues see Y. Luo and O. Shenkar 'The Multinational Corporation as a Multilingual Community: Language and Organization in a Global Context', *Journal of International Business Studies*, Vol. 37, No. 3 (2006), pp. 321–339; R. Piekkari 'Language Effects in Multinational Corporations: A Review from an International Human Resource Management Perspective', in G. K. Stahl and I. Björkman (eds.) *Handbook of Research in International Human Resource Management* (Cheltenham: Edward Elgar, 2006), pp. 536–550; D. Welch, L. Welch and R. Piekkari 'Speaking in Tongues', *International Studies of Management & Organization*, Vol. 35, No. 1 (2005), pp. 10–27.

127. R. Marschan-Piekkari, D. Welch and L. Welch 'Adopting a Common Corporate Language: IHRM Implications', *International Journal of Human Resource Management*, Vol. 10, No. 3 (1999), pp. 377–390.

128. H. Harris and C. Brewster 'The Coffee-Machine System: How International Selection Really Works', *International Journal of Human Resource Management*, Vol. 10, No. 3 (1999), pp. 488–500.

129. For further details see Z. Tungli and M. Peiperl 'Expatriate Practices in German, Japanese, U.K., and U.S. Multinational Companies: A Comparative Survey of Changes', *Human Resource Management*, Vol. 48, No. 1 (2009), pp. 153–171.

130. I. Torbiörn *Living Abroad: Personal Adjustment and Personnel Policy in the Oversea Setting* (New York: Wiley, 1982).

131. H. L. Willis 'Selection for Employment in Developing Countries', *Personnel Administrator*, Vol. 29, No. 7 (1984), p. 55; K. Y. Au and J. Fukuda 'Boundary Spanning Behaviors of Expatriates', *Journal of World Business*, Vol. 37, No. 4 (2002), pp. 285–296.

132. For further details see M. Mendenhall and G. Oddou 'The Dimensions of Expatriate Acculturation: A Review', *Academy of Management Review*, Vol. 10, No. 1 (1985), pp. 39–47.

133. For further details see Z. Tungli and M. Peiperl 'Expatriate Practices in German, Japanese, UK, and US Multinational Companies: A Comparative Survey of Changes', *Human Resource Management*, Vol. 48, No. 1 (2009), pp. 153–171.

134. For further details see M. R. Hammer, M. J. Bennett and R. Wiseman 'Measuring Intercultural Sensitivity: The Intercultural Development Inventory', *International Journal of Intercultural Relations*, Vol. 27, No. 4 (2003), pp. 421–443.

135. For further details see J. Beneke 'Vorschläge für ein interkulturelles Assessment Center', in J. Beneke (ed.) *Kultur, Mentalität, nationale Identität, Sprachen und Sprachlernen. Arbeitspapiere zur internationalen Unternehmenskommunikation*, Vol. 1, Schriftenreihe der Forschungsstelle für interkulturelle Kommunikation (Hildesheim: Universität Hildesheim, 1992).

136. Brookfield Global Relocation Services (ed.) *Global Mobility Trends Survey Report 2015* (Woodridge, IL, 2015).

137. Brookfield Global Relocation Services (ed.) *Global Mobility Trends Survey Report 2015* (Woodridge, IL, 2015).

138. The Conference Board *Managing Expatriates' Return*, Report Number 1148–98–RR (New York, 1996).

139. Brookfield Global Relocation Services (ed.) *Global Relocation Trends: 2010 Survey Report* (2010), p. 12.

140. N. J. Adler 'Women in International Management: Where are They?', *California Management Review*, Vol. 26, No. 4 (1984), pp. 78–89.

141. For further details see P. M. Caligiuri and W. F. Cascio 'Can We Send Her There? Maximizing the Success of Western Women on Global Assignments', *Journal of World Business*, Vol. 33, No. 4 (1998), pp. 394–416.

142. L. K. Stroh, A. Varma and S. J. Valy-Durbin 'Why Are Women Left at Home: Are They Unwilling to Go on International Assignments?', *Journal of World Business*, Vol. 35, No. 3 (2000), pp. 241–255.

143. P. M. Caligiuri and R. L. Tung 'Comparing the Success of Male and Female Expatriates from a US-based Multinational Company', *International Journal of Human Resource Management*, Vol. 10, No. 5 (1999), pp. 763–782.

144. I. C. Fischlmayr 'Female Self-Perception as Barrier to International Careers?', *International Journal of Human Resource Management*, Vol. 13, No. 5 (2002), pp. 773–783.

145. W. Mayrhofer and H. Scullion 'Female Expatriates in International Business: Empirical Evidence from the German Clothing Industry', *International Journal of Human Resource Management*, Vol. 13, No. 5 (2002), pp. 815–836.

146. N. K. Napier and S. Taylor 'Experiences of Women Professionals Abroad: Comparisons across Japan, China

and Turkey', *International Journal of Human Resource Management*, Vol. 13, No. 5 (2002), pp. 837–851.

147. For further details see G. Insch, N. McIntyre and N. Napier 'The Expatriate Glass Ceiling: The Second Layer of Glass', *Journal of Business Ethics*, Vol. 83, No. 1 (2008), pp. 19–28.

148. For further details see L. K. Stroh, A. Varma and S. J. Valy-Durbin 'Why Are Women Left at Home: Are They Unwilling to Go on International Assignments?', *Journal of World Business*, Vol. 35, No. 3 (2000), pp. 241–255.

149. For further details see P. M. Caligiuri and W. F. Cascio 'Can We Send Her There? Maximizing the Success of Western Women on Global Assignments', *Journal of World Business*, Vol. 33, No. 4 (1998), pp. 394–416.

第 **5** 章
国际绩效管理

章节目标

本章将综合考察与跨国公司人力资源管理有关的绩效管理文献，在子公司或分公司背景下，总结国际业务和绩效管理的文献中有关子公司或分公司管理的观点。重点在于明确运用传统绩效管理的国际运营中需要补充或修正的方面，特别是绩效评估手段或过程中不同参与者的任务以及绩效评估过程本身。主要内容包括以下几方面：

● 明确跨国公司绩效管理在全球和各地区的标准，如参考不可比数据、全球商业环境的多变性、由时空造成的隔离、不同市场的成熟水平不同等方面。

● 跨国公司控制系统中的绩效管理。

● 外派人员绩效管理的相关因素：薪酬计划、任务、公司总部的支持、东道国环境和文化适应。

● 外派人员、非外派人员、非标准委派人员，如虚拟委派人员的绩效管理。

● 国际员工绩效评估的相关问题。

5.1 引 言

最近十年，跨国公司管理绩效的复杂性受到了大量专业学者的关注。正如在第2章和第3章中所介绍的，对于人力资源实践者来说，当前面临的一个主要挑战是，创建既与当地相关，又能在全球范围内进行比较的绩效测量方法和绩效管理过程，这需要考虑产品和运作模式的多样化、地理位置的扩展等因素。在一个跨国公司的管理控制系统中[1]，监督并确保运行过程符合标准是非常重要的。然而，正如卡西奥所述，"全球绩效管理系统的模式在很大程度上是未知的"[2]。

在这一章里，我们区分了绩效管理与绩效评估的不同之处。绩效管理（Performance Management）是使跨国公司能够依据明确定义的、事先设定的目标和指标，评估并不断改进个体、子公司以及总公司绩效的过程。图 5-1 列举了与跨国公司绩效管理有关的主要问题、参与者及决定过程。我们可以利用这个模型去研究地方和全球背景下与个体或公司的产出有关的因素之间复杂的相互作用，包括工作绩效、工作任务、绩效评价标准、绩效管理目的及时间等。这有利于我们研究跨国公司的国际化战略、国际子公司的全球利润贡献率及其与个体绩效管理之间的联系。由于每个个体绩效都是根据其产出和表现对组织目标的预期贡献进行评估的，因此对绩效管理而言，母国员工、其他国员工和东道国员工都很重要。

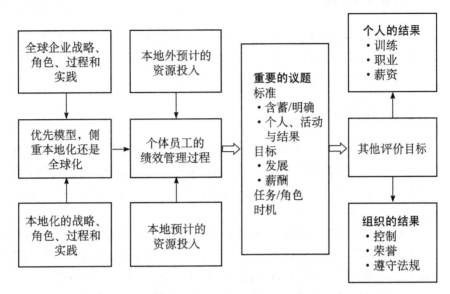

图 5-1　跨国公司绩效管理中的观点、问题、行为和结果

资料来源：Adapted from A. Engle and P. Dowling, "State of Origin：Research in Global Performance Management：Progress of a Lost Horizon？", *Conference Proceeding of the VIIIth World Congress of the International Federation of Scholarly Associations of Management*, Berlin, September, 2006.

■ 5.2　跨国公司绩效管理

虽然跨国公司之间的总体战略定位存在区别[3]（具体取决于跨国公司的规模、所在产业、地理分布等），但跨国公司通常根据经济和政治需要制定战略决策。如图 5-1 所示，跨国公司对其国外子公司的市场业绩、总利润及竞争力的贡献率都有明确期望值，当根据期望值对子公司的绩效进行评估时，有必要考虑影响目标实现的各种限制因素，具体包括以下几方面的限制因素。

5.2.1　整体与局部的关系

从本质上理解跨国公司是非常重要的，跨国公司作为一个本就处于国际环境中的实体，需要同时面对不同国家及不同环境因素，因此跨国公司为了整体利益，必然会对子公司实行必要控制，这常会牺牲子公司的短期利益。在普希克（Pucik）[4]提供的案例中，跨国公司常常为了与其主要的全球竞争对手争夺具有战略地位的市场而在一个特定市场建立子公司，以攻击性的价格政策来挑战竞争对手的现金流量。普希克解释说：

> 这家子公司的资产负债表可能经常出现赤字，但是通过这种消耗竞争对手资源的战略可以使其在另一市场取得更高的回报。常规的投资收益战略显然是不能取得这种效果的。

在另外一种情况下，跨国公司可能不考虑短期利益，而是以合资形式进入一个特定市场。可见，全球决策会对子公司绩效产生影响，因此在绩效管理中需要综合考虑这些影响。

5.2.2　不可比数据

第二个关键约束是有时子公司收集的数据既难解释又不可信，例如[5]：

● 巴西的销售量可能非常高，但有报道说巴西政府一年内可能会强制实施新汇率控制政策，跨国公司会因此无法收回利润。在这种情况下，是跨国公司绩效有效还是子公司绩效有效呢？

● 秘鲁的销售量可能十分庞大，但公司总部不清楚在秘鲁财务规定中的委托销售是否可以作为公司的销售量，总部的会计制度如果不把这些销售量作为公司的委托销售，那么应如何处理这些销售量与其他子公司销售量的关系？

加兰（Garland）等人[6]进一步解释，绩效的具体评估方法可能要比上述例子容易解释，但仍然存在其他困难。例如，各国关于质量控制要素的观点存在巨大差异，进口关税扭曲了价格，一国船厂罢工就会给另一国制造厂造成供应必备部件延迟。此外，本地劳工法可能要求生产能力利用不足的工厂必须满员招聘工人等。这些因素会影响评估子公司绩效的客观性，从而使得对子公司管理者的绩效评估更加复杂化。

5.2.3　全球商业环境的多变性

影响子公司业绩的第三个因素是全球商业环境的波动，这种波动可能要求公司的长期目标具有灵活性，以便对潜在的市场机遇做出反应。普希克[7]指出，不灵活的管理方法意味着子公司正在执行一种不再适合新环境的战略。例如，过去 40 年发生了一系列重大国际事件，如 20 世纪 80 年代末东欧和苏联的剧变、大多数欧盟国家采用欧元作为单一货币、中国的改革开放、禽流感、恐怖主义和海湾战争、油价上涨、高知名度企业的崩溃、采用国际会计准则、2004 年的印度洋海啸灾难、2008 年开始的全球金融危机导致政府削减开支并采取紧缩措施，这些都对跨国企业产生了影响。

这些事件对相关国家跨国公司的全球战略和本地战略产生了深刻影响。子公司就在这些波动多变的环境中经营，因此它们必须调整长期目标以适应特定市场的特定情况。当总部战略小组对子公司所制定的目标和目标截止日期是不切实际、不灵活的，也没有考虑外部环境变化所导致的当地情况的变化时，就会产生问题。可见，允许地区经理和子公司经理参与公司战略规划制定过程有助于解决这一难题。

5.2.4　由时空造成的隔离

影响子公司业绩的第四个因素是由时空造成的隔离。实际距离远近、时空差异、公司总部负责人与子公司管理层联系的多少以及报告系统的成本等因素，使得对跨国公司和子公司活动一致性的判断更加复杂。[8] 使用诸如传真机、可视电话会议和电子邮件等世界范围内先进的通信系统也不能完全替代子公司经理与公司总部人员面对面的交流。在某些地区，电信系统可能容量超载或不太发达，也无法提供可靠的电话、传真服务和互联网连接，因此个人之间的会面对于全面理解各方情况是很有必要的。也正是由于这一点，许多跨国公司总部管理人员会花大量时间出差，到国外子公司与外派人员和当地的经理见面，以便公司人力资源管理人员考虑当地的特定因素来设计绩效管理系统。

互联网技术的发展使得包括绩效管理模块的人力资源信息系统（HRIS）被广泛使用，这也是具有较大规模、管理更加成熟并有良好效益的跨国公司对时间、空间、文化所造成的隔离的一种应对措施。[9] 跨国公司要成功地在全球市场获得有利的竞争地位还需要不断提高运营效率，因此，全球绩效的复杂性和内在不确定性也在驱使其使用互联网技术。然而，这种用于控制和调整跨国公司内部活动和参与者的技术系统的有效性还受限于无法明确说出或错误表达角色、过程、实践、标准和目标。[10]

5.2.5　不同市场的成熟水平不同：需要相关的比较数据

影响子公司业绩的最后一个关键因素是不同市场的成熟水平不同。普希克[11] 指出，若没有母公司的基础性支持，国外子公司的市场开发一般比国内更慢、更难以实现，这是因为在国内已经建立起来的品牌能够支持新产品的开发，其他子公司的交叉效应对新的业务领域也具有辅助作用。在绩效管理过程中，我们需要考虑国外市场比国内市场需要更多时间来实现其目的这一情况。此外，还需要考虑母国与**国外子公司**（Foreign Subsidiary）之间在习俗与工作实践方面存在的诸多差异。例如，不应因为墨西哥工人的生产率是美国工人生产率的一半而解雇墨西哥的经理，因为在墨西哥，这一生产率可能已经是其他一般的墨西哥工厂生产率的 3 倍或 4 倍。此外，我们需要的是相对数据而非绝对数据。墨西哥经理不得不受制于墨西哥的环境而不是欧洲或美国的环境。这些国家的环境是完全不同的，但我们评估工人生产率的方法是相同的。然而，数字上的差异是环境不同的结果。[12]

总之，当评估国外子公司的绩效时，需要考虑许多重要的限制因素。[13] 由于评估主要是基于战略因素，因此这将直接影响对子公司总裁的评估及子公司的工作成效。[14]

■ 5.3　控制和绩效管理

绩效管理是事前控制的一部分，因此绩效管理也是跨国公司控制系统的一部分。由于绩效管理既是**非正式控制机制**也是**科层控制系统**（Bureaucratic Control System）的一部分，因此通过正式的控制机制以及反馈和评价方面的沟通，绩效管理也可以塑造正式或非正式的企业文化。[15]整个过程可以描述为员工因采用了适当的工作行为而受到奖励，进而加强了标准化控制。图 5-2 列举了绩效、行为、结果之间的联系，跨国公司是通过正式的和非正式的控制机制来取得所期望的行为和结果的一致性、协调性及遵从性，从而实现它的全球战略。跨国公司期望这些行为和结果产生于所有的层次和地区，既包括公司总部，也包括分公司或子公司。

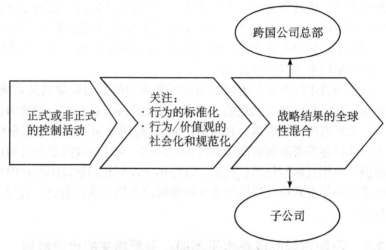

图 5-2　跨国公司的控制与绩效

从某种意义上来说，跨国公司通过采用绩效管理方法并利用大量的人力资源管理活动来实现绩效目标。该观点的支持者提出，有效的绩效管理对个人和公司都有好处，这一点是具有说服力的。强有力的目标设立和评估是个体绩效管理系统的关键因素，该绩效管理系统还包括培训与开发以及与绩效有关的薪酬体系。[16]

■ 5.4　国际员工绩效管理

考虑到研究的广泛性，下文我们将介绍个体绩效管理。为保持一致，我们用术语"外派人员"来代替由母公司任命的在东道国工作的母国员工和其他国员工，以及在母公司工作的外国员工。我们也研究非标准委派和短期委派（如往返委派和虚拟委派）及非外派人员（如国际商务旅行者）的绩效管理问题。由于范围广泛，且对于外派人员与非外派人员来说，他们的绩效管理存在共同的问题，因此我们用"国际员工"（International Employee）来概括以上各种人员。

与第 4 章所讨论的一样，国际委派随着地理位置和持续时间的不同而存在差异。传统的委派常常伴随着家庭人员的再安置，虚拟委派并不要求员工及其家庭发生地理位置上的转移。当我们管理跨国工作的人员时，需要考虑所有与外派岗位性质有关的多变因素。下面我们将区分外派与非外派人员岗位的绩效管理问题。

5.4.1 外派人员绩效管理

如第 4 章所述，是否外派是跨国公司和绩效管理的关键考量因素。在设计外派人员绩效时，考虑下列因素及其之间的关系很重要。

- 薪酬计划；
- 任务（委派任务的因素及外派人员的角色）；
- 公司总部的支持；
- 绩效产生的环境（子公司或国外分支机构）；
- 外派人员及随行家属的文化适应。

图 5-3 描述了这些影响因素，它们构成了我们所要讨论的内容的基础。这些内容包括：国际委派的性质、绩效管理方式、评估标准以及组成有效绩效管理系统的其他因素。

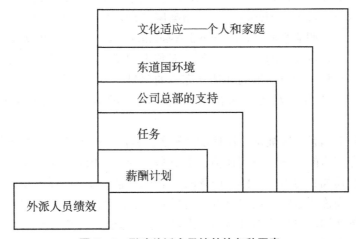

图 5-3 影响外派人员绩效的各种因素

薪酬计划

我们将在第 7 章讨论薪酬的有关问题。我们有必要认识到**工资**（Remuneration）和报酬在绩效管理中的重要性，还应当认识到经济利益以及伴随国际委派而来的职业生涯的升迁机遇是接受国际委派的重要动机。如果在任职期间没有实现这些期望，动机和承诺的可信度就会下降，从而影响员工绩效。

任务

外派人员在国外子公司能顺利完成公司交给的特定任务，这是公司所期望的。海斯（Hays）[17]指出外派人员需要承担四种角色：

- 首席执行官（Chief Executive Officer）或子公司经理，监督和指导整个国外子公司的管理。
- 架构复制者（Structure Reproducer），负责在国外子公司构造或复制他所了解的该公司其他的类似架构。例如他能构建市场框架、执行会计或财务报表系统或建立一个生产厂。

● 解决问题者（Troubleshooter），被派往国外子公司分析和解决某一特定经营管理的问题。

● 经营管理者（Operative），负责在现行组织结构中完成功能性的工作任务，一般处于低层主管的位置。

近期关于管理人员绩效管理的一个有趣观点是将其作为更广泛的公司治理的一部分。关键任务小组广泛运用绩效标准（管理人员绩效过于依赖股东价值模型）和发展任务、责任以及制度的维护等确保对上层管理人员进行完全、正确且无偏差的评估。[18]

在最近关于跨文化绩效管理系统的评论中，卡利朱里（Caligiuri）[19]提出国际委派的四种基本类型：（1）**技术委派**（Technical Assignments），指短期的知识转移活动，占委派的5%～10%；（2）**发展委派**（Developmental Assignments），指东道国的绩效任务，需要获得地方代理人的理解，占委派的5%～10%；（3）**战略委派**（Strategic Assignments），指高层活动，如制定全球愿景，占委派的10%～15%；（4）**职能委派**（Functional Assignments），指长期的委派，通常与地方员工一起工作，占委派的55%～80%。对技术和职能委派的准确评估可能会因资源有限而更多地集中于对结果的评估（完成的项目、签订的合同等）。在评估发展和战略结果以及更复杂和更主观的任务时，应考虑地区及全球多样化的参与者及其观点。[20]

任务因素一般被认为比环境因素更受跨国公司的控制。由于控制相对较强，因此任务因素能更好地得到评估，也更易改变，但依赖于任务的性质和职位的高低。跨国公司如其他组织一样，任务的特定性决定了与每项任务相称的角色，该角色是指特定岗位所需的一系列有组织的行为。尽管个体会影响如何解释角色以及角色如何发挥作用，但角色本身是预先设定的。[21]母公司（角色授予者）预先设定了外派人员（角色接受者）在国外子公司的角色，而且在外派人员就职前，公司就清楚地告诉他们对该角色的期望。布莱克和波特[22]发现，在中国香港工作的美国外派人员与留在美国本地的员工都执行类似的管理行为。针对这一情况，他们指出，美国跨国公司在外派人员上任之前，并没有就他们到国外将要担任的角色进行跨文化培训，他们也根本没有积极调整他们在国外的角色行为的动机，在此情况下，相关的外派人员按他们原有的方式行事就不足为奇了。这项研究提醒我们，外派人员的文化转换是重要的。正如托比隆[23]所指出的：

> 正如经理人本人和母公司所认识到的，管理角色的内涵是受母公司对经理人期望意义上的组织规范以及经理人本身所拥有的与其他文化和组织准则相关的一套文化规范所影响的，因此组织和文化规范交互作用决定了经理人角色的内涵。

然而，外派经理人的角色是在一国确定但在另一国执行，也就是说，在美国确定的一位经理人的行为文化规范可能不适用于在印度尼西亚的经理人角色。

跨国公司向外派人员传达的角色观念可用图5-4和图5-5中的实线箭头表示。

东道国利益相关者如跨国公司员工、东道国政府官员、客户、供应商等向角色接受者传达的角色观念由虚线箭线表示。这些角色观念之间的沟通是超越文化界限的。角色行为在两个层面上提供了反馈环。按照不同期望行事会引起角色冲突，如果母国经理人按他在东道国所获得的角色观念调整他的角色行为，这可能与总部预先设定的角色行为相冲突。

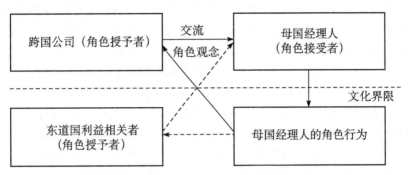

图 5-4　母国员工角色观念

资料来源：Adapted from I. Torbiörn, "The Structure of Managerial Roles in Cross-cultural Settings", *International Studies of Management Organization*, Vol. 15, No. 1 (1985), p. 60.

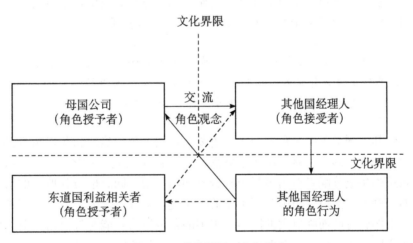

图 5-5　其他国员工角色观念

资料来源：Adapted from I. Torbiörn, "The Structure of Managerial Roles in Cross-cultural Settings", *International Studies of Management & Organization*, Vol. 15, No. 1 (1985), p. 60.

詹森斯（Janssens）[24]对外派人员绩效的研究表明，角色冲突很可能在下面的情况下发生：国际经理人对东道国文化有一定的理解并认识到按公司总部的程序行动可能导致管理无效。她认为文化间的相互作用程度越高，外派人员遇到的角色冲突问题就越多。

从总部的角度来看，外派人员对母公司的承诺是很重要的，因为母国员工肩负着向子公司传播专业技巧以及"公司做事的方式"的使命，这有助于解释为何对外派人员的绩效评估中倾向使用总部标准作为控制机制。[25]如果经理人更多地考虑了东道国的子公司情况，外派人员或许会被调回国。一些跨国公司将外派人员驻留时间限定为不超过三年，以避免母国员工外派时间太久会更多考虑当地利益。母公司实行绩效评估时会按照母国的评估标准实施评估，但这会忽略东道国要求的角色。毕竟，外派人员的职业生涯是伴随着母公司而不是东道国子公司的发展。

格雷格森（Gregersen）和布莱克[26]的实证研究发现，美国外派人员外派期间对母公司与本地组织相应层次的承诺都与驻留计划有正相关关系。分析还表明，当控制人口统计学特征和态度等因素时，对母公司的承诺似乎与外派人员计划留下来更相关。人们发现角色冲突会影响对母公司的承诺，但对东道国公司的承诺没有影响。另一个相关因素是角色自主性。例如，最近伯宰（Birdseye）和希尔（Hill）[27]对115名在不同国家工作的美国外派管理人员的工作进行了调研，他们发现工作规范是影响角色行为的一个重要因素。他们发现："国外的工作方法比美国的工作方法更结构化（英国的工作方法或许更过程化、更礼仪化），而且个体在处理任务和问题时约束更少。"这些学者推断，个体很可能因不遵守对组织、工作和所在地（按此顺序）的规则而受责备。费尔德曼和汤普森（Tompson）[28]对美国国内和国际再分配的研究也有类似的调查结果。工作职责的变化程度与外派人员调整成正相关，而组织的变化程度与外派人员调整成负相关。因此，角色冲突和角色自主似乎是影响工作满意度和任务绩效的重要因素。

在外派人员调整对工作绩效的影响的元分析研究中，角色清晰成为一个重要变量。作者综合了关于外派人员调整的研究[29]后发现：

> 角色清晰和工作适应是第二大影响因素……这表明目标、目的和角色要求的不确定性是外派人员海外工作环境中最大的压力源。此外，角色清晰也有一定的作用，可以溢出和最小化非工作方面的困难。

其他国员工的角色期望可能更复杂，因为角色确定和职责执行都是在其他国家而不是在本国，也就是说角色概念跨越了两种文化，如图5-5所示，母国公司与东道国角色分配者对角色行为有着不同的期望，同时也与其他国的管理行为完全不同。例如，为荷兰跨国公司工作的一位美国经理人作为其他国员工被派往印度尼西亚工作就可能面临更大的困难。美国的角色行为可能对母公司（荷兰跨国公司）与东道国公司（印度尼西亚公司）都不合适。托比隆[30]指出：

> 母国经理人的任务描述与其角色期望心理上距离近，但与母公司实际距离很远，而与东道国的距离近，但心理上相距很远。其他国经理人需要尽力满足心理和实际距离都相距很远的授予者的期望。

在讨论选派其他国员工到国外子公司任职时，应当考虑选择与其文化相近的国家的人员，如德国跨国公司将加拿大人而不是德国人派到美国的德国子公司。文化相近能否减少其他国员工的角色冲突，这仍有待实证研究的验证。[31]因此，我们暂时假定上述所讨论的有关母国员工的观点在许多方面也适用于其他国员工。例如，一名在印度尼西亚工作的美国经理人，无论是作为一名东道国员工还是一名其他国员工，都可能会遇到工作缺乏判断力的问题。就绩效而言，可能会产生同样的影响，这取决于其他因素的影响程度。不同角色分配者给予了不同的相互冲突的角色期望使整个情况变得更糟。

以上讨论考虑了每一个与任务岗位相关的角色的重要性。假设任务绩效是外派人员评估的核心要素，那么我们就很有必要认识到每一种情况都不是孤立发生的。许多个体和公司把工作能力作为国际委派成功与否的主要影响因素，但是某项任务可能要求与东道国利益相关者进行更多的沟通交流，因此，评估各种任务不能脱离子公司的具体环境。

另一个与任务相关且必须考虑的因素是个人在国外的工作与其在国内所从事工作的相似性。某类任务要求个人在某种特定的组织机构工作，而其他任务则要求机构创新。个体对制度的认识与执行能力不同，他们对结构缺失与结构不清的承受能力也各不相同。一些跨国公司在国外经营失败了，主要是由于这些公司本以为它们在国内现存市场结构中取得了良好绩效就足以支撑它们有效地建立国外组织机构。[32]

公司总部的支持

外派人员的任务和国内的工作调动是不同的，它牵涉到个人及其家庭到国外环境中工作，而且往往是到他们正常的文化舒适区以外的地区。个人接受国外任务可能是出于职业生涯或经济上的考虑，但也包含对派出组织的忠诚感和义务感。我们将在这一部分的后面进行讨论，在不熟悉的东道国环境中的调整过程会产生不同程度的情感和心理反应。总部向外派人员及其家庭提供支持的程度是重要的绩效影响因素。

东道国环境

环境对任何工作都有影响，对外派人员管理来说更是重要的变量。格雷格森等人[33]认为，社会、法律、经济、技术及物质所对应的不同国际环境是外派人员绩效的主要决定因素，因此，外派人员的绩效应该置于组织环境和国际环境之下加以考虑。前面提到的关于跨国公司为子公司设定战略目标的五个限制因素是外派人员绩效管理的重要考量因素。

东道国公司的所有制类型也是很重要的变量。母公司的国际子公司之间的目标冲突是比较普遍的问题，这使得外派人员的工作更加困难。一个国际合资企业的外派经理可能很难同时为两个不同的上司服务，他会感到他们对他的绩效评估具有不同的目标期望，这使得评估具有不确定性。此外，所处国际企业的发展阶段也会影响外派人员的成功率。外派人员监督国外新公司的建立时，尤其是当该新公司处于正在发展或新兴的市场中时，他遇到的挑战和限制，与被派到一个成熟公司环境下会有所不同。

文化适应

文化适应的过程可能是外派人员绩效的决定性因素。我们讨论中所涉及的关于外派失败原因的大多数文献都提到了文化适应过程。很可能是外派人员和其家庭在适应新环境方面存在困难，影响了其工作绩效。较为困难的是对外国文化的适应是多方面的，而个人对文化的反应和适应行为是不同的。在评估外派人员工作绩效时，评估对新文化的适应程度也是存在困难的。

以上我们讨论了影响外派人员绩效的五个因素——薪酬计划、任务、公司总部的支持、东道国环境和文化适应。图5-3表明它们之间不是孤立的，它们在国际经理人绩效评估方面是互相影响的。绩效管理系统的设计者和运用者需要注意到这些因素的影响。[34]

5.4.2　跨文化背景下的绩效管理

如图5-1所示，全球战略和本地化战略以及角色期望是绩效管理复杂性和冲突的来源。地区和国家的制度、规定、历史会影响评价标准、任务定义、时间甚至绩效管理的目的。我们举三个例子来说明国家背景和公司实践之间的关系。中国的绩效管理系统被描述为具有独特性的、网络驱动的、关注薪酬决策结果的系统，该系统通常是内隐的或者非语言表达的，本质上主要针对已发生的情况，同时也是评价性的。[35]

法国则是将法律和文化因素相结合来创建绩效管理系统，形成了以具有高水平法律专业知识的管理人员为特征的绩效管理系统——法国劳动法允许在绩效评估中以业绩为依据并在非歧视性的框架内进行一些灵活处理。该系统通过培训以及基于能力的评估来激发和发展智力资本系统，这个过程当中的任务往往通过接受先进形式的技术来推进。过程中集权化、隐含性或不透明的程序、基于个人先前较为优秀的大学、公司、政府经历而对个人产生良好印象的倾向以及评估与报酬等级之间的紧密联系，都体现了法国社会中某些阶层普遍持有的文化标准和价值观。[36]在法国，公司规模不同，实践也不一样。大公司对于绩效管理标准和实践多样性的态度比小公司更加开放，这一点在不同行业、国际化程度和雇员职业化程度上也有所表现。[37]

相比之下，德国的绩效管理必须符合描述更为精确的法律和制度规定。工厂、公司和行业中都有**集体谈判**（Collective Bargaining）的传统，工厂层次的共同决策和职业培训的百年传统都对绩效管理系统产生了重大影响。这种绩效管理系统的特点是通过工作委员会提供高水平的员工投入、建立共识的过程和活动、长期的职业生涯关注、重视专业技术知识以提高长期工作安全以及在特殊技术知识上的高投入。[38]日常工作过程表现出趋于一致的、明确的、持续的和非正式的特点，共同决策制明确、正式地规定了角色、水平、标准、目标、进度和结果。德国公司已不再普遍接受以绩效工资作为结果或产出的绩效管理系统，这可能是由于美国或英国的绩效工资模式是用短期绩效标准来衡量绩效，而德国公司倾向于将绩效管理结果联系起来以推动长期培训和开发活动。[39]

5.4.3　非外派人员的绩效管理

第4章介绍了非外派人员（例如国际商务旅行者或高频飞行者）的工作，这些非外派工作主要指国际旅行，国际旅行不属于国际委派，因为外派人员不在另一个国家定居。绩效管理问题也许还影响往返委派者的绩效，这是在第 4 章中简要阐述的一种非标准委派形式，员工不必完全重新安置，但他们需要经常在母国和另一个国家的公司间往返。例如，一个主管居住在伦敦郊区[40]，但是他从星期一早晨到星期五晚上生活和工作在德国。在第 4 章，我们还讨论到一种利用虚拟委派来保持员工稳定的趋势，即利用母国与外国所在地之间经常性的沟通和频繁往来相结合的方式来管理国际职位，而不需要将职位转移到东道国。

　　然而，人们并不真正理解这种国际商务旅行对个体绩效的含义，这种商务旅行是非标准委派的一部分还是一个特殊工作的组成部分呢？这对绩效管理提出了以下几方面的挑战：

　　1. 如何确定与非标准委派，特别是**虚拟委派**（Virtual Assignees）有效行为有关的绩效标准和目标。如图 5-1 所示，绩效标准的确定是绩效管理过程的重要组成部分，需要将每一个雇员的绩效与明确的跨国公司战略目标相联结。然而如图 5-4 和图 5-5 的角色概念所示，文化和组织所涉及的复杂背景使得角色和期望的共享概念也是复杂的。在虚拟委派中，监督和评估地理上有一定距离的雇员也是非常困难的，这是"远距离控制"管理，而且虚拟委派可能面对双重目标——国内的和东道国的工作以及虚拟工作小组的工作。因此，有效沟通外派人员绩效和组织战略之间的战略联系具有更大、更长期的挑战。[41]

　　2. 对绩效标准的理解通常需要主管和员工[42]的高度参与。传统的外派、非标准外派和国际旅行要跨越文化和国界来进行，因此其工作效果会受到对文化规范接受或参与程度的差异影响。

　　3. 很难像传统外派一样孤立看待国际化对工作绩效的影响，这是由于非传统外派还取决于设立绩效标准的固有困难以及个体绩效标准如何确定。

　　4. 非外派人员和非标准委派当中的绩效突出、无绩效或失败的结果将挑战绩效评估方法。

　　5. 我们将在后续章节探讨，对绩效目标实现进度的经常性反馈大部分是通过绩效评估活动来实现的。对外派人员的绩效反馈仅仅与是否完成国际任务有关。[43]这些持续的评估涉及由谁来进行绩效评估、怎样和依据哪些绩效数据等问题。当牵涉到在母公司之外的外派人员与谁一起工作等其他数据时，这些问题可能会更加重要。

　　6. 绩效评估反馈的一个关键作用是通过识别绩效差距来改善绩效，这种差距可以通过培训和开发来加以缩小。跨文化素质和能力培养也与非外派人员有关。因此对非外派人员出国前或工作中的培训进行详细分析是有必要的。

　　7. 员工对绩效薪酬的期望以及他们的工作条件、动机都是个体绩效非常重要的关注内容。管理跨国公司报酬与绩效的联结非常复杂，因为这需要关于跨国员工和法律环境的具体的当地知识。国际人力资源管理面临的一大挑战就是确定当涉及非外派人员时如何计算薪酬，同时每一种国际委派的薪酬方式都要符合全球薪酬战略。

　　8. 必须考虑非标准委派对东道国合作者的影响，特别是对国际商务旅行者和经常往返人员的影响。

■ 5.5　国际员工绩效评估

　　在理解了可能影响外派人员绩效的因素及国际委派的类型之后，下面我们将讨论绩效评估（或者叫评价，该术语在相关文献中可以互换使用）的标准问题。我们注意到国际员工绩效管理的文献也很重视外派人员管理，下面的很多讨论都反映了这一趋势。外派人员绩效评估的各方面因素与非外派人员的评估也是相关的，而且随着对两类国际员工的区分，这种相关性将更加突出。

　　如图 5-1 所示，个体绩效管理包括对绩效评估维度和层次的分类、任务和角色的定义、正式评估或非正式评估的时机。传统上，个体绩效管理包括目标设定、绩效评估和反馈的正式过程。这一过程所获得的数据常常被用来决定薪酬、晋升以及培训开发。公司的目标影响个体的任务设定，工作的目标和标准也是依此建立和衡量的。不同公司处理这一过程的方式不同。例如，在德国和瑞典，员工参与目标设定很常见，而在美国等其他国家，工作目标一般都是由公司进行分配[44]，而且分配的工作类型和时间长短还会影响到绩效管理的运用。一项对芬兰公司的研究表明，从事短期任务的员工与公司的其他员工接受同样的绩效管理，而且那些从事短期项目的员工的绩效审查时间更加灵活。[45]

5.5.1　绩效标准

　　在组织研究中，全球公司测量员工个体对绩效的贡献及评估人力资本对战略进展的总贡献能力是一个复杂但顺应时代发展的主题。[46]各种类型的目标常常转化为绩效评估标准，因此具体性和可测量性问题非常重要，如硬性目标（Hard Goals）、软性目标（Soft Goals）和情境目标（Contextual Goals）常常被用作绩效标准的基础。硬性目标是客观的，可以用数字表示，并且可直接测量，比如投资回报率、市场份额等。软性目标以关系或特性为基础，比如领导风格或人际技巧。情境目标将绩效发生时的情景作为考虑因素。例如，跨国公司通常运用强制转移定价以及其他金融工具在子公司之间进行交易，以使外汇风险及税收最小化。另外，所有的财务数字通常都和货币转换问题相关，包括销售额和现金流情况。由于东道国政府可以限制利润返回母国以及不同种类货币之间的转换，这使得情况更加复杂。国际货币体系和当地会计方法的差异会妨碍对结果的准确测量，这就产生了一个两难困境。国际环境非常复杂，因此有必要运用转移定价和其他金融工具。跨国公司不允许子公司在财务管理方面拥有自主权而对子公司经理人加以控制，因此，任何子公司所记录的财务结果并不能正确地反映其对公司整体所取得业绩的贡献。[47]也正是这一原因，这些结果不应该被用作绩效评估的主要考虑因素。我们不应该用传统的绩效评估方法，而应该用新的绩效评估方法，因为它要求将目标和绩效的期望同前面提及的实际目标明确区分。

詹森斯[48]提出，总部人员的经常性来访及与母公司高层管理人员的会面是对子公司经理人在硬性标准方面的绩效评估的有益补充。软性标准，即那些难以量化的方面，比如说领导技能可以用来弥补硬性标准的不足，但这样的评估在某种程度上是主观的。同时对外派人员而言，文化交流和冲突也使得评估更加复杂。然而，依赖财务数据等硬性标准来评估一名外派经理是否管理好一家国外子公司，会忽略其达到结果所采用的方式及行为。[49]出于道德方面的考虑，美国政府制定了《美国反海外腐败法》，该法促使人们越来越多地运用行为而不是结果数据来评估国外子公司外派经理的绩效。[50]综合运用硬性标准、软性标准和情境标准的评估系统使得每一项评价都富有效力，并且可以最小化其不足之处的影响[51]，尽可能多地运用各种标准是相关研究文献推荐的方法。此外，正如哈维[52]所建议的，工作分析必须制定出能够充分反映国际工作性质而不是符合国内背景的标准，以便提供有效的评估信息。

5.5.2　谁来进行绩效评估

另一个问题是谁来进行绩效评估。通常是由员工的直接上级进行评估。这对子公司经理人来说会存在问题，因为他们在距离本国很远的国家工作，却受到总部主管的评估，这些主管无法每天看到外派人员在特定情况下是如何表现的，因此总是用子公司的绩效来评估，这就依赖于与国内企业相似的硬性标准。但这存在一个风险，即子公司经理人会采用有利于短期绩效却有害于公司长期目标的当地战略。

对其他外派人员的评估可能是由子公司总经理进行的，也可能由直接的东道国主管进行，这主要是根据岗位性质和层次而定。[53]关于外派人员绩效评估，东道国经理人可能更加清楚，他们也会考虑情境标准，但是他们也可能有文化偏见（比如角色行为），也可能缺少对更广泛组织情境的认识，从而影响外派人员绩效。案例5-1说明有些外派人员宁愿由母公司来评估，因为他们的职业晋升依赖于总部如何运用评估数据，在国外经营管理没有国内经营管理重要时尤其如此。[54]其他一些人则宁愿由东道国公司来评估，他们认为这更能准确地反映他们的工作绩效。

案例 5 - 1　一个雨天的外派人员绩效评估

理查德·霍夫曼（Richard Hoffman）是魁北克者一位化学工程师，在一家加拿大能源工厂工作，他被派往委内瑞拉担任技术联络和环境保护项目经理。他的地区项目经理是吉恩（Jean），一个曾经在法属圭亚那生活，后来在委内瑞拉生活20多年的法国工程师。理查德把吉恩看成一个讲法语的魁北克人，以为他们能够很快建立良好的工作关系。理查德给吉恩发了一封邮件（用法语而不是公司常用的英语），邮件中列出了他认为工作中五个最重要的目标——与标准绩效评估表中的目标管理内容差不多，他在埃德蒙顿、多伦多和蒙特利尔的总公司的早期任务中已经填写了很多年这样的表。但几个月他都没得到吉恩的反馈，一次会议中，理查德把吉恩叫到走廊上，问他邮件和工作进度的事情。吉恩温和地回答说："不用担心，在最终期限之前一直保持工作就可以，我会通过你的同事和其他项目经理来检查你的工作。顺便问一句，你是在哪儿上的工程学校？"

理查德又等了六个月，他更焦虑了，因为一年一度的公司审查周就要到了。在一个下雨的周五，他终于在公司大楼的大厅里碰到了吉恩，他们都在等车。理查德问到即将到来的绩效审查，吉恩说："我已经注意到了，下个星期你和我的助手露易莎（Lousia）约个时间，我们可以重新把送给蒙特利尔的报告过一遍。"当吉恩走向加拉加斯停车场时，理查德回顾了过去几周和他的团队一起工作时那个不时大声反对他的项目经理，他在想，现在打电话给他在多伦多的主管是不是太晚了。

资料来源：Based on the synthesis of a series of expatriate experiences.

本国环境下有时会采用多种评估方法，如360度反馈。有研究者提出，由于在国外任职存在跨文化的复杂性，因此可以由一组评估人员对外派人员进行评估，格雷格森等人[55]对58家美国跨国公司的人力资源主管进行调查后发现，大多数公司（81％）都是由不止一个评估人来评估外派人员绩效。直属上司（无论是在本国还是东道国）、外籍员工（作为自我评估者）和人力资源经理（无论是在本国还是东道国）通常都可以是美国外籍员工绩效的多重评估者。《2010年布鲁克菲尔德全球流动趋势调查报告》发现，35％的受访者在东道国进行了业绩审查，27％的受访者在东道国和母国都进行了业绩审查，10％的受访者在母国进行了业绩审查。[56]对于虚拟派遣，多重评估可能最准确地确定绩效水平。然而，具备相关知识的、经过培训的评估人可能会采用国际环境下的评估方法。

5.5.3 标准化与定制化的绩效评估表

本国公司通常为每一类工作设计绩效评估表，特别是对于那些运用传统的绩效评估方法而不是绩效管理方法的工作。这些标准化的评估表格有助于收集准确的绩效数据，依据这些表格可做出人事决定并对员工进行比较。但通常存在的一个问题是，这些标准化的表格能否修改后用来评价国际经理人。格雷格森等人[57]指出：

> 从原则上讲，绩效评估系统是精心设计的，而且常常是固定的。维持标准的传统评估是有充分理由的，例如，系统已被检验过，也有明确的基本方法，还可以减少未来开发成本。只要绩效管理的环境不变，这些理由都是有效的。在外派环境下，绩效环境会改变，有时会改变很大。在全球环境下，以前在本国环境下建立和审查的基本方法就没有任何意义了。

尽管如此，他们发现在美国公司中，76％的公司事实上还是使用同样的标准评估表对外派人员进行评估。[58]那些跨国公司内被重新安置的人员或者非外派人员虽然都在跨文化情境下工作，但是他们并不觉得母公司的绩效评估表能够考察他们绩效的关键要素，比如跨文化能力。[59]

5.5.4　评估的频率

在实践中，虽然以本国为研究对象的文献主张将正式和非正式的绩效评估和反馈相结合，但正式评估一般都是以年为基础，这也扩展到了国际绩效评估系统。例如，在格雷格森等人的研究中，美国的大部分公司每年都进行绩效评估，有趣的是，使用年度评估系统的美国公司更可能使用标准评估表格和硬性标准。对此，格雷格森评论道：这种倾向于遵循国内系统的做法对收集和解释数据的要求较少，而且反映出公司可能缺乏国际经验。在他们的研究中，仅仅有28％的人力资源经理说自己曾经有过国际委派经验。他们可能不清楚采用情境标准的必要性，或者说，不清楚外派人员绩效评估系统需要专门化。部分研究表明，性别差异也可能影响评估形式和性质的偏好，在一些研究中，这种影响甚至比文化差异更为显著。[60]

5.5.5　绩效反馈

有效绩效管理系统的一个重要方面是提供评价过程的即时反馈。年度评估的一个问题是员工收不到一致的、经常性的反馈，而这些对维持或改善他们的绩效非常重要。绩效方面的文献提到，经常性的反馈对实现目标或改变目标以及实现激励是非常重要的。由地理位置上较远的管理者对外派人员进行评估的困难在于：只有采用硬性标准时，才能提供及时且适当的反馈。

对于虚拟委派的被评估者来说，由于地理位置过于分散而要求通过电子邮件进行通信，事情会更加复杂。人际关系和选择有效的**传播媒介**（Communication Medium）是影响虚拟派遣关系的两个因素。[61] 米利曼（Milliman）等人[62]报告了两起在美国和马来西亚从事虚拟委派的管理者之间与沟通不畅相关的严重事件。该项目的美国负责人通过电子邮件向马来西亚负责人反馈了他的马来西亚同事的良好表现，这引发了一系列跨文化冲突，马来西亚负责人因此事打算退出这个虚拟工作团队。研究人员采用组织学习的方法分析了这一事件中的沟通失误及其原因。他们得出的结论是，两位管理者对"工作绩效的主要来源、如何提供绩效反馈、下属与上级沟通中扮演什么角色、如何处理冲突以及期望采用何种沟通方式"等都存在不同看法。分析这些冲突事件的方法为发展有效的跨文化绩效反馈沟通技巧提供了一个有效的国际人力资源管理起点。

5.5.6　东道国员工的评估

到目前为止的介绍和讨论忽略了评估东道国员工绩效的问题。尽管人力资源管理实践比较方面涌现了越来越多的文献，但忽略对东道国员工绩效的评估从某种程度上反映了国际人力资源管理对这个问题的研究是有限的。在此需要指出的重要一点是，绩效管理也面临着文化适应性（Cultural Applicability）问题。[63] 在某些国家，绩效评估还可能被看成是不信任甚至是侮辱性的信号。例如，日本人常常为了"不丢面子"而避免直接对抗，这一惯例也影响绩效评估方式。日本管理者不能直接指出下属在工作中出现的问题或犯的错误。

> 一般来说，他会先和该下属谈谈他工作中的突出表现，进而比较笼统地讨论一下他的工作，然后，他也许仍会在不直接指明具体错误或谁犯了错误的情况下，继续解释该下属所犯的那种错误会产生什么后果，通过这种方式，这位下属就会知道自己犯了错误，并提出如何改进自己的工作。[64]

如果要避免因文化适应性而产生尴尬，可以请外派公司东道国员工帮助设计一套合适的系统来评价当地子公司的工作人员，并听取他们关于如何进行绩效评估的建议。这种反映地区性需要的管理方式会影响跨国公司在全球范围内各个层次上有效执行标准化绩效管理方法的能力。[65]

当谈到有关母国员工和其他国员工时，职位的高低是一个需要考虑的重要因素。如果跨国公司任命一个东道国员工做子公司经理，那么我们所谈到的很多关于目标（尤其是硬性目标）和绩效评估的做法都可以应用于东道国员工。关于任务绩效和潜在角色冲突，如图 5-6 所示，托比隆[66]认为，东道国管理者承担着与母国和其他国管理者不同的角色，心理距离和实际距离都很远的母公司希望东道国管理者能扮演已经由母公司规定好的角色，而不是扮演与东道国管理者在心理上和实际距离上都很接近的其他角色。

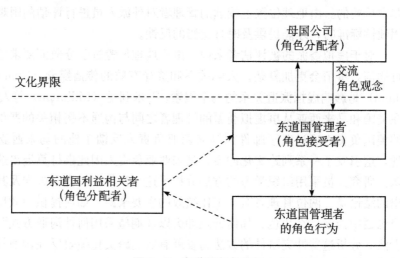

图 5-6　东道国角色认知

资料来源：Adapted from I. Torbiörn，"The Structure of Managerial Roles in Cross-cultural Settings"，*International Studies of Management & Organization*，Vol. 15，No. 1（1985），p. 60. Reproduced with permission.

母公司关于角色的概念传递给东道国员工，这个概念在交流时跨越了文化界限，同样，因公司获得的关于东道国员工行为的反馈也跨越了文化界限（如图 5-6 实线箭线所示）。然而，来自东道国的角色发送者（角色分配者）的信息并没有超越文化界限。东道国员工在自己的文化环境中接受对他的角色期望并扮演该角色。就最高管理层下属的子公司人员而言，他们希望绩效管理系统能够本地化，以便在工作中考虑到当地行为规范。托比隆的模型描述的只是东道国员工管理角色的概念和交流方式。

当东道国员工向对他们进行绩效评估的母国外派经理人汇报时，就会产生冲突。从某种程度上来看，这与对当地经理人带有文化偏见来评价外派经理人绩效的讨论正好相反。主要区别在于母公司的标准对绩效管理系统的影响程度，以及标准化方法允许本地化的程度。[67]例如，使用 360 度反馈这样的评估技术，也许不会在文化上产生任何敏感问题。实际上，美国的跨国公司经常使用同一种方式评价国内员工和东道国员工，有些情况下，表格直接是从英文翻译过来的，有些则不是。这两种做法都有不足。有些公司正在开发有助于绩效评估的信息系统，然而，由于公司所在的东道国法律上的限制或者出于对个人隐私的保护，广泛使用计算机产生的信息数据也会受阻。

与这一主题相关的某些文献忽略了一个方面，即被调回到母公司的东道国经理人也可能会发生角色冲突。[68]在此期间，东道国经理人可能会根据角色发送者传达的角色行为预期进行评估，这些角色发送者的物理距离很近，但心理距离很遥远。东道国经理人通常需要在外派结束后回到祖国，回国后他们可能在重新调整角色行为方面遇到困难。

不考虑文化因素的影响，就一般的绩效评估而言，这一过程似乎仍有问题。例如，格林格（Gerringer）等人的一项研究报告了在九个国家或地区的绩效评估均未能实现其发展目标。这项跨国项目历时多年，多名研究员参与其中，是国际人力资源管理最佳实践项目的一部分。[69]这九个国家或地区分别是澳大利亚、加拿大、中国、印度尼西亚、日本、韩国、拉丁美洲、墨西哥和美国。研究人员指出："在目前的实践中，评估的有效性似乎没有得到充分实现，无论是在美国，还是在其他大多数国家。"[70]

全球绩效管理相关的综述性文章表明跨国公司已广泛使用绩效管理系统。正式的绩效审查往往一年或两年一次，使用在线绩效系统的公司仍占少数（20％的受访公司），但有 1/3 的公司表示，它们计划使用在线绩效系统。综合运用客观或主观标准，基于绩效管理结果的培训正在增加。如果希望加强绩效管理对跨国公司控制的有效性，需要将绩效管理纳入其他人力资源活动（如继任规划和薪酬）中，或将绩效管理与战略规划联系起来，同时纳入高层管理人员的领导力活动中，在这种情况下，与公司泛系统相一致的系统能力至关重要。[71]

平衡全球（母公司）与当地在流程、实践、角色和规范等方面的同等标准，是学习全球绩效管理的学生一直感兴趣的重要内容。调查高语境文化对选择和评价隐性的、显性主观的或显性客观的绩效标准的影响是该领域的研究主题之一。已有研究开始考察这些方面的内容，并开始收集跨文化的经验数据，这是一项具有重要影响的研究任务。[72]

跨国公司总部设计的全球绩效管理标准体系和当地实际运行的绩效系统的比较研究也仍在进行中。[73]法律和监管环境对上述流程、实践和规范会产生影响，跨国公司员工也被要求不断扩大任务和分配范围，这些情况使绩效管理成为人力资源管理的一个复杂而关键的领域。[74]

对已发表的研究进行系统性回顾使我们得出如下结论：尽管这些研究中都提出

了许多跨文化问题，但有关跨国公司绩效管理更具战略性的内容是如何在各大洲、业务部门和分散的全球价值链的要素之间展开系统性的绩效管理，仍有待探究。其中，最令人感兴趣的是如何在宏观层面使用绩效结果来指导或影响跨国公司的战略行动问题。[75]

小　结

人力资源管理需要技术能力，但在国际管理岗位上要获得成功，仅依靠这种能力是不够的。跨文化的人际交往技能、对外国行为规范和价值观的敏感性以及能够轻松适应不熟悉的环境是跨国公司国际经理人所需的特质，这一挑战涉及跨国公司所有的有效管理和绩效评估。本章探讨了以下问题：

- 绩效管理系统的基本组成部分。这个系统能够对组织、国家和国际因素进行评估。
- 跨国公司绩效方面，包括整体与局部的关系、不可比数据、全球商业环境的多变性、由时空造成的隔离、不同市场的成熟水平不同，并简要讨论了绩效管理作为控制机制的问题。
- 与外派人员绩效有关的因素包括：薪酬计划、任务、公司总部的支持、东道国环境和文化适应。
- 非外派人员的绩效管理和非标准委派。我们运用虚拟委派来举例说明在非传统委派类型中需要考虑的内容。
- 与国际员工绩效评估有关的问题。
- 东道国子公司经理人和员工的绩效评估。

本章拓宽了对跨国公司的讨论范围，着眼于对非外派人员和非标准委派人员的绩效管理和评估。当在跨国公司背景下设计一个有效的绩效管理系统时，需要考虑国际商务领域的很多方面。

讨论问题

1. 本章讨论全球商业环境的多变性时，描述了几个对跨国公司的全球或地方战略有深刻含义的世界性事件。请选择最近的一件世界性事件，指出其对人力资源的具体影响，并提出措施解决该问题。

2. 讨论与外派人员管理绩效评估相关的主要影响因素。

3. 绩效评估的风险之一在于：由于过分注重对某个人的评价而忽略对团队工作的评价。在跨国公司中，重点关注研究母国员工如何成为团队的一部分而不是成为破坏团队合作的人，进而融入和履行职责似乎更理想。团队绩效管理会遇到哪些困难和特殊情况？

4. 当评估管理绩效时，为什么需要将硬性目标、软性目标和情境目标包含在内？

5. 在非标准国际委派中工作的经理人的角色与典型的外派经理人的角色有什么不同？

深度阅读

P. Boselie, E. Farndale and J. Paauwe 'Performance management', in C. Brewster and W. Mayrhofer (eds.) *Handbook of Research on Comparative Human Resource Management*, (Cheltenham: Edward Elgar, 2012), pp. 369–392.

W. Cascio 'Global Performance Management Systems', in G. Stahl, I. Björkman and S. Morris (eds.) *Handbook of Research in International Human Resource Management*, 2nd ed. (Cheltenham: Edward Elgar, 2012), pp. 183–204.

A. Engle, P. Dowling and M. Festing 'State of Origin: Research in Global Performance Management, a Proposed Research Domain and Emerging Implications', *European Journal of International Management*, 2 (2) (2008), pp. 153–169.

A. Engle, M. Festing and P. Dowling 'Gaining altitude on global performance management processes: A multilevel analysis',

International Journal of Human Resource Management, 26 (15) (2015), pp. 1955–1964.

C. Fey, Y. Morgulis, S. Park, J. Hyeon and I. Björkman 'Opening the black box of the relationship between HRM practices and firm performance: A comparison of MNE subsidiaries in the USA, Finland and Russia', *Journal of International Business Studies* 40 (2009), pp. 690–712.

M. Iqbal, S. Akbar and P. Budhwar 'Effectiveness of performance appraisal: An integrated framework', *International Journal of Management Reviews*, 17 (2015), pp. 510–533.

H. Shih, Y. Chiang and I. Kim 'Expatriate Performance Management from MNEs of Different National Origins', *International Journal of Manpower*, 26(2) (2005), pp. 157–176.

参考文献

1. Excellent overviews of research in this area are provided by P. Caligiuri 'Performance Measurement in a Cross-cultural Context', in W. Bennett, C. Launce and J. Woehr (eds.) *Performance Management: Current Perspectives and Future Challenges* (Mahwah, NJ: Lawrence Erlbaum Associates, 2006), pp. 227-244; and W. Cascio 'Global Performance Management Systems', in G. Stahl, I. Björkman and S. Morris (eds.) *Handbook of Research in International Human Resource Management*, 2nd ed. (Cheltenham: Edward Elgar, 2012), pp. 183–204.

2. Cascio 'Global Performance Management Systems', p. 201.

3. C. A. Bartlett and S. Ghoshal 'Managing Across Borders: New Strategic Requirements', *Sloan Management Review* (1987), pp. 7–17.

4. V. Pucik 'Strategic Human Resource Management in a Multinational Firm', in H. Y. Wortzel and L. H. Wortzel (eds.) *Strategic Management of Multinational Corporations: The Essentials* (New York: John Wiley, 1985), pp. 429-430. For a specific example of the issue of complex interpretations of what constitutes performance in interdependent, dispersed MNEs, L.H. Lin 'Subsidiary performance: The contingency of multinational corporation's international strategy', European Management Journal, 32 (2014), pp. 928-937.

5. J. Garland, R. N. Farmer and M. Taylor *International Dimensions of Business Policy and Strategy*, 2nd ed. (Boston, MA: PWS–KENT, 1990), p. 193.

6. Ibid.

7. Pucik 'Strategic Human Resource Management in a Multinational Firm', p. 430.

8. Ibid.

9. For a sense of issues related to the potential of and pitfalls inherent in sophisticated HRIS systems to provide nuanced performance information, see N. Boyd and B. Gessner 'Human resource performance metrics: methods and

processes that demonstrate you care', *Cross Cultural Management*, Vol. 20, No. 2 (2013), pp. 251–273; J. Dulebohn and R. Johnson 'Human resource metrics and decision support: A classification framework', *Human Resource Management Review*, Vol. 23 (2013), pp. 71–83.

10. A. Engle, P. Dowling and M. Festing 'State of Origin: A Proposed Research Domain and Emerging Implications', *European Journal of International Management*, Vol. 2, No. 2 (2008), pp. 153-169; and B. Campbell, A. Peterson and J. Correa 'Performance Management: Rewired for the Recovery', *Workspan*, Vol. 53, No. 7 (2010), pp. 43–48.

11. Pucik 'Strategic Human Resource Management in a Multinational Firm'.

12. Garland, Farmer and Taylor *International Dimensions of Business Policy and Strategy*, p. 193.

13. K. Mellahi, J. Frynas and D. Collins found evidence supporting the unifying effect of universal "best practices" in an assessment of Brazilian MNEs, 'Performance management practices within emerging market multinational enterprises: the case of Brazilian multinationals', *International Journal of Human Resource Management*, DOI: 10.1080/09585192.2015.1042900.

14. For a cross-cultural discussion of the interactive relationship between executive understanding of performance management and the effectiveness of performance management processes for the firm, see C. Lakshman 'Leveraging human capital through performance management process: The role of leadership in the USA, France and India', *International Journal of Human Resource Management*, Vol. 25, No. 10 (2014), pp. 1351–1372.

15. Engle, Dowling and Festing 'State of Origin: A Proposed Research Domain and Emerging Implications'; M. Fenwick, H. De Cieri and D. Welch 'Cultural and Bureaucratic Control in MNEs: The Role of Expatriate Performance Management', *Management International Review*, Vol. 39, Special Issue No. 3 (1999), pp. 107–124.

16. A. Varma, P. Budhwar and A. DeNisi (eds.) *Performance Management Systems: A Global Perspective* (New York: Routledge, 2008).

17. R. Hays 'Expatriate Selection: Insuring Success and Avoiding Failure', *Journal of International Business Studies*, Vol. 5, No. 1 (1974), pp. 25-37. Tung appears to have based her initial studies on these categories (see R. Tung 'Selection and Training of Personnel for Overseas Assignments', *Columbia Journal of Word Business,* Vol. 16, No. 1 (1981), pp. 68–78).

18. See L. Gomez-Mejia, P. Berrone and M. Franco-Santos *Compensation and Organizational Performance: Theory, Research and Practice* (London: M. E. Sharpe, 2010), particularly Chapters 4 through 7; E. Lawler *Talent: Making People Your Competitive Advantage* (San Francisco: Jossey-Bass, 2008), particularly Chapters 5 and 8; M. Hilb *New Corporate Governance: Successful Board Management Tools*, 2nd ed. (Berlin: Springer Publishing, 2006); and F. Malik *Effective Top Management* (Frankfurt: Wiley-VCH, 2006).

19. Caligiuri 'Performance Measurement in a Cross-cultural Context'.

20. For more on how the purposes and roles inherent in assignments may impact upon the characteristics of performance management systems see Engle, Dowling and Festing 'State of Origin'.

21. H. Mintzberg *The Nature of Managerial Work* (Englewood Cliffs, NJ: Prentice-Hall, 1973), p. 54. Also see W. Cascio and H. Aguinis *Applied Psychology in Human Resource Management*, 7th ed. (Upper Saddle River, NJ: Prentice Hall-Pearson, 2011), particularly Chapter 1 and pp. 405–407.

22. J. S. Black and L. Porter 'Managerial Behaviors and Job Performance: A Successful Manager in Los Angeles May Not Succeed in Hong Kong', *Journal of International Business Studies*, Vol. 22, No. 1 (1991), pp. 99–113.

23. I. Torbiörn 'The Structure of Managerial Roles in Cross-Cultural Settings', *International Studies of Management & Organization*, Vol. 15, No. 1 (1985), pp. 52–74, quote from p. 59.

24. M. Janssens 'Evaluating International Managers' Performance: Parent Company Standards as Control Mechanism', *International Journal of Human Resource Management*, Vol. 5, No. 4 (1994), pp. 853-873. Also see D. Briscoe and L. Claus 'Employee Performance Management: Policies and Practices in Multinational Enterprises', in A. Varma, P. Budhwar and A. DeNisi (eds.) *Performance Management: A Global Perspective* (London: Routledge, 2008), pp. 15–39.

25. Janssens 'Evaluating International Managers' Performance'.

26. H. B. Gregersen and J. S. Black 'A Multifaceted Approach to Expatriate Retention in International Assignments', *Group & Organization Studies*, Vol. 15, No. 4 (1990), p. 478. Also see I. Björkman, W. Barner-Rasmussen, M. Ehrnrooth and K. Makela 'Performance Management Across Borders', in P. Sparrow (ed.) *Handbook of International Human Resource Management* (New York: John Wiley and Sons, 2009) pp. 229–249 for a very lucid discussion of researching the tension of interests and loyalties inherent in locally adopting or adjusting standardized global performance management systems, processes and activities.

27. M. G. Birdseye and J. S. Hill 'Individual, Organization/Work and Environmental Influences on Expatriate Turnover Tendencies: An Empirical Study', *Journal of International Business Studies*, Vol. 26, No. 4 (1995), p. 800.

28. D. C. Feldman and H. B. Tompson 'Expatriation, Repatriation, and Domestic Geographical Relocation: An Empirical Investigation of Adjustment to New Job Assignments', *Journal of International Business Studies*, Vol. 24, No. 3 (1993), pp. 507-529.

29. P. Bhaskar-Shrinivas, M. Shaffer and D. Luk 'Input-Based and Time-Based Models of International Adjustment: Meta-Analytic Evidence and Theoretical Extensions', *Academy of Management Journal*, Vol. 48, No. 2 (2005), p. 272.

30. Torbiörn 'The Structure of Managerial Roles in Cross-cultural Settings', p. 59.

31. For example, in one of the few articles on this topic, Chadwick looks at the TCN assignment in general and does not specifically address performance. Rather, the focus is on fair treatment and equity regarding compensation. See W. Chadwick 'TCN Expatriate Manager Policies', in J. Selmer (ed.) *Expatriate Management: New Ideas for International Business* (Westport, CT: Quorum Books, 1995).

32. Cascio 'Global Performance Management Systems'; A. Engle, P. Dowling and M. Festing 'State of Origin: A Proposed Research Domain and Emerging Implications'.

33. H. B. Gregersen, J. M. Hite and J. S. Black 'Expatriate Performance Appraisal in US Multinational Firms', *Journal of International Business Studies*, Vol. 27, No. 4 (1996), pp. 711-738.

34. For the significance of incremental negotiation in resolving this complex process see E. Moren 'The negotiated character of performance appraisal: How interrelations between managers matter,' *International Journal of Human Resource Management*, Vol. 24, No. 4 (2013), pp. 853-870; bridges across differences due to varying perceptions of systems fairness and the need to see the performance management system in terms of wider issues of MNE culture are presented by K. Dewettinck and H. van Dijk 'Linking Belgian employee performance management system characteristics with performance management system effectiveness: Exploring the mediating role of fairness,' *International Journal of Human Resource Management*, Vol. 24, No. 4 (2013), pp. 806–825; and H. Hofstetter and I. Haraz 'Declared versus actual organizational culture as indicated by an organization's performance appraisal', *International Journal of Human Resource Management*, Vol. 26, No. 4 (2015), pp. 445-466.

35. See C. Bailey and C. Fletcher 'International Performance Management and Appraisal: Research Perspectives', M. Harris (ed.) *Handbook of Research in International Human Resource Management* (London: Lawrence Erlbaum, 2008), pp. 125–143; and M. Festing, L. Knappert, P. Dowling and A. Engle 'Country-Specific Profiles in Global Performance Management – A Contribution to Balancing Global Standardization and Local Adaptation', Conference Proceedings of the 11th Conference on International Human Resource Management, June 2010.

36. C. Barzantny and M. Festing 'Performance Management in Germany and France', in A. Varma, P. Budhwar and A. DeNisi (eds.) *Performance Management Systems: A Global Perspective* (London: Routledge, 2008), pp. 147-167; and P. Gooderham, O. Nordhaug and K. Ringdal 'Institutional and Rational Determinants of Organizational Practices: Human Resource Management in European Firms', *Administrative Science Quarterly*, Vol. 44 (1999), pp. 507–531.

37. Barzantny and Festing 'Performance Management in Germany and France'; and M. Tahrvanainen and V. Suutari 'Expatriate Performance Management in MNCs', in H. Scullion and M. Lineham (eds.) *International HRM: A Critical Text* (Basingstoke: Macmillan, 2005), pp. 91-113.

38. M. Dickmann 'Implementing German HRM Abroad: Desired, Feasible, Successful?' *International Journal of Human Resource Management*, Vol. 34, No. 2 (2003), pp. 265-283.

39. For more on Anglo-Saxon approaches to performance-based pay see H. Aguinis *Performance Management* (Upper Saddle River, NJ: Pearson Education, 2007), particularly Chapter 9. For more information related to German performance management see Barzantny and Festing 'Performance Management in Germany and France'; and M. Pudelko 'A Comparison of HRM Systems in the USA, Japan and Germany in their Socioeconomic Context', *Human Resource Management Journal*, Vol. 16, No. 2 (2006), pp. 123-153.

40. M. Fenwick 'On International Assignment: Is Expatriation the Only Way to Go?', *Asia Pacific Journal of Human Resources*, Vol. 42, No. 3 (2003), pp. 365-377; V. Suutari and C. Brewster 'Beyond Expatriation: Different Forms of International Employment', in P. Sparrow (ed.) *Handbook of International Human Resource Management* (New York: John Wiley and Sons, 2009), pp. 131-149.

41. M. Maznevski, S. Davison and K. Jonsen 'Global Virtual Team Dynamics and Effectiveness', in G. Stahl and I. Bjorkman (eds.) *Handbook of Research in International Human Resource Management* (Cheltenham, UK: Edward Elgar, 2006), pp. 364-384; P. Caligiuri 'Performance Measurement in a Cross-cultural Context'.

42. See, for example, G. Dessler *Human Resource Management*, 12th ed. (Upper Saddle River, N.J.: Prentice Hall, 2011), particularly Chapter 8; C. Vance and Y. Paik *Managing a Global Workforce* (London: M. E. Sharpe, 2011).

43. P. Dowling, A. Engle, M. Festing and C. Barzantny 'Proposing Processes of Global Performance Management: An Analysis of the Literature', Conference Proceedings of the IFSAM 2010 World Congress, Paris, France, July 2010; Cascio 'Global Performance Management Systems'.

44. Tahvanainen *Expatriate Performance Management*; Engle, Dowling and Festing 'State of Origin'.

45. Suutari and Brewster 'Beyond Expatriation: Different Forms of International Employment'; M. Tahvanainen, D. Welch and V. Worm 'Implications of Short-term International Assignments', *European Management Journal*, Vol. 23, No. 6 (2005), pp. 663-673.

46. For a well-presented and far-reaching discussion of the relationship between strategic purpose and talent management, see J. Boudreau and P. Ramstad *Beyond HR: The New Science of Human Capital* (Boston, MA: Harvard Business School Press, 2007); S. Brutus' 'Word Versus Numbers: A Theoretical Exploration of Giving and Receiving Narrative Comments in Performance Appraisal', *Human Resource Management Review*, Vol. 20, No. 2 (2010), provides a series of hypotheses in support of the contention that narrative comments in otherwise 'hard' and standardized performance management systems may provide a rich source of information for practitioners and researchers alike. Ironically, this potentially useful narrative may be more problematic to accurately decipher across cultural boundaries.

47. Pucik 'Strategic Human Resource Management'.

48. Janssens 'Evaluating International Managers' Performance'.

49. R. W. Beatty 'Competitive Human Resource Advantages through the Strategic Management of Performance', *Human Resource Planning*, Vol. 12, No. 3 (1989), pp. 179-194. Also see Cascio 'Global Performance Management Systems'.

50. K. F. Brickley *Corporate Criminal Liability: A Treatise on the Criminal Liability of Corporations, Their Officers and Agents*, Cumulative supplement (Deerfield, IL: Clark Boardman Callaghan, 1992). Enacted in 1977, the FCPA addresses the problem of questionable foreign payments by US multinationals and their managers. The act was amended by Congress in 1988 to include substantial increases in the authorized criminal fines for organizations and new civil sanctions for individuals violating the FCPA. See www.justice.gov/criminal/fraud/cfpa/ (as accessed on 28 October 2010) for details, amendments, interpretations and worksheets.

51. Tahvanainen *Expatriate Performance Management*; and Gregersen, Hite and Black 'Expatriate Performance Appraisal in U.S. Multinational Firms'.

52. Harvey 'Focusing the International Personnel Performance Appraisal Process'.

53. Tahvanainen *Expatriate Performance Management*.

54. E. Naumann 'Organizational Predictors of Expatriate Job Satisfaction', *Journal of International Business Studies*, Vol. 24, No. 1 (1993), pp. 61–80.

55. Gregersen, Hite and Black 'Expatriate Performance Appraisal in US Multinational Firms'.

56. Brookfield Global Relocation Services, Global Relocation Trends: 2010 Survey report, p. 46.

57. Gregersen, Hite and Black 'Expatriate Performance Appraisal in US Multinational Firms', p. 716.

58. It should be noted that these authors take a traditional performance appraisal approach, rather than utilize the newer performance management literature that we discuss in this chapter. It may be that the goal setting stressed in the performance management literature will assist standardization.

59. Cascio 'Global Performance Management Systems'; and Engle and Dowling 'State of Origin'.

60. See M. Festing, L. Knappert and A. Kornau 'Gender-specific preferences in global performance management: An empirical study of male and female managers in a multinational context,' *Human Resource Management*, Vol. 54, No. 1 (2015), pp. 55–79.

61. See W. Cascio and S. Shurygailg 'E-leadership in Virtual Firms', *Organizational Dynamics,* Vol. 31 (2003), pp. 362-375; also see M. Kavanaugh and M. Thite *Human Resource Information Systems* (Thousand Oaks, CA: Sage, 2009), particularly pp. 381–382.

62. J. Milliman, S. Taylor and A. Czaplewski 'Cross-Cultural Performance Feedback in Multinational Enterprises: Opportunity for Organizational Learning', *Human Resource Planning*, Vol. 25, No. 3 (2002), pp. 29–43.

63. See, for example, N. Adler and A. Gundersen *International Dimensions of Organizational behavior*, 5th ed. (Cincinnati, OH: South Western/Thomson, 2008); S. Schneider 'National vs. Corporate Culture: Implications for Human Resource Management', *Human Resource Management*, Vol. 27 (1988), pp. 231-246; and G. R. Latham and N. K. Napier 'Chinese Human Resource Management Practices in Chinese Hong Kong and Singapore: An Exploratory Study', in G. Ferris, K. Rowland and A. Nedd (eds.) *Research in Personnel and Human Resource Management*, Vol. 6 (Greenwich, CT: JAI, 1989).

64. J. V. Koivisto 'Duality and Japanese Management: A Cosmological View of Japanese Business Management', paper presented at the European Institute of Advanced Studies in Management Workshop, *Managing in Different Cultures*, Cergy Group Essec, France, 23–24 November 1992. Also see M. Morishima 'Performance Management in Japan', in A. Varma, P. Budhwar and A. DeNisi (eds.) *Performance Management Systems: A Global Perspective* (Abingdon, UK: Routledge, 2008), pp. 223–238 for an institutional and historical review of this subject.

65. Caligiuri 'Performance Measurement in a Cross-cultural Context'; Dowling, Engle, Festing and Barzantny 'Proposed Processes'; and Engle, Dowling and Festing 'State of Origin'.

66. Torbiörn 'The Structure of Managerial Roles in Cross-Cultural Settings'.

67. Engle, Dowling and Festing 'State of Origin'; also Dowling, Engle, Festing and Barzantny 'Proposing Processes of Global Performance Management: An Analysis of the

Literature'.

68. The performance appraisal of 'inpatriates' is briefly covered in M. Harvey and M. Buckley 'Managing Inpatriates: Building a Global Core Competency', *Journal of World Business*, Vol. 32, No. 1 (1997), pp. 35–52. For a more general overview of the role of 'inpatriates' in control processes for multinational firms, see M. Harvey and M. Novicevic 'The Evolution from Repatriation of Managers in MNEs to "Inpatriation" in Global Organizations', in G. Stahl and I. Björkman (eds.) *Handbook of Research in International Human Resource Management* (Cheltenham: Edward Elgar, 2006), pp. 323–346.

69. J. Gerringer, C. Frayne and J. Milliman 'In Search of "Best Practices" in International Human Resource Management: Research Design and Methodology', *Asia Pacific Journal of Human Resources*, Vol. 40, No. 1 (2002), pp. 9–37.

70. J. Milliman, S. Nason, C. Zhu and H. De Cieri 'An Exploratory Assessment of the Purposes of Performance Appraisals in North and Central America and the Pacific Rim', *Asia Pacific Journal of Human Resources*, Vol. 40, No. 1 (2002), p. 117. For an alternative perspective, questioning the applicability of 'Western logics' to performance management processes in the Middle East, see A. Giangreco, A. Carugati, M. Pilati and A. Sebastiano 'Performance Appraisal Systems in the Middle East: Moving Beyond Western Logics', *European Management Review*, Vol. 7, No. 3 (2010), pp. 155–168.

71. See Cascio's 'Global Performance Management Systems' discussion as well as a survey of 278 firms from 15 countries reported in P. Bernthal, R. Rogers and A. Smith's *Managing Performance: Building Accountability for Organizational Success* (Pittsburgh, PA: Development Dimensions International, 2003).

72. Dowling, Engle, Festing and Barzantny 'Proposing Processes of Global Performance Management: An Analysis of the Literature'; Engle, Dowling and Festing 'State of Origin: A Proposed Research Domain and Emerging Implications'.

73. Björkman, Barner-Rasmussen, Ehrnrooth and Makela 'Performance Management Across Borders'; Dowling, Engle, Festing and Barzantny 'Proposing Processes'.

74. Institutional context, cultural values and history – as these variables impact on performance management – are an ongoing subject of cross-cultural research related to performance assessment. For examples see A. Dhiman and S. Maheshware 'Performance appraisal politics from appraise perspective: A study of antecedents in the Indian contest', *International Journal of Human Resource Management*, Vol. 24, No. 6 (2013), pp. 1202–1235; C.-J. Tsai and W.L. Wang 'Exploring the Factors Associated with Employees' Perceived Appraisal Accuracy: A Study of Chinese State-owned Enterprise', *International Journal of Human Resource Management*, Vol. 24, No. 11 (2013), pp. 2197–2220.

75. See A. Engle, M. Festing and P. Dowling 'Proposing Processes of Global Performance Management: An Analysis of the Literature', *Journal of Global Mobility*, Vol. 2, No. 1 (2014) pp. 5-25; and A. Engle, M. Festing and P. Dowling 'Gaining Altitude on Global Performance Management Processes: A Multilevel Analysis', *International Journal of Human Resource Management*, Vol. 26, No. 15 (2015), pp. 1955–1964.

第 **6** 章
国际培训、开发、职业生涯与人才

章节目标

培训（Training）的目的是改善员工当前的工作技能和行为，而**开发**（Development）是为了加强员工与未来职位与工作相关的能力。本章主要考察培训与开发工具的使用方法，并讨论国际委派在国际商务合作中的策略性作用。在国际人员配置的准备和支持方面，培训作用显著。我们主要考察以下几个方面：

● 培训在外派人员适应和委派期间绩效的作用。

● 积极有效的出国前培训项目的组成部分，如文化意识培训、初步访问、语言培训、实际援助、安全简报和对培训角色的培训。

● 出国前培训的效率。

● 国际委派的员工开发。

● 培训与开发国际管理团队。

● 国际培训与开发的趋势。

本章将针对传统的外派人员委派，着重论述与短期委派、非标准委派及国际商务旅行者相关的培训与开发。

本章最后将介绍委派后阶段及该阶段对已接受国际委派的员工的职业生涯的影响。归国给外派人员和跨国公司双方带来了与国际委派相关的问题。本章将考察以下内容：

● 归国过程。

● 工作相关问题。

● 社会因素，包括影响归国和工作适应的家庭因素。

● 跨国公司对归国问题的反应。

● 员工的留任和职业发展问题。

● 投资回报和知识转换。

● 设计归国方案。

● 更广泛的国际职业生涯问题。

本章还将阐述全球职业和全球人才管理之间的联系，这是跨国组织面临的一个重大挑战。

▎6.1　引　言

为了在全球市场上成功竞争，越来越多的公司将人力资源作为其核心竞争力的关键以及竞争优势的源泉。正如卡莫奇（Kamoche）[1]所指出的，"**人力资源**（Human Resource）是个人对知识、技能和能力的积累，是公司投入时间建立起来的可辨认的专门技能"。培训与开发是跨国公司建立人力资源（人力资本）储备的一部分，目前一个重要的发展趋势是，很多跨国公司已经建立起自己的"大学"或"学校"，而且数量在不断增加，摩托罗拉、麦当劳、甲骨文（Oracle）、迪士尼设立的企业大学就是这种内部培训中心的典型案例。欧洲、韩国、日本的一些企业也建立了类似的内部培训中心（比如汉莎航空公司商务学校（Lufthansa School of Business））。[2]

国际委派本身就是一个重要的培训和开发工具：

● 外派人员是培训者，是不同单元间知识和竞争力转移的一部分。作为国际委派的核心，不论表述得是否含蓄，外派人员都被期望对东道国员工的跨国培训和开发起到支持性的作用，也就是说培训他们的替代者。

● 国际企业期望外派人员采用某些系统和流程，同时要理解这些系统和流程的运作方式，并为东道国员工提供指导以帮助其有效提高工作绩效。

● 国际委派的目标之一是管理人员开发。对于员工来说，进入另一个国际领域（工作轮换，Job Rotation）是获得更宽广视野的一个有效方式，这还有助于开发全球运营所必需的知识和能力的人才。我们在之前的章节中讨论过这一点。[3]

因此，重要的第一步是跨国公司选择怎样的方式为国际委派提供合适的培训，具体的培训方式会在外派人员及其陪同家属对出国前培训的兴趣和准备上体现出来。

图6-1是国际培训与开发过程的示意图，它显示了国际招聘、甄选、培训以及开发活动之间的联系。大多数外派人员是从跨国公司现有业务中选拔出来的内部员工。但如图6-1的虚线所示，也有一些外派人员是从外部雇用的。现在我们将探讨在管理和支持国际委派的背景下，与外派人员培训和开发相关的一些要素。

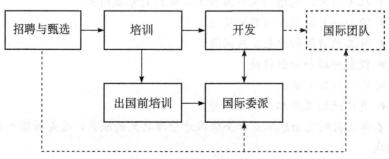

图6-1　国际培训与开发

6.2　外派人员的培训

6.2.1　外派人员培训的意义

如果对于大多数的跨国公司而言，初级的甄选标准是现有员工的技术能力[4]，那么大量关于外派人员培训的文献热衷于研究外派人员出国前培训就不足为奇了，出国前培训最关键的问题是文化意识的培训。一旦某个员工被安置到外派职位，出国前培训就被认为是保证效率和成功的一个关键步骤，尤其是当目的地是一个强文化国家时。如图6－1显示，出发前培训是总体培训的一个子集。有效的文化培训将有助于个体快速适应新的文化。正如厄利（Earley）[5]所指出的，"跨文化培训的主要目的在于帮助人们处理新文化中意料之外的事件"。为了提升跨文化合作水平，他们需要从跨文化中积累经验。[6]

仅有的文献（主要是欧美研究）揭示，大量的美国跨国公司不愿意提供即使是基础性的出国前培训，但这种状况已慢慢开始改变。最先关注这个研究领域的是邓（Tung）[7]，他对外派实践进行了开创性研究，其中包括出国前培训项目。过去几年里，跨国公司在提供培训方面似乎比邓进行研究的时期更积极，部分原因可能是跨国公司可获得的出国前培训提供者的数量增多了。如今不同的培训模式正在出现。例如，在《2015年布鲁克菲尔德全球流动趋势调查报告》[8]中，主要来自美洲、欧洲、中东和非洲的143家跨国公司的样本显示，83％的跨国公司提供了跨文化培训（Cross-Cultural Training，CCT），其中45％的跨国公司为某些委派提供跨文化准备，38％的跨国公司为所有委派提供跨文化准备（见表6－1）。此外，在仅为某些委派提供跨文化准备的跨国公司中，17％的跨国公司根据东道国所在地和被委派的人对东道国的熟悉程度来提供跨文化准备（29％），17％的跨国公司根据委派类型提供跨文化准备。这里我们可以发现委派类型和计划的地点对提供跨文化培训的时间有相当大的影响。

表6－1　跨国公司提供跨文化培训的数据

	2009年	2015年
提供跨文化培训	81％	83％
非强制的跨文化培训提供给：	78％	75％
• 员工	7％	7％
• 员工及其配偶	32％	35％
• 整个家庭	56％	55％

资料来源：Brookfield Global Relocation Services. Global Relocation Trends Survey Reports，2009；and global Mobility Trends Survey Report，2015. Woodridge, IL. All rights reserved.

过去跨国公司很少为夫妻或家庭提供出国前培训。[9]然而，也许是逐渐意识到外派人员绩效与家庭协调适应之间的相互作用的重要性，更多的跨国公司已经在扩充为配偶/伴侣或孩子提供的出国前培训项目。表6－1反映出这一结果在过去几年中似乎比较稳定。然而，如表 6-1 所示，不强制进行跨文化培训的跨国公司比例仍然很高（2015 年为 75%），因此仍然有许多外派人员可能得不到培训。利特尔（Littrell）和萨拉斯（Salas）在对跨文化培训的回顾中指出，跨文化培训研究领域缺乏综合性，这使得管理者难以实施跨文化培训。他们的研究结果为跨国公司如何在跨文化培训项目上取得成功提供了许多指导方针。[10]

还需要注意的是，公司提供的出国前培训因行业而异：美世（Mercer）[11]报告称，就外派前支持而言，化工、制药、医疗保健和消费类企业总体上更愿意提供出国前培训，而信息技术企业最不愿意提供出国前培训。例如，56% 的化工、制药、医疗保健和消费类企业为外派人员的子女提供语言培训，但只有 14% 的信息技术企业为外派人员子女提供此项培训。

6.2.2　有效的出国前培训项目的构成

有关出国前培训项目的重要构成因素的研究显示，有助于向国外职位平稳过渡的培训项目包括：文化意识培训、初步访问、语言培训、实际援助、安全简报和对培训角色的培训。[12]下面我们将依次介绍。

文化意识培训

普遍的观点是，为了有效完成任务，外派人员一定要学会适应，不能在东道国受到孤立。一个设计完备的文化意识培训项目将对此非常有利，因为这样的培训项目试图培养外派人员对东道国文化的好感，以使外派人员能选择恰当的方式从容应对在异国发生的事件。若没有对异国文化的理解，外派人员将面临国际交流的困难，因此，文化意识培训是出国前培训中最普遍的一项内容。

文化意识培训项目的内容因委派的国家、持续时间、委派的目的以及项目提供者的不同而不同。作为外派人员管理的研究者，邓[13]指出，根据不同的学习过程、工作类型、任职国以及任职时间，出国前培训有下列五种类型：环境和文化介绍、文化同化者（一种可以讨论和分析接触的各种文化的训练手段）、语言培训、敏感性训练和实地经验。为了理解影响外派人员出国前培训的各种变量，邓提出了一个应急结构以确定培训的性质和严格程度。其中有两个起决定性作用的因素：一是东道国文化要求的两国员工间相互作用的程度；二是外派人员的本国文化与新文化之间的相似性。在这一结构中，相关的培训要素包括培训的内容和培训严格性。邓提出：

● 如果外派人员与东道国员工之间的预期互动程度较低，外派人员的本国文化与东道国文化之间的差异程度较低，那么培训重点应放在与任务和工作相关的问题上，而不是放在与文化相关的问题上，培训所需要的严格程度则相应较低。

● 如果外派人员与东道国员工之间的预期相互作用程度较高，不同的文化之间存在的差异性较大，那么培训应着重于跨文化技能的开发和新任务培训，而且培训的严格性应适当提高。

邓的模型详细地说明了有关培训方法决策的一些标准，比如预期的相互作用程度和文化的相似性程度，其局限性在于：它没能帮助使用者决定应该采用哪一种具体的培训方法，也没有说明培训的严格程度怎样提高或减少。

十多年后，邓[14]根据早期的工作成果，在有所变动的基础上重申了原来的一些建议：

- 培训应该是终身取向的，而不是与某个个体相关的一次性任务。
- 语言培训应该得到重视。
- 应该提高交际能力水平，而不是局限于口头交流，人们要懂得多种语言和文化，这使得他们能够更好地从一种文化过渡到另一种文化。
- 跨文化培训有助于管理多样性。
- 事先对外派职位有一个客观的认识，有利于有效执行任务。

门登霍尔和奥都（Oddou）扩展了邓的模型，随后，门登霍尔、邓巴（Dunbar）和奥都[15]对该模型进行了进一步修正，他们提出用三个维度来指导如何决定合适的项目，即：

1. 培训方法；
2. 培训的严格程度；
3. 与互动程度和文化新鲜感相关的培训持续的时间。

这个模型为管理者开发一个合适项目提供了极好的指导。例如，如果预期的互动水平低，而外派人员本国文化和东道国文化间的相似性高，那么为了提供适当水平的严格培训，培训时间可能在一周以内。[16]培训方法将强调提供信息的方式，这种方式包括：

- 地区或文化简报；
- 讲座、电影或书籍；
- 使用口译员；
- 进行"生存等级"的语言培训。

如果个人将在国外工作 2～12 个月，并预计与东道国的成员有某种程度的互动，培训的严格程度则应该提高，培训时间也要更长（1～4 周）。培训方法将强调情感方法，这种方法包括：

- 角色扮演；
- 关键事件；
- 文化同化培训[17]；
- 案例研究；
- 减压培训；
- 适度的语言培训。

如果外派人员将去一个相当新奇而且文化环境与本国截然不同的国家，并且预期的互动程度很高，那么跨文化培训的严格程度将会很高，培训时间也要持续 2 个月或者更长。语言培训会根据所要求的语言程度进行，有些语言培训项目时长可能会延长到一年。培训方法将强调沉浸式培训，这种方式包括：

- 评估中心；
- 田野经验；
- 模拟；

- 敏感性训练；
- 跨文化网络研讨会；
- 广泛的语言训练。

布莱克和门登霍尔的模型在实践方面具有明显的局限性，外派人员可能没有足够的时间进行跨文化培训，这通常被认为是跨国公司不提供出国前培训或者此类培训接受率低的主要原因。在这种情况下很难开发出合适的出国前培训项目。其他的环境或情境因素，如文化困难、任职时间长短和工作性质，都与文化意识培训项目的内容、方法和过程有关。更重要的是，监督和反馈应该被视为外派人员个人技能开发的重要组成部分，尤其当文化适应和工作绩效是文化意识培训的预期结果时。

初步访问

指导外派人员的一个有效方法是将他们派往东道国做**初步访问**（Preliminary Visit）。计划周全的海外访问可以给候选人及其配偶一个亲身体验的机会，使他们可以判断自己对委派的适应性以及兴趣。初步访问还有助于向候选人介绍东道国的企业环境，并帮助他们在出发前做好充分准备。需要注意的是，此类访问必须与国际员工将要担任的职位相关，而不仅仅是"旅游"体验。当将其作为出国前培训的一部分时，对东道国的访问可以帮助外派人员实现初期的适应。

欧维希公司（Opinion Research Corporation，ORC）[18]对 916 家跨国公司的调查报告显示，其中 3/4 的跨国公司为外派人员提供委派前访问，以帮助他们熟悉新的工作地点、安全住房、子女教育以及其他成功过渡到东道国所必需的项目。49％的公司为外派人员和其配偶提供初步访问，20％的公司为所有家庭成员提供初步访问，6％的公司仅为外派人员提供此项安排。此外，大多数公司通常提供 4～6 天的初步访问时间，所有费用，包括住宿、交通、餐饮和杂项费用都可以报销。

显然，预期的外派人员在初步访问之后可能会放弃到国外任职的机会。尽管大多数公司会运用初步访问，但也会慎重权衡初步访问的成本与提前回国和绩效不佳的风险。如果初步访问的目的是双重的，即一部分是选择决策，一部分是出国前培训，就会出现一系列潜在问题。例如，如果跨国公司将初步访问作为选择过程的一部分，它可能会向预期的外派人员发出混合信号，在抵达提议的委派国后，预期的外派人员将就合适的住房和学校做出决定。这种处理方式可被解释为"接受初步访问等于接受任职"，从而忽略了其在决策过程中的作用。

如果跨国公司利用初步访问是为了让外派人员（和配偶）就接受海外委派做出更明智的决定，那么它应仅用于此目的。把初步访问和文化意识培训结合起来是出国前培训项目的有效组成部分。如果在委派国已有外派人员，那么可以让这些外派人员与他们互相接触，初步访问可以取得更积极的结果。布鲁斯特和皮卡德（Pickard）[19]发现，外派人员社群会影响外派人员对任职国的适应。

语言培训

语言培训是出国前培训项目中一个看起来十分明显并且必要的组成部分，但它一直被排在文化意识培训之后。为理解语言培训的重要性为何不那么高，我们将首先考虑语言能力的相关内容。

英语作为世界商务语言的作用　英语作为世界商务语言已被广泛接受，但是所使用的英语形式是更"国际化的英语"，而不是当地人所说的英语。[20]印度之所以能吸引外国投资，部分原因在于在印度可以招聘到大量说英语的人。来自盎格鲁-撒克逊国家和讲英语国家的跨国公司，如英国、美国、加拿大、澳大利亚和新西兰等的跨国公司，经常以英语是其母语为理由，在人员委派过程中不考虑语言能力，也不强调出发前进行语言培训的重要性。然而，调查显示，越来越多的公司将语言培训纳入其中。《2015 布鲁克菲尔德全球流动趋势调查报告》显示，被调查的跨国公司中有 75％的公司也为外派人员的配偶提供语言培训。事实上，这是最常见的配偶援助形式。[21]

东道国的语言技能和适应　很明显，具备一门外语技能可以提高外派人员的工作效率和谈判能力，也可以提高家庭成员的适应能力。如具备东道国语言的能力，经理人可以更好地了解东道国的经济、政府和市场信息。[22]当然，对东道国语言掌握的熟练程度的要求要根据外派人员在国外经营中所处岗位的级别和性质，以及与政府官员、客户、贸易官员和东道国国民等外部利益相关者相互接触的多少而定。

在邓对 400 多名外派人员所做的一份调查[23]中，语言技能的重要性被确认为任职绩效的一个关键组成部分。被调查者表示，不管当地国家的文化与自己国家的文化有多么不同，讲当地语言的能力与任职期间的文化适应和绩效能力一样重要。通晓东道国的语言可以帮助外派人员及其家庭成员找到工作，并得到外派人员社群以外新的社会结构的支持。例如，麦克纳尔蒂（McNulty）[24]的研究发现，71％的外派人员配偶认为学习东道国语言是国际委派期间的一项重要调整活动，其中一名外派人员的配偶认为"语言能力就是力量"。

因此，语言能力对工作绩效和文化适应十分重要。它之所以一直被出国前培训忽略，是由于获得最基本的语言能力需要时间。聘用具有语言能力的员工来扩大"语言源"，可以产生潜在的外派人员，这是一种解决问题的办法，但是成功与否取决于所有员工是否都了解最新信息，并能够通过经常性的语言审查检验语言技能是否得到维持。[25]

对公司语言的了解　正如之前提到的，不管是刻意还是由于失误，跨国公司倾向于采用一种通用语言进行交流和控制。鉴于英语在国际业务中的地位，它经常成为跨国公司的通用语言，外派人员之所以能够成为语言中转站，以及子公司和母公司交流的通道，是因为他们能够使用公司通用语言。[26]这也可以增加他们在子公司中的权威，因为外派人员，特别是母国员工，通常可以获得那些不精通公司语言的人无法获得的信息。熟练掌握母公司语言和子公司东道国语言的母国员工，不管他们担任何种正式职务，都可以充当看门人的角色。

大多数跨国公司将员工调动作为公司培训项目的一部分，东道国员工则在公司总部以内派人员身份工作。这些培训通常都是使用公司语言进行的。[27]因此，熟练掌握公司语言通常是人员配置的国际培训的先决条件，不熟练掌握公司语言往往限制了子公司员工从培训中获益的能力。

实际援助

出国前培训的另一个组成部分是向外派人员提供有助于重新安置的信息。实际援助可以帮助外派人员及其家庭更好地适应新环境。麦克纳尔蒂、哈金斯（Hutchings）和德西里（De Cieri）[28]在一项针对31名亚洲籍外派人员的研究中发现，让外派人员独立面对一切会对整体投资回报产生短期负面影响，并导致心理契约破裂。他们在研究中发现的一个重要问题是人力资源支持不佳，例如缺乏流动的专业知识，以及在当地（东道国）接受培训的人力资源工作人员对国际委派人员的态度不佳。人力资源支持在最初的几周或几个月最重要，因为大多数压力源与适应有关，而不是与新工作有关。对于外派人员来说，主要的问题是无处或无人可以去寻求建议和信息，向十几个或更多不同的部门寻求帮助既费时又低效，而且会分散他们完成工作的精力。

实际援助包括委派前和委派期间所有形式的支持。[29]例如，出发前的实际支持包括准备官方文件/签证、将外派人员的物品运送到东道国、空运额外行李、在母国和东道国的临时住宿、额外的搬家津贴以帮助支付保单未报销或未涵盖的杂费和自付费用（例如，连接和安装电器和公用设施、购买小电器、更换不合适的家具或衣服）、在母国的家具存放、咨询税务顾问和与搬迁代理协商。委派时的实际支持包括持续的语言培训、填写税务和官方管理表格方面的行政支持、协助开设银行账户以及寻找住房和就租赁相关问题进行协商。根据美世2010年的调查，帮助外派人员融入当地社会的实际支持也是必要的，但并不常见，只有12％的公司将外派人员介绍给居住在东道国的其他外派人员，10％的公司为外派人员提供体育/健身俱乐部的会员资格，5％的公司提供私人/社会俱乐部的会员资格。

目前，许多跨国公司利用移居专员来提供实际援助，如为外派人员寻找合适的住处和学校。[30]通常，在委派期间，东道国人力资源员工将组织进一步的定向计划和语言培训。然而，正如麦克纳尔蒂等人所发现的，重要的是，公司人力资源管理人员必须充当派遣直线经理以及国外人力资源部门的联络人角色，以确保向外派人员提供实际援助。

安全简报

安全简报是一种相对新型的出国前培训。随着越来越多的外派人员迁移到存在个人安全隐患的地方，他们的健康和安全保障也面临越来越多的威胁，安全简报培训变得十分必要。我们将在第9章继续讨论这个逐步发展的主题。外派人员面临的风险和威胁包括敌对的政治环境、自然灾害、疾病、旅行事故和其他常见的旅行问题（如日程安排延误、护照问题等）。ORC[31]在2008年的报告中表示，21％的公司根据外派人员的工作地点向其提供安全简报，其中43％的公司制定了正式的安全方案或广泛的安全准则，63％的公司在紧急情况下制定了正式或非正式方案。安全方案包括疏散程序、任务跟踪系统、持续的安全简报，以及持续改善所有危险地点的整体安全程度。ORC报告称，参与调研的公司中有19％的公司，其外派人员已经从被视为不安全的地方回国。在这些情况下，尤其是医疗后送方面，64％的公司使用紧急撤离服务（如国际 SOS），15％的公司临时支付费用。如果外派人员的家人死亡或患重大疾病，41％的公司为整个家庭支付前往母国的全部旅费。然而有趣的是，ORC 发现，在委派外派人员到危险地点的公司中，绝大多数（71％）没有支付危险津贴，只有 15％的公司提供这一津贴，另有 14％的公司根据具体情况而定。然而，《2015 年布鲁克菲尔德全球流动趋势调查报告》显示，只有 3％的受调查公司表示，外国地点的安全局势是其拒绝国际委派或提前返回的理由。[32]

对培训角色的培训

　　需要经常对外派人员进行培训是因为跨国公司在东道国缺乏合适的训练有素的员工，因此，外派人员常常发现他们训练东道国员工以成为自己的替代者。问题是，外派人员如何为这种培训角色做准备？鲜有文献回答这个问题。我们在跨文化管理文献中得到这样的结论：人们完成任务及解决问题的方式是不同的。[33]以一种具有文化敏感性的方式进行知识和技能的传输，是出国前培训项目的一个重要组成部分，尤其是当外派人员在东道国也承担培训任务时。

　　公司向外派人员提供该培训可以使外派人员能够训练东道国员工并使之成为自己的替代者。公司可以通过更好地利用外派人员归国时的知识传输过程，来实现提高这种培训质量和改善培训内容的目的。拉扎罗瓦（Lazarova）和塔里克[34]写的一篇文章曾讨论过这个问题，他们认为当个体传输知识的意愿与组织对知识的接收相匹配时，有效的知识传输才会发生。他们特别指出：组织应该努力地将知识传输机制的强度和从外部获取的知识类型相匹配，因此，高强度的提取工具（如将归国人员吸收进战略团队中）应该用于高度隐晦和具有特殊性的国际知识的获取……归国人员和其他的组织成员之间频繁的交流将最有效地传输知识。组织也可利用低强度的提取工具（如发言或局域网）来获取清晰明了的国际知识（如特定外国市场的银行法律法规信息）。

6.2.3　其他国员工和东道国员工外派培训

　　有证据显示，某些公司并不向即将被派送到其他子公司的其他国员工以及即将被派送到母公司的东道国员工（内派人员）提供出国前培训。如果提供，可能也不会达到母公司人员所能获得的培训程度。当母国员工和其他国员工在同一个地方工作时，这样的疏忽会让人产生不公平感，因此被派往母公司的东道国员工往往表现出一种民族中心主义态度。[35]

　　培训尤其是跨文化培训，其程度与委派的时间长度之间可能存在一定的联系。派往母公司或另一子公司的东道国员工通常是短期的，而且以项目或管理人员开发为目的，因此，他们也许不会被视为"真的"外派者，所以常常被置于人力资源部门的职能范畴之外。为了设计和实施其他国员工和东道国员工的出国前培训，当地管理者尤其是人力资源部门人员，需要对国际派遣的要求有所了解，就像我们在谈论总部的人力资源部门时所探讨的一样。或许也需要从总部获得一些认知和鼓励，并通过监管来确保这种培训能得到足够的子公司资源。

6.2.4　对非标准委派人员的培训

从理论上来说，根据国际委派的要求，跨国公司应该对所有员工进行必要的出国前培训。文化适应是国际人员委派的必经之路，因此出国前培训也应该给予短期委派的员工，以及诸如往返委派者等非标准委派人员和国际商务旅行者。然而，有关非标准委派人员的出国前培训的信息十分有限。

短期和非标准委派

鉴于向传统的外派人员提供的出国前培训非常有限，针对短期和非标准委派人员的出国前培训则少之又少，甚至根本没有，就不足为奇了。这种疏忽可能是由于缺乏时间，这是不提供出国前培训的一个标准理由。

这也许就是跨国公司越来越多地开始使用现代科技去克服时间及资源限制的原因。例如，布鲁克菲尔德报告[36]称，44%的公司现在使用基于媒体或网络的方案来替代面对面的跨文化培训，其中：

- 34%的公司为了便利性使用基于媒体或网络的替代方案（可以随时随地开展）；
- 23%的公司使用媒体或网络程序作为面对面程序的额外支持形式；
- 23%的公司出于成本原因使用现代技术；
- 11%的公司将基于媒体和网络的方案用作独立的替代方案；
- 还有5%的公司出于节约时间的考虑使用现代技术。

国际商务旅行者

非外派人员容易成为被遗忘的群体，然而，对于许多公司而言，他们可能是国际商务的最大员工队伍。这些国际商务旅行者可能在国外运营单位"飞进飞出"，执行大量的任务，包括培训。例如，向东道国员工解释新产品的开发、服务或流程，这将涉及演示、研讨会发言以及其他信息传播方式。这样的公司内部交流经常会牵涉公司语言的使用，因此，非外派人员需要注意到东道国员工的能力水平的差异。人们容易把智力与语言熟练度等同起来，即把语言的不熟练视为一种"愚笨"。公司的简短会议与培训课程需要将背景差异考虑在内，因为人们在正式场合以及"教室"情境下的行为表现是不同的。

国际商务旅行者可能向国外代理商与经销商提供新产品信息，这些活动自然地会牵涉跨文化交流，因此使用地方语言的能力，或使用翻译人员且与翻译人员一起工作的能力也是必需的。与当地政府、潜在客户、供应商及分包商进行的商务谈判对此有同样要求。尽管在研究上不被强调，但这些培训确实具有战略意义。从可获得的有限的甚至是轶事性质的信息来看，非外派人员从工作中学习，并能够逐渐获得在不同的国家及场合都有效的知识和技能。[37]这可以从韦尔奇和沃姆的一项有关国际商务旅行者的文献中看出。[38]

6.2.5　出国前培训的效用

出国前培训的目标是帮助外派人员适应国外的生活和工作方式。对于那些接受出国前培训的外派人员而言，一个重要问题是，这种培训的效果如何以及哪些培训内容是必不可少的。

布鲁克菲尔德的调查要求公司指出跨文化培训对国际外派人员的成功的价值，如表 6-2 所示。在 2015 年的调查中[39]，83％的公司表示跨文化培训对外派人员的成功具有"良好"或"巨大"价值，没有公司表示这种培训价值很小或没有价值，17％的公司表示价值是中等的。然而，应该注意的是，这项调查并没有提到参与公司是如何对其培训价值进行评估的——这是许多培训效用调查的一个常见问题。

表 6-2　外派人员的跨文化准备的感知价值（％）

价值评估	2015 年	2011 年	2009 年
价值极大	32	25	19
价值良好/很高	51	64	60
价值中等	17	11	19
价值不高	0	0	2

资料来源：Brookfield Global Relocation Trends，2009 and 2011. LLC. Global Mobility Trends Survey Report，2015. Woodridge, IL. All rights reserved.

几个学术研究试图评估出国前培训的效用。埃施巴赫（Eschbach）、帕克（Parker）和斯托比尔（Stoeberl）[40]报告了对 79 名美国外派人员的调查结果，他们测量了由公司或被调查者自身提供的认知、情感和体验性的跨文化培训以及语言培训，基于前文提到的邓和布莱克等人提出的模型，培训的种类和数量也包括在内。与那些接受过较少培训的人相比，拥有完整的跨文化培训的外派者表现出较高的文化适应力，并表现出更高的工作满意度。归国人员认为，需要对外派人员及其配偶进行准确的、更新的文化和语言培训，很多人认为在初步访问时就应该这样做。

另一项研究是有关跨文化培训的多元分析。[41]得到的结论是跨文化培训的效用比预期的要低，可能的原因如下：

● 数据有限，这是因为很少有组织系统地评估或验证其培训项目的有效性或向公众提供这些项目。

● 由于综合使用不同的培训方法，跨国公司很难分辨出哪种方法最有效。

● 外派人员所面临的文化上的变化很大。

● 外派人员个体差异和他们所要面对的工作环境交互作用。对某个人起作用的方式也许对另一个人不太合适，跨文化培训的影响也随着被委派国家的不同而不同。

还需要指出的是，传统的培训方法也许低估了国际商务环境的复杂性，在离境工作时，外派经理也许会在同一天或者一小时内，在多文化背景下处理工作事务，因此很难开发出能够针对这一事实的培训项目，很多现存的跨文化培训项目也尚未证明其价值。[42]

█ 6.3　通过国际委派进行员工开发

　　长期以来，国际委派被视为开发国际专业知识的重要机制。通过国际委派希望获得的结果包括：

　　● 管理层的发展。当跨国公司通过国际运营者来勾勒未来蓝图时，个人将获得国际经验，这有助于个人的职业发展。

　　● 组织层的发展。国际委派也为跨国公司提供了积累知识、技能和能力的机会，这些都有助于其未来发展。一旦重要人员拥有一个更宽阔的视野，全球思维将使各方受益。进一步来说，如之前讨论的，外派人员是直接控制和社会化代理人，有助于知识和竞争力的传输。

　　我们现在先从个人视角，再从跨国公司视角分析这些结果。

6.3.1　个人开发

　　国际委派可以比作工作轮换，它是一种管理开发工具，旨在通过让特定的员工参与一系列的工作、任务和挑战，为他们提供提升自身能力的机会。因此，不难发现一个隐含的假设，即国际委派是能够开发管理能力的。除了期望的经济收益，职业晋升经常是接受国际委派的初期动机，这种情况在人口较少的发达经济体（如奥地利、荷兰、澳大利亚、芬兰、瑞典和新西兰）中体现得更为明显。在这些国家中，规模较小的当地经济不足以达到较高的增长率以及在国际活动中提供收入增长的机会。[43]在此条件下，员工（尤其是那些有志于发展自己事业的年轻员工）都明白国际经验通常是职业进一步发展的必要条件。克尔（Kerr）、麦克纳尔蒂和索恩（Thorn）[44]对澳大利亚人和新西兰人如何追求全球职业生涯进行了概述，他们的报告称，来自这些国家的外派者不仅追求公司委派的机会，而且越来越多地追求自我创业的机会。

　　总的来说，很少有研究表明国际委派和职业发展之间存在联系。将职业发展路径确定为国际委派的一个直接结果的研究仍然十分必要。[45]人们对国际委派的职业发展结果的研究缺乏兴趣有两种可能的解释：

　　● 跨国公司和学术界太过于从组织的角度关注外派过程。理解各种各样的国际人力资源活动的重要性是相当重要的，以便能够对外派人员提供适合的管理和支持，以减少绩效下降、提高成本效率。

　　● 调查一致表明，外派人员将职业晋升视为接受国际委派的初期动机。如此一致的反应说明，职业晋升作为接受海外委派的原因，已经掩盖了职业期望能否真正实现这一问题。换句话说，我们知道人们接受国际委派的原因，但是我们确实不知道这些期望是何时和怎样实现的，以及如果对于个人和跨国企业来说都未能达到期望的结果，后果将是怎样的。麦克纳尔蒂、哈金斯和德西里[46]提供了一些证据，表明来自亚洲的外派人员对于他们作为国际委派结果的职业发展有些不满意，这表明亚太地区不断变化的流动模式导致了员工忠诚度和组织承诺的下降，这对跨国公司关于外派人员留任和整个公司的投资回报率产生了影响。

6.3.2 国际团队开发

正如之前讨论的，外派人员可以从国际委派中获得个人管理能力的提升。如图 6-2 所示，国际委派经常是**国际骨干**（International Cadre）的"训练场"。对跨国公司来说，"国际骨干"这一术语通常是指为使跨国公司能够继续扩大其国际业务而被挑选出来接受专门管理培训的一批高潜力员工。国际团队来源于那些有国际经验的人，尽管国际委派本身也许就是一个国际团队的任务，或者就是为了形成一个国际团队。

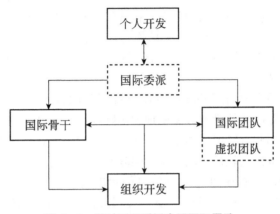

图 6-2　通过国际委派发展国际团队

通常人们认为跨国企业尤其是网络化组织中的跨国公司，将从跨国团队的以下职能中受益：

● 推动创新、组织学习和知识转移的一种机制；
● 打破职能边界和国家边界、促进横向沟通和信息流通的手段；
● 鼓励对决定、问题解决和战略评估进行各种投入的方式；
● 发展一种全球视角的机会；
● 一种开发共享价值观的技术，从而通过社会化帮助使用非正式的、规范化的控制。

研发及国际项目是常见情况，在这些情形下，可以利用团队合作形成跨国团队的文献研究的基础，人员在地理上极度分散的虚拟团队也是国际团队的一个子集（见图 6-2）。从某种程度上来说，国际委派通过将员工委派到各种各样的全球组织中来达到建立团队的目的。因此，外派人员在完成任务之后，也发展了继续存在的地方网络。这些先前形成的非正式网络可以在日后的工作中被激活，如提供项目团队成员。[47]不是每个人都希望成为国际骨干，但跨国公司希望创造有效的国际运营人才库，许多跨国公司意识到它们应为不同水平的管理者提供国际经验，而无论其国籍如何。仅仅由母国员工组成的小骨干团队也许无法形成一个经验丰富的团队，这样的团队需要在各种任务和多元环境中运作。例如，彼得森（Peterson）[48]发现，在欧洲中部和东部运营且总部位于西方国家的跨国公司增加了对其他国员工和东道国员工的使用，以扩大公司人才库。

当国际委派在管理层和组织的发展中都起到重要作用时，其效用有赖于个人、跨国公司的类型、环境等因素。例如，卡利朱里和迪·尚托（Di Santo）[49]指出，某些已被证明的能够预示外派人员成功的一些个性特征不能通过国际委派得到开发，而教条和独裁等个性通过外派工作也不太可能会有大的改变。他们也认为，通过在另一国的工作挑战，个体可以学会灵活应对各种情况，也就是说，个人的文化意识会得到加强。当在一个由来自各国的人员组成的国际化团队中工作时，这种知识和经验被证明更加有价值。

鉴于对全球领导力开发这一日益受到关注的话题的全面回顾超出了本书的范围，本书作者指出：专业化发展、骨干建设、强大的全球企业文化以及为表现出潜力的高管团队精心设计的国际委派模式结合在一起，共同培养了从业者和学术界对全球领导力子领域的兴趣。[50]全球舞台上与有效领导力相关的替代研究视角、衡量标准、定义和因果关系得到了广泛讨论[51]，但是行政发展部门在人力资源中的作用还不太清楚。

跨国公司需要向那些在研发项目等国际团队中工作的人提供资源和支持。例如，监管国际团队的管理者需要理解国际动态，尤其是国家文化将怎样影响团队工作的进程。那些有过国际委派和团队合作经验的人，会比那些没有经验的人得到更好的职位。也许这就是跨国公司对国际经验给予更大关注的原因，尽管存在与国际委派相关的成本和困难，跨国公司仍然准备使用外派人员。吉布斯（Gibbs）[52]、马兹涅夫斯基（Maznevski）等人[53]、卡利朱里和塔里克[54]的研究对发展国际团队提出了不同见解。

6.3.3　国际培训与开发的趋势

国际培训与开发表现出日益兴旺且持续的趋势。第一，尽管全球化的压力继续推动跨国公司对培训与开发采取趋同的方法，但许多国家（特别是发展中国家）仍在继续施加压力，要求将培训和发展举措本土化，跨国公司必须注意这一点。阿尔-多萨里（Al-Dosary）和拉赫曼（Rahman）[55]回顾了与培训和开发本土化相关的优势与问题。第二，人们日益认识到，尽管全球化正在对跨国公司的业务流程、相关培训与开发工作产生重大影响，但有证据表明，为了能力的学习和发展，仍然有必要考虑国家背景和机构对这些努力的影响及其重要性。[56]第三，人们越来越认识到社会组织在国际培训与开发中的重要作用。[57]第四，随着中国作为经济大国的崛起，人们对以中国为重点的培训与开发的各个方面越来越感兴趣。[58]第五，从培训与开发的文献中可以认识到，正如国际人力资源管理领域开始做的[59]，该领域必须解决全球和国家层面的培训与开发背景。

■ 6.4　归国和职业生涯问题

从本书涵盖的内容中可以明显看出，我们对外派人员在招聘和甄选、出国前培训和薪酬等方面的管理和支持相关问题的理解和认识有了长足进步。如图 6-3 所示，外派过程还应当包括**归国**（Repatriation），即外派人员返回母国的活动。虽然如今越来越多的管理人员和学术界都已经认识到认真管理归国问题的重要性，但是对归国的认识仍然有所滞后。过去，全球化的不可预测性和渐进性使得委派都是反应式的，而归国并没有受到重视，或者只是临时做出非正式的处理。然而，随着越来越多的外派人员完成任务回到母国，企业必须采取一种更有计划的模式来处理这种问题，以便能更有战略性和更全面地利用归国人员新的经验和见识，同时使得外派人员能尽快适应回到母国和公司后的生活。[60]

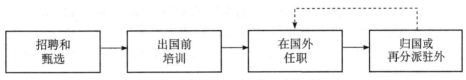

图6-3 出国工作过程包括归国过程

归国是回国者所面临的新挑战，这种挑战被称为归国冲击或反向**文化冲击**（Culture Shock）。人们往往能够预料到在一个新的国家里生活会不一样，但是很少有人会对回国后所面临的适应问题有所准备。对一些人来说，归国给他们带来的意外和痛苦的经历也许比在国外遇到的更令人难受。[61]从跨国公司的角度来看，归国经常被视为出国任职过程的最后一个环节（如图6-4所示），但值得注意的是，跨国公司处理归国环节的方式会影响公司吸引未来外派人员的能力。[62]

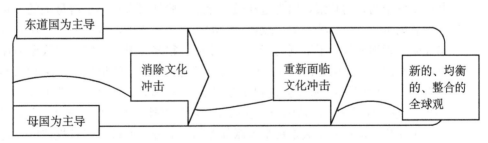

图6-4 归国活动和实践

后面将着重讨论与归国有关的内容，包括个人和接收单位如何处理归国过程和家庭适应的问题。我们也将探讨归国如何影响外派人员圆满地完成外派任务、在跨国公司内未来的职业前途以及员工的流动性。国际委派的原因以及结果被评估，即跨国公司如何补偿其在人力资本上的投资和在归国问题上知识和能力的转换。在这里有必要指出的是，关于归国过程，我们主要关注的是归国的母国员工的经验。

6.4.1　归国过程

在完成了国际委派后，跨国公司通常会将外派人员召回国，但是并不是所有的外派人员在国际委派完成后都会回国，有些外派人员愿意成为跨国公司跨国管理队伍中的一员（如图6-3的虚线箭线所示），从而获得连续的海外委派。当这些连续委派涉及外派人员返回参与母国业务时，可以将之视为"只是另一次外派"而非归国。例如，威廉姆·琼斯（William Jones）从位于美国的母公司被派往日本工作两年，然后他在中国待了四年，之后在被派往英国之前又在美国总部工作了一年，那么他在美国总部工作的那一年就不能称为重返本国业务。相反，玛丽·史密斯（Mary Smith）在中国工作了三年后回到美国总部担任一个确定的职务则被称为归国。

如图6-4所示，我们可以将归国过程划分为三个阶段。首先，在国际委派之前，跨国公司有可能会委派本国的指导者或**导师**（Mentors）来负责使外派人员能适时了解国内不断变化的环境。理想情况下，这些指导者的工作经历中有过相关的外派经验。指导者要提供给归国人员一些相关的国内、地区、产业或者公司网站上的一些指导。这些持续的沟通可以是正式的，也可以是非正式的。[63] 美世[64] 报告称，22％的公司制订了导师计划，以帮助外派人员完成外派和归国过程。对于其中一半以上的企业来说，导师计划仅适用于特定的情况，而不适用于整个被委派群体。通过在最初建立这样一个人际和信息网络，外派人员可以了解到母国、工作单位和公司的变化，以及委派期间当地或社区的变化。这种更系统的信息更新可以帮助外派人员对于归国有一个更切实际的预期，减少归国后经历的文化冲击。

其次，在归国过程中，探亲、工作相关信息的交流、与指导者的持续沟通以及系统的归国前指导都可以促进预期目标的实现并使得归国变得更容易。允许外派人员定期回国可以帮助他及其家人更好地与同事、家人以及朋友进行沟通，同时掌握商业、经济和政治环境不断变化的信息。一些跨国公司允许外派人员利用假期去邻国享受更具异国情调的、一生值得一次的旅游。[65] 在某些情况下，这对于雇主来说并不是一个明智的政策，因为这样做会导致一些外派人员不了解母国的变化，并对回国后的生活产生一种类似"玫瑰色"的看法。多年来，本书的第一作者从具有跨国经验的管理人员处了解到的诸多实例说明：很多外派人员家庭在假期前往其他地方而不是回到自己的祖国度假，随后对自己的祖国的生活形成了一种相当不切实际的看法，而后归国的现实会使得他们感到适应困难，从而导致归国困难。为此，ORC[66] 报告称，58％的跨国公司执行了一项要求外派人员回本国休假的政策。

工作相关信息的交流是每个外派任务的一部分。通过这些有规律的、持续的任务相关信息的沟通，外派人员可以了解到大量关于国内人事、当局政策、战略发展和其他与工作相关的信息。这些活动在返回前的几个月或几周内可能会变得更加频繁。归国后，在一个非常受限制的时间架构内，一系列需要即时进行的非常现实的活动以及一些相对较长期的活动交织在一起。跨国公司可能不能有效地利用外派人员，会表现出对归国人员不是很重视，或者会很激进地期望外派人员在解决与归国相关的问题之前——也就是在他们的"包裹收拾完毕"之前，就马上回国工作。[67]

回国后的即时的、非常现实的问题包括住房和孩子学校问题。公司要给回国的外派人员安排办公场所，指导他们适应新的工作安排和本地的工作小组。从一个更广的范围来说，归国人员必须重新融入跨国公司的当地社交网络，其人际和职业发展可能要以一种新的、不可预期的方式发展。[68]在个人、家庭、工作、组织和职业层面上的社会、公司和工作上的适应都包含在最后这个阶段中。

接下来我们探讨图 6-4 底部两个阶段的文化冲击。过度强调以母国为主导、轻视东道国会导致委派的工作绩效问题以及未充分准备好就归国。同样，过度强调东道国行为而不注意母国的变化，会导致在归国后遭受到第二次文化冲击。任何一套外派/归国措施的目标都应该使得母国和东道国经验能够很好地整合在一起，但是要做到如此均衡并不容易。例如，哈尔茨[69]对将近 100 个跨国企业的 287 个子公司做了一个综合调查，他的调查报告指出，52% 的样本企业遇到过外派人员的归国问题，案例 6-1 提供了其中一些问题的例子。

案例 6-1　ISCAM 公司的归国和损失防范

这是在 ISCAM 公司工作的最后一天了，韦恩·宝路华（Wayne Bullova）写下了自己的辞职信，他要去享受既定的五周假期了。2 月的丹佛下起了雪，他穿过满是积雪的街道。韦恩正准备自己开一家安全保障咨询公司。三年前，韦恩被派往 ISCAM 在秘鲁的一个新的区域中心担任安全和损失防范总监。作为一家拥有数十年国际商务经验的全球采矿工程公司，ISCAM 为韦恩和其家人适应利马和丹佛的差异做了充足准备。孩子们很快就适应了学校生活，让人惊奇的是他出生于墨西哥的妻子很快就融入外派团体以及当地秘鲁教会。韦恩本人也很享受新角色给他带来的更大的责任和权力。作为外派的前美国陆军突击队队长，韦恩对华尼亚约（Huaneayo）附近煤矿的光辉道路（Sendero Luminoso）活动做出反应时，他的安全角色会使他不时地感到兴奋，他在反恐以及建立安全协议方面做出的显著成果更让他感到欣慰。

但是在大概 6 个月前他回到丹佛之后，情况就变了。他明白，他在海外任职的一年内，公司已重组，国内已是物是人非。他长期的导师和朋友赫尔曼·巴尔金（Herman Balkin）在激烈的权力斗争中选择了退休。几个重组的"余波"波及了他在科罗拉多州的几个同事。在秘鲁任职期间，韦恩越来越感到灰心，因为他的非正式的公司智力网络解散了，他的联络角色被淹没在一群数目逐渐增加的下级员工当中，当信息传递到他这时已经被扭曲了。

公司董事长曾承诺在他回国后给他安排一个工作岗位，现在却变卦了。6 个月前他回国后，花了大半个月试图获得一间办公室，了解自己的新工作。与他交谈过的每个人对他现在被要求去做的事情都有不同的看法。他快崩溃了，更糟糕的是，他在秘鲁成功创设和使用的新的反恐和安全协议要么是整个被忽视，要么就是不被认可而被上级修改了。

在一场足球赛上，他向巴尔金诉说了他的失望。住房方面，他在接受国际委派时采纳了人事主管的建议，将房子卖掉了，而他现在所买到的房子价格非常高，供暖设施很差，位于公立学校学区，而孩子们不喜欢上公立学校。他已经在找私立学校了，但是私立学校学费很高，而他现在的工资却比三年前低。他的妻子又开始抱怨丹佛的冬天了。工作方面，韦恩觉得自己好像回到了一个完全不同的世界。巴尔金问韦恩 ISCAM 是否要求他重新签订高管非竞争协议，得到的答案是否定的。"那就好，"金说道，"那我们就做我们几年前所讨论过的事情吧。有你的技术实力和我的劳动关系，我们可以自己做——至少我们知道我们的老板是谁，工作内容是什么。"

　　资料来源：Fictionalized synthesis from several interviews.

6.4.2　归国问题

　　上述问题和案例 6-1 中的问题可能会导致员工离职，即归国人员选择离开组织。正如我们在第 4 章中所说的，根据《2015 年布鲁克菲尔德全球流动趋势调查报告》[70]，委派后外派人员的离职率增加了。20％的人在委派期间离职，但是在归国后的第一年这一比例增加到 25％，在归国后的第一年至第二年离职的比例增加到 26％，两年后增加至 29％。将这些数字与 12％的平均年离职率相比，是相对较高的，特别是当委派公司的重要投资岌岌可危时。正如之前所报道的，员工离职主要是因为有其他公司的工作机会、工作表现不佳或各种家庭问题。

　　当被问及如何尽量减少国际委派人员的流失问题时，《2015 年布鲁克菲尔德全球流动趋势调查报告》[71]的受访者列出了如下内容：

- 委派后的职位保障（14％）；
- 对外派人员家庭的归国支持（11％）；
- 提供利用国际经验的机会（11％）；
- 归国职业生涯支持（10％）；
- 给予认可（8％）。

　　鉴于国际委派涉及的直接和间接成本以及外派人员所承担的多种角色等，有必要理解为什么与国际委派的其他阶段相比，重新回到母国对研究人员和管理人员来说会产生困难，但这个问题似乎不那么受重视。为此，我们将从个人角度和跨国公司角度考察可能导致归国困难的因素。

6.4.3　归国的个人反应

　　与跨文化适应一样，归国过程也是一些复杂因素相互作用的过程。为了便于后面的讨论，我们将主要因素归纳为两大类：工作相关因素和社会因素，如图 6-5 所示。

工作相关因素

　　这类因素主要围绕着国际委派所带来的职业发展前景、个人国际经验所带来的价值观、应付新角色的要求以及归国后地位和经济利益受损。下面我们将对这些因素一一进行阐述。

　　对职业生涯的担忧　对外派人员所做的调查显示，绝大多数外派人员接受国际委派的两个主要原因是考虑到它对职业发展的价值和经济上的收益。[72]《2015 年布

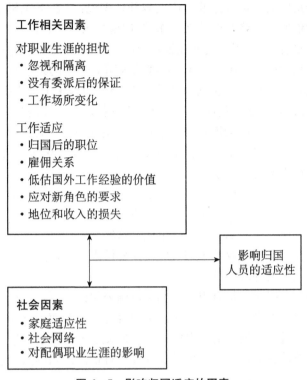

图6-5　影响归国适应的因素

鲁克菲尔德全球流动趋势调查报告》询问了国际经验对员工职业生涯的价值，受访者给出了以下回答，这些回答和之前的调查相比似乎更乐观。[73]

- 43%的受访者表示外派人员晋升更快。
- 29%的受访者认为外派人员更容易在公司获得相关职位。
- 19%的受访者指出外派人员更换雇主的频率更高。

因此，对职业生涯的担忧成为导致归国问题的一个主要因素就毫不奇怪了。这种担忧可能在归国前很久就发生了，甚至在图6-4的第一阶段之前就出现了，并且这会影响外派人员在国际委派的最后几个月的工作效率，因为他们要做回国后的打算。那么，是什么引发了人们对职业生涯的担忧呢？原因如下，这些原因大多是交互发生作用的。

- 没有委派后的保证。绝大多数跨国公司现在对外派人员并不提供归国后的工作保证。《2015年布鲁克菲尔德全球流动趋势调查报告》[74]询问受访者，如果他们的公司被要求明确外派人员归国后将做哪些工作，公司通常如何帮助他们在国际委派后于公司内找到新的工作。对此的回答包括：通过非正式网络关系（33%）、授权委派的部门强制确定一个职位（27%）和正式职位公告（18%）。

- 担心在国外期间遭到忽视和隔离。就像成语所说的，"人走茶凉"。[75]这种担忧可以产生于委派的任何阶段，而不仅仅是在委外任务即将结束时。一系列因素可能会影响这一过程：（1）外派人员与母国公司的联系次数；（2）外派人员的职位资历；（3）外派人员是否事先知道其回国后将担任什么职位。以下外派人员的例子很好地解释了这一挑战。

一个地区的一位资深的合伙人曾开玩笑说："在下飞机的那一刻，每个人就开始思考他们回去后将要做什么工作。"记得我当时笑着说："我刚到这儿，这对我一点意义都没有。"过了一会儿我说："哦，我明白了。"你确实会不断思考如何将这一切融入更大的背景中，（所以）我认为明显缺少的是，在你被委派之前并没有一个职业规划会包括归国部分，没有中期当然也没有长期的想法。需要在出发之前（……）开始思考如何利用个人能够带回的技能和人际网络。[76]

● 缺乏信息可能会增加担忧的程度，给人留下一种公司没有充分规划，或者只有一份平庸或临时的工作在等着他的印象。[77]如果没有为归国人员提供工作保证，人们的担忧程度可能会很高。

● 归国后工作场所变化。与母国同事关于公司变化的非正式沟通会加剧担忧的程度。也许，公司正处于一个重大的重组过程中，或者处于合并或收购后的余波之中，或者卖掉了一些部门或业务单位，这些变化通常伴随着工作的削减。对这种变化以及潜在或实际失业的了解可能会使外派人员更加焦虑，尤其是那些回国后缺少有保障的工作的外派人员。

另外一个问题则是重组会影响到母国公司的运营，例如关闭某个工厂，解除某个投资项目或者在收购之后将一些部门合并。这会使得外派人员非常焦虑，或者迫使他们提前进行计划外的归国安排。[78]如果这些变化也发生在公司本部，那么合适岗位的可能性就会降低。一位处于这样一种情况的归国人员说道：

> 我所在的部门被重组了，我所在的分公司被置于严格的成本削减指导方针之下，这迫使我提前回国。我的重新入职比较凄凉，我很难找到一个合适的岗位，因为以前的管理人员都被辞退了。[79]

所有这些因素共同表明，外派人员会受到对职业生涯的担忧的深刻影响。麦克纳尔蒂等人最近的一项研究调查了外派人员对从国际委派中获得的个人利益的看法，发现在亚太地区的一项研究中，87%的外派人员认为职业提升会增加他们对其他雇主而不仅仅是他们自己雇主的市场竞争力。这些观点主要是基于跨国公司提供的职业规划不足。国际委派的具体好处包括："更加引人注目；它应该能够打开通向未来的大门""展示一种更广阔的心态，使我更适合晋升"，并且"给我大量可以带回母国的经验"。[80]

工作适应　布莱克、格雷格森和门登霍尔[81]认为工作适应对于个人决定是否继续留在公司具有重要影响。对于职业发展的担忧是一个调节因素，其他因素同样会导致再适应问题。

● 雇佣关系。一个人对于职业的期望可能是基于这样一个原因：高层管理者表示国际委派是职业发展的一个条件。他们在口头或书面上常有这样的表示："我们是一家跨国公司，因此，我们需要那些在我们国外子公司或分公司工作过的有国际经验的人才。"这些宣传让人觉得国际经验和全球管理者之间是存在确切联系的。

对于期望的职业结果的感觉同样会在招聘和甄选时受到人力资源部门或其他直线经理的建议的影响。例如，直线经理也许会建议年轻的员工："你应当自愿接受国际委派，这将对你的职业生涯大有益处。"如果其他外派人员由于接受国际委派而获得了晋升，那么这会被视为一个规则，从而增强人们这样一种感觉：国际委派者归来后会得到晋升。

由于以上原因，人们会认为如果在国际委派期间表现很好，回国之后就会得到晋升，但是如果这项预言迟迟没有兑现，就会产生焦虑的情绪。拉扎罗瓦和卡利朱里[82]对北美四个跨国公司的 58 名外派人员所做的调查显示：归国支持实践与对于组织支持的感觉是正相关的，这些会影响归国人员在公司的去留。心理契约（Psychological Contract）是归国适应的一个调节变量，同时也是委派适应和绩效的调节变量。外派人员可能会认为在国际委派期间的良好表现会带来晋升，这个信号来自组织，组织宣称外派人员在国际委派期间表现好的话会得到更好的职业发展，当这种预期的晋升没有实现时，归国人员会认为除了离开公司外别无选择。这里需要指出的是，心理契约关系到认知和期望，而它又被复杂化了，因为在进行国际委派之前对工作结果做出承诺的跨国公司的代表并不一定是做出关于归国人员工作安排和晋升决策的人。

● 归国后的职位。可能对于某些人来说晋升是一个主要的目的，就像一个归国人员讲述的那样[83]："在你回来之前获得晋升！当你在国外时你被遗忘了，在你回来后你要重新开始一切。晋升属于那些在某个职位上待了很长时间的人，在海外做的事在这家公司不算什么。"

围绕着未来工作和职业发展的担忧很有可能变成现实。从前的同事已经晋升为归国人员的上司，实际上归国人员有时却被降级了。如果归国人员在国外时职位很高，归国后发现自己的位置低了很多，情况就会恶化。因此，经常需要根据是否符合归国人员的职业期望来判断重返的工作岗位，尤其是当国际委派已经造成相当大的家庭干扰时，例如随行家人的职业被迫中断，或者子女在教育方面遇到困难。简而言之，归国人员希望通过结束来证明选择的正确性，希望家庭的牺牲可以从职业生涯发展中得到补偿。

苏塔里和布鲁斯特对芬兰外派人员的研究发现：大多数归国人员仅仅当感觉到他们已经给了公司足够的时间去为其安排合适的岗位而愿望却没有达成时才会选择离开。苏塔里和布鲁斯特定义了一个"外部推动因素"：外部的招募人员一直在主动地"猎寻"处于委派期间或已回国的外派人员。[84]在布鲁克菲尔德的调查中，有一个问题是关于国际委派经验对职业生涯的影响。公司被要求比较拥有国际委派经验的人员和没有国际委派经验的人员的职业生涯。从上面关于对职业生涯的担忧的讨论中似乎可以清楚地看出，在国际委派后继续留在原公司的员工的价值可能并不特别令人信服，但是很可能员工认为他们的国际经验会增加他们在其他雇主那里的市场竞争力。斯特罗[85]发现，归国人员跳槽的最佳预测因素是该公司是否有一个职业发展计划以及公司是否处于裁员等动荡之中。她认为在那些愿意为归国人员做好计划和提供职业生涯发展规划的公司，归国人员跳槽的比率要低得多。

● 低估国外工作经验的价值。职业发展很重要，通过国际委派而得到晋升意味着国际经验很重要，也很受公司重视。然而，对于在国际委派期间或委派之前担任诸如工作团队或项目小组负责人等的外派人员归国后从事似乎并未利用其新获得的国际专业知识的临时工作时，他会感觉到这些工作挑战较小且责任和地位较低。[86]

对于某些人来说，回国后的职位只是调动而不是升职。[87] 这些职位似乎与该归国人员在国际委派期间获得的经验和技能无关，也没有借鉴这些经验和技能，这使得归国人员产生国外工作经验的价值被低估的感觉。

应对新角色的要求 除了对职业生涯的担忧外，期望的不一致同样会影响归国人员对于新岗位的角色理解。角色是分配给一个确定岗位的一套有组织的行为。尽管个体可以影响到一个角色的解释和实施方式，但角色本身是事先确定的，通常在工作描述中会得到体现。[88] 有效的角色行为与角色概念、对期望的理解、个人的雄心和角色的内在准则紧密相关。可能出现适应问题的原因是，尽管归国人员试图在母国工作，但他的角色概念仍然受到委派经验的影响。托比隆[89] 认为，只要归国人员的"身份与基本价值观仍然与母国文化紧密相连，适应国内的环境就应当比较容易"。然而，尽管归国人员可能仍然保持着角色概念和与角色相对应的行为文化准则，但国外子公司的影响可能会持续存在，以角色行为的形式传达给本土公司的信息可能不会完全符合本土公司的期望。

社会因素

熟悉的家庭环境可能会帮助外派人员回国后缓解这种转变，或者至少文化适应问题不像在国外面临的那样严峻。然而，在国外工作的经历会使外派人员及其家庭在社交和心理上产生距离感。如果外派人员在国外的职位很高，并且经常与当地、国家、社会和经济界的精英接触，那么他们在回国后也许会产生某种失落感。经济上如薪金的减少、住房津贴和其他相关利益的损失会加剧这种感觉。

家庭适应性 需要强调的是，当涉及配偶和子女时，每一位家庭成员都会面临重新适应的问题。[90] 对有些人来说，归国犹如一次大的震动，就像在出国时按了"暂停"键，希望国内的生活保持不变，但归国后发现生活并不是静止不变的。正如在国外碰到的问题那样，也许有人过于美化了回国后的生活，而回国后不得不面对现实——接受正反两个方面的影响。例如，在国外时，也许有些东西看上去很贵，但是回国以后，需要面对国内比以前更高的通货膨胀。国内的生活也许看起来既沉闷又乏味，也许会让人开始怀念国外的生活。如果回国后，家庭收入减少了，这种反应会加剧。当然，收入水平取决于配偶在国外时是否工作，以及他们回国后又能否迅速找到合适的工作。

社会网络 在过去，对国内变化的感觉一般取决于一个家庭对国内发生的事件是否一直保持了解。在 21 世纪，这不是什么大问题，因为美国有线电视新闻网（CNN）和英国广播公司（BBC）等卫星电视新闻频道的报道，互联网、电子邮件、社交媒体、移动电话技术的广泛使用，通过 Skype 和《国际先驱论坛报》（*International Herald Tribune*）等面向全球的报纸进行通信的成本很低，外派人员更容易了解母国的情况并与家人保持联系。这反过来有助于重建社会网络，但这也可能很困难，尤其是如果家庭回到母国的另一个州或城镇。

孩子们也会遇到归国困难。回到国内的学校后，他们要重新被同学们接纳，但他们已经不了解时下流行的运动和时尚，这些都会产生问题。可以推测，孩子归国面对的困难越多，对归国人员的溢出效应就越大。

对配偶职业生涯的影响 配偶在重新寻找工作时会碰到困难，特别是配偶从前在国内或国外没有工作，但是由于归国后适应的问题或家庭环境的改变而希望找到一份工作。在寻找工作的过程中，一些消极的经历会伤害配偶自尊，再加上重新适应的过程，甚至会把两个人的关系弄得很紧张。对于那些出国前有工作的配偶来说，重新进入劳动力市场的困难可能取决于职业[91]、在国外的时间、本国的失业率以及年龄、性别等个人特征。[92]

委派工作和归国对配偶职业生涯的影响的研究还很有限，与之相关的许多问题还待探索：

● 新的雇主是否会认为在国外的时间的价值是对被迫中断的职业生涯的补偿？

● 那些在国外能找到工作的配偶回国后还能否找到相关职业的工作并且能否取得职业进展？

● 委派期间没有工作对配偶的自尊及其回国后重新进入劳动力市场的信心有什么影响？麦克纳尔蒂[93]发现，配偶在委派期间无法工作会非常苦恼，这通常会导致严重的后果，如下面这个例子所示：

> 我知道的一个实际情况是，我丈夫男同事的配偶搬到这里后，由于不能在这里工作、交朋友，他们在适应方面有很多严重问题。很多人希望回家，而其他人都很紧张，并且有两个潜在的自杀案例……如果我在一段合理的时间后无法找到工作，我会认真考虑解除合同，因为我了解到六个外派人员的妻子因此正在服用抗抑郁药，而我不想成为她们。

● 陪伴自己的配偶出国的男性在归国后所面临的挑战与女性会存在不同吗？在为数不多的关于双职工夫妻外派的研究报告中，哈维[94]发现女性外派经理人的期望在出国前和出国后并不一样，出国后多表现出需要男性配偶的帮助与陪伴。虽然哈维的研究重点是海外委派，但是我们可以推测回国后，同样的情况依旧存在。最近，林内翰（Linehan）和斯卡利恩[95]研究了在不同欧洲国家工作的女性外派人员的回国过程，但是没有考虑随行配偶的职业方面。

无论是男性还是女性外派人员，在需要重新适应时都会担心国际委派可能会影响配偶的职业生涯。考虑到双职工夫妻在增加，并且越来越多的女性希望接受海外委派，配偶的职业生涯问题很可能成为将来影响员工海外委派稳定性的一个主要因素。ORC [96]报告称，虽然对配偶的委派前和委派时的援助相对较好，但配偶在归国后获得多种类型支持的可能性较小。我们的分析揭示了各种因素如何影响归国和个人层面的再适应问题。这些调节因素可能以难以预测的方式结合在一起，造成一种不稳定的局面，可能导致归国人员无法预见未来，因此无力地退出跨国公司。

6.4.4 跨国公司的反应

在以上部分，我们从外派人员的角度考虑了归国和职业问题，下面我们将从跨国公司的角度来思考这个问题。早期关于归国问题的研究指出，跨国公司在某种程度上不太重视归国问题。例如，门登霍尔、邓巴和奥都[97]总结道，美国的人力资源经理也许没有意识到归国的管理者所面临的挑战。对于1989年的调查结果，哈维[98]做了如下评述："虽然许多管理者在归国后碰到过困难，但是美国跨国公司看上去并不像关注管理者出国任职时那样关注他们回国后碰到的问题。"

最近在这个问题上似乎略有进展。例如，布鲁克菲尔德的数据显示，2015年，93%的受访公司举行了外派人员的归国问题讨论，而历史平均水平为92%。有关外派人员归国问题的讨论的时间和形式各不相同。例如，7%的受访者在完成委派回国前讨论了归国问题，34%的受访者在返回前的至少6个月讨论了归国问题，52%的受访者在委派完成前不到6个月内讨论了这一问题。布鲁克菲尔德调查没有报告有关配偶或家人的归国问题，但这些方面在ORC全球2015年关于双职工的报告中得到了很好的体现，报告称求职援助、简历准备和职业咨询是最常见的援助形式，但是报告没有指出这是在国际委派之前、国际委派过程中还是归国时对该问题进行的谈判，也没有说明这是不是归国讨论的一部分。

跨国公司希望最大限度地利用国际委派的好处，并创造一个巨大的国内劳动力市场[99]，一个设计良好的归国过程对于实现这些目标非常重要。这主要有三个原因：员工的留任、投资回报和知识转移。下面我们将对这三方面展开详细论述。

员工的留任和职业期望

如图6-6所示，跨国公司如何对待归国人员会对留任员工当前和将来的需求产生很大的影响。归国人员回国的岗位显示跨国公司对国际经验的重视程度。如果归国人员得到了提拔或者担任的岗位与其国际经验紧密相关，那么公司中的其他管理者会将此解释为国际委派是一个积极的职业发展的证据。如果跨国公司并不奖励外派人员在国外的业绩，容忍归国员工的高离职率，或者被认为会在外派人员归国时终止其雇佣关系，那么年轻的管理者们将会得出这样的认知，即接受国际委派对于其在该组织内未来的职业发展是一个相对高风险的决定。跨国公司吸引高素质员工参与国际委派的能力会因此降低，从长远来看，这可能对公司的国际活动产生负面影响。

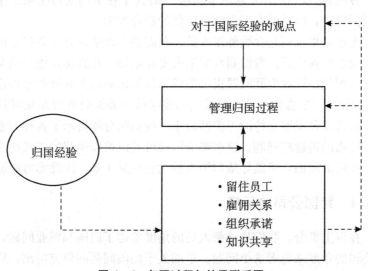

图6-6 归国过程与结果联系图

近来，在管理文献中有一些关于国际委派和无边界职业的讨论。所谓无边界职业（Boundaryless Careers），似乎是为了承认雇佣关系中发生的变化而创造的，尤其是在西方国家。传统垂直的职业发展路径有可定义的阶段（例如基层管理者、中层管理者和高层管理者），它设定了在一个组织中的长期工作，也就是所谓的终身工作，在这种体制下，人们就像爬梯子一样在企业内按照线性的职业发展路径不断向上发展。由于经济变化或组织结构调整，员工现在更倾向于自愿或非自愿地更换工作。**"无边界职业者**（Boundaryless Careerist）……是高质量的流动专家，他们通过跨界调动来提高自己的职业能力和劳动力市场价值"。[100]

职业生涯正在变得不连续，因为人们在不同的组织之间流动，并且可能在合同工、自营或失业间穿插着更传统的就业安排。国际委派，尤其是对于职业外派人员或全球经理人来说，有时被认为是无边界的，因为它会将外派人员置于另外一个组织，通常是分公司或者一个国际合资企业当中。伴随这种观点而生的是个人而不是组织更应该为职业发展负责的观念：术语"变化多端"（Protean）（源自希腊海神普罗透斯（Proteus）之名，因为他能变成任何一种样子）[101]很多时候用来反映人们对于自我引导、持续学习的职业的看法。

跨国公司在不对归国人员回国后的岗位提供保证时，就会强调变化多端和无边界职业的观点。斯塔尔等人[102]对被派往 59 个国家的 494 名德国经理人进行了研究，研究发现："尽管外派人员所在的公司推崇无边界职业的观点，他们中的绝大多数还是将国际委派视为有利于技能发展和未来职业发展的一个机会。"麦克纳尔蒂等人在他们对 31 名亚洲外派人员的研究中发现了与他们早先的引用类似的结论，其中 87％的人认为接受国际委派有利于他们的长期职业前景，但对于他们继续在公司工作并不是必要的。在这种情形下，对组织的承诺和忠诚被对个人事业的承诺和忠诚即"自由代理"心态取代。这种变化可能限制了组织留住高素质人才以成功完成国际委派的能力，从而影响合适候选人的质量和数量以及全球运营商骨干的发展。

对德国和新加坡的归国人员所做的调查也显示了同样的结果。这两组归国人员都比较关注公司以下几个方面的能力：在员工完成国际委派回来后职位上的升迁，提供可以利用归国人员在国际委派期间所获得的新的知识和技能的机会，提供给归国人员与他们期望的责任、自主性和薪酬相符的职位。如果国际委派增强了他们与其他职员的竞争能力，促进了他们自身的知识和职业或管理技能的发展，那么他们会感到很满意。[103]

在某些情况下，跨国公司可能会选择"国际流动人员"（International Itinerants）——"至少在两个不同的国家，至少从两个互不相干的商业组织中，根据他们的能力雇用的国际委派的职业经理人"[104]，而不是从公司内部选拔。通过选择这些人员来代替内部候选人，可以降低总体成本，管理持续的支持成本，并消除与我们的讨论密切相关的归国活动。采用这种方法有两个主要的缺点：被委派人员对公司了解不深；跨国公司在选择和控制所委派的职业经理人方面存在困难。[105]

许多关于无边界职业的文献都聚焦于国内商业，尤其是在美国。一些研究者认为归国人员的职业生涯仍然与组织职业生涯的传统模型相符，尤其是在全球企业哲学的情况下，这种哲学强调全球领导者的发展。[106] 费斯廷（Festing）和穆勒（Müller）[107]在对欧洲某商学院的 168 名校友所做的研究中发现，当国际委派对跨国公司来说具有重要的战略价值，而且伴随着高水平的国际人力资源管理行为时，外派人员在考虑与雇主的长期雇佣关系时更倾向于传统的职业期望。在这种情况下，归国经理人的离职率很低。这意味着组织环境会至少部分地影响外派人员的职业模式，同时验证了图 6-5 中的关系，即国际人力资源管理的措施，如归国计划通常会影响到雇佣关系，尤其是员工的离职率和忠诚度。

　　跨国公司主动管理国际委派人员的职业生涯的方式可能差异很大，是基于战略的或仅仅是对环境的反应。巴鲁克（Baruch）和派普（Peiper）分析了 194 家英国公司之后认为，对员工的职业管理比较复杂，公司或多或少都会参与其中。由复杂程度较低的职业实践和低水平的参与度构成的"基本的"和"正式的"实践，以普通职业发展路径、个人职业发展规划、工作任命和平行调动为特征。那些在员工职业发展中具有较高水平的公司参与度的复杂实践被称为"多导向"和"主动规划"的职业管理形式。这些模式是以如深度职业咨询、继任规划、绩效管理系统和职业发展计划之间的紧密联系、同级评估、上级评估等实践为特点的。[108] 令人吃惊的是，很少有人知道决定回国的外派人员和跨国公司高管将投入多少时间、精力和努力来从事旨在维持现有工作关系的职业实践，而不是简单地把归国人员的离职作为全球业务不可避免的成本。

投资回报

　　外派人员的成本很高，尤其是来自发达经济体的外派人员。跨国公司会雇用东道国的人员来实现本土化，但不是所有的岗位都适合本土化。跨国公司越来越多地对母国员工和其他国员工使用额外补偿作为降低成本的一种方式。[109] 更多跨国公司正在使用或试验的一种方案是实行短期或非标准委派来代替传统的委派。除了人员固定之外，成本控制也是一个驱动因素。

　　获得与国际委派相关的投资回报似乎是一个重要但不容易实现的目标。首先是定义问题。在为数不多的几篇关于国际委派的投资回报的文章中，其中一篇文章的作者麦克纳尔蒂和达伦诺（Tharenou）[110]认为，一个有意义的定义应该包括对于财务和非财务数据的成本-收益分析，这些数据是依据委派的目的而测量的。确定直接成本相对来说比较容易，这是因为重置成本、一个详细制定的薪酬体系和其他国际委派人员的权利是可以计算的，而间接的、无形的和非财务的成本则很难计算，这包括外派人员未完成任务或绩效低下的非直接成本以及未使用一个东道国员工的机会成本。

　　计算国际委派利益的货币价值同样是一个挑战，因为一些无形资产（如知识和技能转移、管理能力的发展和人际关系/社会网络的建立）在某种程度上是无形的，而且往往是隐性的并受人约束的。很难测量智力、社会和人力资本的收益[111]——从一个成功的委派过程中所获得的知识和能力的增长。投资回报分析主要关注国际委派时期，它可以作为一个验证成本降低的措施（例如用东道国员工替代外派人员），而不是考虑组织通过外派人员而获得收益的一个方式。

尽管参与布鲁克菲尔德调查的跨国公司追踪了其委派成本，但在 2015 年的调查[112]中，仅 5％的受访者表示他们正式衡量了委派的投资回报率，这是 20 年来历史报告最低值（之前为 9％）。在尝试测量投资回报时遇到的困难包括：

- 不确定如何衡量投资回报（53％）；
- 投资回报对组织目标不重要（不要求）（11％）；
- 没有时间去衡量（8％）。

更为重要的是，当被要求根据投资回报对公司的国际委派进行评分时，14％的公司认为投资回报是极好的，43％认为非常好，43％认为是好的。极好/非常好（总和）的历史平均值是 23％，好的为 44％，一般/差（总和）为 33％。因此，我们在这里看到了一些当前的变化。[113]投资回报中包括的衡量标准有：外派人员薪酬（71％）、搬迁支持成本（71％）、外派目标的完成（43％）、产生的业务收入（43％）、管理成本（29％）、可能的自然减员成本（29％）、员工发展（29％）和其他。

另外，员工会根据感觉到的以及实际的成本和收益来计算他们自己的投资回报（麦克纳尔蒂等人称之为个人投资回报），这些计算结果会影响到他们是否愿意接受或再一次接受国际委派 。[114]将公司的目标和个人的期望整合起来不是一件容易的事情，该整合策略试图在双方的成本和收益之间建立平衡。[115]

知识转移

在当前的国际商业活动中，公司的经理人所强调的一个普遍观念是整合不同背景的观点和实践以发展和维持竞争优势。国际委派是达到这个目标的重要方法。正如经济学人智库 2010[116]报告得出的结论：

> 如果全球化被视为不可阻挡，那么企业或多或少都需要一支全球流动的劳动力队伍，负责管理其分布广泛但快速增长的业务……但是，让合适的人在合适的地点、合适的时间长期执行这一国际战略绝非易事。外派人员的委派经历为人们提供了对全球化大趋势的宝贵见解，同时也触及了企业在海外投资时遇到的许多商业运营难题。

考虑到外派人员所扮演的角色以及所付出的成本，人们认为跨国公司会努力留住重要员工，充分利用他们的国际经验，然而，我们在对归国和职业发展问题进行研究时却发现跨国公司似乎可以接受一个相对较高的归国人员离职率。更能说明问题的是，持续的趋势是不保证委派归来的职位以便组织在雇用水平上有更大的灵活性。关于归国损耗率，我们可以得出几个结论。首先，尽管有知识转移这种说法，但它被认为是一种单方面的行为。外派人员被派往国外担任职务，他们在委派岗位上的绩效决定了效果。对于知识和能力的转移是在当地的岗位上发生的，也是不可移植的。外派人员归国后会被安排到不同的职务或辞职。

虽然一些跨国公司试图获取外派人员在国际委派中获得的知识，但这一领域的研究受到建模问题和缺乏强有力的动态调查的限制。[117]这里的要点是，当外派人员在东道国开展工作时，他们会发展技能并获得经验、知识和建立人际关系网络，这些在他们回国后可以在其他方面得以应用。例如，在俄罗斯工作的一个项目经理在回到英国后，可以向总部汇报在国外开展工作时所遇到的技术问题以及所采取的解决方法，对这些经验进行分享，然而，不是所有关于这个项目的知识都是可以言传的，很多只有当事人才能够理解和运用。即使一些信息和知识可能适用于与俄罗斯有关的其他项目或业务类型，如重要的联系人、管理风格和一些技术解决方案，但已编码和明确的内容通常会被项目团队保留在团队内部。另外，根据目的、任期、地点和自然环境的不同，国际委派也会不同，这些差异会影响知识和技能的吸收和转移。

例如，出于发展原因被调到总部的东道国员工可能会从这种交流中受益，但如果母国不允许归国的东道国员工分享知识和信息，这种能从中受益的交流将受到约束。总部的人脉可以用来谋取个人利益。将其他国员工从一个子公司调往另一个子公司也是出于同样的目的。要使得跨国界人员的调动有利于各种观点和最佳实践的融合，需要公司有一个有利于促进信息和知识分享的环境。"你不适合这里"的思维模式（或排外观念）会低估归国人员的贡献。

通过一个典型的国际委派可以获得哪些知识和技能？对 19 名奥地利的归国人员所做的一项调查提供了一些答案。芬克（Fink）等人[118]在深度访谈的基础上，将归国知识归纳为以下五类：

- 关于特定市场、当地的系统（政治、社会和经济系统）、当地的语言和习俗的知识。
- 个人技能。跨文化的知识、自信（即快速决策的能力）、适应性、忍耐性。
- 与工作相关的管理技能。沟通、项目管理、解决问题。
- 知识网络。与各类人员沟通，包括客户、供应商、下属及其他外派人员。
- 总体的管理能力。工作描述丰富化，更广的工作职责，了解组织的其他职能。

以上所列出的知识和技能包含了隐性和显性知识。作者认为前四项对派遣员工的组织来说是有用的，而最后一项（总体的管理能力）则让个人受益最多。芬克等人认为归国人员的知识有助于增强公司的竞争力，但是也必须承认将这些知识资本化时会遇到困难，尤其是在知识得到转移前归国人员离开公司的情况。他们还指出公司的规模和所处的国际化进程的阶段是一个关键的因素。他们样本中的奥地利公司都是中小企业，它们不需要大量的"总经理"，因此当归国人员获得新的技能和知识后，这些公司就无法满足他们的期望了。

目前对归国人员不提供归国工作保证的趋势意味着跨国公司接受在经验、知识和能力方面的损失，那些被迫离开组织的归国人员将会带走一些或许非常关键的、有价值的经验和知识，从而使得竞争对手可以获得对人力资本投资的收益，而那些留下来的人员也不会与他人分享这部分经验和知识。[119]导致跨国公司忽视归国人员经验的部分原因是很多公司并没有清楚地认识到国际委派给公司和个人所带来的利益，它们没有计算与委派的本质和目的相联系的投资回报系数。正如道恩司（Downes）和托马斯（Thomas）[120]发现的那样，那些重视国际经验的跨国公司的员工忠诚度很高，他们构成了公司的智力资本。然而遗憾的是，对归国人员所做的研究和调查却一致发现归国人员一直是一种未被充分利用的资源。[121]

布莱克尼（Blakeney）、奥都和奥斯兰建议跨国公司中的人力资源部门人员采取一种更远大和系统的观点来看待外派和归国这个问题，他们应该将注意力放在以下方面：（1）确定外派/归国所固有的关键的、隐性的知识资产；（2）减少与归国的激励措施和能力相关的知识转移的阻力，以及母国固有的结构和文化障碍。以上方面可以通过在归国人员和接收单位之间建立起互信和加强社会个体的分享意识而得以实现。[122]客观上讲，将外派/归国整合成一个一体化的循环的人力资源实践有助于实行知识转移，这个循环很明确地强调在整个过程（即甄选、出国前培训、指导或辅导、设计国际委派、归国培训、归国工作安排、甄选和培训归国人员的上司）中每个阶段的知识转移。一些更正式的行为包括来自归国人员的委派后"行为学习"座谈会、成立知识传播小组、建立归国人员专业技术数据库，有助于推进进程。[123]

邓最近所做的实证研究结果指出了国际职业发展模式的潜力——在这种情况下，跨国公司的职业在中国和北美之间来回更换，这有助于跨国公司实施国外直接投资战略。[124]这些人力资本的流动目前只是被记录下来，人们对政府政策、面对迁移时的文化团结和个人职业抱负之间的复杂关系的初步理解才开始出现。

6.4.5 设计归国程序

虽然现在没有简单、快速的解决方案，但让归国人员及其家人做好归国准备是很重要的。归国人员对于未来期望的潜在的不匹配问题将会得到很大关注，这会被列入归国前培训当中去，母国的接收组织和归国人员之间还将就这一问题在归国咨询会议（有时称为报告会）上展开讨论。通俗地说，这些会议可以使得双方及时解决问题。那么，一个正式的归国项目应该包含哪些内容？表 6-3 列出了在之前所提到的各种调查中的公司所认为应该包括的条目。

表 6-3 归国项目所包含的主要内容

- 准备、重新适应和转换信息（公司会在哪些方面提供帮助）
- 财务和税收帮助（包括保险金和税收的变化；海外津贴的损失）
- 归国职位和职业路径的指导
- 逆转文化冲击（包括家庭方向感的迷失）
- 学校系统和子女教育、适应问题
- 工作场所的变化（例如，公司文化、结构、分权）
- 压力管理，与交流有关的培训
- 建设工作关系网络
- 帮助构筑新的社会联系

一些跨国公司给归国人员配备一个导师（也可称为指导者）。这名导师一般比外派人员职位要高，来自派遣单位，并且比较了解该外派人员。采取配备导师这种方式的目的是通过定期向外派人员提供信息（例如，公司的变化），减轻前面所讨论的外派人员的"人走茶凉"的感觉，这样外派人员在面临归国时就能做好充分的准备。导师必须确保当公司做出有关职位和晋升方面的重大决定时不会把外派人员忽略掉。林内翰和斯卡利恩[125]发现，在他们的研究中，50 名女性外派人员中有 40 名曾有过导师，这部分人员认为她们的管理职位与这种导师制有一定的关联。这些导师在母国公司向外派人员提供信息和帮助，这种做法使得归国变得简单，减轻了"人走茶凉"的感觉。她们的这些经验使得她们在回国担任新的职位后乐于担任导师这一角色。

为了使导师的行为能够更有效，这些行为理应得到一定的管理。例如，如果导师退休或者离职，应该怎么办呢？谁来负责导师的业绩表现？在《2015 年布鲁克菲尔德全球流动趋势调查报告》中，9％的被调查公司表示，它们使用导师计划来提高投资回报。导师职责包括以下几项[126]：

● 在整个委派期间同外派人员保持联系；
● 确保外派人员能及时了解母国的发展情况；
● 确保公司现有的管理发展项目会将外派人员考虑在内；
● 导师负责协助外派人员处理好归国过程，包括帮助他们获得一个归国职位。

导师可以帮助外派人员在委派过程中很好地进行调整，但从其自身来讲，这并不一定有助于解决归国问题。斯特罗[127]总结道，虽然她的研究"并没有显示拥有一个导师计划能对归国人员的离职率产生独立的影响"，但是在导师的配备、职业发展和归国人员留任之间应该存在着联系。换句话说，一个有效的导师应该在外派人员归国之前提醒公司这一事情，从而影响归国人员的归国职位，或者导师角色是管理归国项目的一部分。

拉扎罗瓦和卡利朱里[128]提出了一些积极的策略，最大限度地解决外派人员及其家人归国时所面临的职业、财务和情感等方面的问题，并使归国人员能够带回一套完整的经验供跨国公司使用（见图 6-4）。这些积极的策略包括：

● 通过出国前向外派人员简单介绍在委派期间以及归国后可能得到的经验、知识等来影响外派人员的期望。
● 人力资源经理或者特地由以前的归国人员以及相关管理人员成立的一个小组召开关于职业目标和绩效指标的多元职业发展会议。
● 如果可以确定归国后的工作类型，签订一个归国协议。
● 之前所提到的导师计划延续至外派人员归国后的职业发展当中去。这种方式可以告知公司在归国安排中所出现的不和谐的情况，降低离职率。
● 外派人员应扩大家庭联系的范围，以及时获悉社会、家庭和组织的变化情况。
● 采取再定位计划向外派人员提供在战略、政策和组织方面的变化信息。
● 跨国公司提供针对个人的指导项目，以使得外派人员及其家人能够很好地处理与归国相关的一些情感方面的问题，如社会适应，学校、家庭变动，生活方式的改变。
● 提供个人经济和税收建议以及临时经济福利，如短期贷款。
● 在外派人员归国后提供一段调整期，可能包括休假或者减轻工作负担。
● 归国人员更高的满意度和忠诚度会使得企业拥有更高的全球化能力。关于归国人员对公司价值的可见性和集中性的描述（以晋升、公开嘉奖或发奖金的方式）增强了跨国公司和归国人员之间全新的、全球性的关系。

《2015 年布鲁克菲尔德全球流动趋势调查报告》[129]称，64％的公司制定了正式的归国政策，而历史平均水平为 71%。只有 14% 的国家制定了与职业生涯管理相联系的归国战略（历史平均水平为 18%）。

对归国计划重要性的认识应该提高，跨国公司正在试图试验其他如导师计划的措施，同时也开发一些其他途径，例如将归国人员作为一个重要的信息源。邀请归国人员协助开发归国项目对相关的政策会有所帮助。这种方法对归国人员的再适应会产生有益的影响，因为这样做给参与项目的归国人员一种感觉，那就是他们不是被闲置的资源，公司承认他们能够对归国过程产生重要的贡献。很重要的一点是，跨国公司要尽量保证公平地对待母国员工、东道国员工和其他国员工。

■ 6.5　全球职业和全球人才管理[130]

在全球人力资源管理领域，由于人才争夺战（War for Talent)[131]涉及人口结构变化、出生率下降、劳动力老龄化和短缺以及一些国家对国际管理人员的需求增加，全球人才管理（Global Talent Management，GTM）领域应运而生。[132]

在过去的几年里，人才管理一直被认为是世界各地高管的首要任务之一。[133]它也引起了研究人员的注意，因此该研究领域在过去的十年里迅速发展。[134]虽然人才管理有多种定义和形式，但在本节中我们使用休·斯卡利恩（Hugh Scullion）和大卫·科林斯（David Collings）[135]对全球人才管理的定义："在全球范围内，为了吸引、选择、发展和保留最具战略地位的员工而进行的所有组织活动。"

显而易见，管理国际人才通常与公司战略岗位上的关键员工（也被称为高潜力员工）有关，因此它与国际人力资源管理不同，后者涉及整个组织的所有员工。此外，全球人才管理侧重于一小部分实践，而国际人力资源管理涵盖了更广泛的人力资源政策和实践（如薪酬、劳动关系、健康和安全等），包括更多的利益相关者（如客户、投资者、工会）。[136]全球人才管理因此被视为国际人力资源管理的一部分。

在对北美、欧洲和亚洲 37 家成功和知名的跨国公司的全球人才管理流程和实践进行的研究中，斯塔尔等人[137]确定了以下领域的几个人才管理的最佳实践（公司报告称这些实践对它们很有效）：（1）招聘、人员配置和继任规划；（2）培训与开发；（3）留任管理。然而，该研究的作者还指出，为了取得成功，仅仅实施这些实践是不够的，它们需要与公司的业务战略适当地结合起来，在内部保持一致，并与人才管理系统的其他要素相结合，并深深地嵌入企业文化中。[138]

尽管人才管理系统有各种各样的实践和不同的关注点，但从业者和学术界普遍认为，培训与开发在保持高潜力和内部培养的未来领导者方面发挥着至关重要的作用。[139]因此，人才发展计划、工作轮换、导师制、投资、顶尖商学院提供支持的企业学院和课程越来越多地采用人才管理方法。[140]

进一步的全球人才挑战涉及人才的充足供应——满足对具有特定技能组合的国际经理人的日益增长的需求[141]、全球流动性、工作场所对多代人（X，Y 和 Z 世代人）的管理[142]以及劳动力多样性[143]。

　　总之，在全球范围内管理这一关键的员工群体与跨国企业的国际人力资源管理一样复杂，它试图在总部和国际子公司之间平衡全球标准化和本地适应性。[144]关于在巴西、中国、东盟（ASEAN）、印度、中东、中欧和东欧等不同的国家或地区的文化背景下管理人才的摘要和特点，可以参见斯卡利恩和科林斯的全球人才管理手册[145]，或者阿克兰·阿尔·阿里斯（Akram Al Ariss）对全球人才管理的总结。[146]然而，研究也表明人才管理具有特定的背景，国家环境和商业体系[147]对人才管理的方式有很大的影响。因此，跨国公司全球人才管理面临的另一个挑战是考虑这些行业的区域或国家的特定性质。

小　结

　　本章主要讨论了培训与开发外派人员以及国际委派和归国过程有关的问题。关于培训与开发，我们讨论了：
- 外派人员培训在支持适应和委派绩效方面的作用。
- 有效的出国前培训项目的组成部分，如文化意识培训、初步访问、语言培训、实际援助、安全简报和对培训角色的培训。
- 文化意识培训如何有助于员工适应、提高绩效，文化意识培训的有效性使得企业不论何时何地，都应向被挑选到海外任职的所有工作人员提供该培训。
- 对东道国语言培训和相关的公司语言培训的需求。
- 国际委派对个人职业生涯的影响。
- 国际委派是培训国际运营者和培养国际骨干的重要途径，从这个意义上说，国际委派既是培训（获得国际经验和能力），也是管理和组织发展。

　　关于归国过程，我们讨论了：
- 归国的整个过程。在归国时，母国广泛的社会文化环境起着主导作用——不同于外派人员适应阶段，外国文化起着非常重要的作用。对于大多数归国人员来讲，回到熟悉的文化中可能有助于重新适应。
- 与工作相关的因素似乎具有更深远的影响，归国冲击可能是描述归国后经历的重新适应过程的更准确的术语。
- 归国后职业生涯问题对归国人员的重要性。影响对职业生涯的担忧的因素包括：没有委派后的保证、担心在国外期间遭到忽视和隔离、归国后工作场所的变化会影响归国后的职位以及雇佣关系等。
- 归国后的职位是对未来职业发展和对国际经验重视程度的一个重要指标。应对新角色的要求是再适应过程中的另一要素，此外还包括地位和收入的损失。
- 家庭的再适应同样很重要，一个突出方面是国际委派对配偶或伴侣的职业的影响，例如重新寻找工作，使国际经验受到承认。
- 跨国公司对归国人员所关注的问题的反应主要集中在归国程序上。所涵盖的问题包括：归国如何影响外派人员的留任，公司是否通过国际委派来衡量和获得投资回报，以及归国人员对知识转移的贡献。在国际委派和职业成果方面引入了多变性和无边界职业的概念。

- 设计有效的归国程序，包括使用导师计划以及可采用的技术。
- 将归国视为委派过程的一部分，如图 6-4 所示，这提醒负责委派管理的人员需要为归国人员重返工作岗位做好准备，并认识到国际经验对双方的价值。

此外，我们也强调了全球人才管理在跨国公司中的意义。

讨论问题

1. 总结外派管理者的培训主要面临哪些挑战？

2. 假设你是一家已经开始进行国际委派的中小企业的人力资源主管，因为你没有资源提供这种内部培训，你正在考虑使用外部咨询公司为员工提供出国前培训。对此需要涵盖哪些部分？你将如何衡量外部顾问提供的出国前培训计划的有效性？

3. 一项国际委派如何帮助培养一批国际运营骨干？为什么需要这样的骨干？

4. 为什么一些跨国公司不愿意提供基本的出国前培训？

5. 哪些因素会导致归国冲击？

6. 对于国际委派人员来说，一个好的导师系统的目标是什么？

7. 重视国际委派有助于留住归国人员，请对这一点展开讨论。

8. 为什么衡量国际委派的投资回报很重要？可以用哪些指标来衡量？

9. 与人才管理相关的实践和更广泛的人力资源管理实践有何不同？跨国公司在制定统一且反应迅速的全球人才管理计划时必须面对哪些特殊问题或关注点？

深度阅读

P. Caligiuri and J. Bonache 'Evolving and Enduring Challenges in Global Mobility', *Journal of World Business*, 51 (1) (2016), pp. 127–141.

P. Caligiuri and I. Tarique 'International Assignee Selection and Cross-cultural Training and Development', in G. Stahl, I. Björkman and S. Morris (eds.) *Handbook of Research in International Human Resource Management*, 2nd ed. (Cheltenham: Edward Elgar, 2012), pp. 321–342.

M. Dickmann and Y. Baruch *Global Careers* (New York: Routledge, 2011).

A. McDonnell, P. Gunnigle and J. Lavelle 'Learning Transfer in Multinational Companies: Explaining Inter-organization Variation', *Human Resource Management Journal*, 20 (1) (2010), pp. 23–43.

R. Poeli, T. Rocco and G. Roth (eds.) *The Routledge Companion to Human Resource Development* (London: Routledge Publishing, 2015).

H. Scullion and D. Collings *Global Talent Management* (London: Routledge, 2011).

P. Tharenou and N. Caulfield 'Will I Stay or Will I Go? Explaining Repatriation by Self-Initiated Expatriates', *Academy of Management Journal*, 53 (5) (2010), pp. 1009–1028.

参考文献

1. K. Kamoche 'Strategic Human Resource Management with a Resource-Capability View of the Firm', *Journal of Management Studies*, Vol. 33, No. 2 (1996), p. 216.

2. verantwortung.lufthansa.com/fileadmin/downloads/en/LH-school-of-business.pdf.

3. For recent reviews of developments in the field of global mobility in general see Y. McNulty and H. De Cieri's introductions in 'Advances in the Field of Global Mobility: Complexity and Challenges', *International Studies of Management and Organization*, Vol. 44, No. 2 (2014), pp. 3–8 and 'Advances in the Field of Global Mobility: Reflection, Reaction and Redirection', *International Studies of Management and Organization*, Vol. 44, No. 3 (2014), pp. 3–7.

4. See Brookfield *Global Relocation Services (ed.) Global Mobility Trends Survey Report*, 2015 (Woodridge, IL, 2015).

5. P. C. Earley 'Intercultural Training for Managers: A Comparison', *Academy of Management Journal*, Vol. 30, No. 4 (1987), p. 686.

6. M. C. Gertsen, A.M. Söderberg and M. Zölner (eds.) *Global Collaboration: Intercultural Experiences and Learning* (Palgrave Macmillan, 2012); especially Festing, M. 'State of the Art: International Human Resource Management and Cultural Learning' (2012) pp. 59–76 in the same volume.

7. R. Tung 'Selection and Training Procedures of US, European, and Japanese Multinationals', *California Management Review*, Vol. 25, No. 1 (1982), pp. 57–71.

8. Brookfield Global Relocation Services (ed.) *Global Mobility Trends Survey Report*, 2015 (Woodridge, IL, 2015).

9. K. Barham and M. Devine *The Quest for the International Manager: A Survey of Global Human Resource Strategies*, Ashridge Management Research Group, Special Report No. 2098 (London: The Economist Intelligence Unit, 1990). See also D. Welch 'Determinants of International Human Resource Management Approaches and Activities: A Suggested Framework', *Journal of Management Studies*, Vol. 31, No. 2 (1994), pp. 139–164.

10. I. Littrell and E. Salas 'A Review of Cross-Cultural Training: Best Practices, Guidelines, and Research Needs', *Human Resource Development Review*, Vol. 4, No. 3 (2005), pp. 305–334.

11. Mercer HR, 2010 International Assignments Survey, Geneva.

12. See, for example, M. Mendenhall and G. Oddou 'Acculturation Profiles of Expatriate Managers: Implications for Cross-Cultural Training Programs', *Columbia Journal of World Business*, Winter (1986), pp. 73–79. For a more recent and updated discussion see G. Stahl, M. Mendenhall, and G. Oddou (eds.) *Readings and Cases in International Human Resource Management and Organizational Behavior*, 5th ed. (New York: Routledge Publishing, 2012).

13. R. Tung 'Selecting and Training of Personnel for Overseas Assignments', *Columbia Journal of World Business*, Vol. 16 (1981), pp. 68–78.

14. R. Tung 'A Contingency Framework of Selection and Training of Expatriates Revisited', *Human Resource Management Review*, Vol. 8, No. 1 (1998), pp. 23–37.

15. M. Mendenhall and G. Oddou 'Acculturation Profiles of Expatriate Managers'; M. Mendenhall, E. Dunbar and G. Oddou 'Expatriate Selection, Training and Career-Pathing: A Review and Critique', *Human Resource Management*, Vol. 26 (1987), pp. 331–345.

16. Earley advocates the use of both documentary and interpersonal methods to prepare managers for intercultural assignments (see P. Earley 'International Training for Managers: A Comparison of Documentary and Interpersonal Methods', *Academy of Management Journal*, Vol. 30, No. 4 (1987), pp. 685–698). Baliga and Baker suggest that the expatriates receive training that concentrates on the assigned region's culture, history, politics, economy, religion and social and business practices. They argue that only with precise knowledge of the varied components of their host culture can the expatriate and family grasp how and why people behave and react as they do (see G. Baliga and J. C. Baker 'Multinational Corporate Policies for Expatriate Managers: Selection,

Training, and Evaluation', *Advanced Management Journal*, (Autumn 1985), pp. 31–38).

17. For further information on the use of cultural assimilators see R. Brislin 'A Culture General Assimilator: Preparation for Various Types of Sojourns', *International Journal of Intercultural Relations*, Vol. 10 (1986), pp. 215–234; and K. Cushner 'Assessing the Impact of a Culture General Assimilator', *International Journal of Intercultural Relations*, Vol. 13 (1989), pp. 125–146.

18. ORC '2008 Worldwide Survey of International Assignment Policies and Practices', New York.

19. C. Brewster and J. Pickard 'Evaluating Expatriate Training', *International Studies of Management and Organization*, Vol. 24, No. 3 (1994), pp. 18–35. For a more abstract discussion on the impact of community on an expatriate's global capabilities see K.Y. Ng, M. Tan and S. Ang 'Global Cultural Capital and Cosmopolitan Human Capital', in A. Burton-Jones and J.C. Spender (eds.) *The Oxford Handbook of Human Capital* (Oxford: Oxford University Press, 2011), pp. 96–119.

20. C. Wright and S. Wright 'Do Languages Really Matter? The Relationship between International Business Success and a Commitment to Foreign Language Use', *Journal of Industrial Affairs*, Vol. 3, No. 1 (1994), pp. 3–14. These authors suggest that international English is perhaps a better term than 'poor' or 'broken' English.

21. Brookfield Global Relocation Services (ed.) *Global Mobility Trends Survey Report*, 2015 (Woodridge, IL, 2015).

22. Baliga and Baker 'Multinational Corporate Policies'. For a presentation of more indirect, contextual impact at the level of the subsidiary see S. Reiche, A.W. Harzing and M. Pudelko 'Why and How Does Shared Language Affect Subsidiary Knowledge Inflows? A Social Identify Perspective', *Journal of International Business Studies*, Vol. 46 (2015), pp. 528–551.

23. R. Tung and Arthur Andersen *Exploring International Assignees' Viewpoints: A Study of the Expatriation/Repatriation Process* (Chicago, IL: Arthur Andersen, International Executive Services, 1997).

24. Y. McNulty 'Being Dumped in to Sink or Swim: An Empirical Study of Organizational Support for the Trailing Spouse', *Human Resource Development International*, Vol. 15, No. 4 (2012), pp. 417–434.

25. R. Marschan, D. Welch and L. Welch 'Language: The Forgotten Factor in Multinational Management', *European Management Journal*, Vol. 15, No. 5 (1997), pp. 591–597; see also Fixman 'The Foreign Language Needs of US-Based Corporations'. For an interesting alternative argument against the 'Babel' of myriad language use in the MNE, see S. Volk, T. Kohler and M. Pudelko 'Brain Drain: The Cognitive Neuroscience of Foreign Language Processing in Multinational Corporations', *Journal of International Business Studies*, Vol. 45 (2014), pp. 862–885.

26. A.W. Harzing and M. Pudelko 'Hablas Vielleicht un peu la Mia Language? A Comprehensive Overview of the Role of Language Differences in Headquarters-subsidiary Communication', *International Journal of Human Resource Management*, Vol. 25, No. 5 (2014), pp. 696–717.

27. See R. Chebium 'A Common Language: Training Across Borders', *HR Magazine*, Vol. 60, No. 1 (2015), pp. 53–58.

28. Y. McNulty, H. De Cieri and K. Hutchings 'Expatriate Return on Investment in Asia Pacific: An Empirical Study of Individual ROI versus Corporate ROI', *Journal of World Business*, 48 (2013), pp. 209–221.

29. Mercer HR, 2010 International Assignments Survey, Geneva.

30. Relocation specialist companies include Cartus, Brookfield and Pricoa-Prudential, among others.

31. ORC '2008 Worldwide Survey of International Assignment Policies and Practices', New York.

32. Brookfield Global Relocation Services (ed.) *Global Mobility*

Trends Survey Report, 2015 (Woodridge, IL, 2015).

33. See, for example, H. Park, S. D. Hwang and J. K. Harrison 'Sources and Consequences of Communication Problems in Foreign Subsidiaries: The Case of United States Firms in South Korea', *International Business Review*, Vol. 5, No. 1 (1996), pp. 79–98; and A. Rao and K. Hashimoto 'Intercultural Influence: A Study of Japanese Expatriate Managers in Canada', *Journal of International Business Studies*, Vol. 27, No. 3 (1996), pp. 443–466.

34. M. Lazarova and I. Tarique 'Knowledge Transfer Upon Repatriation', *Journal of World Business*, Vol. 40 (2005), pp. 361–373, quotation from p. 370.

35. M. Harvey '"Inpatriation" Training: The Next Challenge for International Human Resource Management', *International Journal of Intercultural Relations*, Vol. 21, No. 3 (1997), pp. 393–428.

36. Brookfield Global Relocation Services (ed.) *Global Mobility Trends Survey Report*, 2015 (Woodridge, IL, 2015), p.82.

37. An exception is an article by R. DeFrank, R. Konopaske and J. M. Ivancevich 'Executive Travel Stress: Perils of the Road Warrior', *Academy of Management Executive*, Vol. 14, No. 2 (2000), pp. 58–71. However, the authors only devote one paragraph to host-culture issues.

38. D. Welch and V. Worm 'International Business Travelers: A Challenge for IHRM', in G. Stahl and I. Björkman (eds.) *Handbook of Research in International Human Resource Management* (Cheltenham: Edward Elgar, 2006), pp. 283–301.

39. Brookfield Global Relocation Services (ed.) Global Mobility Trends Survey Report, 2015 (Woodridge, IL, 2015).

40. D. Eschbach, G. Parker and P. Stoeberl 'American Repatriate Employees' Retrospective Assessments of the Effects of Cross-Cultural Training on their Adaptation to International Assignments', *International Journal of Human Resource Management*, Vol. 12, No. 2 (2001), pp. 270–287.

41. M. Morris and C. Robie 'A Meta-Analysis of the Effects of Cross-Cultural Training on Expatriate Performance and Adjustment', *International Journal of Training and Development*, Vol. 5, No. 2 (2001), pp. 112–125. The authors define meta-analysis as 'a method developed in the late 1970s to summarize and integrate research findings from multiple articles [. . .] to resolve conflicting findings of multiple studies on the same topic by combining their results in a systematic fashion', pp. 113–114.

42. J. Selmer, I. Torbiön and C. de Leon 'Sequential Cross-Cultural Training for Expatriate Business Managers: Pre-departure and Post-arrival', *International Journal of Human Resource Management*, Vol. 9, No. 5 (1998), pp. 831–840.

43. See 'Small Nations in the Global Economy: An Overview', in D. Van Den Bulke, A. Verbeke and W. Yuan (eds.) *Handbook on Small Nations in the Global Economy: The contribution of multinational enterprises to national economic success* (Cheltenham: Edward Elgar, 2009).

44. K. Inkson, Y. McNulty and K. Thorn 'The Global Careers of Australians and New Zealanders', in Y. Baruch and C. Reis (eds.) *Careers Without Borders* (UK: Routledge, 2013).

45. The delimiting effects of national culture, at least within Europe, are presented in a review of executive careers by E. Davoine and C. Ravasi 'The Relative Stability of National Career Patterns in European Top Management Careers in the Age of Globalization: A Comparative Study in France/Germany/Great Britain and Switzerland', *European Management Journal*, Vol. 31 (2013), pp. 152–163. Robust ongoing efforts continue to capture complex, 'protean' career opportunities associated with globalization and track the career impact of the growing forms of international assignments noted in earlier chapters. For examples see Y. Baruch 'The Development and Validation of a Measure for Protean Career Orientation', *International Journal of Human Resource Management*, Vol. 25, No. 19 (2014), pp. 2702–2724; Y. Baruch, M. Dickmann, Y. Altman and F. Bournois 'Exploring International Work: Types and Dimensions of Global Careers', *International Journal of Human Resource Management*, Vol. 24, No. 12 (2013), pp. 2369–2393; and A. Fee, S. Gray and S. Lu 'Developing Cognitive Complexity from the Expatriate Experience: Evidence from a Longitudinal Field Study', *International Journal of Cross Cultural Management*, Vol. 13, No. 3 (2013), pp. 299–318.

46. Y. McNulty, H. De Cieri and K. Hutchings 'Expatriate Return on Investment in Asia Pacific: An Empirical Study of Individual ROI Versus Corporate ROI', *Journal of World Business*, Vol. 48, No. 2 (2013), pp. 209–221.

47. See P. Evans 'Management Development as Glue Technology', *Human Resource Planning*, Vol. 14: 4 (1992).

48. R. Peterson 'The Use of Expatriates and Inpatriates in Central and Eastern Europe Since the Wall Came Down', *Journal of World Business*, Vol. 38 (2003), pp. 55–69.

49. P. Caligiuri and V. Di Santo 'Global Competence: What is It, and Can It be Developed Through Global Assignments?', *Human Resource Planning*, Vol. 24, No. 3 (2001), pp. 27–35.

50. See P. Caligiuri 'Developing Culturally Agile Global Business Leaders', *Organizational Dynamics*, Vol. 42 (2013), pp. 175–182; M. Mendenhall and A. Bird 'In Search of Global Leadership', *Organizational Dynamics*, Vol. 42 (2013), pp. 167–174; and R. Steers and W. Shim 'Strong Leaders, Strong Cultures: Global Management Lessons From Toyota and Hyundai', *Organizational Dynamics*, Vol. 42 (2013), pp. 217–227.

51. A discussion of how leaders may adjust their leadership style across assignments is provided by M. Festing and M. Maletzy on 'Cross Cultural Leadership Adjustment – A Multilevel Framework Based on the Theory of Structuration', *Human Resource Management Review*, Vol. 21 (2011), pp. 186–200. For the proffering of a measure of the capabilities of global leaders see M. Stevens, A. Bird, M. Mendenhall and G. Oddou 'Measuring Global Leader Intercultural Competency: Development and Validation of the Global Competencies Inventory (GCI)', *Advances in Global Leadership*, Vol. 8 (2014), pp. 115–154. For a well-written example of leadership as the independent variable and its possible links to other firm qualities, in this case how a well-developed global leadership perspective may relate to corporate social responsibility on the part of the MNE, see C. Miska, G. Stahl and M. Mendenhall 'Intercultural Competencies as Antecedents of Responsible Global Leadership', *European Journal of International Management*, Vol. 7, No. 5 (2013), pp. 550–569.

52. J. Gibbs 'Decoupling and Coupling in Global Teams: Implications for Human Resource Management', in G. Stahl and I. Björkman (eds.) *Handbook of Research in International Human Resource Management* (Cheltenham: Edward Elgar, 2006), pp. 347–363.

53. M. Maznevski, S. Davison and K. Jonsen 'Global Virtual Team Dynamics and Effectiveness', in G. Stahl and I. Björkman (eds.) *Handbook of Research in International Human Resource Management* (Cheltenham: Edward Elgar, 2006), pp. 364–384.

54. P. Caligiuri and I. Tarique 'International Assignee Selection and Cross–cultural Training and Development', in G. Stahl and I. Björkman (eds.) *Handbook of Research in International Human Resource Management* (Cheltenham: Edward Elgar, 2006), pp. 302–322.

55. A. Al-Dosary and S. Rahman 'Saudization (Localization)- A Critical Review', *Human Resource Development International*, Vol. 8, No. 4 (2005), pp. 495–502.

56. M. Geppert 'Competence Development and Learning in British and German Subsidiaries of MNCs: Why and How National Institutions Still Matter', *Personnel Review*, Vol.

34, No. 2 (2005), pp. 155–177.

57. W. Chang 'Expatriate Training in International Nongovernmental Organizations: A Model for Research', *Human Resource Development Review*, Vol. 4, No. 4 (2005), pp. 440–461; C. Brewster and S. Lee 'HRM in Not-for-profit International Organizations: Different, But Also Alike', in H. Larsen and W Mayrhofer (eds.) *European Human Resource Management* (London: Routledge, 2006). For a presentation of how universities may provide global leadership capabilities in a more traditional classroom setting see M. Mendenhall, A. Arnardottir, G. Oddou and L. Burke 'Developing Cross-cultural Competencies in Management Education Via Cognitive-behavior Therapy', *Academy of Management Learning & Education*, Vol. 12, No. 3 (2013), pp. 436–451.

58. J. Wang, G. Wang, W. Ruona and J. Rojewski 'Confucian Values and the Implications for International HRD', *Human Resource Development International*, Vol. 8, No. 3 (2005), pp. 311–326; C. Zhao 'Management of Corporate Culture through Local Managers' Training in Foreign Companies in China: A Qualitative Analysis', *International Journal of Training and Development*, Vol. 9, No. 4 (2005), pp. 232–255; D. Zhang, Z. Zhang and B. Yang 'Learning Organization in Mainland China: Empirical Research on its Application to Chinese State-owned Enterprises', *International Journal of Training and Development*, Vol. 8, No. 4 (2004), pp. 258–273; C. Zhu *Human Resource Management in China: Past, Current and Future HR Practices in the Industrial Sector* (London: Routledge, 2004); J. Wang and G. Wang 'Exploring National Human Resource Development: A Case of China Management Development in a Transitioning Context', *Human Resource Development Review*, Vol. 5, No. 2 (2006), pp. 176–201.

59. B. Metcalfe and C. Rees 'Theorizing Advances in International Human Resource Development', *Human Resource Development International*, Vol. 8, No. 4. (2005), pp. 449–465.

60. See L. Stroh, J. S. Black, M. Mendenhall and H. Gregersen *International Assignments: An Integration of Strategy, Research and Practice* (Mahiwah, NJ: Lawrence Erlbaum, 2005); J. Harvey and M. Novicevic 'The Evolution from Repatriation of Managers in MNEs to "Patriation" in Global Organizations', in G. Stahl and I. Björkman (eds.) *Handbook of Research in International Human Resource Management* (Cheltenham: Edward Elgar, 2006), pp. 323–343.

61. R. Moran 'Coping with Re-entry Shock', *International Management* (December 1989), p. 67; M. G. Harvey 'Repatriation of Corporate Executives: An Empirical Study', *Journal of International Business Studies*, Vol. 20, No. 1 (Spring 1989), pp. 131–144.

62. Stroh *et al. International Assignments* (Endnote 63); Harvey 'Repatriation of Corporate Executives'.

63. Y. Paik, B. Segand and C. Malinowski 'How to Improve Repatriation Management: Are Motivations and Expectations Congruent Between the Company and Expatriates?', *International Journal of Management*, Vol. 23 (2002), pp. 635–648; Stroh *et al. International Assignments*.

64. Mercer HR, 2010 International Assignments Survey, Geneva.

65. J. S. Black, H. Gregersen and M. Mendenhall 'Towards a Theoretical Framework for Repatriation Adjustment', *Journal of International Business Studies*, Vol. 23 (1992), pp. 737–760.

66. ORC '2008 Worldwide Survey of International Assignment Policies and Practices', New York.

67. Stroh *et al. International Assignments*, pp. 215–216.

68. W. Mayrhofer, M. Meyer, A. Lellatchitch and M. Schiffinger 'Careers and Human Resource Management: A. European Perspective', *Human Resource Management Review*, Vol. 14 (2004), pp. 473–498; Stroh *et al. International*

Assignments, pp. 199–217.

69. A.W. Harzing *Environment, Strategy, Structure, Control Mechanisms, and Human Resource Management in Multinational Companies*, Company Report (Limburg, The Netherlands: University of Limburg, 1996).

70. Brookfield Global Relocation Services (ed.) *Global Mobility Trends Survey Report*, 2015 (Woodridge, IL, 2015).

71. Brookfield Global Relocation Services (ed.) *Global Mobility Trends Survey Report*, 2015 (Woodridge, IL, 2015).

72. R. Tung and Arthur Andersen *Exploring International Assignees' Viewpoints: A Study of the Expatriation/ Repatriation Process* (Chicago, IL: Arthur Andersen, International Executive Services, 1997); D. Feldman and D. Thomas 'Career Issues Facing Expatriate Managers', *Journal of International Business Studies*, Vol. 23, No. 2 (1992), pp. 271–294.

73. Brookfield Global Relocation Services (ed.) *Global Mobility Trends Survey Report*, 2015 (Woodridge, IL, 2015).

74. Brookfield Global Relocation Services (ed.) *Global Mobility Trends Survey Report*, 2015 (Woodridge, IL, 2015).

75. Harzing *Environment, Strategy, Structure, Control Mechanisms*; D. Osborn 'The International Mobility of French Managers', *European Management Journal*, Vol. 15, No. 5 (1997), pp. 584–590.

76. Y. McNulty, H. De Cieri and K. Hutchings 'Expatriate Return on Investment in Asia Pacific: An Empirical Study of Individual ROI Versus Corporate ROI', *Journal of World Business*, Vol. 48, No. 2 (2012) [dx.doi.org/10.1016/j.jwb.2012.07.005].

77. S. Black and H. Gregersen 'When Yankee Comes Home: Factors Related to Expatriate and Spouse Repatriation Adjustment', *Journal of International Business Studies*, Vol. 22, No. 4 (1991), pp. 671–694.

78. M. Bolino and D. Feldman 'Increasing the Skill Utilization of Expatriates', *Human Resource Management*, Vol. 39, No. 4 (2000), pp. 367–379.

79. L. Stroh, H. Gregersen and J. Black 'Closing the Gap: Expectations Versus Reality Among Repatriates', *Journal of World Business*, Vol. 33, No. 2 (1998), p. 119.

80. Y. McNulty, H. De Cieri and K. Hutchings, ibid.

81. J. Black, H. Gregersen and M. Mendenhall 'Toward a Theoretical Framework of Repatriation Adjustment', *Journal of International Business Studies*, Vol. 23, No. 4 (1992), pp. 737–760.

82. M. Lazarova and P. Caligiuri 'Retaining Repatriates: The Role of Organizational Support Practices', *Journal of World Business*, Vol. 36, No. 4 (2001), pp. 389–401.

83. Stroh, Gregersen and Black 'Closing the Gap', p. 119.

84. V. Suutari and C. Brewster 'Repatriation: Empirical Evidence from a Longitudinal Study of Careers and Expectations among Finnish Expatriates', *International Journal of Human Resource Management*, Vol. 14, No. 7 (2003), pp. 1132–1151.

85. L. Stroh 'Predicting Turnover among Repatriates: Can Organizations Affect Retention Rates?', *International Journal of Human Resource Management*, Vol. 6, No. 2 (1995), p. 450.

86. Stroh, Gregersen and Black 'Closing the Gap'. See also R. L. Tung 'Career Issues in International Assignments', *Academy of Management Executive*, Vol. 2, No. 3 (1988), pp. 241–244; and H. Gregersen 'Commitments to a Parent Company and a Local Work Unit during Repatriation', *Personnel Psychology*, Vol. 45, No. 1 (Spring 1992), pp. 29–54; R. Tung 'A Contingency Framework Revisited', *Human Resource Management Review*, Vol. 8, No. 1 (1998), pp. 23–37.

87. R. Tung and E. Miller 'Managing in the Twenty-first Century: The Need for Global Orientation', *Management International Review*, Vol. 30, No. 1 (1990), pp. 5–18; D. Allen and S. Alvarez 'Empowering Expatriates and Organizations to Improve Repatriation Effectiveness', *Human Resource Planning*, Vol. 21, No. 4 (1998), pp. 29–39.

88. H. Mintzberg *The Nature of Managerial Work* (Englewood Cliffs, NJ: Prentice-Hall, 1973), p. 54.

89. I. Torbiörn 'The Structure of Managerial Roles in Cross-cultural Settings', *International Studies of Management & Organization*, Vol. 15, No. 1 (1985), p. 69.

90. For an excellent, if not somewhat irreverent illustration of spouse repatriation challenges, see Robin Pascoe's book *Homeward Bound: A Spouse's Guide to Repatriation* (Vancouver: Expatriate Press, 2000).

91. G. Stevens and S. Black 'The Impact of Spouse's Career-Orientation on Managers During International Transfers', *Journal of Management Studies*, Vol. 28, No. 4 (1991), pp. 417–428.

92. Black and Gregersen 'When Yankee Comes Home'.

93. Y. McNulty 'Being dumped in to sink or swim: An empirical study of organizational support for the trailing spouse', *Human Resource Development International*, Vol. 15, No. 4 (2012), pp. 417–434.

94. M. Harvey 'Dual-Career Expatriates: Expectations, Adjustment and Satisfaction with International Relocation', *Journal of International Business Studies*, Vol. 28, No. 3 (1997), pp. 627–658.

95. M. Linehan and H. Scullion 'Repatriation of European female corporate executives: An empirical study', *International Journal of Human Resource Management*, 13(2) (2002), pp. 254–267.

96. ORC '2005 Dual Careers and International Assignments Survey', New York.

97. M. Mendenhall, E. Dunbar and G. Oddou 'Expatriate Selection, Training and Career-pathing: A Review and a Critique', *Human Resource Planning*, Vol. 26, No. 3 (1987), pp. 331–345.

98. Harvey 'The Other Side of Foreign Assignments'.

99. As discussed by G. Oddou, B. Szkudlarek, J. Osland, J. Deller, R. Blakeney and N. Fufuya in 'Repatriates as a Source of Competitive Advantage: How to Manage Knowledge Transfer', *Organizational Dynamics*, Vol. 42 (2013), pp. 257–266. Also see J. Gonzalez and S. Chakraborty 'Expatriate Knowledge Utilization and MNE Performance: A Multilevel Framework', *Human Resource Management Review*, Vol. 24 (2014), pp. 299–312.

100. D. Thomas, M. Lazarova, and K. Inkson 'Global Careers: New Phenomenon or New Perspectives?', *Journal of World Business*, Vol. 40, No. 4 (2005), p. 341.

101. See, for example, J. Mezias and T. Scandura 'A Needs Driven Approach to Expatriate Adjustment and Career Development: A Multiple Mentoring Perspective', *Journal of International Business Studies*, Vol. 36, No. 5 (2005), pp. 519–539.

102. G. Stahl, E. Miller and R. Tung 'Toward the Boundaryless Career: A Closer Look at the Expatriate Career Concept and the Perceived Implications of an International Assignment', *Journal of World Business*, Vol. 37 (2002), p. 222.

103. See G. Stahl and C. Chua 'Global Assignments and Boundaryless Careers: What Drives and Frustrates International Assignees?', in M. Morley N. Heraty and D. Collins (eds.) *International Human Resource Management and International Assignments* (Basingstoke: Palgrave Macmillan, 2006), pp. 133–152.

104. M. Banal and W. Harry 'Boundaryless Global Careers: The International Itinerants', in M. Morley, N. Heraty and D. Collins (eds.) *International Human Resource Management and International Assignments* (Basingstoke: Palgrave Macmillan, 2006), pp. 153–180, especially p. 157.

105. Ibid.

106. Y. Baruch and Y. Altman 'Expatriation and Repatriation in MNCs: A Taxonomy', *Human Resource Management*, Vol. 41, No. 2 (2002), pp. 239–259.

107. M. Festing and B. Müller 'Expatriate Careers and the Psychological Contract – An Empirical Study on the Impact of International Human Resource Management', in M.

Festing and S. Royer (eds.) *Current Issues in International Human Resource Management and Strategy Research* (München and Mering: Hampp, 2008), pp. 93–118.

108. For more on the sophistication and commitment to career management see Y. Baruch and M. Peiper 'Career Management Practices: An Empirical Survey and Implications', *Human Resource Management*, Vol. 39, No. 4 (2000), pp. 347–366; J. Richardson and M. Mallon 'Career Interrupted: The Case of the Self-Directed Expatriate', *Journal of World Business*, Vol. 40, No. 4 (2005), pp. 409–420; and D. Thomas, M. Lazarova and K. Inkson 'Global Careers: New Phenomenon or New Perspectives?', *Journal of World Business*, Vol. 40 (2005), pp. 340–347.

109. P. Stanley 'Local-plus Packages for Expatriates in Asia: A Viable Alternative', *International Human Resource Journal*, Vol. 3 (2009), pp. 8–11.

110. Y. McNulty and P. Tharenou 'Expatriate Return on Investment', *International Studies of Management & Organization*, Vol. 34, No. 3 (2004), pp. 68–95.

111. See D. Welch, A. Steen and M. Tahvanainen 'All Pain, Little Gain? Reframing the Value of International Assignments', *International Journal of Human Resource Management*, Vol. 20, No.6 (2009), pp. 1327–1343. An effort to operationalize social capital is provided by O. Levy, M. Peiperl and C. Bouquet 'Transnational social capital: A conceptualization and research instrument', *International Journal of Cross Cultural Management*, Vol. 13, No. 3 (2013), pp. 319–338.

112. Brookfield Global Relocation Services (ed.) *Global Mobility Trends Survey Report*, 2015 (Woodridge, IL, 2015).

113. Ibid.

114. Y. McNulty 'Expatriate Return on Investment: Past, Present and Future', in D. Collings, G. Wood and P. Caligiuri (eds.) *The Routledge Companion to International Human Resource Management*, New York: Routledge Publishing, pp. 399–420.

115. McNulty, Hutchings and De Cieri 'How Expatriates in Asia View Expatriate Return on Investment: An Empirical Study of Individual ROI Versus Corporate ROI'. For a lucid review of potential differences in the timing and calculated nature of ROI on the part of the employee and the MNE, see Y. McNulty and H. De Cieri 'Linking Global Mobility and Global Talent Management: The Role of ROI', *Employee Relations*, Vol. 38, No. 8 (2016), pp. 3–30.

116. D. Bolchover '2010 Up or Out: Next Moves for the Modern Expatriate' (London, UK: Economist Intelligence Unit).

117. See D. Minbaeva 'IHRM's Role in Knowledge Management in Multinational Corporations', in D. Collings, G. Wood and P. Caligiuri (eds.) *The Routledge Companion to International Human Resource Management* (London: Routledge Publishing, 2015), pp. 457–468.

118. G. Fink, S. Meierewert and U. Rohr 'The Use of Repatriate Knowledge in Organizations', *Human Resource Planning*, Vol. 28, No. 4 (2005), pp. 30–36.

119. M. Lazarova and I. Tarique 'Knowledge Transfer upon Repatriation', *Journal of World Business*, Vol. 40, No. 4 (2005), pp. 361–373.

120. M. Downes and A. Thomas 'Managing Overseas Assignments to Build Organizational Knowledge', *Human Resource Planning*, Vol. 22, No. 4 (1999), pp. 31–48. Systemic effort to incorporate 'learning-organization' capabilities into the MNE are presented by H. Shipton, Q. Zhou and E. Mooi 'Is There a Global Model of Learning Organizations? An Empirical, Cross Nation Study', *International Journal of Human Resource Management*, Vol. 24, No. 12 (2013), pp. 2278–2298.

121. See, for example, R. Tung and Arthur Andersen *Exploring International Assignees' Viewpoints*; Price Waterhouse Europe 'International Assignments: European Policy and Practice'; Lazarova and Caligiuri 'Retaining Repatriates'.

122. R. Blakeney, G. Oddou and J. Osland 'Repatriate Assets:

Factors Impacting Knowledge Transfer', in M. Morley, N. Heraty and D. Collings (eds.) *International Human Resource Management and International Assignments* (Basingstoke: Palgrave Macmillan, 2006), pp. 181–199.

123. As reported by Blakeney *et al.* 'Repatriate Assets'. Colgate-Palmolive developed a database of repatriate skills, as 'the company saw the value of having information on each manager's knowledge/experience with particular cultures and disseminating knowledge about local markets throughout its global operations', p. 194. For a more in-depth discussion of potential relationships between knowledge-mapping processes, career development and strategic activities in transnational firms see A. Engle, P Dowling and M. Mendenhall 'Transnational Trajectories: Emergent Strategies of Globalization and a New Context for Strategic HRM in MNEs' (working paper, 2007).

124. R. Tung 'The Human Resource Challenge to Outward Foreign Direct Investment Aspirations from Emerging Economies: The Case of China', *International Journal of Human Resource Management*, May, Vol. 18, Issue 5 (2007), pp. 868–889.

125. Linehan and Scullion 'Repatriation of European Female Corporate Executives'.

126. PriceWaterhouse Europe 'International Assignments', p. 32.

127. Stroh 'Predicting Turnover among Repatriates', p. 454.

128. P. Caligiuri and M. Lazarova 'Strategic Repatriation Policies to Enhance Global Leadership Development', in M. Mendenhall, T Kuhlmann and G. Stahl (eds.) *Developing Global leaders: Policies, Processes and Innovations* (Westport, CT: Quorum Books, 2001), pp. 243–256.

129. Brookfield Global Relocation Services (ed.) *Global Mobility Trends Survey Report*, 2015 (Woodridge, IL, 2015).

130. The authors would like to thank Lynn Schäfer, Head of the Talent Management Institute at the ESCP-Europe campus in Berlin, Germany for her significant assistance in this presentation. The topic of talent management is complex and dynamic; its relationship to employee development activities in MNEs is doubly so. For a further sense of these issues see escpeurope-talentmanagementinstitut.de/

131. E.G. Chambers, M. Foulton, H. Handfield-Jones, S.M. Hankin and E.G. Michaels III 'The War for Talent', *McKinsey Quarterly*, Issue 3 (1998), pp. 44–57; E. Michaels, H. Handfield-Jones and B. Axelrod *The War for Talent* (Boston, Mass: Harvard Business School Press, 2001).

132. G.K. Stahl, I. Björkman, E. Farndale, S.S. Morris, J. Paauwe, P. Stiles, J. Trevor and P.M. Wright 'Global talent management: How leading multinational build and sustain their talent pipeline', *INSEAD Faculty and Research Working Paper 34/OB* (2007); I. Tarique and R.S. Schuler 'Global Talent Management: Literature Review, Integrative Framework, and Suggestions for Further Research', *Journal of World Business*, 45 (2010), pp. 122–133; H. Scullion and D. Collings (eds.) *Global Talent Management* (London, New York: Routledge, 2011); D. Collings 'Integrating Global Mobility and Global Talent Management: Exploring the Challenges and Strategic Opportunities', *Journal of World Business*, Vol. 49 (2014), pp. 253–261.

133. BCG and WFPMA *Creating People Advantage in 2012. Mastering HR Challenges in a Two-Speed World*, www.bcgperspectives.com/content/articles/people_management_human_resources_leadership_creating_people_advantage_2012/, 10 February 2016; BCG and EAPM, *Creating People Advantage 2013. Lifting HR Practices to the next level*, www.bcg.de/documents/file147615.pdf, 10 February 2016.

134. C. Tansley, P.A. Turner, C. Foster, L.M. Harris, J. Stewart, A. Sempik *et al. Talent: Strategy, Management, Measurement* (Plymouth, UK: Chartered Institute of Personnel and

Development, 2007); E. Gallardo-Gallardo, P. Gallo and N. Dries 'A Bibliometric Analysis of TM Research from 1990–2013: Productivity, Impact and Collaboration', in 2nd EIASM Workshop on Talent Management (Brussels, Belgium, 2013).

135. H. Scullion and D. Collings (eds.) *Global Talent Management* (London, New York: Routledge, 2011), p. 6.

136. I. Tarique and R.S. Schuler 'Global Talent Management: Literature Review, Integrative Framework, and Suggestions for Further Research', *Journal of World Business*, Vol. 45 (2010), pp. 122–133.

137. G. Stahl, I. Björkman, E. Farndale, S.S. Morris, J. Paauwe, P. Stiles, J. Trevor and P.M. Wright 'Global Talent Management: How Leading Multinational Build and Sustain Their Talent Pipeline', INSEAD Faculty and Research Working Paper 34/OB (2007), p. 10.

138. G. Stahl, I. Björkman, E. Farndale, S.S. Morris, J. Paauwe, P. Stiles, J. Trevor and P.M. Wright, ibid; G. Stahl, I. Björkman, E. Farndale, S.S. Morris, J. Paauwe, P. Stiles, J. Trevor and P.M. Wright 'Six Principles of Effective Global Talent Management', *MIT Sloan Management Review*, Vol. 53 (2012), pp. 25–32.

139. V. Vaiman and D. Collings 'Global Talent Management' in D. Collings, G. Wood and P. Caligiuri (eds.) *The Routledge Companion to International Human Resource Management*. (London: Routledge Publishers, 2015), pp. 210–225.

140. G. Stahl, I. Björkman, E. Farndale, S.S. Morris, J. Paauwe, P. Stiles, J. Trevor and P. Wright, ibid. For a well-written review of the relationship between leadership development activities and the area of talent management, see P. Iles 'Talent Management and Leadership Development', in R. Poell, T. Rocco and G. Roth (eds.) *The Routledge Companion to Human Resource Development* (London: Routledge Publishing, 2015), pp. 212–222.

141. A. Al Ariss, J. Vassilopoulou, M.F. Özbilgin and A. Game 'Understanding Career Experiences of Skilled Minority Ethnic Workers in France and Germany', *International Journal of Human Resource Management*, Vol. 24 (2013), pp. 1236–1256.

142. See also M. Festing and L. Schäfer 'Generational Challenges to Talent Management: A Framework for Talent Retention Based on the Psychological Contract Perspective', *Journal of World Business*, Vol. 49 (2014), pp. 262–271.

143. I. Tarique and R. Schuler 'Global Talent Management: Literature Review, Integrative Framework, and Suggestions for Further Research', *Journal of World Business*, Vol. 45 (2010), pp. 122–133; H. Scullion and D. Collings (eds.) *Global Talent Management* (London, New York: Routledge, 2011); D. Collings 'Integrating Global Mobility and Global Talent Management: Exploring the Challenges and Strategic Opportunities', *Journal of World Business*, Vol. 49 (2014), pp. 253–261.

144. J. Boudreau, P. Ramstad and P. Dowling 'Global Talentship: Toward a Decision Science Connecting Talent to Global Strategic Success', *Advances in Global Leadership*, Vol. 3 (2003), pp. 63–99.

145. H. Scullion and D. Collings (eds.) *Global Talent Management* (London: Routledge, 2011). p. 6.

146. A. Al Ariss (ed.) *Global Talent Management: Challenges, Strategies and Opportunities* (Cham, Heidelberg, New York, Dordrecht, London: Springer Science + Business Media, 2014).

147. M. Festing, L. Schäfer and H. Scullion 'Talent Management in Medium-sized German Companies: An Explorative Study and Agenda for Future Research', *International Journal of Human Resource Management*, Vol. 24, No. 9 (2013), pp. 1872–1893.

第 **7** 章
国际薪酬

章节目标

在第 1 章"导论"当中我们曾描述国际人力资源经理会遇到的一些复杂问题。国际经理人必须：（1）从一个更广的视角管理更多的行为；（2）更为关注远在国外的雇员；（3）平衡母国员工、东道国员工和其他国员工的需求；（4）控制财务和政治风险；（5）更加关注东道国或地区的变化，并对此做出反应。薪酬问题的相关讨论与上述问题形成了鲜明的对比。本章将考察如下方面的内容：

● 考察企业的薪酬从国内层面向国际层面转移时所面临的复杂性问题。

● 细化国际薪酬计划的关键组成部分。

● 列出计算国际薪酬的两种方法（现行费率法与平衡表法）及其优缺点。

● 引入新兴的国际薪酬方式：额外薪酬福利法。

● 考察税收、有效的国际生活费用数据和其他国员工的薪酬管理等特殊问题。

● 考察近期发展中涉及的国际薪酬问题。

7.1 引 言

国际薪酬实践已经远远超出了最初外派人员薪酬管理的领域。薪酬一般被视为发展和强化国际化企业文化的机制[1]，公司控制的主要资源，与绩效相关成本[2]，在国际环境中进行的关于公司治理的日益尖锐、复杂的关系。[3]上述目标均在法律的监管中实现 。[4]

全球薪酬的日益复杂性包括：外包的增加和对劳动力定价的需要[5]；在人力资源信息系统（HRIS）[6]的支持下平衡激励、福利和津贴的统一或分散；平衡国际外派人员对更准确、更具体的业绩指标的需求以及全球竞争所造成的成本敏感的现实。[7]

企业步入全球舞台之后，因循守旧的企业价值观和一成不变的薪酬实践受到了多方质疑，如在关于激励性薪酬计划普遍适用性的讨论中[8]，一些批评者认为，以往由美国跨国公司薪酬体系驱动的高管薪酬计划已经失去控制。[9]对美国的跨国公司管理人员薪酬体系的批判已经扩展到对公司治理的法律和制度形式，董事会和薪酬委员会的角色、责任和薪酬实践，以及高管薪酬顾问的有效性的质疑。[10]

得益于全球薪酬实践的透明度的增加，当下企业可以采取新颖或尚未得到大家认可的薪酬实践，而透明度的增加则源于：媒体关注度的增加；公司报告规则的改变；跨国工作人员数量的增加以及互联网的影响。[11]这些选择是否会转化成一套被认可的薪酬实践则有待验证。

经理人在做出全球薪酬决策时面临的复杂性和挑战始终围绕两个主题：经理人必须管理复杂多变的当地情况，同时建立并维持统一的战略模式下的薪酬政策、实践和价值观。[12]

成功管理薪酬和福利，需要跨国公司了解薪酬和税收法律政策、外国的环境和雇佣实践；熟悉金融波动和通货膨胀对薪酬的影响；理解不同的政治、经济和社会条件下应该提供的特殊津贴。许多咨询公司向跨国公司提供多种服务，包括国际背景下高度专业化的人力资源管理咨询服务。[13]

由于薪酬体系复杂且成本高昂，本章重点强调母国员工的薪酬体系，同时描述东道国员工和其他国员工的薪酬问题。[14]实际上，作为全球人力资源管理者的当务之急，外派人员的薪酬正在成为复杂但相对均衡的全球薪酬体系的重要组成部分。[15]由于存在国家和地区的差异，薪酬实践需要通过战略管理和经济管理平衡。[16]薪酬不应该被视作以母国战略为基础的民族优越感的蔓延，而是实现全球化目标的首要途径。[17]

■ 7.2　国际薪酬的目的

跨国公司的国际薪酬政策需要满足以下标准：第一，该政策与跨国公司的总体战略和企业需求相一致；第二，该政策必须能为不同地区和岗位吸引并留住合适的人才，因此，该政策必须具有竞争性，并意识到如出国服务的激励、**税负平衡**（Tax Equalization）以及合理费用的报销等相关因素的影响；第三，该政策有利于公司以最经济的方式调动外派人员；第四，该政策必须考虑行政管理的公平和便利。

与此同时，外派人员的个人目标也需要通过企业薪酬管理的实施得以实现：第一，外派人员期望从该政策中得到在国外的福利、社会保险和生活费用等财政保护；第二，外派人员期望该政策能够增加收入和储蓄；第三，外派人员期望该政策对住房、子女的教育以及探亲假等问题做出规定。

如果我们将跨国公司的目标和外派人员的期望进行对比，我们就会看到管理的复杂性和可能的问题，因为有些目标不能令双方同时获得最大的满足。人力资源从业者类杂志中有大量关于国际薪酬"个人轶事"的文章，麦克纳尔蒂等人在关于外派人员的研究中也提到了薪酬问题。[18]

如果不考虑专业术语，难道在国际背景下公司和员工之间的竞争性目标与国内环境中的情况完全不同吗？我们认为答案是否定的。米尔科维奇和布卢姆（Milkovich and Bloom）[19]提出公司必须重新思考国际薪酬的传统观念，当地的条件应该在薪酬战略中处于主导地位。他们提出了全球标准化和本地化之间的持续平衡问题。

■ 7.3 外派人员国际薪酬计划的组成部分

跨国公司的国际薪酬计划必须满足母国员工、东道国员工和其他国员工的要求。本节将讨论国际薪酬的主要组成部分。

7.3.1 基本工资

外派人员出国服务时的**基本工资**（Base Salary）有不同的含义。国内薪酬体系中，基本工资是一定数量的现金薪酬，是确定奖金和福利等其他薪酬的基准。对于外派人员来说，基本工资是一系列津贴的基础部分，许多津贴直接与基本工资相关，如出国服务奖励、生活费津贴、住房津贴等，基本工资也是在职期间的福利和退休养老金的基础。基本工资可以用母国货币、东道国货币或两者相结合来支付。外派人员的薪酬计划是否存在差异需要考虑母国员工或其他国员工的基本工资是以母国标准还是以国际标准来支付（本章的后续部分还将对这个问题进行讨论）。

7.3.2 出国服务奖励和艰苦补贴

母国员工通常会获得一份奖金作为接受国际委派的奖励，或作为对在派遣过程中所遇到的挑战性地点的**艰苦补贴**（Hardship Premium）。因此，企业必须对艰苦的含义、领取奖金的资格、支付的金额和时间等予以规定。例如，如果东道国的一个工作周长于母国，则可以支付差额款项代替加班费，加班费通常不支付给东道国员工或其他国员工。在确定是艰苦条件的情况下，美国公司通常参考美国国务院的《困难岗位差价指南》（Hardship Post Differentials Guidelines）来确定支付水平。该领域的研究人员指出[20]，对生活成本进行国际比较存在问题。不过，值得注意的是，这类报酬一般支付给母国员工，而不支付给其他国员工。如果采用**出国服务奖励**（Foreign Service Inducements），一般以工资百分比的形式支付，通常为基本工资的 5%～40%，但有时也作为一种一次性奖励（即在工作期间的某个时间点一次性支付）。这类工资会随任职、实际艰苦情况、税收情况以及外派时间的长短而变动。

7.3.3 津贴

在制定整体薪酬政策时，津贴问题非常具有挑战性。本节我们将讨论六种最常见的津贴。

生活费津贴 生活费津贴（Cost-of-Living Allowance，COLA）通常最受关注。生活费津贴是为了补偿外派人员在母国和东道国之间的生活成本差异——例如，交通、家具和电器、医疗、烟酒、汽车维修和家政服务费用。生活费津贴也可以包括对住房、水电气或其他自选项目的支付款项。通常根据家庭人数确定生活费津贴，依据孩子的数量提供增量。生活费津贴往往很难确定，跨国公司可利用咨询服务机构（如美世[21]或 ECA 国际[22]）提供的全球性最新生活费津贴的信息。[23]可以让一个美国人在巴黎像在美国一样生活，或者假设美国人会通过适应当地的生活方式和国际生活成本来适应工作地点，由此产生了各种生活费津贴指数。

　　住房津贴　提供**住房津贴**（Housing Allowance）的目的是使外派人员能够保持在母国时的生活水平，或者在某些情况下使他们获得与同类外国员工或同事相同的居住条件。住房津贴的数额主要取决于家庭规模，在某种程度上也取决于工作级别。替代方法包括：公司提供强制性的或选择性的住房；在特定工作级别上的固定住房津贴，外派人员可根据个人喜好"充值"；或者按收入的比例估价，再根据实际的住房费用支付。住房问题通常做个案处理，但是国际化企业有必要制定正式的政策。许多跨国公司为外派人员出租原来的住房提供财务帮助和保护，为鼓励员工在本国的房地产市场保持一席之地，公司对出售房产的支持逐渐减少。银行和金融业的公司最为慷慨，向外派人员提供出售或出租住房的帮助，支付成交手续费和出租管理费，并提供租金保护和财产保护。在这些方面，其他国员工获得的福利通常少于母国员工。

　　探亲假津贴　许多跨国公司提供**探亲假津贴**（Home Leave Allowances），为员工支付每年一次或多次返回母国的旅费，以为外派人员提供与其家庭和生意伙伴联系的机会，避免归国后出现不适应的问题。原则上企业限制使用该津贴回家，一些企业向外派人员提供另一套可供选择的方案，即利用该津贴去国外旅游而不是回家。那些允许使用探亲假津贴去国外旅游的企业应该知道，如果选择去国外旅游而不是回国探亲的外派人员的国际工作经验不足，相对于那些回国探亲的外派人员，他们会更想家。没有家庭和生意伙伴联系可能使他们对工作和家庭经历的记忆理想化，从而无法对东道国和母国家庭环境的好与坏做出判断。总的来说，跨国公司明智的做法是以探亲为目的提供回国津贴——使外派人员有机会恢复家庭和业务联系，减少他们回国时的适应问题。

　　教育津贴　为外派人员的子女提供**教育津贴**（Education Allowances）也是国际薪酬政策的组成部分。教育津贴包括学费（包括语言课程）、申请和报名费、课本和文具用品费、伙食费、交通费、短途旅行和课外活动费、家长协会费、校服费以及住宿费等项目。虽然校服在美国并不常见，但在校学生穿校服是普遍做法，特别是在国际学校。通常母国员工和其他国员工在教育费用上的待遇相似，但是提供的教育水平以及当地公立学校与国际学校是否充足都会成为跨国公司考虑的现实问题。国际学校（如东南亚世界联合学院（United World College of South East Asia）、上海英国国际学校（British International School，Shanghai））的学费比当地的公立学校贵得多，但很多外派人员更喜欢这些学校，因为这些学校遵循其母国的课程，满足全球多样化学生群体的需求，支持"第三文化的孩子"。子女从幼儿园到高中就读当地学校和国际学校的费用通常由雇主支付。ORC 报告指出，95％的跨国公司支付外派人员子女的教育费用。[24]然而，孩子的年龄（学龄前、日托和大学通常不包括在内）、学校名额的可获得性和学费会对教育津贴产生一些限制。在许多国家/地区，在东道国的学校上学可能被认为是不合适的，跨国公司可能会负担（或帮助）在其他地方就读私立寄宿学校的费用（例如，食宿费用以及父母探望和学校度假旅行所需的交通费用）。[25]跨国公司也可能在必要时提供就读大学的费用，但这比较少见。

　　搬家津贴　**搬家津贴**（Relocation Allowances）通常包括搬迁、运输和储存费用，临时生活费，购买（或出售）电器或汽车的补贴，以及定金或与租金等相关的费用。关于额外津贴（汽车、司机、俱乐部会员、佣人等）[26]也要考虑在内（通常给予更高职位的人员，但要根据不同的国家或地点而定）。这些津贴经常是不确定的，需要根据本国和东道国的税收政策和实践而定。例如，在大多数西方国家，使用司机被认为是奢侈的，只有非常高级的管理者才能拥有。在发展中国家，司机在成本、效率和安全性方面都是经济的。除了管理者使用司机的期望外，发展中国家的停车常常是混乱的（尤其是在大城市），司机也扮演着泊车员的角色。在一些发展中国家，警察在评估责任和损失时逮捕肇事司机并将其拘留十分常见。这种风险对许多跨国公司来说是不能接受的，因为它们根本不允许其外派人员在特定的国家开车，而是为外派人员及其配偶提供当地司机。

　　配偶补助　越来越多的跨国公司提供**配偶补助**（Spouse Assistance）以抵消外派人员的配偶因迁居国外而损失的收入。平均每个家庭的补贴上限为 7 000 美元，但因地区而异。尽管一些企业可以支付一次性津贴以补偿外派人员配偶的收入损失（根据 ORC 的调查，平均每个家庭 1.1 万美元[27]），但美国公司开始注重为外派人员的配偶提供国外工作的机会，或者提供求职援助、职业咨询、文化定位、简历/面试准备、工作许可援助、语言学习，或在更特殊的情况下，在跨国公司的外国业务中就业（当然，要获得由东道国政府为此批准的工作签证）。

　　总而言之，跨国公司通常以支付津贴的方式鼓励外派人员接受国际委派，使外派人员在总体水平上（相比较而言）达到国内标准。

7.3.4　福利

　　与薪酬相比，国际福利更加复杂。外派人员的"福利"包括医疗保健、养老金计划/社会保障、人寿保险、儿童津贴和利润分享/股票期权计划。

　　由于各国的福利管理实践之间存在很大差异，很难处理从一国到另一国的养老金计划，养老金计划、医疗费和社会保险费的实际转移操作亦十分困难，因此，跨国公司在确定福利时需要考虑很多问题：

　　● 是否让外派人员享受母国的福利计划，特别是在不能从中获得税收减免的情况下？

　　● 是否应该有选择地让外派人员在工作的东道国享受福利计划，并补足差额部分？

　　● 外派人员是否有获得社会保险福利的资格？

　　通常大部分美国公司的外派人员均享受母国的福利计划，但医疗福利除外，ORC 调查的跨国公司中有一半以上的外派人员参加国际医疗保健计划。有些国家的外派人员只能选择当地的社会保险计划，在这种情形下，公司一般要支付额外的费用。欧洲的母国员工和其他国员工在欧盟内可享受可转移的社会保险福利。由于各国管理私人福利的法律规定各不相同，所以公司的操作方式也存在差异。通常情况下，跨国公司为母国员工退休所制订的计划十分友好，但对其他国员工的计划稍差。[28]这是因为：其他国员工可能很少或根本没有享受母国的社会保险，他们可能已经在一些国家生活了很多年，而这些国家不允许累积的福利款项转移；或者他们有可能在某个工资与对他们不利的母国货币挂钩的国家工作。应如何计算他们的福利？哪一种退休计划适合他们？这些会使外派人员的福利产生很大差距。他们也许可以自由选择国家，享受舒适的退休生活，但也有可能会在其他地方被迫退休，面临生活贫困的窘境。

此外，跨国公司还提供休假和特殊假期。作为外派人员定期休假的组成部分，每年的探亲福利中通常包括家庭成员回国的机票费。如果东道国的条件明显低于母国的标准，疗养福利也包括为外派人员的家属提供免费的机票去工作东道国附近的疗养地疗养。除了疗养福利以外，公司还需要制定应急条款以处理家庭成员的死亡或生病等突发事件。在艰苦地区工作的外派人员通常能获得额外的休假费用和疗养费用。

▌7.4　外派人员国际薪酬的计算方法

计算国际薪酬的方法主要有两种：**现行费率法**（Going Rate Approach，又称为市场费率法）和**平衡表法**（Balance Sheet Approach，有时称为累积法）。本节对这两种方法进行介绍，并讨论其优缺点。[29]

7.4.1　现行费率法

现行费率法的主要特点见表7-1。在此方法下，国际任职的基本工资与东道国的工资结构挂钩。跨国公司通常首先从当地的薪酬调查机构获得信息，再决定参考基准（以东道国员工、相同国籍的外派人员，还是所有国家的外派人员）。例如，在纽约开业的一家日本银行需要决定是以美国当地的工资标准、在纽约的其他日本竞争对手的标准，还是以在纽约经营的所有外国银行的标准作为参考。如果在低工资国家使用现行费率法，跨国公司通常还会在基本工资之外提供额外支付。

表7-1　现行费率法

● 以当地的市场利率为基准
● 以调查比较结果为基准
—当地员工（东道国员工）
—相同国籍的外派人员
—所有国家的外派人员
● 薪酬以选定的调查比较结果为基准
● 对低工资国家，在基本工资和福利之外提供额外支付

现行费率法的优缺点见表7-2。优点包括：外派人员能够得到与当地员工平等的待遇（如果工作所在的东道国的工资高于母国的工资，该方法能够有效地吸引母

国员工或其他国员工）；该方法简洁明了，易于理解；外派人员能确定工作所在的东道国的待遇，并且来自不同国家的外派人员待遇平等。

表 7-2 现行费率法的优点和缺点

优点	缺点
• 与当地人的待遇平等 • 简洁明了 • 与工作所在的东道国的情况一致 • 不同国籍员工的待遇平等	• 同一人员不同任职地区存在差异 • 在不同国家工作的相同国籍的外派人员之间存在差异 • 潜在的归国问题

现行费率法也存在一些缺点。首先，同一人员的不同委派之间会产生差异，委派到发达国家和发展中国家的差距最为明显，在发达国家之间也存在差距，如果采用现行费率法，工资和当地税收的差异会显著地影响员工的薪酬水平。通常情况下，外派人员对这一问题非常敏感。其次，国籍相同但委派地不同的外派人员之间会有差异。严格应用现行费率法会导致外派人员争相要求被委派到待遇优厚的地方，而不愿意去那些被认为待遇缺乏吸引力的地区。最后，倘若工作所在的东道国的工资水平高于母国，由于外派人员回国时工资要恢复到母国的水平，那么现行费率法存在潜在的回国问题。长期以来，美国一直是管理人员薪酬的世界市场领导者，尽管美国和一些欧洲国家之间的薪酬差距正在缩小，但对许多非美国的跨国公司而言，当地管理人员薪酬远低于美国。[30]

7.4.2 平衡表法

平衡表法（这种方法在国际薪酬中应用最为广泛）的主要特点见表 7-3。平衡表法的基本目标是"从外派人员总体上考虑"[31]（使外派人员的薪酬与母国同事保持一致，并补偿国际委派的费用），使他们维持在母国时的生活标准，并通过经济激励使薪酬计划具有吸引力。此方法将外派人员的基本工资与相对的母国工资结构挂钩。例如，一位美国经理如果接受了国际职位，他的薪酬计划将以美国的而非工作东道国的基本工资水平为基准。该方法的主要假定是，接受国际委派的外派人员不应因工作调动而蒙受物质损失，而实现该目的的方法通常被称为平衡表法。根据雷诺兹（Reynolds）的定义：

> 平衡表法是一种使在国外和国内任职且职位水平可比的人员具有同等的购买力，并且提供奖励来补偿不同委派地之间的生活质量差别的系统。[32]

表 7-3 平衡表法

• 基本目标是保持与本国相同的生活水平，外加财务奖励
• 母国的工资和福利是本方法的基础
• 通过调节本国的薪酬计划来平衡东道国的额外支出
• 以增加财务激励（出国服务奖励/艰苦补贴）的方式使薪酬计划具有吸引力
• 跨国公司最常用的方法

外派人员的支出主要有四类，需要体现在平衡表法中：

1. 商品和服务。某些在本国的花费，如食物、衣物、家具、休闲、交通、医疗。

2. 住房。在工作所在的东道国与住房有关的费用。

3. 所得税。本国和工作所在的东道国的所得税。

4. 储蓄。存款、福利、养老金、投资、教育费用、社会保险税等款项。

若因委派到东道国产生的花费超过在母国的花费，跨国公司和外派人员要共同支付这些费用以确保达到与母国相同的购买力。

表7-4举例说明了采用平衡表法的外派人员的薪酬。在本例中，假设一名澳大利亚人被派遣到X国，那里的生活费用指数相对于澳大利亚为150，货币与澳元的兑换率为1:1.5。除了出国服务奖金以外，他在该国工作期间还可获得艰苦补贴。住房由公司提供，并从薪酬计划中扣除7%作为住房的名义费用，另外还扣除了名义税款（我们将在本章后续部分讨论税收问题）。外派人员可以从表7-4中看出薪酬计划所包含的内容，以及薪酬计划是如何被分成澳大利亚货币和X国货币的。

表7-4 外派人员薪酬表

姓名：布赖恩·史密斯（Brian Smith）

职位：市场经理

派往国：X国

调整原因：新的委派

调整有效期：2018年2月1日

项目	金额（澳元/年）	以澳元支付（澳元/年）	以当地货币支付（X国货币元/年）
基本工资	200 000	100 000	150 000
生活费津贴	50 000		75 000
出国服务奖金（20%）	40 000	40 000	
艰苦补贴（20%）	40 000	40 000	
扣除住房费用（7%）	−14 000	−14 000	
扣除纳税额	−97 000	−97 000	
总计	219 000	69 000	225 000
生活费津贴指数=150			

表7-5归纳了平衡表法的优缺点。优点主要有三个：第一，平衡表法向在不同国家任职的相同国籍的外派人员提供了平等待遇；第二，由于外派人员的薪酬与母国的薪酬结构挂钩，强调了待遇平等，这使外派人员的回国安排变得容易；第三，该方法便于沟通。

表 7-5　平衡表法的优点和缺点

优点	缺点
待遇平等	会导致很大的待遇差距
● 不同的委派之间	● 不同国籍的外派人员之间
● 相同国籍的外派人员之间	● 外派人员和当地员工之间
便于对外派人员的回国安排	使管理变得相当复杂
便于员工交流	

平衡表法的缺点主要有两个：第一，该方法可能会使不同国籍的外派人员之间、母国员工和东道国员工之间产生相当大的差距。由于本国基本工资不同，在东道国做相同（或非常类似）工作的跨国员工获得的收入不同，由此会产生许多问题。例如，任职于新加坡的一家美国银行地区总部的美国员工和新西兰员工的职责相同，但由于美国和新西兰的基本工资水平不同，美国人比新西兰人获得的工资高得多。如前所述，基本工资水平之间的差异也会引起外派人员和东道国员工之间的矛盾。传统上，这种问题归类为东道国员工对高收入的母国员工的不满，因为这些"外国人"获得了过多的补偿（也可能因为他们阻碍了当地人员职业生涯发展的机会）。[33]

该方法在其他方面也会导致员工的不满和待遇的不平等。例如，美国作为世界上管理者薪酬水平最高的国家，若一家跨国公司在美国开设子公司（或收购一家美国企业），它会发现如果采用平衡表法，其外派人员的收入会比当地美国员工少得多。尽管按平衡表法的逻辑，外派人员的薪酬应与母国情况挂钩，但关于公平理论[34]的研究发现，员工们并不总是以公平的方式评价薪酬问题。

基本工资的差异也是影响美国员工在美国的外国企业工作的一个因素。许多非美国的跨国公司不愿意按美国的工资水平给接受国际委派的美国员工高工资，美国员工也不愿意接受按企业的母国工资水平支付的工资。由此，平衡表法不仅会产生待遇差距，而且会阻碍员工接受国际委派。此外，尽管这种方法在理论上便于员工理解，但母国员工和其他国员工之间的待遇差异（例如税收和津贴）使管理实践十分复杂。

7.4.3　另一种新兴的国际薪酬方式：额外薪酬福利法

在过去的十年中，**额外薪酬福利法**（Local Plus Approach）开始出现，特别是在亚太地区。额外薪酬福利法是指外派人员的薪酬根据所在地区的现行工资水平、结构和管理规定制定，并提供"外派人员式"福利，例如交通、住房和家属教育等方面的援助来承认员工的"外国"身份。福利可以（直接由跨国公司）以实物形式支付，或以补偿费率形式附加在当地工资水平上，以支付东道国的税收。额外薪酬补偿通常不包括税负平衡、生活费津贴、迁移补贴、艰苦补贴、家属探访、探亲假、跨文化培训和其他出国前项目或配偶补助。养老金福利可能会根据具体工作任务的性质以及外派是临时的还是永久的来提供。

对许多跨国公司来说，使用额外薪酬福利法是为了降低国际委派成本。外派人员数量逐年增加[35]，许多外派人员（特别是低级和中级管理人员）往往愿意接受额外薪酬福利法的减薪待遇，换取有助于其未来职业生涯发展的国际经验。通常额外薪酬福利法被用于长期委派、永久调动、区域内调动（例如在亚太地区），以及从低工资地区到高工资地区的委派。

额外薪酬福利法在许多方面是现行费率法（基于东道国）和平衡表法（基于母国）的混合版本，包含两者的最佳效益，因此，它可以解决一些传统薪酬方法中的常见问题，具有独特优势。例如，不同于平衡表法，额外薪酬福利法中外派人员的福利不是固定的，可以根据个人和公司的目标来调整附加部分（即增加或减少一项福利），具有相当大的灵活性。额外薪酬福利法十分有利，原因在于：首先，采用平衡表法基于外派人员可以确定一个"母国"的假设，但随着更多的外派人员承担一个接一个的任务，而且经常持续十年或更久（有些人无意返回家乡或在那里退休），识别"母国"变得越来越困难。在这种情况下平衡表法失去了意义，但可以使用额外薪酬福利法。其次，从其他国招聘员工的公司发现很难使用基于母国或东道国的方法。同样，额外薪酬福利法通过根据员工的经验和技能提供附加福利来解决这个问题，而不是根据他们的母国和将要去往的东道国。

亚太地区越来越多地使用额外薪酬福利法。[36]美国实用信息资源公司（AIR-INC）报告称，与世界其他地区相比，总部设在亚洲的公司更有可能有正式的额外薪酬福利政策，并且有更多的外派人员执行这一政策。[37]这可能是因为过去十年来亚洲的经济增长推动了对全球化劳动力的需求[38]，跨国公司需要为该地区吸引外籍员工，同时以最具成本效益的方式来促进员工的国际转移。

尽管额外薪酬福利法有很多好处，但对于使用这种方法的公司来说，它也存在一些缺点。麦克纳尔蒂及其同事在一项关于外派人员对五个地区的国际委派的看法的最新研究中发现，额外薪酬福利法趋向于改变雇佣关系中的权力平衡，从而有利于外派人员。[39]这是因为，就其本质而言，与薪酬更为优厚的外派人员相比，执行额外薪酬福利法的外派人员的生活方式通常与所在国当地人的生活方式和社会经济习惯更加紧密地结合，即鉴于他们对生活标准（居住的地方、就读的学校）的选择，他们与东道国员工之间的购买力差距很少由跨国公司决定。由于他们做出了更大的牺牲，被迫减少对组织的依赖来支持他们的一些基本就业需求，而这些需求往往无法通过其他非财务的方式得到补偿（例如，改善职业管理支持），因此额外薪酬福利法影响了外派人员在承诺和忠诚方面的工作嵌入度。总之，额外薪酬福利法倾向于减少外派人员与公司之间的联系程度。

雇佣关系中有利于外派人员的权力平衡会对跨国公司产生重大影响。最重要的问题是外派人员的保留。例如，即使额外薪酬福利法非常适合愿意接受减薪计划以换取获得宝贵的国际技能机会的外派人员，也有必要考虑，一旦获得这些技能，员工在国际劳动力市场上的可雇佣性增加。由于执行额外薪酬福利法的外派人员并不依赖公司维持他们的外派生活，而且他们从一开始就在很大程度上按照"本土"的生活方式生活，因此他们更愿意考虑其他工作机会。这可能是因为他们认为自己被"推动"去寻找更好的就业机会，或者他们已经（或正在）发展一种自主的职业定位（即追求不断变化的、全球性的或无边界的职业，如第 6 章所述），这些都促使他们在最初接受了执行额外薪酬福利法的薪酬待遇。无论哪种情况，外派人员流失到竞争对手企业的风险都在增加，尤其是在国际委派期间，这可能对跨国公司全球招聘目标产生毁灭性影响。我们已经讨论过的一些长期委派方案的比较见表 7-6。

表 7-6　长期国际委派的薪酬方法和策略

政策名称	策略	策略描述	使用目的
完全国际化	发展	• 基于平衡表（母国）法 • "豪华"，即优厚的薪酬（包括奖金和奖励）和福利（包括生活费津贴、住房、教育、配偶补助、交通、探亲假和俱乐部会员资格） • 旨在确保员工的生活方式不会受到国际委派的影响	• 针对职业发展或在国际上拥有通用技能，被认为是高潜力的高管 • 常用于"骨干"的方法，支持精英群体的职业生涯发展，长期战略目标是他们的永久流动性 • 主要用于留任目的，目标是将其调回公司总部或业务集团总部 • 少量使用，并作为关键人物的奖励
外派精简版	技能/借调	• 基于精简的平衡表（母国）法 • 精简版的"豪华"，即优厚的薪酬，可能包括/不包括奖金和奖励，包括一些福利（例如住房、教育、交通、探亲假），但不包括其他福利（例如俱乐部会员资格、配偶补助、生活费津贴）	• 具有深厚的技术技能或其他地区所需的能力的外派人员 • 具体目标是在委派期间转移技能和知识（不超过两年） • 外派人员在固定期限内迁移，除非有特殊技能需要，否则归国后不会再次迁移 • 通常用于服务当地技能无法提供服务的客户
额外薪酬福利法	节约成本	• 基于现行费率（东道国）方法 • 提供发展优势 • 外派人员通常会本地化，并提供一些额外的福利以维持留任 • 无持续津贴（如生活费） • 初始津贴通常在分配期间逐步取消（如第 1 年 100% 津贴，第 2 年 50% 津贴，第 3 年 20% 津贴）	• 发展和技能/借调外派人员的组合，但通常针对的是专业的、职能性的中层管理人员，或广泛的业务经理和/或通才，他们的整个职业生涯中于不同的职位（和地点）之间流动 • 通常向提出委派或表示愿意接受委派的经理人提出
本土化	节约成本，职能更替和保留	• 基于现行费率（东道国）方法 • 上述任何策略的初始津贴在分配期间逐步取消（如第 1 年 100% 津贴，第 2 年 50% 津贴，第 3 年 20% 津贴），以实现完全的"本土"薪酬	• 通常提供给提出委派或表示愿意接受委派的管理人员，以及已超过合同期限（即超过最初的 3 年或 5 年委派）但希望留在当地或公司不希望归国的长期委派人员

续表

政策名称	策略	策略描述	使用目的
单向国际化	自发转移	• 基于现行费率（东道国）方法 • 单向迁移到东道国目的地的费用 • 根据当地工资发放的薪酬、奖励和福利	• 自发/员工主动迁移

资料来源：Table was created by the author team specifically for this textbook.

7.4.4　税收

税收可能是国际薪酬中人力资源管理者和外派人员最为关注的问题，因为它通常会引起排斥心理。[40]没有人喜欢纳税，解决这个问题需要花费企业和外派人员很多时间。为说明潜在的问题，我们以美国的外派人员为例，跨国任职意味着双重纳税——在工作所在的东道国和美国。与其他外派人员的管理成本相同，税收使跨国公司在使用外派人员的问题上再三考虑。根据《美国国内税收法典》第 911 条，在国外赚取的收入可以大幅度减税，但美国的外派人员在国外委派期间，必须向美国国家税务局（IRS）备案，在通常情况下也要向工作所在的东道国的征税部门备案，与那些不需要向本国税务机关申报全球总收入的经济合作与发展组织（Organization for Economic Cooperation and Development，OECD）国家的公民相比，这种手续要烦琐得多。

跨国公司一般会选择下列方法中的一种来处理国际税收事务：

● 税负平衡。企业扣除等于外派人员在母国应纳税额的工资，然后支付东道国的全部税务。

● 税收保护。员工的纳税额不超过在母国薪酬应纳税额的总额。在这种情形下，如果在外国的纳税额低于母国，超出的部分作为员工的额外收入。斯图尔特（Stuart）[41]在关于全球薪酬的经典评论中，提出了另外两种方法：（1）特别处理法（根据个人薪酬计划具体处理每个外派人员的情况）；（2）自由处理法（外派人员自己遵守工作所在的东道国和母国的税收法规与实践）。这两种方法均不推荐采用。税负平衡和税收保护作为最常用的方法，我们将集中讨论。

税负平衡是跨国公司较为常用的税收政策。[42]据此，外派人员的应缴税款等于在母国拥有类似收入的纳税人所应承担的税款。通常企业还要向外派人员额外支付免税的补贴或津贴。随着业务经营涉及的国家越来越多，跨国公司所面临的所得税税率差别也越来越大。例如，表 7-7 列出了一些国家和地区的最高边际税率，可以看到，排在前五位的国家分别是瑞典、丹麦、法国、西班牙和日本，美国则低于这五个国家。[43]

很多跨国公司聘请国际会计师事务所提供咨询，以应对国家之间的税收政策的复杂性和差别性，国际会计师事务所可以帮助外派人员在工作所在的东道国和母国获得退税。跨国公司也越来越多地将外派人员薪酬计划的某些职能进行外包。[44]跨国公司在制订薪酬计划时，需要考虑各国特殊规定的可调整程度，以便母国员工、东道国员工和其他国员工在跨国公司总的薪酬政策框架内能够获得税收方面的最优惠和最适当的回报。

表 7-7 最高边际税率

国家	最高边际税率（%）	国家	最高边际税率（%）
澳大利亚	46.5	墨西哥	35.0
比利时	45.3	荷兰	50.1
加拿大	49.5	新西兰	33.0
智利	39.5	波兰	20.9
丹麦	55.6	西班牙	52.0
法国	54.0	瑞典	56.9
德国	47.5	瑞士	36.1
意大利	47.8	土耳其	35.8
日本	50.5	英国	45.0
韩国	39.4	美国	46.3

资料来源：Adapted from the Organization for Economic Cooperation and Development（OECD），Table 1.7 "Top statutory personal income tax rate and top marginal tax rates for employees, 2014". Reproduced with permission[45].

正如多年前一位国际人力资源经理所说的，国际薪酬所面临的困难"与其说是薪酬，不如说是福利"。国与国之间的文化差异很大，很难将福利计划进行比较或保证公平。养老金计划、医疗保障和社会保险等福利很难进行标准化。[46]这一观点在今天仍然适用，跨国公司在决定福利时需要考虑一系列问题，包括：

● 是否应该将外派人员保留在母国计划之中，即使这样做并不会获得税收减免？

● 跨国公司是否选择将外派人员纳入东道国的福利计划或弥补福利差距？

● 东道国关于解雇的法规是否会影响福利项目？

● 外派人员应该接受母国还是东道国的社会保险福利？

● 福利是否应该维持在一个母国或者东道国的基础上？谁来为成本买单？是否应该采取其他福利项目抵消整体计划的不足？母国的福利计划是否应该向东道国政府报告？

国家治理结构的差异决定公共和私人的养老金制度以及政府认为的"社会保险"应该涵盖的内容。表 7-8 列出了贡献差别（0～60%）以及雇主和雇员贡献的总和。

表 7-8 雇主和雇员的社会保险贡献

国家	雇主的贡献率（%）	雇员的贡献率（%）	总贡献率（%）
澳大利亚*	0.00	0.00	0.00
比利时	34.79	13.07	47.86
加拿大	7.58	6.83	14.41
智利	0.00	7.00	7.00
法国	41.86*	14.05**	55.91

续表

国家	雇主的贡献率（%）	雇员的贡献率（%）	总贡献率（%）
德国	19.28	20.18	39.46
意大利	32.08**	10.49**	42.57**
日本	14.60	14.45	29.05
韩国	10.29	3.84	14.13
墨西哥	7.59**	1.65**	9.24**
荷兰	11.31	31.15	42.46
波兰	16.78	10.06	26.84
新加坡	13.00	8.00	21.00
西班牙	29.90	6.35	36.25
瑞典	31.42	6.25	37.67
瑞士	6.25	6.25	12.5
土耳其	17.50	15.00	32.50
英国	13.80	12.00	25.80
美国	7.65	7.65	15.30

* 当贡献为零时，则不计入总的财务税收，并从 0 跨到一个非常大的值。

** 异常变化。

资料来源：Adapted from the Organization for Economic Cooperation and Development（OECD），Tables 3.1 and 3.2 "Social Security Contribution Rates and Related Provisions，2014". Reproduced with permission.[47]

对于许多国际企业来说，它们倾向于增加外派任务的距离、数量和时间长度。越来越多的公司产生了在国外永久任职的管理人员，一些公司称其为"全球人"。税收和薪酬流程存在由内在文化的动态性和政治动荡引起的复杂性，在可预见的未来，国际人力资源管理者可能需要投入更多的资源、时间和注意力。形成全球组织、专业咨询公司、地方和区域性的、公共和私人利益的网络仍是需要实现的目标。

7.4.5　国际生活费用数据

获取有关国际生活费用的实时信息是跨国公司经常面临的问题。正如本章开篇所述，跨国公司的人力资源管理在许多方面所需的当地知识需要专家的建议。因此，许多跨国公司聘请了咨询公司为它们提供广泛的、高度专业化的国际人力资源管理服务。许多咨询公司提供定期的调查数据用以计算生活费指数[48]，并根据汇率的变动更新调查数据。最近一项对选定城市的生活费用的调查表明：费用（包括租金）最高的 10 个城市分别是：纽约、奥斯陆、日内瓦、苏黎世、东京、迪拜、哥本哈根、新加坡、多伦多和伦敦。在该指数中排名第一的是美国纽约，如果计入租金成本，它是全球生活成本最高的城市，但如果不计入租金成本，则仅排在第六位。最便宜的城市是印度的孟买。东欧和西欧之间的价格差距在 2009 年缩小，西欧平均高出 26%。

采用平衡表法的跨国公司必须根据生活费用的最新数据对其薪酬计划进行经常

性更新，这是持续行政管理的要求，也是外派人员十分关注的问题，滞后会导致抱怨的增加。跨国公司必须能应对突发事件，例如 1997 年底许多亚洲国家突发货币贬值和股票市场崩溃，一些国家的货币（如印度尼西亚的印尼盾）对美元的汇率在短短的几周内就贬值超过 50%，这一事件对价格、生活费用以及以美元等外币标价的印度尼西亚公司偿债成本产生了巨大影响。

"商品篮"（Basket of Goods）是咨询公司用来计算世界范围的生活费用的基础，但对"商品篮"的组成部分仍存在很多争议。例如，瑞士联合银行（UBS）以遍布全球的麦当劳公司的"巨无霸"的价格为基础来衡量全世界的生活消费。[49] 根据表 7 - 9，对于内罗毕的一个普通工人来说，他需要工作差不多 3 个小时才可以赚到购买一个"巨无霸"的收入，而在芝加哥、柏林，工人只需工作不到 15 分钟就能购买到一个"巨无霸"。[50]

表 7 - 9 为购买一个"巨无霸"所需的工作时间

城市	分钟
苏黎世、悉尼、芝加哥	11
柏林、蒙特利尔	13
卢布尔雅那、都柏林、多伦多	15
阿姆斯特丹、里昂、赫尔辛基	16
斯德哥尔摩、约翰内斯堡、迪拜	17
首尔、罗马、多哈	18
奥斯陆、马德里	19
哥本哈根、麦纳麦、莫斯科	20
巴塞罗那、特拉维夫	21
吉隆坡	23
布拉迪斯拉发	24
圣保罗、华沙	25
雅典	26
布宜诺斯艾利斯、塔林、维尔纽斯	29
布拉格	30
里约热内卢、（智利）圣地亚哥	32
里加	34
波哥大、上海	35
曼谷	37
利马	38
孟买	40
布达佩斯、布加勒斯特	44
德里	50
基辅	55
开罗	62
雅加达	67
墨西哥城	78

续表

城市	分钟
马尼拉	87
内罗毕	173

注：用一个"巨无霸"的价格除以 14 个职业的加权平均小时工资。
资料来源：UBS, Prices and Earning 2015.[51]

像关注较为微观的外派人员的生活费用一样，跨国公司对在特定国家开展业务的总体费用也十分感兴趣。经济学人智库[52]通过对工资、外派人员的花费、飞机旅行和生活费津贴、公司税、可感觉到的腐败程度、办公室和工业租金以及公路交通等相关数据进行分析，计算出可以用来测量在不同国家开展业务的相对费用的指数。由于发达国家的工资费用更高一些，在一般情况下，在发达国家开展业务比在发展中国家总体费用更高一些。

7.4.6　母国员工和其他国员工之间的差异

正如我们已经指出的，根据国籍来确定相对应的母国基本工资，采用平衡表法的结果之一是不同国籍的外派人员的工资之间会产生差异，实际上，这是母国员工和其他国员工之间的差异。很多其他国员工有在非本国的一家或多家跨国公司的工作经验，而且经常在不同的国家之间调动（例如，一名印度籍银行家可能会在位于新加坡的一家美国银行的分行工作），拥有丰富的国际工作经验。正如雷诺兹[53]所观察到的，按照当地的基本工资向其他国员工支付薪酬无疑要比按母国员工的工资水平向外派人员支付的薪酬少（尤其当跨国公司的总部设在管理者工资高而且货币稳定的国家时），但验证这些差别非常困难。显然，减少费用要比消除工资差异重要得多。然而，随着企业的国际扩张和国际收入变得越来越重要，其他国员工有可能会变得更有价值。因此，企业有必要重新考虑对其他国员工的薪酬管理方法，以留住有才能的员工。

跨国公司的薪酬政策应该与它们的招聘政策和总体人力资源管理的宗旨相匹配。比如说，如果企业的员工配置政策以民族为中心，那么薪酬政策就不能使外派人员蒙受损失（即维持外派人员与母国相同的待遇，再加上跨国服务的费用补偿）。如果员工配置政策是以地区为中心的（即将"最恰当的人"安排到某岗位任职，而不考虑其国籍），对其他国员工来说可能没有明确的"家"，企业将有必要考虑为主要的国际经理人设立国际基本工资体系，不考虑国籍，并以主要储备货币支付，如美元或欧元，便于跨国公司处理经理人基本工资的差别。概念化、创建、协调和沟通跨部门、文化和员工群体的系统是一项艰巨的任务。[54]

■ 7.5　试探性结论：复杂性、挑战和选择

虽然到目前为止，本章的部分内容集中在外派人员的薪酬上，但以下讨论将为跨国公司国际经理人提供参考。正如本章开篇所阐述的，虽然国际薪酬管理从国内

薪酬管理逐渐发展而来，但是国际薪酬要复杂得多。[55]国内薪酬模式——规范和假设、**薪酬战略**（Pay Strategies）和实践，以及薪酬形式和管理正受到越来越多的挑战，跨国公司高管面临着替代性薪酬形式、不同的法律和制度背景以及全球竞争力迅速变化的现实。

关于国际薪酬的最新研究集中在三个垂直层次，如图 7-1 所示。第一层次：文化价值和假设；第二层次：薪酬战略、实践和体系设计；第三层次：薪酬管理和形式。[56]在水平层次上，公司必须考虑如何在传统的基于内部的薪酬模式和当前基于外部的薪酬模式之间取得平衡。[57]采取全球化战略的公司必须在内部取向和外部取向的假设、战略和实践之间做出选择，以应对复杂的薪酬环境，如图 7-1 的中间部分所示。

	内部环境	薪酬环境	外部环境
第三层次：表层	可见的企业内部变量例如： • 规模 • 组织/产品生命周期 • 国际化水平 • 组织结构	全球薪酬实践 • 混合薪酬 • 薪酬水平 • 标准化和当地化的薪酬实践	可见的企业外部变量例如： • 行业 • 当地产品市场状况 • 当地劳动力市场状况 • 法律环境 • 工会
第二层次：规范和价值观	反映规范和价值的企业内部变量例如： • 企业单元战略 • 公司文化 • 人力资源战略 • 雇佣关系（长期与短期）	薪酬战略 可能的付薪基础： • 工作与技能 • 绩效与资历 • 个人绩效与团队绩效 • 短期导向与长期导向 • 风险厌恶与风险偏好 • 整体绩效与部门绩效 • 垂直与平等 • 数量与质量 • 内部公平与外部公平	反映规范和价值观的企业外部变量例如： • 制度管制（劳动关系系统、教育系统） • 文化规范和价值观
第一层次：基础解释	主要是公司内部视角例如： • 资源基础理论 • 资源依赖理论 • 行为理论 • 新制度经济学		主要是公司外部视角例如： • 企业文化 • 企业制度
研究范式	全球化	⟵⟶	情境化

图 7-1 全球薪酬的复杂性、挑战和选择

在基础解释层次上，公司可以强调关于工作价值的内部理论（例如资源基础理论[58]、行为理论[59]或者新制度经济学[60]）或者强调关于工作价值的外部理论（例如企业文化和制度）。[61]对于这些理论，薪酬管理人员可能无法直接运用，但是这些理论会间接地影响其他薪酬步骤。规范和价值观层次更加明确，研究范围更广。在这个层次上，薪酬战略被视为内部公司规范（这些规范从薪酬战略、国际人力资源管理战略和传统雇佣关系中衍生而来，同时又与它们保持一致）和外部环境规范（这些规范从工会、教育体系和当地或地区法制衍生而来，同时随地区的不同而不同）的结合。

薪酬战略可以用一系列紧密相关的战略选择定义，这些选择包括：薪酬的基础（工作与技能，绩效与资历）[62]，单位的集合（支付给个人、团体和组织，短期导向与长期导向）[63]，对内部公平（如工作评估体系）[64]与外部公平（如市场调查）[65]的关注。相比"当地的"体系，企业薪酬规划人员倾向于采用"普遍适用"的薪酬体系。放松管理和标准化实践有助于简化全球委派，解决与不公平感或者政策不一致等所导致的争论。然而，当地的环境和/或公司的战略可能会使得高层管理者在薪酬实践时进行折中，以符合当地的需求。[66]战略必要性和环境要求使得薪酬实践从一般化向当地化转换。[67]

在图 7-1 的中间部分，"可能的付薪基础"一栏中列出了传统的以工作为基础的薪酬支付标准。公司可能会为员工提供薪酬选择，在传统工作层面为员工的技能或能力支付报酬[68]，以任务小组或工厂为单位发放报酬。[69]公司还可能提供国家层面上的"一般化"的报酬，或为整个全球化公司的所有员工提供标准化的"核心"报酬。[70]公司可以跨过垂直层次，将个人、团体、国家或者公司的目的结合起来支付报酬。[71]这些复合的薪酬体系更加复杂，同时也更加灵活，能够满足不同员工的需求，适应变化的全球商业条件。[72]

跨国公司在高管薪酬实践和公司治理形式方面面临着全球性的挑战[73]：一部分人认为对于管理者、市场敏感型的职业和其他关键性的雇员，要重视个人之间的竞争，因此应建立层级差距较大的薪酬体系[74]；另外一部分人认为应该重视集体合作，因此应建立差距较小的平等的薪酬体系，同时在整个团体或公司共享薪酬实践。[75]跨国公司需要承担违反公司或当地规范的风险。[76]

薪酬实践，例如，混合薪酬（介于基本薪酬、福利的性质范围、长期激励和短期激励等之间），薪酬的总体水平，薪酬标准化和本地化的程度，都是内外部因素共同影响的结果。[77]企业特有的薪酬实践（例如企业在垄断行业中运营、较低的国际化程度、简单的组织设计）可能会降低薪酬的标准化程度。很强的本地价值观、制度和法规、先进的国际化水平和分散化的组织设计会带来更灵活、本地化的薪酬实践。[78]

小　结

在本章中，我们考察了企业的薪酬从国内层面向国际层面转移时所面临的复杂性问题。与国内的人力资源管理中的薪酬政策相比，国际企业的薪酬政策的精确性要低得多。为了阐述这一问题，我们做了如下的工作：

● 细化了国际薪酬计划的关键组成部分。
● 列出了计算国际薪酬的两种方法（现行费率法和平衡表法），并介绍了第三种新方法——额外薪酬福利法，解释了它的组成部分，介绍了三种方法的优缺点。

- 考察了税收、有效的国际生活费用数据和管理其他国员工薪酬等特殊问题。
- 提供了一个全球薪酬模型，强调全球背景下的薪酬实践的复杂性。描述了标准化和本地化的国际薪酬管理实践。
- 通过以下途径实现动态平衡：由母国和当地的人力资源工作人员组成专业网络，把某些活动外包给专业顾问，以及与当地、区域性政府和关键部门建立紧密的合作。

讨论问题

1. 跨国公司制定薪酬政策的目的是什么？
2. 描述现行费率法和平衡表法的区别。
3. 母国员工和其他国员工在薪酬方面的差异是什么？这些差异是否重要？
4. 描述额外薪酬福利法，并解释跨国公司在使用该方法时面临的挑战。
5. 跨国公司在决定如何提供福利时必须考虑哪些重要方面？
6. 为什么说理解其他国家的薪酬实践对于跨国公司来说十分重要？
7. 解释"平衡全球和本地、职位和职能的利益"的视角会对薪酬方案产生怎样的影响。

深度阅读

J. Bonache and L. Stirpe 'Compensating Global Employees', in G. Stahl, I. Björkman and S. Morris (eds.) *Handbook of Research in International Human Resource Management*, 2nd ed. (Cheltenham: Edward Elgar, 2012), pp. 162–182.

M. Festing 'International Human Resource Management and Economic Theories of the Firm', in G. Stahl, I. Björkman and S. Morris (eds.) *Handbook of Research in International Human Resource Management*, 2nd ed. (Cheltenham: Edward Elgar, 2012), pp. 453–471.

M. Festing, A. Engle, P. Dowling and I. Sahakiants 'HRM Activities: Pay and Rewards', Chapter 7 in C. Brewster and W. Mayrhofer (eds.) *Handbook of Research in Comparative Human Resource Management* (Cheltenham, UK: Edward Elgar, 2012), pp. 93–118.

B. Gerhart 'Compensation and National Culture', in L. Gomez-Mejia and S. Werner (eds.) *Global Compensation: Foundations and Perspectives*, (New York: Routledge, 2008), pp. 142–157.

C. Tornikoski, V. Suutari and M. Festing 'Compensation packages of international assignees', in D. Collings, G. Wood and P. Caligiuri (eds.) *The Routledge Companion to International Human Resource Management* (London: Routledge, 2015), pp. 289–307.

参考文献

1. See J. Kerr and J. Slocum 'Managing Corporate Culture Through Reward Systems', *Academy of Management Executive*, Vol. 19, No. 4 (2005), pp. 130–138; and P. Evans, V. Pucik and I. Björkman *The Global Challenge: International Human Resource Management*, 2nd ed. (New York: McGraw–Hill, 2011), particularly pp. 365–381.

2. E. Locke 'Linking Goals to Monetary Incentives', *Academy of Management Executive*, Vol. 18, No. 4 (2004), pp. 130–133; W. Mannering and D. Fischetti 'Engaging Employees Through Performance Markets', *WorldatWork Journal*, Vol. 18, No.4 (2009), pp. 83–92; and A. Pomeroy 'Executive Briefing: Global Pay for Performance', *HR Magazine*, Vol. 51, No. 4 (April 2006), p. 18.

3. Martin Hilb presents a well-written and thorough introduction to this interesting topic area in *New Corporate Governance: Successful Board Management Tools*, 2nd ed. (Berlin: Springer Publishing, 2006); a fascinating critique of contemporary executive pay and governance is provided by L. Bebchuck and J. Fried in *Pay Without Performance: The Unfulfilled Promise of Executive Compensation* (Cambridge, MA: Harvard University Press, 2004).

4. See M. Finkin and J. Crutcher-Gershenfeld (eds.) *Multinational Human Resource Management and the Law: Common Workplace Problems in Different Legal Environments*, (Cheltenham, UK: Edward Elgar, 2013), particularly part VI Compensation and Benefits Administration; I. Fulmer and Y. Chen 'How Communication Affects Employee Knowledge of and Reactions to Compensation Systems', in V. Miller and M. Gordon (eds.) *Meeting the Challenge of Human Resource Management: A Communication Perspective* (New York: Routledge Publishing, 2014), pp.167–178.

5. F. Cooke and P. Budhwar 'HR Offshoring and Outsourcing: Research Issues for IHRM', in P. Sparrow (ed.) *Handbook of International Human Resource Management* (Chichester, UK: John Wiley and Sons, 2009), pp. 341–361.

6. M. Kavanagh and J. Michel 'International Human Resource Management', in M. Kavanagh and M. Thite (eds.) *Human Resource Information Systems* (Thousand Oaks, California: Sage Publications, 2009), pp. 361–391; D. Robb 'Unifying Your Enterprise With a Global HR Portal', *HR Magazine*, Vol. 51, No. 3 (March 2006), pp. 109–115.

7. K. Chou and H. Risher 'Point/Counterpoint: Pay for Performance', *Workspan*, Vol. 48, No. 9 (September 2005), pp. 28–37; S. Troutman and S. Ross 'Rationalizing Global Incentive Pay Plans: Look At the Big Picture, Part One', *Workspan*, Vol. 48, No. 8 (August 2005), pp. 18–22; 'Part Two', *Workspan*, Vol. 48, No. 9 (September 2005), pp. 52–56; 'Part Three', *Workspan*, Vol. 48, No. 10 (October 2005), pp. 30–33. Also see E. Krell 'Evaluating Returns on Expatriates', *HRMagazine*, Vol. 50, No. 3 (March 2005), pp. 60–65; and S. Nurney 'The Long and The Short of It: When Transitioning From Short-term to Long-term Expatriate Assignments, Consider the Financial Implications', *HRMagazine*, Vol. 50, No. 3 (March 2005), pp. 91–94.

8. Chou and Risher 'Point/Counterpoint'; D. Green 'In the Global Reward Environment One Size Doesn't Fit All', *Workspan*, Vol. 48, No. 10 (October 2005), pp. 34–38; and P Gooderham, M. Morley, C. Brewster and W. Mayrhofer 'Human Resource Management: A Universal Concept?', in C. Brewster, W. Mayrhofer and M. Morley (eds.) *Human Resource Management in Europe: Evidence of Convergence?* (Oxford: Elsevier Butterworth-Heinemann, 2004), pp. 1–26. For a well-presented review of European reward practices and patterns see 'European Reward Governance Survey 2015' by T. Aleweld, M. Festing, and M. Tekieli, Aon Hewett-ESCP Europe.

9. See Hilb *New Corporate Governance*; Bebchuck and Fried *Pay Without Performance*; as well as A. Pomeroy 'Executive Briefing: With Executive Comp Go Your Own Way', *HRMagazine*, Vol. 50, No. 1 (November 2005), p. 14; E. Poutsma, P. Ligthart and R. Schouteten 'Employee Share Schemes in Europe – The Influence of US Multinational', *Management Revue*, Vol. 16, No. 1 (2005), pp. 99–122; E. E. Lawler *Talent: Making People Your Competitive Advantage* (San Francisco: Jossey-Bass, 2008), particularly Chapter 7 'Governing Corporations'. M. Hope's 'An Interview with Geert Hofstede', *Academy of Management Executive*, Vol. 18, No. 1 (2004), pp. 75–79 includes the provocative quote from Hofstede: 'A present fad is the myth of the magical powers of top executives. The importance of management in general, and top management in particular, is overrated and top managers are overpaid. In many cases top managers have been brought in who turn out to be parasites on their corporation rather than assets to its real success. The importance of the people who do the work is underrated, although this trend differs between countries and parts of the world' (p. 78). Challenges indeed. The criticality of executive boards in ensuring

value for executive investments is found in B. Ellig's 'Role of the Board Compensation Committee', *Compensation and Benefits Review*, Vol. 46, Nos. 5 and 6 (2014), pp. 262–275.

10. See Hilb *New Corporate Governance*; as well as S. Tyson and F. Bournois (eds.) *Top Pay and Performance: International and Strategic Approach* (Oxford: Elsevier Butterworth-Heinemann, 2005); 'New Ideas-Compensation: US CEO and Director Pay On the Rise', www.conferenceboard.org, in *Workspan*, Vol. 49, No. 1 (January 2006), p. 14; M. Thompson 'Investors Call For Better Disclosure of Executive Compensation in Canada', *Workspan Focus: Canada*, supplement to *Workspan* (February 2006), pp. 4–6; B. Florin, K. Hallock and D. Webber 'Executive Pay and Firm Performance: Methodological Considerations and Future Directions' (posted at digital commons@ILR, digitalcommons.ilr.cornell.edu/cri/15 Compensation Research Initiative 2010). For a more theoretically based assessment of agency dilemmas see T. Clark 'Dangerous Frontiers in Corporate Governance', *Journal of Management and Organization*, Vol. 20, No. 3 (2014), pp. 268–286. Evidence for a more positive correlation between firm performance and executive rewards – if appropriate measures, comparisons and time frames are assessed – is presented by M. Farmer and G. Alexandrou 'CEO Compensation and Relative Company Performance Evaluation: UK Evidence', *Compensation and Benefits Review*, Vol. 45, No. 2 (2013), pp. 88–96.

11. For an ongoing discussion of transparency in pay see L. Gomez-Mejia, P. Berrone and M. Franco-Santos *Compensation and Organizational Performance: Theory, Research and Practice* (London: M.E. Sharpe, 2010), particularly Chapter 4 on the 'Determinants and Consequences of Executive Pay'; and A. Engle and P. Dowling 'Global Rewards: Strategic Patterns in Complexity', Conference Proceedings of the International Conference of Human Resource Management in a Knowledge Based Economy, Ljubljana, Slovenia, June 2004.

12. For a well-articulated review of transformations in reward practices, albeit predominantly from a US perspective, see G. Ledford 'The Changing Landscape of Employee Rewards: Observations and Prescriptions', *Organizational Dynamics*, Vol. 43 (2014), pp. 168–179. An argument is made by N. Gupta and J. Shaw that reward topics are largely under-researched by academics in 'Employee Compensation: The Neglected Area of HRM Research', *Human Resource Management Review*, Vol. 24 (2014), pp. 1–4.

13. For example, specialized firms such as P-E International in Britain provide a survey of Worldwide Living Costs while Price Waterhouse offers a worldwide consulting service called 'Global Human Resource Solutions', which covers a broad range of international HR issues. Also see Mercer's widely used 'Expatriate Calculator' at www.imercer.com/default.aspx?page=home&contentId=1082.

14. J. Dunning and S. Lundan *Multinational Enterprises and the Global Economy*, 2nd ed. (Northampton, Mass.: Edward Elgar, 2008).

15. U. Krudewagen and S. Eandi 'Designing Employee Policies for an International Workforce', *Workspan*, Vol. 53, No. 6 (2010), pp. 74–78; Y.-S. Hsu 'Expatriate Compensation: Alternative Approaches and Challenges', *WorldatWork Journal*, Vol. 16, No. 1 (2007), pp. 15–19.

16. See K. Lowe, J. Milliman, H. DeCeiri and P. Dowling 'International Compensation Practices: A Ten-Country Comparative Analysis', *Human Resource Management*, Vol. 41, No. 1 (Spring 2002), pp. 45–66; S. Overman 'In Sync: Harmonizing Your Global Compensation Plans May Be Done More "In Spirit" Than to the Letter', *HR Magazine*, Vol. 45, No. 3 (March 2000), pp. 86–92; and E. Scott and R. Burke 'Taming the Beast: Aligning Global

Sales Incentives', *Workspan*, Vol. 50, No. 3 (March 2007), pp. 44–49.

17. M. Bloom and G. T. Milkovich 'A SHRM Perspective on International Compensation and Reward Systems' *Research in Personnel and Human Resource Management*, Supplement 4, (Greenwich, CT: JAI Press, 1999), pp. 283–303; M. Festing, A. Engle, P. Dowling and I. Sahakiants 'HRM Activities: Pay and Rewards', in C. Brewster and W. Mayrhofer (eds.) *Handbook of Research in Comparative Human Resource Management* (Cheltenham, UK: Edward Elgar, 2012), pp. 139–163.

18. Y. McNulty, H. De Cieri *et al.* 'Do Global Firms Measure Expatriate Return on Investment? An Empirical Examination of Measures, Barriers and Variables Influencing Global Staffing Practices', *International Journal of Human Resource Management*, 20(6) (2009) 1309–1326. Also see Y. McNulty, K. Hutchings *et al.* 'How Expatriate Employees View Expatriate Return on Investment', *Proceedings of the Academy of International Business* Annual Meeting, Nagoya, Japan, 2011.

19. G. T. Milkovich and M. Bloom 'Rethinking International Compensation', *Compensation and Benefits Review*, Vol. 30, No. 1 (1998), pp. 15–23.

20. H. J. Ruff and G. I. Jackson 'Methodological Problems in International Comparisons of the Cost of Living', *Journal of International Business Studies*, Vol. 5, No. 2 (1974), pp. 57–67. For a more recent discussion of the complexities of this issue see G. T. Milkovich, J. Newman and B. Gerhart, *Compensation* 10th ed. (New York: McGraw-Hill, 2011), particularly pp. 536–540.

21. Acquired by Mercer in July 2010, see the webpage www.orcworldwide.com/. For specifics on the level of detail of available cost-of-living services provided by global consulting firms (for a fee) see www.imercer.com/products/2010/cost-of-living.aspx#col.

22. To view the webpage of ECA International see www.eca–international.com/.

23. Ibid.

24. Boarding schools are relatively common in Britain, former British colonies and a number of European countries. See, for example, the Association of Boarding Schools, www.boardingschools.com/about-tabs.

25. ORC Worldwide 'Worldwide Survey of International Assignment Policies and Practices' (New York: ORC Worldwide, 2008).

26. It is common in Asia and many developing countries in other regions for expatriates and local business people to employ maids and cooks in their houses. As stated in an earlier note when discussing employment of drivers, it may be expected that an expatriate would employ servants and to not do so would be judged negatively as this would be depriving local people of employment. Not surprisingly, this is one benefit which expatriate spouses miss when they return to their home country.

27. ORC Worldwide 'Dual Career Couples and International Assignments Survey' (New York: ORC Worldwide, 2005). Local legal requirements and traditional practices can be made by nation and region. For example see 'Global Benefits and Employment Terms and Conditions Reports'.

28. Extensive comparisons of international benefits components, series, fee accessible, as described in the '2010/2011 Global Catalog of Compensation, Benefits, and Policies and Practices Survey Reports', Towers Watson Data Service, Rochelle Park, New Jersey. For a more general discussion of the complexities of benefits and pension issues in international mergers and acquisitions see A. Rosenberg and N. Lasker 'Beyond Borders: Mastering Pension and Benefit Issues in Global M&A Transactions', *WorldatWork Journal*, Vol. 17, No. 4 (2008), pp. 28–36. The need to provide this coverage and still be cost-sensitive given the new economic realities

of the 21st century is discussed in a web article by *WorldatWork* 'Companies Juggle Cost Cutting with Maintaining Competitive Benefits for International Assignees', accessed September 29, 2010 from www.worldatwork.org/waw/adimComment?id=42613&id=wsw092810.

29. The material in the tables describing the two main approaches to international compensation is based on various sources – the research and consulting experience of the first author and various discussions on this topic with a range of HR managers and consultants in Australia and the USA.

30. See C. Mestre, A. Rossier-Renaud and M. Berger 'Better Benchmarks for Global Mobility', *Workspan*, Vol. 52, No. 4 (2009), pp. 72–77; as well as D. Balkin 'Explaining CEO Pay in a Global Context: An Institutional Perspective', in L. Gomez-Mejia and S. Werner (eds.) *Global Compensation: Foundations and Perspectives* (New York: Routledge, 2008), pp. 192–205. In interviews conducted a number of years ago by the first author with senior management of Australian firms operating internationally, repatriation difficulties were one of the major reasons cited for not following a Going Rate Approach with Australian expatriates.

31. See B. W. Teague *Compensating Key Personnel Overseas* (New York: The Conference Board, 1972); and J. J. Martoccho *Strategic Compensation*, 6th ed. (Upper Saddle River, NJ: Pearson/Prentice-Hall, 2011), particularly Chapter 14, for a more detailed discussion of the concept of keeping the expatriate 'whole'.

32. This discussion of the Balance Sheet Approach follows the presentation in Chapter 4 of the *2000 Guide to Global Compensation and Benefits*, ed. C. Reynolds (San Diego, CA: Harcourt Professional Publishing, 2000).

33. For a discussion of the complexities of this topic specific to China see K. Leung, X. Lin and L. Lu 'Compensation Disparity Between Locals and Expatriates in China: A Multilevel Analysis of the Influence of Norms', *Management International Review*, Vol. 54 (2014), pp. 107–128.

34. See Chapter 7 of J. Martocchio *Strategic Compensation*, 6th ed. (Upper Saddle River, NJ: Pearson/Prentice Hall, 2011) for a review of equity theory applied to compensation.

35. M. Neijzen and S. De Bruyker *Diverse Expatriate Populations: Alternative Remuneration Packages* (New York: AIRINC, 2010).

36. See ORC Worldwide 'Survey on local-plus packages in Chinese Hong Kong and Singapore' (New York, 2008); ORC Worldwide 'Survey on local-plus packages for expatriates in China' (New York, 2009).

37. AIRINC 'Mobility Outlook Survey' (New York, 2011), AIRINC.

38. D. Bolchover 'Up or Out: Next Moves for the Modern Expatriate' (London, UK: Economist Intelligence Unit, 2010).

39. Y. McNulty, K. Hutchings *et al.* 'How Expatriate Employees View Expatriate Return on Investment', *Proceedings of the Academy of International Business* (Nagoya, Japan, June 2011).

40. R. Cui 'International Compensation: The Importance of Acting Globally', *WorldatWork Journal*, Vol. 15, No. 4 (2006), pp. 18–23; R. Herod *Global Compensation and Benefits: Developing Policies for Local Nationals* (Alexandria, Va.: Society for Human Resource Management, 2008).

41. P. Stuart 'Global Payroll – A Taxing Problem', *Personnel Journal* (October, 1991), pp. 80–90. For a discussion of the comparative international tax status of incentive elements of pay see J. George 'Do Performance Awards Work Outside the US?' *Workspan*, Vol. 53, No. 1 (2010), pp. 12–14.

42. Ibid.; tax equalization can become a potential area of

familial contention and more complex when dual-career families seek tandem international assignments, as presented by G. Aldred in 'Dual Career Support: Strategies for Designing and Providing Career Support for International Assignee Partners', *GMAC Strategic Advisor*, 2, 6 (February 2006), pp. 1–4 (www.gmacglobalrelocation.com). No fewer than 78 per cent of surveyed MNEs applied a tax equalization policy according to the Brookfield Survey 2010.

43. *Organization for Economic Co-operation and Development*; see www.oecd.org under 'OECD Tax Database' for a complete listing of tax rates and other fiscal policy comparisons for member nations.

44. 'Brookfield Global Relocation Trends 2010 Survey', Brookfield GMAC Global Relocation Services (2010), www.brookfieldgrs.com/insights_ideas.grts/.

45. R. Schuler and P. Dowling *Survey of SHRM Members* (New York: Stern School of Business, New York University, 1988).

46. R. Schuler and P. Dowling *Survey of SHRM Members* (New York: Stern School of Business, New York University, 1988).

47. *Organization for Economic Co-operation and Development*.

48. 'UBS Prices and Earnings, Wealth Management Research, August 2010, A Global Purchasing Power Comparison', accessed 3 October 2010 from www.ubs.com. The arcane complexities of attempting to forecast exchange rates can be found in an interesting article by K. Clements and Y. Lan 'A New Approach to Forecasting Exchange Rates', *Journal of International Finance*, Vol. 29 (2010), pp. 1424–1437. For an updated European perspective see ec.europa.eu/eurostat/statistics-explained/index.php/Comparative_price_levels_of_consumer_goods_and_services; and from UBS www.ubs.com/microsites/prices-earnings/edition–2015.html.

49. 'Price and Earnings: A Comparison of Purchasing Power Around the Globe' (Zurich: UBS AG, Wealth Management Research, 2015).

50. See UBS.com.

51. Accessed from www.UBS.com 'UBS, Prices and Earnings 2015', PDF document, p. 12, accessed on 13 February 2016.

52. See www.eiu.com/index.asp for *The Economist* Intelligence Unit website.

53. C. Reynolds 'Cost-Effective Compensation', *Topics in Total Compensation*, Vol. 2, No. 1 (1988), p. 320.

54. The difficulties of communicating a globally standardized equity share plan at Siemens are reported by R. Knells, M. Muntermann, K. Wolff and U. Zschoche 'The Importance of Communication When Implementing Global Share Plans: The Siemens Experience', *Compensation and Benefits Review*, Vol. 45, No. 5 (2013), pp. 272–277.

55. J. Newman, B. Gerhart and G. Milkovich *Compensation*, 12th ed. (Boston, MA: McGraw-Hill Pub., 2017), Chapter 16.

56. See E. Schein *Organizational Culture and Leadership* (San Francisco, CA: Jossey-Bass Pub., 1985). For a specific regional discussion of this issue see M. Festing and I. Sahakiants 'Compensation Practices in Central and Eastern European EU Member States – An Analytic Framework Based on Institutional Perspectives, Path Dependencies and Efficiency Considerations', *Thunderbird International Business Review*, Vol. 52, No. 3 (2010), pp. 203–216.

57. See M. Festing, A. Engle, P. Dowling and I. Sahakiants 'HRM Activities: Pay and Rewards'; P. Dowling, A. Engle, M. Festing and B. Mueller 'Complexity in Global Pay: A Meta-Framework', *Conference Proceedings of the 8th Conference on International Human Resource Management*, (Cairns, Australia, June 2005), CD-ROM indexed by title and first author's name; C. Brewster 'Comparing HRM Policies and Practices Across Geographical Borders', in G. Stahl and I. Björkman (eds.) *Handbook of Research in International Human Resource Management*

(Cheltenham, UK: Edward Elgar, 2006), pp. 68–91.

58. J. Barney 'Firm Performance and Sustained Competitive Advantage', *Journal of Management*, Vol. 17, No. 1 (1991), pp. 99–120.

59. See J. G. March and H. A. Simon *Organizations* (New York: Wiley and Sons, Inc., 1958).

60. O. Williamson 'Efficient Labor Organization', in F. Stephens (ed.) *Firms, Organization and Labor* (London: MacMillan, 1984), pp. 87–118; G. Marin 'The Influence of Institutional and Cultural Factors on Compensation Practices Around the World', in L. Gomez–Mejia and S. Werner (eds.) *Global Compensation: Foundations and Perspectives* (New York: Routledge, 2008), pp. 3–17. Also see M. Festing and I. Sahakiants 'Compensation Practices in Central and Eastern EU Member States – An Analytical Framework Based on Institutional Perspectives, Path Dependencies and Efficiency Considerations', *Thunderbird International Business Review*, Vol. 53, No. 3 (2010), pp. 203–216.

61. As in M. Armstrong and H. Murlis *Reward Management: A Handbook of Remuneration Strategy and Practice* (London: Kogan Page Limited, 1991). Also see G. T. Milkovich and M. Bloom 'Rethinking International Compensation', *Compensation and Benefits Review*, Vol. 30, No. 1 (1998), pp. 15–23; M. Festing, J. Eidems and S. Royer 'Strategic Issues and Local Constraints in Transnational Compensation Strategies: An Analysis of Cultural, Institutional and Political Influences', *European Management Journal*, Vol. 25, No. 2 (2007), pp. 118–131; M. Brookes, G. Wood and C. Brewster 'Variations in Financial Participation in Comparative Context', in G. Wood, C. Brewster and M. Brookes (eds.) *Human Resource Management and the Institutional Perspective* (London: Routledge Publishing, 2014), pp. 39–58.

62. A. Engle and M. Mendenhall 'Transnational Roles, Transnational Rewards: Global Integration in Compensation', *Employee Relations*, Vol. 26, No. 6 (2004), pp. 613–625. For a more basic discussion of competency-based rewards see P. Zingheim and J. Schuster 'Competencies replacing Jobs as the Compensation/HR Foundation', *WorldatWork Journal*, Vol. 18, No. 3 (2009), pp. 6–20. For a North American-based empirical review of skills based pay systems and their impact on workforce flexibility, employee membership behaviors and productivity see A. Mitra, N. Gupta and J. Shaw 'A Comparative Examination of Traditional and Skills-based Pay Plans', *Journal of Managerial Psychology*, Vol. 26, No. 4 (2011), pp. 278–296. For a Spanish empirical sample of the relationship between competencies and rewards see M. Diaz-Fernandez, A. Lopez-Cabrales and R. Valle-Cabera 'In Search of Demanded Competencies: Designing Superior Compensation Systems', *International Journal of Human Resource Management*, Vol. 24, No. 3 (2013), pp. 643–666.

63. L. Gomez-Mejia and T. Welbourne 'Compensation Strategies In a Global Context', *Human Resource Planning*, Vol. 14, No. 1 (1991), pp. 29–41; R. Heneman, C. von Hippel, D. Eskew and D. Greenberger 'Alternative Rewards in Unionized Environments', in R. Heneman (ed.) *Strategic Reward Management* (Greenwich, CT: Information Age Pub., 2002), pp. 131–152. The use of variable group pay and benefits is presented as positively impacting innovations in an empirical review of a wide range of Canadian firms by B. Curran and S. Walsworth 'Can You Pay Employees to Innovate? Evidence From the Canadian Private Sector,' *Human Resource Management Journal*, Vol. 24, No. 3 (2014), pp. 290–306.

64. Gomez-Mejia and Welbourne 'Compensation Strategies in a Global Context'; M. Bloom and G. T. Milkovich 'A SHRM Perspective on International Compensation and Reward Systems', *Research in Personnel and Human Resource Management*, Supplement 4 (Greenwich, CT:

JAI Press, 1991), pp. 283–303. For a review of efforts by the Chartered Institute of Personnel and Development (CIPD) in the United Kingdom to more systematically assess the potential cost and financial liability inherent in employee incentive schemes – in the light of a widespread perception that risky executive incentives led to dysfunctional decisions in the period 1995– 2008 – see C. Cotton and J. Chapman 'Rewards in the U.K.: Top 10 Risks', *Workspan*, Vol. 53, No. 1, (2010), pp. 52–57.

65. Milkovich and Newman 'A SHRM Perspective on International Compensation and Reward Systems'.

66. M. Festing, J. Eidems and S. Royer 'Strategic Issues and Local Constraints in Transnational Compensation Strategies: An Analysis of Cultural, Institutional and Political Influences'. An earlier version of this was presented by Marion Festing, Allen D. Engle, Peter Dowling and Bernadette Muller in the Conference Proceedings of the 8th Conference on International Human Resource Management, Cairns, Australia, 2005. For more on the tension between standardization and globalization see M. Festing, A. Engle, P. Dowling and I. Sahakiants 'HRM Activities: Pay and Rewards'.

67. M. Festing and A. Engle 'Contextualism in Rewards: Constructs, Measures and the Discretion of Multinational Enterprises', in C. Brewster and W. Mayrhofer 'Comparative Human Resource Management – Current Status and Future Development', Professional Development Workshop, HR Division, Academy of Management (Montreal, August 2010); M. Bloom, G. T. Milkovich and A. Mitra 'International Compensation: Learning From How Managers Respond to Variations in Local Host Contexts', *International Journal of Human Resource Management*, Vol. 14 (2003), pp. 1350–1367. Also see A. Mitra, M. Bloom and G. T Milkovich 'Crossing a Raging River: Seeking Far-Reaching Solutions to Global Pay Challenges', *WorldatWork Journal*, Vol. 11, No. 2 (2002), pp. 6–17. For a lucid argument that international scholars may have overestimated the forces associated with localization of rewards see B. Gerhart 'Compensation and National Culture', in L. Gomez-Mejia and S. Werner (eds.) *Global Compensation: Foundations and Perspectives* (New York: Routledge, 2008), pp. 142–157.

68. J. Boudreau, P. Ramstad and P. Dowling 'Global Talentship: Toward a Decision Science Connecting Talent to Global Strategic Success', in W. H. Mobley and P. W. Dorfman (eds.) *Advances in Global Leadership*, Vol. 3 (Oxford: Elsevier Science, 2003), pp. 63–99. Also see A. Engle, M. Mendenhall, R. Powers and Y. Stedham 'Conceptualizing the Global Competency Cube: A Transnational Model of Human Resource', *Journal of European Industrial Training*, Vol. 25, No. 7 (2001), pp. 346–353.

69. E. E. Lawler III *Rewarding Excellence* (San Francisco, CA: Jossey-Bass Pub., 2000); C. Garvey 'Steer Teams With the Right Pay', *HR Magazine*, Vol. 47, No. 5 (May 2002), pp. 71–78.

70. G. T. Milkovich and M. Bloom 'Rethinking International Compensation', *Compensation and Benefits Review*, Vol. 30, No. 1 (1998), pp. 15–23.

71. G. T. Milkovich and M. Bloom 'Rethinking International Compensation'. Also see A. Engle and M. Mendenhall 'Transnational Roles and Transnational Rewards: Global Integration in Compensation', *Employee Relations*, Vol. 26, No. 6 (2004), pp. 613–625.

72. An additional advantage of these composite systems is the potential for the pay system to act as a more nuanced and meaningful 'signal' to attract and hold employees with certain capabilities. Recall the 'talent management' discussion from Chapter 6 and the need to gain and maintain critical skills in a highly competitive global environment. The potential signaling advantage of a performance-focused pay system is presented by B. Gerhart and M. Fang 'Pay for (Individual) Performance: Issues, Claims, Evidence and the Role of Sorting Effects', *Human Resource Management Review*, Vol. 24 (2014), pp. 41–52.

73. For an interesting and rather complete cross-cultural review of corporate governance roles, processes and activities, organized by geographic regions, see the *Handbook on International Corporate Governance: Country Analyses*, 2nd ed., edited by C. Mallin (Cheltenham, UK: Edward Elgar Publishers, 2011).

74. See Newman, Gerhart and Milkovich *Compensation*, pp. 74–79, 82–88. Also see R. Greene *Rewarding Performance: Guiding Principles; Custom Strategies* (New York: Routledge, 2010), particularly the discussion on Chapter 9 on global rewards and national and regional cultural clusters and norms, a discussion based on Fons Trompennars' *Managing People Across Cultures* (Chichester, UK: John Wiley and Sons, 2004) research on the patterns to values and preferences of various regions of the world.

75. Newman, Gerhart and Milkovich, 2017, particularly pages 74 through 79 and 82 through 88.

76. Post-hoc home country executive financial liabilities for questionable activities that may or may not have been locally *de rigueur* are an interesting application of this greater question of values across very different cultures. See M. Bartiromo 'Siemen's CEO Loscheer looks to the Future', *Business Week* (19 October 2009), pp. 17–18. For a well-written introduction to the issue of convergence or divergence in pay practices that may be associated with increasing transparency in pay practices around the world see C. Fay 'The Global Convergence of Compensation Practices', in L. Gomez-Mejia and S. Werner (eds.) *Global Compensation: Foundations and Perspectives* (New York: Routledge, 2008), pp. 131–141.

77. A. Katsoudas, S. Olsen and P. Weems 'New Trends in Global Equity Rewards', *Workspan*, Vol. 50, No. 3 (2007), pp. 28–33.

78. See Dowling, Engle, Festing and Mueller 'Complexity in Global Pay'; Bloom, Milkovich and Mitra 'International Compensation'.

第 **8** 章

国际劳动关系与全球制度环境 *

本章将：

- 讨论国际劳动关系的关键问题以及跨国公司的政策和实践。
- 分析工会对跨国公司的潜在约束。
- 列举工会在跨国公司活动中关注的主要事项。
- 列举工会在应对跨国公司时采取的战略。
- 讨论在全球劳动力环境下近期的趋势和问题。
- 讨论区域经济体如欧盟的形成以及反全球化的影响。
- 提出跨国公司在商品和社会组织中行为准则的问题。
- 讨论境外生产战略对人力资源的影响。

■ 8.1 引　言

本章我们使用更传统的术语"劳动关系"来描述对于工作和就业的更广泛的研究。我们有时也会使用一些更新的词汇，如"雇员关系"和"雇佣关系"，但是我们仍然倾向于在总体情境下使用传统术语，因为这与国际雇主组织（International Organization of Employers）和国际劳工组织（International Labor Organization）等国际组织的用语一致。[1]

在分析与跨国公司相关的劳动关系中的重要问题之前，我们需要先了解一些国际劳动关系中的通用知识。[2]第一，认识到难以比较不同国家之间的劳动关系体系和行为至关重要；当某一劳动关系的概念从一种劳动关系背景转换到另一种背景时[3]，它的意思可能会发生重大改变。例如，集体谈判这一概念在美国被理解为当地工会和管理层之间的谈判，而在瑞典和德国，这一概念是指代表某一行业大部分企业的雇主组织和该行业员工的工会之间的谈判。集体谈判的目标和集体协议的执行力也存在许多跨国差异。许多欧洲工会仍旧将集体谈判的过程视为劳动力和资本

---

* 感谢位于澳大利亚墨尔本的莫纳什大学（Monash University）的彼得·霍兰（Peter Holland）副教授对本章的贡献。

之间持续不断的阶级斗争，而美国工会的领导者们则采用一种偏向实用经济学的角度而不是意识形态角度来看待集体谈判。第二，认识到在国际劳动关系领域中，了解劳动关系体系的历史起源对理解国际劳动关系很重要。[4]正如施雷格勒（Schregle）[5]所发现的：

> 劳动关系的比较研究表明，劳动关系现象是对社会运行状况、社会特征以及不同利益集团之间权力关系的真实体现。在理解劳动关系时不能不考虑社会中规则的建立与执行以及决策的制定方式。

由历史差异所造成的影响的一个有意思的例子是各个国家的工会结构。普尔（Poole）[6]发现了存在于这些历史差异背后的一些因素：

- 工会发展关键阶段的技术和产业组织模式；
- 政府管制工会的方法；
- 工会运动的意识形态划分；
- 宗教组织对工会发展的影响；
- 大型公司中劳动关系的管理战略。

如表 8-1 所示，工会结构在西方国家中差异很大，其中包括产业工会（Industrial Unions），它代表产业中的所有员工；同业工会（Craft Unions），它是产业间基于技能的职业分组；联合会（Conglomerate Unions），代表不止在一个产业的员工；总工会（General Unions），它面向某一国家几乎所有的员工。工会结构的这些差异对西方国家的集体谈判过程产生了深远影响。随着时间推移，工会结构的一些改变越来越明显，例如，企业工会在工业化国家中的地位愈发显著。虽然企业工会在亚太国家已经相当普遍，但各个国家企业工会的功能和占工会总数的比例存在差异。

表 8-1 主要西方工业社会中的工会结构

澳大利亚	总工会，同业工会，产业工会，白领工会
比利时	产业工会，职业工会，宗教工会，公共部门工会
加拿大	产业工会，同业工会，联合会
丹麦	总工会，同业工会，白领工会
芬兰	产业工会，白领工会，职业工会，技术工会
德国	产业工会，白领工会
英国	总工会，同业工会，产业工会，白领工会，公共部门工会
日本	企业工会
荷兰	宗教工会，联合会，白领工会
挪威	产业工会，同业工会
瑞典	产业工会，同业工会，白领工会，职业工会
瑞士	产业工会，同业工会，宗教工会，白领工会
美国	产业工会，同业工会，联合会，白领工会

资料来源：M. Poole, *Industrial Relations：Origins and Patterns of National Diversity* (London：Routledge & Kegan Paul, 1986), p. 79.

我们对某一体系的特殊形成方式了解越少，就越不可能理解它。正如普拉哈拉德（Prahalad）和多兹[7]所说的，跨国公司管理者对当地产业和政治环境缺乏了解，有时会导致甚至加剧许多不必要的冲突，而当地公司很可能需要解决这些冲突。跨国公司越来越意识到这一不足，并承认劳动关系政策要具有足够的弹性，以适应当地需求。

与研究结果一致[8]，从东道国向国外子公司转移的劳动关系和其他政策实践受到很多因素和行为的强烈影响。[9]布莱克[10]指出国家文化与劳动关系的特点显著相关，但在研究中，这些特点经常没有被解释清楚。亨特（Hunter）和卡茨（Katz）[11]也证明了这一点，他们观察了美国银行业和汽车业的全球化，并指出关注劳动关系中的国家产业体系的重要性，因为这会对我们如何以最好的方式管理这些关系提供更多的见解。此外，对母国进一步的研究[12]发现组织可能采取多种劳动关系策略。[13]

■ 8.2　国际劳动关系的关键问题

本章的重点是跨国公司采用的劳动关系战略，而不是劳动关系比较这类一般的主题。[14]本章接下来将讨论"海外员工"这一新兴话题，但是我们将首先分析国际背景下劳动关系的核心问题，即跨国公司管理劳动力的基本定位。

跨国公司的劳动关系政策和实践

各国在经济、政治和法律体系上的差异，产生了明显不同的劳动关系体系，跨国公司通常将劳动关系的管理委托给其国外子公司。然而，权力下放政策并没有阻止公司总部在劳动关系战略上的统一协调。一般来说，公司总部将参与或监督国外子公司制定的劳资协议，因为这些协议将影响公司的国际规划，并且/或者给其他国家的谈判创造先例。此外，马金森（Marginson）等人[15]发现他们研究中的大多数公司监管着不同国家跨部门的员工绩效。公司跨国部门的绩效数据比较，给一些问题的决策提供了帮助，这些问题包括部门选址、资本投资和生产能力的合理化等。当不同国家的部门采取类似的运营方式时，这种比较能够达到最佳效果。在此领域的文献综述可以参见甘宁格（Gunnigle）及其同事的著作。[16]

许多关于跨国公司劳动关系实践的文献往往处于跨国或者类似的层面，然而，就像现代汽车公司的案例一样，在公司层面也有一些关于劳动关系实践的研究。实证研究发现各个国家劳动关系实践存在差异。事实上，许多研究已经验证了跨国公司总部在干预或集中控制东道国劳动关系等问题的倾向性差异。跨国公司总部参与劳动关系受到以下因素的影响。

内部子公司生产一体化程度

哈米尔（Hamill）[17]的研究发现，高度一体化是导致公司内劳动关系功能集中化的最重要因素。当跨国采购模式发展起来时，即一个国家的子公司依赖另一个国外子公司作为零部件来源或其产出的用户时，贯彻系统的劳动关系对公司总部有直接影响[18]，在这种情况下，协同的劳动关系政策是全球化生产战略成功的关键因素之一。[19]早期劳动关系的国际政策发展案例可参见福特公司在生产运营中引入员工参与。[20]

子公司所有权归属的国家

欧洲公司和美国公司在总部参与劳动关系方面存在明显差异。[21]研究显示，美国公司比英国或其他欧洲公司更倾向于对劳动关系实行集中化控制。[22]美国公司更加强调正式的管理控制和严密的汇报体系（特别在财务控制方面），以确保实现计划目标。比恩（Bean）[23]对该领域的实证研究综述表明，英国的外资跨国公司更喜欢单一雇主谈判（而不是让某一雇主协会介入），而且比英国公司更有可能在劳动力的利用问题上主张管理特权。此外，哈米尔[24]发现美资子公司在劳动关系的决策方面比英资子公司更加集权化。哈米尔将这种管理过程中的差异归因于美国公司更加一体化的本质，英美之间的劳动关系体系之间的差异大于英国与其他欧洲国家之间的差异，同时美国公司更具民族中心主义的管理风格。

国际人力资源管理方法

在前面的章节中，我们讨论了跨国公司采用的各种国际人力资源管理方法，它们对国际劳动关系具有启示作用。有趣的是，民族中心主义倾向更可能引发各种劳动关系冲突。[25]相反，事实表明更具全球化视野的公司将更能够承受东道国劳动关系体系的影响，因为它们更愿意参与当地事务。[26]

跨国公司已有的劳动关系经验

欧洲企业倾向于在行业层面（通常通过雇主协会）而不是在企业层面与行业工会打交道。相反的典型则是美国公司。在美国，雇主协会在劳动关系体系中并未发挥关键作用，而以公司为基础的劳动关系政策往往成为规范。[27]

子公司特征

研究发现许多子公司的特征与劳动关系的集中度有关。首先，通过兼并优秀本土公司而形成的子公司往往比跨国公司新开发地区的企业在劳动关系上拥有更多的自主权。[28]其次，根据恩德韦克（Enderwick）的观点，当子公司具有重要战略意义或者子公司非常年轻时，需要实行更多的干预。[29]再次，当母公司是子公司重要的运作资金或投资资金的来源时，即当子公司更依赖母公司的资源时，公司将更多地参与劳动关系和人力资源管理（HRM）。[30]最后，子公司业绩不佳往往会导致母公司更多地参与劳动关系管理。当糟糕的业绩是源于劳动关系问题时，跨国公司往往试图引入母国公司的劳动关系实践来缓和产业动荡局面，或提高生产率。[31]

国内产品市场的特征

国内产品市场[32]的范围这一重要因素已经在第 1 章讨论过。如果国内的销售量相对于海外业务高很多（许多美国公司正是如此），那么海外业务更有可能被母公司视为国内业务的延伸。许多欧洲公司却并非如此，它们的国际运营占据了公司业务的主要部分。大型国内市场的匮乏强烈激励着这些公司努力适应东道国的制度和规范。证据表明欧洲环境发生了改变：自 1993 年实行单一欧洲市场以来，集中化管理组织和制定战略决策的大型欧洲公司（通过兼并或合资）发展迅速。然而，劳动关系的分权化运作也很明显。[33]

工会的管理态度

另外一个重要因素就是工会的管理态度或意识形态。[34] 了解工会的管理态度可能比单独依靠一个理性经济模型能够对跨国公司的劳动关系行为提供更完整的解释。因此，解释管理行为时除了考虑市场力量和战略选择等因素外，还应该考虑管理态度。这特别适用于美国公司，因为对工会的回避似乎根植于美国管理者的价值观体系。[35] 著名的哈佛劳动法学者德里克·博克（Derek Bok）在评论美国的劳动关系时指出：

> 看看塑造我们劳动法的力量确实能告诉我们一些关于我们自己社会的事情，或者至少能让一些古老的真理变得更加清晰。想想遍布我们劳动关系体系的个人主义、实用主义和权力下放。这些特征受到了广泛的赞扬，无疑也为美国的劳动关系做出了很大的贡献。它们允许在一个多样化国家有很大的灵活性，并为自主性提供了大量机会……同时，这些特点也产生了一个对弱者、未受教育者、无组织者和不幸者特别严苛的劳动法体系。[36]

表 8-2 展示了 2005—2013 年经合组织（Organization for Economic Cooperation and Development，OECD）关于 18 个发达经济体工会密度的数据。瑞典、丹麦和挪威拥有最多的工会成员，而法国、美国的工会密度较低，因此，与许多其他国家的管理者相比，这些国家的管理者不太可能有丰富的工会经验。总的来说，表 8-2 显示工会密度在 2005—2013 年期间略有下降，经合组织国家的平均数从 2005 年的 18.8 下降到 2013 年的 16.9。许多国家工会密度下降的原因可能是经济因素，如公共部门就业率降低、制造业就业量在总就业量中的比重降低以及竞争加剧。此外，还被认为与同业务部门层面的劳动关系分权化、政府管制的改变和法规的改变有关。工会成员的减少还可能与引入工作组织的新形式、生产的全球化和劳动力结构的改变等有关。[37]

表 8-2 工会密度

国家	2005 年	2013 年	国家	2005 年	2013 年
澳大利亚	22.3	17.0	日本	18.8	17.8
奥地利	33.3	27.4	墨西哥	16.9	13.6
加拿大	27.7	27.2	挪威	54.9	53.5
智利	13.5	15.3（2012 年）*	波兰	21.5	12.5（2012 年）*
丹麦	70.7	66.8	西班牙	14.8	17.5（2012 年）*
法国	7.7	7.7（2012 年）*	瑞典	76.5	67.7
德国	21.7	17.7	英国	28.4	25.4
匈牙利	17.5	10.6（2012 年）*	美国	12.0	10.8

续表

国家	2005 年	2013 年	国家	2005 年	2013 年
爱尔兰	34.0	29.6	经合组织国家	18.8	16.9
意大利	33.6	36.9			

* 没有 2013 年数据。

资料来源：OECD Database www. OECD. Stat extracted 9 September 2015. Trade union density is the ratio of wage and salary earners that are trade union members divided by the total number of wage and salary earners.

虽然工会密度增长率的跨国比较在数据收集方面可能存在一些问题，但是学界已经提出一些理论来解释不同国家间的差异。这些理论考虑了工资、价格和失业率等经济因素，公众对工会的支持等社会因素，以及政治因素。此外，研究显示：劳动力、管理层和政府所采取的战略也至关重要。[38]

国际劳动关系的另一个重要问题是劳资冲突。哈米尔[39]研究了英国三个不同产业中跨国子公司和当地公司的罢工倾向。罢工倾向通过三个变量来衡量：罢工频率、罢工规模和罢工持续时间。这两类公司在罢工频率上没有差异，但是跨国子公司比当地公司经历更大规模、更长时间的罢工。哈米尔提出，这可能是由于对劳动关系环境不熟悉，或者这种差异表明外资公司在快速解决罢工问题上可能比当地公司面临相对较低的财务压力——这可能是因为它们能够将生产转移到其他国家。

总而言之，国际劳动关系受到一系列广泛因素的影响这一结论是显而易见的。哈米尔[40]在评论他的研究结果时这样总结道：

> 一般结论并不适用于跨国公司内劳动关系的管理，相反，不同的跨国公司会根据自身面临的特殊环境采取不同的劳动关系战略。换言之，考虑跨国公司的类型比跨国化本身更为重要。

8.3　工会和国际劳动关系

工会可能从四个方面限制了跨国公司的战略选择：（1）通过影响工资水平使得成本结构不再具有竞争力；（2）限制跨国公司任意改变雇佣水平的能力；（3）阻碍或防止跨国公司运营的全球一体化[41]；（4）反对跨国公司的运动或动员。[42]我们将简要分析这四种潜在的限制因素。

8.3.1　影响工资水平

虽然劳动力成本与其他成本相比重要性在下降，但是它仍然对决定大多数产业的成本竞争力起着重要作用，因此，工会对工资水平的影响意义重大。未能成功管理工资水平的跨国公司将承受劳动力的成本劣势，这限制了战略选择。

8.3.2　限制跨国公司任意改变雇佣水平的能力

对许多在西欧、日本和澳大利亚运营的跨国公司来说，不能"任意"改变雇佣水平可能是一个比工资水平更为严重的问题。许多国家现在已经立法，限制公司关闭工厂、裁员或者解雇，除非公司能够证明当前的状况显示裁员是不可避免的，而其证明过程常常冗长繁杂。很多国家对于工厂关闭或裁员的相关法律都做出了明文规定：公司必须以具体的规则来补偿被裁员工，如每服务一年提供两周的薪水。许多国家对突然终止雇佣合同的补偿是相当大的，尤其是美国。

工会可能以两种方式影响这一过程：通过游说国家政府进行裁员立法，以及通过鼓励经合组织等国际性组织对跨国公司进行管制。在战略规划中不考虑这些约束的跨国公司管理者可能会发现他们的选择相当有限。

8.3.3　阻碍或防止跨国公司运营的全球一体化

认识到这些限制之后（可能因行业而异），许多跨国公司明智地决定不对运营活动进行最大限度的整合和合理化，因为这么做可能会导致行业和政治问题。普拉哈拉德和多兹[43]认为通用汽车（General Motors，GM）是"次优一体化"的一个实例。据称，通用汽车在20世纪80年代早期就已经根据德国金属工人联合会（西方最大的产业工会之一）的要求，为了培养与德国良好的劳动关系而进行了一大笔投资（相比它在奥地利和西班牙的投资）。世界汽车行业的一位观察员提出，汽车生产商次优化其制造网络，部分是为了安抚工会，部分是为了提供"裁员机会"，以避免遭遇那些致使其销售网络瘫痪的当地劳动关系问题。这种次优化导致欧洲的单位生产成本比可能达到的最优化水平平均高出15%。普拉哈拉德和多兹从该例子中得出了如下结论[44]：

> 工会影响了跨国公司制造网络的合理化和一体化进程，增加了这些调整的成本（可见的裁员赔偿和"离职金"并没有同时造成的经济损失那么多），而且在汽车等产业中长期降低了跨国公司一体化网络的效率。因此，在一些国家，将劳动关系视为无法避免的纠纷并将其转交给专家处理并不合适。正如在战略决策时需要考虑政府政策一样，劳动关系同样不能忽视。

▋8.4　工会对跨国公司的响应

鉴于大型跨国公司拥有相当大的权力和影响力，工会领导者们长期以来都将跨国公司的发展视为对劳动力谈判能力的巨大威胁。虽然人们认识到跨国公司不是都反对工会，也不是无所不能、铁板一块的官僚机构[45]，但是跨国公司的跨国界的潜在游说能力和灵活性给那些致力于发展抗衡力量的员工和工会制造了很多困难。跨国公司对工会和员工利益的影响包括很多方面，肯尼迪（Kennedy）[46]已经证明跨国公司的以下七种特征是工会关注的焦点。

1. 强大的财务资源。包括跨国公司能够承担某一国外子公司与当地工会发生纠纷所造成的损失，并且仍然能够在世界范围内保持盈利的能力。跨国公司强大的财务资源可能威胁或削弱工会的谈判实力。当跨国公司在多个国家采取跨国采购以及产品或零部件的交叉补贴时该现象尤为明显。"当地工会能够对某一跨国公司施加的经济压力显然比它对那些业务局限于一个国家的公司所施加的压力要小很多"。[47]

2. 可替代的供给来源。跨国公司可能会采取明显的"双重采购"形式来降低任何一个国家工会罢工给自身造成的冲击，而且用于应对某些行业行为的临时性生产转移已经在诸如汽车产业中得到了一定程度的运用。[48]

3. 将生产设备搬至其他国家的能力。员工和工会所关心的是，如果跨国公司试图在国外生产国内即将或者已经在生产的产品，那么该国的工作保障会受到威胁。当地的相对优势为跨国公司提供了选择工厂地理位置的权利。例如，在欧盟内部，有证据表明跨国公司将技术密集型的活动安排在当地政策鼓励培训和劳动力成本较高的国家，相反，半技术性、常规的活动被安排在劳动力成本较低的国家。[49]伴随着工厂关闭或合理化风险，跨国公司对在全球范围内重组生产要素的威胁，不论真实与否，都将对国家管理劳动谈判产生影响。然而，技术和经济投资可能降低跨国公司重新安置设备的倾向。

4. 权力的远离（例如跨国公司总部的管理）。当很多跨国公司报告人力资源管理和劳动关系的分权和本地化时，工会和劳资委员会却声称，跨国公司的决策制定结构不够透明，权力划分也很模糊。此外，员工代表可能没有充分意识到跨国公司的总体组织战略和活动。[50]

5. 许多产业的生产设备。正如弗农（Vernon）[51] 所谈到的，许多跨国公司在多个产业拥有多种产品线。

6. 关于劳动关系的良好知识和专业技术。

7. 实施"投资罢工"的能力，指跨国公司拒绝对一个工厂追加投资，从而使得该工厂逐渐荒废，在经济上失去竞争力。

肯尼迪归纳的许多要点现在被认为是本章后面所描述的离岸外包过程的特点。在有关全球化及其所导致的就业结果的广泛争论中，这个话题仍然是一个关键问题。关于离岸外包的文献综述可参见奥尔（Auer）等人[52]，库克（Cooke）[53]，平德特（Pyndt）和佩德森（Pedersen）[54] 的研究。

工会所面临的另一个问题是，工会认为自己难以对东道国之外的决策制定者进行评估以及获得相关财务信息。例如，根据马丁内斯·卢西奥（Martinez Lucio）和韦斯顿（Weston）所说：

> 信息的误传已成为利用潜在投资或撤资行为寻求组织变革的管理战略的核心因素……例如，在亨氏（Heinz）、福特（Ford）、吉列（Gillette）和通用汽车等公司中，工人已证实，他们偶尔会受到其他工厂工作实践总结的误导。[55]

工会对跨国公司的响应表现在四个方面：组织国际贸易秘书处；为限制性国家立法进行游说；尝试并实现国际组织对跨国公司的监管；发起一场反对跨国公司的动员或企业运动。

8.5　运动与动员

如果工会认为跨国公司的行为不符合其成员或整个社会的利益，它可以围绕这一问题发起一场运动，并招募志同道合的组织（例如宗教团体、政府和社会组织）参与关于这一问题的公开运动，以迫使跨国公司重新考虑其决定。这种方法的有趣之处在于：问题可以是广泛而多样的，从工会认可、条款和条件到社会不公正问题。这个问题或不公正成为集体的焦点。[56]

8.5.1　国际贸易秘书处

国际贸易秘书处作为松散的联盟，为特定贸易或产业（如金属、运输和化学）的国家工会提供全球性联系。国际贸易秘书处主要为知识交换提供便利。[57]每个国际贸易秘书处的长期目标是：在产业内与每个跨国公司完成跨国谈判。为完成跨国谈判的目标，每个国际贸易秘书处遵循相似的程序[58]，该程序的要素有：（1）研究和信息；（2）召开公司会议；（3）建立公司委员会；（4）公司内的工会和管理层的讨论；（5）协同谈判。总而言之，国际贸易秘书处已经取得了一定的成就，诺思拉普（Northrup)[59]将原因归为以下几个方面：（1）跨国公司提供了良好的薪酬和工作条件；（2）对跨国公司管理的顽强抵抗；（3）工人运动的冲突；（4）劳动关系领域的不同法律和惯例。

8.5.2　为限制性国家立法进行游说

在政治层面，工会在美国和欧洲已经为限制性国家立法游说了许多年。工会追求限制性国家立法的动机在于预防跨国公司投资政策所引发的就业出口。例如，在美国，美国劳工联合会-产业工会联合会（AFL-CIO）在此领域内进行了激烈的游说。[60]工会在争取该立法时所面临的主要困难在于国家经济利益的冲突。当经济衰退时，这个因素可能成为工会官员无法克服的障碍。随着商业的国际化进程，在此领域想要说服政府立法相当困难。

8.5.3　国际组织对跨国公司的监管

工会试图通过国际组织对跨国公司施加影响的努力已经取得了一些成绩。通过如欧洲工会联合会（ETUC）等工会联盟，工人运动已经能够成功游说国际劳工组织（ILO）、联合国贸易和发展会议（UNCTAD)[61]、经济合作与发展组织以及欧盟。国际劳工组织已经确定了一些所有国家都应该遵守的与工作场所相关的规定：结社自由，组织和集体谈判的权力，废除强迫劳动和禁止就业歧视。1977年，国际劳工组织对跨国公司施行了一系列行为守则（《关于跨国公司和社会政策的三方原则宣言》）。[62]于1975年初次制定的国际劳工组织行为守则对经济合作与发展组织起草《跨国公司指导方针》的工作产生了巨大影响，该指导方针在1976年获得通过。这些非官方的指导方针涵盖了信息披露、竞争、财务、税负、就业和劳动关系、科学和技术等内容。[63]

这些指导方针的重要条款是总括条款或起首条款（后一个术语在学术领域更为普遍）。起首条款的目的是作为指导方针和协议的摘要或"引言"。该条款规定跨国公司必须"在它们运营的每一个国家的法律、规定和盛行的劳动关系以及雇佣惯例的框架之内"遵守这些指导方针。坎贝尔（Campbell）和罗恩（Rowan）[64]指出"雇主们已经将该项条款理解为遵守当地的法律优先于遵守指导方针，而工会则将这项条款理解为指导方针是国家法律的'有益补充'"。后者的理解所带来的启示非常重要：一家公司即使遵守了一国的法律和惯例，仍然可能违反了经济合作与发展组织的指导方针。这是一条含义模糊的起首条款，而经济合作与发展组织的指导方针又是自愿遵守的，由此产生的问题将持续存在争议。

关于经济合作与发展组织的指导方针规范跨国公司行为方面的有效性也存在一些争议。[65]这种缺乏一致意见的情况集中于对指导方针的各种挑战的评估上。这些挑战中最著名的例子就是巴杰公司（Badger）的案例。巴杰公司是美国跨国公司雷神（Raytheon）的子公司。1976 年，巴杰公司决定关闭比利时子公司，引发了关于遣散费的纠纷。[66]自从巴杰（比利时）申请破产之后，比利时工会坚持认为雷神应该承担子公司的财务责任。雷神拒绝了，于是比利时政府以及商业、文书、专业和技术型雇员国际联合会（FIET）这一国际贸易秘书处组织就将该案例递交给了经济合作与发展组织。经济合作与发展组织的国际投资和跨国公司委员会（CIIME）表示，第六条指导方针（有关工厂关闭）指明子公司和母公司在工厂关闭这一事项上"共担责任"。根据 CIIME 的陈述以及对初始要求的调整，巴杰的高管和政府官员最终协商出了该事件的解决方法。

布朗潘（Blanpain）[67]总结道：巴杰案例明晰了母公司对子公司的财务责任，但是这种责任不是难以估量的。关于巴杰案例是否证明了经济合作与发展组织所提出的指导方针是有效的，贾恩（Jain）[68]、坎贝尔和罗恩[69]指出：在该案例成为标准案例的过程中，比利时工会投入了相当多的资源，而且它在同经济合作与发展组织以及巴杰管理者的谈判过程中还得到了美国工会（通过美国劳工联合会与产业工会联合会游说美国政府部门）和比利时政府的大力协助。利哈伯格（Liebhaberg）[70]对此的评论更加具体：

> 虽然那些支持监管的人认为最终结果是积极的，但是巴杰案例清晰地暴露出经济合作与发展组织的一个缺陷，即它无法代表 24 个签署协议的成员国给予任何一种承诺。如果这些独立国家想要运用该指导方针，各个国家的社会力量必定会对其政府施加压力。

经济合作与发展组织指导方针的最新发展在于其后续程序。国家联络点（National Contact Points）体系敦促对跨国公司在政府的管辖地运营时遵守指导方针情况的监督工作。这个体系似乎在劳动关系领域对跨国公司的行为有一定影响。2011年 5 月，经济合作与发展组织和发展中经济体的部长们商定了促进跨国企业更负责任的商业行为的新准则，以及旨在打击资助武装冲突的矿物非法贸易的第二套准则。经济合作与发展组织的声明指出：

> 42个国家将在更新后的《跨国公司准则》中承诺新的、更严格的企业行为标准：34个经济合作与发展组织国家以及阿根廷、巴西、埃及、拉脱维亚、立陶宛、摩洛哥、秘鲁和罗马尼亚。更新后的准则包括关于侵犯人权和公司对其供应链的责任的新建议，使其成为这一领域的第一份政府间协议。
>
> 准则规定，公司应在其经营所在的每个国家尊重人权。例如，公司还应该尊重环境和劳动标准，并制定适当的尽职调查程序来确保这一点。这些问题包括支付体面的工资、打击索贿和勒索以及促进可持续消费。[71]

欧洲工会认识到自愿行为守则的局限性，继续游说欧盟委员会监管跨国公司的活动。[72]与经济合作与发展组织不同，欧盟委员会可以将准则转化为法律，并制定一些关于信息披露的建议，以使跨国公司更加"透明"。这些将在下一节详细讨论。

8.5.4 企业运动与动员

工会运动应对全球化的一个相对较新的方法是与志同道合的团体一起开展运动，向组织及其各利益相关方强调特定（社会）问题。工会发展这种方法的一个关键推动因素是资本的流动性。这种对跨国公司（全球）公民行为的关注为基于工会的活动提供了一种新的战略方法。在全球化的经济中，这被视为解决跨国公司和员工之间权力不平衡的一种策略，以实现公司问责制。正如霍兰德（Holland）和皮曼（Pyman）指出的，这种基于社会原因的对全球企业的抵制和反对已经成为21世纪出现的最重要的地缘政治力量之一。[73]

正如威利斯（Willis）[74]指出的，经济不平等和公司权力的问题已经影响了政治和经济变革，包括联合国全球契约的发展，其中包括支持人权工会主义、反歧视做法和环境保护的原则。因此，跨国公司已成为公司行为准则（将在后面讨论）的签署者，承诺在全球范围内对就业、劳动标准和环境采取负责任的管理做法。

这种方法成功的根本原因是利用了利益相关者，如消费者、供应商和政治参与者，他们可以影响市场中跨国公司的决策和声誉。因此，工会在新兴的全球工作条件运动网络中发挥着越来越大的作用。工会领导的这种运动的最新例子之一是针对詹姆斯·哈迪工业有限公司（James Hardie Industries Limited）的，这将在案例8-1中重点介绍。

案例8-1 詹姆斯·哈迪工业有限公司企业活动

詹姆斯·哈迪工业有限公司是纤维水泥行业的跨国公司，最初成立于澳大利亚，直到20世纪80年代中期一直是含石棉产品的最大制造商。多年来，有证据表明，该公司了解石棉的危害，但很少保护员工或客户。随着石棉与癌症相关联的证据越来越多，据估计，公司对澳大利亚76%的索赔负赔偿责任。公司为石棉受害者设立了一个赔偿基金，随后进行了结构调整，将总部从澳大利亚迁至荷兰。随后它被披露，赔偿基金资金不足，公司结构调整意味着寻求补救的能力有限，因为澳大利亚和荷兰没有法律条约，这意味着受害者不能执行索赔。

运动

随后的公司运动由澳大利亚工会理事会（Australian Council of Trade Unions，AC-TU）领导，重点是获得该公司充足的赔偿。澳大利亚工会理事会这次的活动也获得了新南威尔士州工党政府的支持，并对补偿计划的不足之处进行了调查。除了公众和政治压力，经济压力来自作为该公司主要客户的新南威尔士州政府。公众运动的一个重要特点是，受害者带着氧气瓶和口罩前来接受调查，突出了石棉相关疾病的影响。调查报告发现，詹姆斯公司应对未赔付的赔偿金负责。

运动升级

该公司通过各种沟通，试图淡化政府报告的调查结果。澳大利亚工会理事会呼吁抵制该公司的产品，并与该公司最大的市场美国的工会建立了联盟，以突出美国的问题。接下来是澳大利亚主要城市的全国性集会和该公司年度股东大会上的股东压力。在工会运动最激烈的时候，公司管理层公开承诺与澳大利亚工会理事会谈判。然而，一年后，谈判仍在进行的时候，澳大利亚工会理事会威胁要采取第二轮行动，从而结束了这场运动。

以道德和伦理为由对该公司施加公众压力是这场以当地和全球范围内政治和经济压力为基础的运动的核心，这鼓励并促使社会各界参与进来。事实证明，这在社区和社会价值运动中至关重要。

尽管由于受害者仍在出现，赔偿基金方面的问题仍然存在，但该基金已在澳大利亚重新设立，以支持当前和未来的受害者。

资料来源：Holland and Pyman, 2012.

8.6　区域一体化：欧盟

区域一体化，如欧盟的发展，给劳动关系带来了重大影响。[75]《罗马条约》（1957）对建立欧洲共同体相关的社会政策问题进行了一些讨论。在欧盟，术语"社会政策"或"社会层面"用于涵盖一系列问题，尤其包括劳动法和工作条件、就业和职业培训方面、社会保障和养老金。过去 40 年来，欧盟社会政策有了许多重大发展。《欧洲社会宪章》于 1965 年生效。1987 年，执行《单一欧洲法》的主要目标是在 1992 年 12 月 31 日建立单一欧洲市场，以加强单一欧洲市场内货物、货币和人员的自由流动。社会层面的目标是通过消除限制单一欧洲市场内行动自由和居住权的障碍，实现一个大的劳动力市场。《欧洲共同体工人基本社会权利宪章》（通常简称为《社会宪章》）于 1989 年出台，并在 20 世纪 90 年代指导了社会政策的发展。[76] 自然，社会层面一直是许多辩论的主题：支持者将社会层面视为实现社会正义和欧盟公民平等待遇的一种手段，而批评者将其视为一种"社会工程"。[77]

欧盟目前的条约是《里斯本条约》（Treaty of Lisbon），该条约于 2009 年 12 月生效。[78]《里斯本条约》保证实施涵盖公民、政治、经济和社会权利的《欧盟基本权利宪章》，该宪章不仅对欧盟及其机构具有法律约束力，而且对成员国执行欧盟法律具有法律约束力。它还重申了禁止基于性别、种族和肤色的歧视的重要措施，并提到了公司内部适用的社会权利，例如工人的知情权、谈判权和采取集体行动的权利，换句话说，罢工权。欧洲委员会负责社会政策的部门是就业、社会事务和包容总局（Directorate-General for Employment，Social Affairs and Inclusion）。[79]对许多公司来说，无论是在欧盟内经营业务的非欧洲跨国公司还是较小的欧洲公司，在欧盟内经营的法律复杂性增加了加入欧洲雇主联合会（Federation of European Employers）[80]等雇主协会的效用，以促进跨越欧洲国界和获取相关信息的挑战。

社会"倾销"问题

跨国公司在全球范围内的重要性日益提升，这引起了人们对其竞争力的关注。跨国公司竞争优势的焦点正日益从企业层面转向员工成本和政府支持方面，这被一些人描述为"向底部的赛跑"。[81]与欧盟形成有关的早期担忧之一是它对就业的影响。有人认为，社会保障成本相对较低的成员国将具有竞争优势，企业将设立于劳动力成本较低的成员国。相反的观点是，劳动力成本低的成员国将不得不增加劳动力成本，这不利于它们的竞争力。这里有两个劳动关系问题：工作从一个地区转移到另一个地区及其对就业水平的影响；工会团结的必要性，以防止一个地区的工人接受减薪来吸引投资，而牺牲另一个地区的工人。

2004年欧盟扩大，十个新的成员国加入其中（大多数是相对低收入国家，其中一些国家仍在经济转型中），人们对社会倾销问题的敏感性越来越高[82]，自2009年全球金融危机以来尤其如此。通过互联网搜索"社会倾销"一词将会发现来自工会、社会和商业等多方的关注。在下一节中，我们将讨论监控全球人力资源实践的问题。

■ 8.7　行为准则——世界各地对人力资源管理实践的监控

在国际人力资源管理的文献中受到一定程度忽视的问题是监控不同社会、法律和监管环境下的人力资源管理实践的必要性。解决这些问题的一个较为常见的方法是制定行为准则。这是一份政策文件，提供了规则和界限，并规定可接受的行为标准。一个结构良好、经过深思熟虑的行为准则可以为组织内外的人提供一套公平、一致和有价值的信号，换句话说，就是组织的核心价值观。因此，行为准则显然需要合乎道德，并以诚信为基础。虽然这些价值观可能被认为是主观的，但这些准则提供了组织应该如何运作的指导方针。

这与跨国公司在纺织、服装和鞋类以及其他消费品行业，如电器行业的跨国联盟特别相关。国际供应链管理中的一个关键问题是确保达到质量标准。对于李维斯（Levi Strauss）、贝纳通（Benetton）、锐步（Reebok）等拥有全球品牌的跨国公司来说，这一直是个问题。这些公司面临的一个主要管理挑战是西方消费者对其分包商在印度、孟加拉国、土耳其、印度尼西亚、萨尔瓦多、洪都拉斯、多米尼加共和国和菲律宾使用不公平就业做法的指控的反应。

各种跨国公司被指控容忍使用童工、长时间低薪工作和不安全的工作环境等工作做法——这些情况在西方领先的跨国公司的母国是不被允许的。20 世纪 90 年代的公众骚乱导致政府、联合国和社会组织采取各种行动，试图通过其跨国合作伙伴为分包商实施行为准则。[83] 一些跨国公司，由于公司声誉和有价值的品牌岌岌可危，很快引入了自己的行为准则。[84] 这些行为准则包括可接受的工作条件、无童工和最低工资等。现在有一个类似于 ISO 9000 的质量通用标准，称为社会责任 8000，其原则来自联合国人权公约。[85]

正如 2013 年 4 月孟加拉国发生的拉纳广场大楼倒塌灾难（造成 1 100 多人死亡和 1 000 多人受重伤）所表明的，健康和安全问题是核心问题，但在随后的调查中劳动关系问题也变得十分重要。有证据表明，许多为各种发达市场经济体生产家用产品的员工每周工作时间超过 100 小时，每月有两天休假，标准工资在每周 10～13 美元之间。全球劳工和人权研究所（Institute for Global Labour and Human Rights）也报告了这些企业对试图进行集体谈判和组织工会的工人进行恐吓的证据。

行为模式最初似乎是被用来解决公众关系问题，但正如拉纳广场事件所表明的，现在执行起来存在困难。与全球行为模式相关的人力资源管理角色可能包括以下方面：

- 拟定和检查行为准则；
- 进行成本效益分析，检查雇员和相关联盟合作者是否遵从；
- 支持在行为准则下需要培训员工和联盟合作者；
- 检查绩效和报酬体系与行为准则的一致性。

案例 8-2 列举了一个已建立全球行为模式的企业的例子。在这个案例的基础上，你可以讨论行为准则对跨国公司的内部和外部影响。

案例 8-2　德固赛集团的全球行为模式

公司

德固赛集团（Degussa）是一家跨国公司，在专业化学领域占据市场领先地位。该公司在世界五大洲，拥有超过 300 家办事处。1843 年德固赛创建于德国的法兰克福，经过一些兼并后，目前该公司在全球有 44 000 名员工。自 2004 年 6 月起，德固赛完全成为 Rag AG. 公司的子公司。由于其庞大的规模、悠久的历史以及广泛的国际经验，德固赛依然独立于母公司运作。德固赛的关键生产设施、销售和营销部门分布于 60 多个国家，业务活动主要集中在欧洲、北美和亚洲。在德国以外，德固赛实现了几乎 3/4 的销售量。

组织

德固赛在全球化业务框架下是一种分散型的组织，这可以通过业务单位看出来。业务单位完全负责当地的运作。为了对国际业务进行战略控制，战略管理决策主要在总部做出——这个理念也反映在由德国管理者组成的单一结构的管理董事。

为了培养公司战略和名为蓝色精神（Blue Spirit）的新公司文化，一套支持法则（包括德固赛的国际社会方针）引导着管理实践的使命（例如，针对管理者的与公司目标有关的红利制度）以及全球行为准则的开发。目标就是整合几种不同的公司文化，让每个岗位上的每名员工都觉得自己是公司整体的一部分。

全球行为准则

全球行为准则旨在支持员工的日常工作，向他们提供参考点。在全球化的过程中，相关市场和文化越来越具有多样性。在这个跨国公司中，员工和顾客的期望正变得更复杂，不同国家的文化背景在日常工作中都受到了重视。行为准则约束着德固赛的每名员工，应用于所有子公司以及母公司。此外，准则包括控制着与公司环境、公众和政府机构相互作用的方针。甚至在那些当地规则和法律有其他标准的国家（例如印度），全球行为准则也得到了加强。为了防止地区要求超过德固赛的准则，公司被迫适应这些条件，不得不在准则中加入相关的偏离行为。

全世界的每名员工都要遵守全球行为准则。德固赛在不同部门中已任命各种合规主管，确保遵守准则。此外，这些主管需要能回答任何相关问题，以帮助员工遵守这些准则。除此以外，当地人力资源部门提供培训课程、信息和出版物，确保所有员工熟悉准则。鼓励所有员工列举出优点和缺点，并积极地参与全球行为准则的持续发展。

全球行为准则的内容（德固赛集团的规章制度）有：

1. 范围和目标
2. 业务行为
    2.1 管理业务交易
    2.2 业务关系
    2.3 利益冲突
    2.4 内部交易
    2.5 内部信息的保密
    2.6 政治参与和贡献
    2.7 道德
3. 技术问题
    3.1 竞争和反托拉斯法
    3.2 控制对外贸易、出口和恐怖主义
    3.3 税法
    3.4 环境保护、安全、职业健康和质量
    3.5 数据保护
    3.6 信息技术保护
4. 合乎法规的实际实施

资料来源：Based on information obtained from Degussa's website, and "consult"-Kienbaum Kundenmagazin, Kienbaum Human Resources Management Consulting, 1/2007, pp. 1 - 7.

社会组织

贸易和商业的全球化在各国引发了激烈的讨论，并经常表现为反全球化的集会和抗议。国际绿色和平组织（Greenpeace International）等环保团体的活动凸显了这些组织如何变得国际化。它们往往在不同的国家有国家"经理人"，并有不同的协调和问责结构形式。红十字会（Red Cross）、世界宣明会（World Vision）等援助机构是社会组织的突出例子。由于组织的使命和活动的性质，与营利性跨国公司相比，它们可能采用不同的组织结构，其成员可能在更大程度上内化共同的价值观和信仰。然而，就全球控制和运营而言，可能存在与石油公司等类似的管理问题。人身风险，如员工被扣为人质和财产受损的危险，是在敌对环境中运营的公司的通病。正如芬威克（Fenwick）[86]所指出的，社会组织在国际人力资源管理的研究中在很大程度上被忽视了，这可能是因为国际人力资源管理"反映了传统的管理精神的有效性和效率，而不是非营利精神的价值驱动、仁慈和博爱的理想"[87]。似乎有必要扩大国际人力资源管理领域的重点，将社会组织包括在内，因为社会组织的影响力很可能会持续到 21 世纪。关于社会组织在国际商务中的作用的精彩评论，请参阅本章末尾的深度阅读列表中兰贝尔（Lambell）等人的论文。

8.8　在离岸外包国家管理人力资源

8.8.1　离岸外包的概念和战略意义

"离岸外包"是一个越来越常见的用来描述业务活动外包的术语。当代离岸外包，也称为服务离岸外包，反映了以服务和知识为基础，以呼叫中心的概念为代表的全球经济的出现。发达经济体感兴趣的是越来越多的高技能工作被转移到海外，这在母国造成了政治、经济、就业和劳动关系紧张。从就业角度来看，在工会组织不太发达的国家，离岸外包被用来将工作外包给承包商，因此减少了纠纷扰乱生产过程的可能性。劳动关系被转移到海外的第三方，从而绕过了在母国提高工资/成本和法律保护的劳资协议（如拉纳广场事件所强调的）。这些海外国家的工资水平往往很低，这进一步刺激了到海外投资。[88]虽然离岸外包发展迅速，但这种发展从一个相对较低的基础开始。即使考虑到全球经济的不规则性，离岸外包仍然是在全球化经济中获得竞争优势的一个重要趋势。[89]在本节，我们将特别强调东道国的情境，东道国是跨国公司离岸外包活动的典型接收方。对这些离岸外包国家，我们将讨论人力资源管理启示[90]，因为这个趋势导致了全球劳动分工革命，新产生的关系也需要进行管理。[91]首先，我们将讨论一些人力资源管理的障碍和离岸外包产生的影响。

就业务问题而言，非常重要的是在处理离岸外包可能带来的复杂性方面缺乏管理专业知识。[92]例如，你如何持续评估离岸外包员工的知识技能和能力？在印度，大学毕业生分布广泛，水平参差不齐，尤其是语言技能的质量。在印度这样的国家，顾客服务从未被视为处于高优先级。正如邵（Shiu）[93]指出的，尽最大努力密切关注管理文化、语言、服务融合和维护等问题，这需要花费时间和金钱。

其他涉及安全、隐私和法律问题的敏感数据和信息跨越国家边界的问题逐渐增加。在这种情况下，欧盟制定了广泛的保护机制，个人数据只能外包给隐私法中被认为具有同等保护和执行标准的国家，其中许多问题涉及培训和发展的专业标准以及人力资源信息系统的管理。如图 8-1 所示，印度和中国是离岸外包首选的目的地。

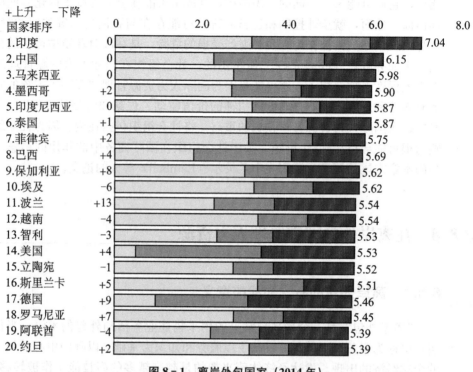

图 8-1　离岸外包国家（2014 年）

资料来源：A. T. Kearney，2014.

全球服务区位指数

科尔尼公司（A. T. Kearney）2014 年的《全球服务区位指数》(GSLI) 是该报告的第 6 版，该咨询公司在报告中研究了全球 51 个国家的离岸环境，并对全球离岸的主要目的地进行了排名。按照三个主要类别排名：财务吸引力，人员技能和可用性，商业环境。这些指标的权重基于它们对位置决策的重要性。"财务吸引力"占总权重的 40％。"人员技能和可用性"和"商业环境"均占总权重的 30％。

印度离岸外包的发展受到政府的大力支持，政府帮助满足那些影响离岸外包活动选址的要求。这个选择取决于成本（劳动力和贸易成本），制度（特别是立法）和基础设施（特别是电信），税收和投资框架，以及员工技术（特别是语言和计算机技术）。[94] 离岸外包活动的一个显著例子就是国际呼叫中心。事实上，服务的离岸外包也包括更精密的、高附加值的活动，诸如会计、营销、财务分析、软件开发、建筑设计、测试和研发。[95]

正如先前提及的，本章将集中讨论两个最重要的离岸外包的国家——印度和中国。虽然对人力资源管理中劳动关系体系和方式进行描述和分析已经超出了本章的范围，但我们将分析与离岸外包有关的情况，并给每个国家的人力资源管理以启示。最后将讨论离岸外包国家中人力资源管理出现的问题。

8.8.2 印度的离岸外包和人力资源管理

印度已经发展了一个繁荣的业务流程外包（Business Process Outsourcing，BPO）产业[96]和相应的能力。西方投资者和合作伙伴将技术基础设施、资质以及员工的积极性视为业务流程外包的优势。

每年有 310 万毕业生进入劳动力市场，20％的人口讲英语。[97]印度毕业生准备以低于西方同行的工资工作。为了利用这一成本优势，美国公司如 IBM、惠普公司（Hewlett-Packard）和电子数据系统公司（Electronic Data Systems）将软件开发外包给印度供应商。[98]其他跨国公司，如通用电气公司，利用受过高等教育但相对廉价的劳动力在印度各地建立了呼叫中心。这些呼叫中心雇用的本地员工经过培训，会说带有特定口音的英语，并使用适当的习语，因此美国、英国和澳大利亚的客户通常不会意识到他们的本地呼叫已被转移到印度的呼叫中心。

然而，印度业务流程外包也出现了一些问题，其中许多与人力资源管理问题有关。例如，年度人员离职率在 20％～80％之间，考虑到对熟练劳动力尤其是中层管理人员的高需求，人员短缺现象持续存在。正如一些人力资源管理者所报告的，甚至只有一半的候选人参加了面试。[99]这种短缺和对熟练工人的高需求导致工资每年增长 10％～20％。因此，外包到印度的显著成本优势处于危险之中。其他的问题是工人不满和压力引起的冲突问题，以及报告的性侵和种族案件。[100]所有这些因素都可能导致生产率下降，从而进一步造成经济损失。[101]

梅塔（Mehta）等人进行的一项实证研究的结果证实了这些发现。他们认为人力资源管理问题是业务流程外包公司的一个主要弱点。[102]这代表了对业务流程外包公司人力资源管理的挑战。斯派洛（Sparrow）和布德瓦尔（Budhwar）指出[103]，印度的人力资源管理政策和实践仍然受到种姓制度、社会关系和政治的很大影响：

> 有时，选择、晋升和调动是基于既定的地位以及社会和政治联系，因此非常强调集体主义——家庭和团队成就优先于工作成果……激励工具更有可能是社交的、人际的，甚至是精神的。在这种情况下，员工的目标强调个性化的关系而不是绩效。[104]

这些问题导致人力资源管理系统的特点是不正规和不太合理的。[105]这可能与前面讨论的跨国公司全球标准化的人力资源管理政策和实践的尝试相矛盾。[106]这也可能在行为准则方面带来矛盾（如前所述）。然而，对新德里附近的 51 家业务流程外包公司中进行的一项研究显示，工作环境旨在最大限度地保证客户满意度。此外，作者发现了一种更加正式、结构化和理性的人力资源管理方法——类似于发达国家的方法。然而，在人力资源管理实践及其对员工的影响方面，也发现了弱点。对职业发展和培训的重视程度低于西方公司。未来需要解决的其他人力资源管理问题包括：不断提高的流失率、心理和压力相关问题的预防、工作场所更加灵活（目前不存在兼职工作），以及创造一个更有趣的工作环境来帮助优秀员工建立长期关系。[107]只有通过人力资源管理措施满足员工的需求，才有可能留住员工。[108]

8.8.3 中国的离岸外包和人力资源管理

中国是世界上发展最快的经济体之一，以制造物美价廉的产品闻名，但是制造成本也在增加。[109]与印度相比，中国会说流利英语的人不及印度。[110]中国大学培养的科学和技术类毕业生在提出创造性的解决方法方面有所欠缺，但这是跨国公司的主要诉求。[111]中国在需要技术和管理知识的职业领域仍存在人才缺口。[112]特别是在需要高技能员工的领域，这个领域的薪酬在不断上升，也反映了对人才的渴求。[113]企业面临的问题不仅包括员工招聘和留用的问题，还包括跨文化交流问题、工作惯例和员工行为问题。[114]

对那些正计划向中国进行离岸外包活动的西方跨国公司而言，理解网络联系所扮演的角色至关重要，这一网络联系也称为关系——人们之间的个人联系。邓和沃姆[115]阐述，虽然这些关系与西方的网络习惯相似，但依然存在差异，关系是在如不对称、互惠和必要等情形下产生的。作者强调关系对中国成功的业务运作的重要性，但意识到这给西方管理者带来的困难。他们建议，关键岗位的雇用惯例应该考虑到未来中国员工的关系，困难正是在于评估未来员工给企业带来的价值大小。

跨国公司发现需要投资于培训，以使员工能学到如何正确地使用设备和操作系统等知识。这些公司可以采取什么行动来获得在人力资本上投资的收益呢？显而易见，防止员工离职并不容易。在中国聘用到有技术的员工对跨国公司而言是一个巨大的难题。上海贝尔是早期进入中国市场的企业之一，却成了"行业研究院"，经历了中国和外国竞争对手的高员工流失率。[116]改革开放后的中国正在向市场经济转型，员工倾向于频繁地更换工作，以追求更高的工资，而不是努力提高自身的技能。[117]改革前的雇用系统承诺持续雇用，向员工提供各种福利优惠，如住房、医疗、儿童托育和养老金，工作被看作"铁饭碗"。[118]员工较少能自由地转移到其他工作单位，管理者也没有雇佣权或辞退不合格或生产效率低的员工的权力。[119]

虽然在中国运作的公司正努力通过提供额外的好处和员工培养计划来降低流失率，但中国员工开始认识到薪酬差异，这已对工作态度产生了影响。公平的环境和良好的管理实践正成为留住中国员工必不可少的条件，而不单单是高于市场水平的薪酬。古多尔（Goodall）和罗伯茨（Roberts）[120]对在中国的欧洲石油公司的研究中，引用了一个员工的例子，他发现成为更大的组织网络的一员足以促使他留在公司中。

上面提及的招聘、资格和留用问题要求符合中国背景下高技能人力资源需求的人力资源管理实践。然而，中国现在的人力资源管理对传统的管理体系造成了挑战。[121]由于传统体系的影响现在高度竞争的环境，转型相当困难[122]：

> 直到最近，中国有些企业的人事职能还局限于工作分配、人事档案归档和福利规定。[123]

根据这个分析，库克总结了中国现在人力资源管理的重要特征[124]：

- 缺乏系统的方法将人力资源管理和企业战略联系起来；
- 虽然劳动力剩余，但是许多公司面临招聘和留用问题；
- 在绩效管理、报酬和长期激励之间不存在系统性联系；
- 企业培训缺少一致性和持续性。

研究显示，不同类型的企业之间存在差异。[125]文特尔（Venter）[126]指出以外资所有权为特征且资源充裕的公司，对人力资源管理有更包容的方法，包括以接受正规教育作为选拔机制来甄选教育精英，并持续地通过广泛的培训项目开发他们。为了应对高离职率问题，程序公正和提高组织内承诺的措施可能会有帮助。[127]总而言之，员工的需要必须通过独立的人力资源管理实践和创造满意的工作环境来满足。

8.8.4 现存问题的总结

通过对离岸外包国家情况的简单分析，现存的问题包括有关人力资源管理的作用、技术短缺及其所导致的问题。结果是出现了近岸外包，以增加这种外包形式的好处。例如，在欧盟，欧洲大陆国家评估了离岸外包的复杂性，在中欧和东欧建立了离岸外包设施。这种外包形式的优势包括语言、时区和技能基础——这可以被描述为一种紧密的文化契合。表 8-3 总结了德国组织可以搬迁到的最合适的地点。

表 8-3 德国视角下离岸外包吸引力排名

（偏好权重：成本 35%，商业环境 35%，风险状况 20%，基础设施质量 10%）

国家	得分	排名
捷克	2.3	1
匈牙利	2.3	2
波兰	2.5	3
印度	2.5	4
德国	2.6	5
马来西亚	2.6	6
中国	2.8	7
爱尔兰	2.8	8
俄罗斯	2.8	9

资料来源：EIU，2006.

惠普和甲骨文分别在波兰和罗马尼亚开发了业务流程外包，中外运敦豪（DHL）在捷克设立了欧洲支持服务中心，这两个例子说明了跨国公司在表 8-3 中这些地方出现了。离岸外包过程的成熟反映了企业在进行离岸外包之前必须评估复杂多样的决策和要求。有趣的是，虽然离岸外包通常被视为一个削减成本的过程，但加拿大等国家越来越被视为寻求高技能员工、稳定的经济和政治体系以及强大的治理和法律体系的组织的首选目的地。这一高端市场吸引了欧盟国家，这些国家选择与欧盟具有相同保护标准的国家。

人力资源管理的作用

正如上文所述，离岸外包活动可能失败。出现这种情况通常的原因包括产品或服务的质量不令人满意，管理控制问题，当地员工的离职和语言问题。英国特许人事与发展协会（Chartered Institute of Personnel and Development，CIPD）在 600多家英国公司进行了关于离岸外包和人力资源的作用的调查，揭示出人力资源部门在离岸外包决策和过程中的参与受到限制。基于调查结果，CIPD 总结出人力资源管理有如下作用[128]：

- 向工会/员工代表咨询；
- 人力资源规划，考虑到员工重新部署的问题[129]；
- 制定内部交流战略；
- 识别培训需求；
- 设计来源于离岸外包业务的新工作；
- 强调潜在的风险，如在母国和外国的员工守则的含义。

在印度和中国公司中加强当地人力资源管理体系仍处在发展的起点。如果人力资源管理在离岸外包决策和过程中起到更重要的作用，这个措施会得到进一步支持。

在更广的地区中存在的技术短缺问题及其所导致的结果

技术短缺是在离岸外包国家（如印度和中国）中存在的主要问题。普华永道公开的一项调查表明[130]，全球范围内 153 名接受调查者中 41％报告了在发展中国家招募技术人员存在问题，甚至更多的公司（47％）发现，留住优秀员工相当困难。然而，这种现象不只存在于这些国家中。长期以来，技术短缺也是西方发达国家谈论的焦点，例如爱尔兰[131]和加拿大[132]。

应对技术短缺：回归的东道国员工的作用

在讨论新兴国家的技术短缺时很有可能谈及的另一个重要问题是来自这样一个群体，他们在国外学习过并回到了自己的国家。这些人被邓和拉扎罗瓦[133]在中欧和东欧的一项实证研究中称为前东道国员工（Ex-Host-Country Nationals，EHC-Ns）。她们认为特别是在转型经济体中，"显著缺乏当地人才……前东道国员工似乎是能力和技能良好的人才供给来源，他们使得这些国家能在全球经济中生存和繁荣"。[134]这点得到了萨克森内（Saxenian）的证实，她说："如果那些高技能员工回到母国，他们将加速母国的技术进步。"[135]在研究中，她讨论了印度和中国的例子。在加拿大对中国留学生的一个实证调查中，邓发现，大多数人接受回到中国的想法。[136]然而，在她们对东欧前东道国员工的研究中，邓和拉扎罗瓦报告了前东道国员工回到母国时存在再适应的问题。这表明前东道国员工是否会留在母国、是否会和想象中那样获得成功都是存在风险的。如果他们决定完成学业后不回国，就会产生"人才外流"的风险[137]，这对新兴国家解决技术短缺问题至关重要。[138]邓和拉扎罗瓦对前东道国员工回归问题的发现对人力资源管理实践者有重要的启示，她们指出，前东道国员工可能期望获得和外派人员相似的待遇，经过精心重整融入母国。根据邓和拉扎罗瓦的研究，回归的东道国员工可被视为"人才流入"，代表了一种应对东道国公司技术短缺挑战的有价值的措施。

小 结

在本章中，我们讨论了跨国公司在全球环境中开展业务时面临的一系列制度问题。就国际劳动关系而言，关于欧盟和亚太经济合作组织（APEC）[139]等地区经济圈的讨论都表明：工会必须实现跨国集体谈判的目标。[140]正如恩德韦克（Enderwick）[141]提到的：

> 跨国公司的国际业务确实给按国家边界有效地细分劳动力市场以及满足国内和国家间的群体利益制造了相当大的阻碍。认识到国际业务明显的细分效果以及直接投资的动态性，我们不难得出如下结论：跨国公司集体谈判的可能性仍然微乎其微。

恩德韦克认为，工会在与跨国公司打交道时应该选择不过于激进的战略，例如：（1）提高本国工会与工厂或公司谈判中的参与程度；（2）支持对一部分跨国公司的弱势的研究；（3）巩固以公司为基础的国际贸易秘书处的活动。虽然面临着重重挑战，尤其是本章所讨论的地区经济一体化问题，但是工会和国际劳工组织会努力采取以上战略，继续游说欧盟委员会和美国来实施对跨国公司的规制措施。

全球化的反对者也可能试图通过开展一些运动，反对一部分跨国公司所采取的劳动关系的政策和实践，从而不断影响发达经济体中的舆论。一项反对沃尔玛的运动使用了纪录片《沃尔玛：低价商品的高代价》，就是一个典型的例子。纪录片反映的一个重要问题就是沃尔玛员工的医疗保险覆盖率很低，甚至根本没有。然而，正如商业杂志《财富》[142]所指出的：

> 在全球化经济中，美国公司无法继续支付世界上最高的医疗成本，因此不应指责沃尔玛，而应该指责美国的无能，美国没能设计出一个国家保健计划来减少雇主们的负担。

随着全球化的进展，以前的国内问题现在已经成为国际性问题，引发了许多公共政策问题，例如美国公司在全球化经济中所能支付的医疗费用的金额。[143]随着全球化和通过离岸外包降低成本的压力给跨国公司带来的持续变化，不遵守内部和外部行为准则所固有的企业声誉风险不可能减少，这些因素在可预见的未来将是持续性的问题。

讨论问题

1. 为什么很有必要了解国家劳动关系系统的历史渊源？
2. 工会可以采用什么方式来限制跨国公司的战略选择？

3. 请列举跨国公司的四个特征，这些特征使得工会需要关注跨国企业。

4. 工会是如何回应跨国公司的？这些回应成功吗？

5. 哪些证据表明企业行为准则是有效的？

深度阅读

G. Bamber, R. Lansbury and N. Wailes (eds.) *International and Comparative Employment Relations*, 5th ed. (London: Sage, 2011).

D. Collings 'Multinational corporations and industrial relations: A road less travelled', *International Journal of Management Reviews*, Vol. 10, No.2 (2008), pp. 173–193.

R. Lambell, G. Ramia, C. Nyland and M. Michelotti 'NGOs and international business research: Progress, prospects and problems', *International Journal of Management Reviews*, 10(1) (2008), pp. 75–92.

G. Tsogas *Labor Regulations in a Global Economy* (Abingdon, UK: Routledge Publishing, 2015).

G. Wood, C. Brewster and M. Brookes (eds.) *Human Resource Management and the Institutional Perspective* (Abingdon: Routledge Publishing, 2014).

Y. Zhu, M. Warner and T. Feng 'Employment relations with "Chinese characteristics": The role of trade unions in China', *International Labour Review*, 150 (1–2) (2011), pp. 127–143.

参考文献

1. See www.ioe-emp.org/en/policy-areas/international-industrial-relations/index.html for the International Organisation of Employers and www.ilo.org/ for the International Labour Organization.

2. These introductory comments are drawn from J. Schregle 'Comparative Industrial Relations: Pitfalls and Potential', *International Labour Review*, Vol. 120, No. 1 (1981), pp. 15–30. For a sense of the complexity and fluidity of comparative industrial relations efforts, see B. Kaufman 'The Theoretical Foundations of Industrial Relations and Its Implications for Labor Economics and Human Resource Management', *Industrial and Labor Relations*, Vol. 64, No. 6 (2010), pp. 74–108; for an interesting analysis of 'shades of unionization' see M. Mironi 'Reframing the Representation Debate: Going Beyond Union and Non-Union Options', *Industrial and Labor Relations*, Vol. 63, No. 3 (2009), pp. 367–83.

3. This point is also referred to as the 'emic-etic problem'. See Chapter 1 for a detailed discussion of this point.

4. O. Kahn-Freund *Labour Relations: Heritage and Adjustment* (Oxford: Oxford University Press, 1979). Also see R.B. Peterson and J. Sargent 'Union and Employer Confederation Views on Current Labour Relations in 21 Industrialized Nations', *Relations Industrielles*, Vol. 52, No. I (1997), pp. 39–59. Interestingly, these national patterns – specifically in the area of pay dispersion and a premium paid for union status – continue in even what many consider the 'flattened' high technology call center industry; see R. Blatt and H. Nohara 'How Institutions and Business Strategies Affect Wages: A Cross-National Study of Call Centers', *Industrial and Labor Relations Review*, Vol. 62, No. 4 (2009), pp. 533–552.

5. J. Schregle 'Comparative Industrial Relations', p. 28.

6. M. Poole *Industrial Relations: Origins and Patterns of National Diversity* (London: Routledge, 1986).

7. C. Prahalad and Y. Doz *The Multinational Mission: Balancing Local Demands and Global Vision* (New York: The Free Press, 1987).

8. T. Edwards, T. Collings and A. Ferner 'Conceptual Approaches to the Transfer of Employee Relations Practices in Multinational Companies: An Integrated Approach', *Human Resource Management Journal*, Vol. 17, No. 3 (2007), pp. 201–217.

9. M. Zou and R. Lansbury 'Multinational Corporations and Employment Relations in the People's Republic of China: The Case of the Hyundai Motor Company', *The International Journal of Human Resource Management*, Vol. 20, No. 11 (2009), pp. 2349–2369.

10. See B. Black 'Comparative Industrial Relations Theory: The Role of National Culture', *The International Journal of Human Resource Management*, Vol. 16, No.7 (2007), pp.1137–1158.

11. L. Hunter and H. Katz 'The Impact of Globalization on Human Resource Management', *International Journal of Human Resource Management*, Vol. 23, No. 10 (2012), pp. 983–1998.

12. H. Tuselmann, M. Allen, S. Barrett and F. MacDonald 'Varieties and Variables in Employee Relations Approaches in US Subsidiaries', *International Journal of Human Resource Management*, Vol. 19, No. 9 (2008), pp. 1622–1635.

13. Adapted from M. Zou and R. Lansbury, 'Multinational corporations and employment relations in the People's Republic of China: The case of Beijing Hyundai Motor Company,' *International Journal of Human Resource Management*, Vol. 20, No. 11 (2009), pp. 2349–2369.

14. For general reviews of the comparative industrial relations literature see P. Blyton, N. Bacon, J. Fiorito and E. Heery (eds.) *The SAGE Handbook of Industrial Relations* (London: SAGE, 2008); R. Bean *Comparative Industrial Relations: An Introduction to Cross-National Perspectives*, rev. ed. (London: Routledge, 1994); Poole *Industrial Relations*; G. Bamber, R. Lansbury and N. Wailes (eds.) *International and Comparative Employment Relations*, 5th ed. (London: Sage, 2011).

15. P. Marginson, P. Armstrong, P. Edwards and J. Purcell 'Extending Beyond Borders: Multinational Companies and the International Management of Labour', *International Journal of Human Resource Management*,

Vol. 6, No. 3 (1995), pp. 702–719; also see M. Martinez Lucio and S. Weston 'New Management Practices in a Multinational Corporation: The Restructuring of Worker Representation and Rights', *Industrial Relations Journal*, Vol. 25 (1994), pp. 110–121.

16. See the following publications by Gunnigle and his colleagues: P. Gunnigle, D. Collings and M. Morley 'Accommodating Global Capitalism: Industrial Relations in American MNCs in Ireland', in A. Ferner, J. Quintanilla and C. Sanchez-Runde (eds.) *Multinationals and the Construction of Transnational Practices: Convergence and Diversity in the Global Economy* (London: Palgrave Macmillan, 2006); P. Gunnigle, D. Collings and M. Morley 'Exploring the Dynamics of Industrial Relations in US Multinational: Evidence from the Republic of Ireland', *Industrial Relations Journal*, Vol. 36, No. 3 (2005), pp. 241–256; P. Almond, T. Edwards, T. Colling, A. Ferner, P. Gunnigle, M. Muller-Camen, J. Quintanilla and H. Waechter 'Unraveling Home and Host Country Effects: An Investigation of the HR Policies of an American Multinational in Four European Countries', *Industrial Relations*, Vol. 44, No. 2 (2005), pp. 276–306; I. Clark, R. Almond, P. Gunnigle and H. Waechter 'The Americanisation of the European business system?', *Industrial Relations Journal*, Vol. 36, No. 6 (2005), pp. 494–517.

17. J. Hamill 'Labour Relations Decision-making within Multinational Corporations', *Industrial Relations Journal*, Vol. 15, No. 2 (1984), pp. 30–34.

18. S. Robock and K. Simmonds *International Business and Multinational Enterprises*, 4th ed. (Homewood, IL: Irwin, 1989); Marginson, Armstrong, Edwards and Purcell 'Extending Beyond Borders'.

19. D. Hefler 'Global Sourcing: Offshore Investment Strategy for the 1980s', *Journal of Business Strategy*, Vol. 2, No. 1 (1981), pp. 7–12; D. Grimshaw, J. Rubery and P. Almond 'Multinational companies and the host country environment', in A.W. Harzing and A. Pinnington (eds.) *International Human Resource Management*, 3ʳᵈ ed. (London: SAGE, 2011), pp. 227–266.

20. K. Starkey and A. McKinlay *Strategy and the Human Resource: Ford and the Search for Competitive Advantage* (Oxford: Blackwell, 1993).

21. B. Roberts and J. May 'The Response of Multinational Enterprises to International Trade Union Pressures', *British Journal of Industrial Relations*, Vol. 12 (1974), pp. 403–416.

22. See J. La Palombara and S. Blank *Multinational Corporations and National Elites: A Study of Tensions* (New York: The Conference Board, 1976); A. Sim 'Decentralized Management of Subsidiaries and Their Performance: A Comparative Study of American, British and Japanese Subsidiaries in Malaysia', *Management International Review*, Vol. 17, No. 2 (1977), pp. 45–51; and Y. Shetty 'Managing the Multinational Corporation: European and American Styles', *Management International Review*, Vol. 19, No. 3 (1979), pp. 39–48.

23. Bean, *Comparative Industrial Relations*.

24. Hamill, 'Labour Relations Decision-making'.

25. See P Marginson 'European Integration and Transnational Management-Union Relations in the Enterprise', *British Journal of Industrial Relations*, Vol. 30, No. 4 (1992), pp. 529–545.

26. Martinez Lucio and Weston 'New Management Practices in a Multinational Corporation'.

27. See Bean *Comparative Industrial Relations*; H. Katz and A. Colvin 'Employment Relations in the United States', in G. Bamber, R. Lansbury and N. Wailes (eds.) *International and Comparative Employment Relations*, 5ᵗʰ ed. (London: SAGE, 2011), pp. 62–87; and L. Alonso and M. Martinez Lucio (eds.) *Employment Relations in a Changing Society* (London: Palgrave, 2006).

28. Hamill 'Labour Relations Decision-making'.

29. P. Enderwick 'The Labour Utilization Practices of Multinationals and Obstacles to Multinational Collective Bargaining', *Journal of Industrial Relations*, Vol. 26, No. 3 (1984), pp. 354-364.

30. P.M. Rosenzweig and N. Nohria 'Influences on Human Resource Management Practices in Multinational Corporations', *Journal of International Business Studies*, Vol. 25, No. 2 (1994), pp. 229-251.

31. Hamill 'Labour Relations Decision-making'.

32. Also see Bean *Comparative Industrial Relations*.

33. P. Marginson and K. Sisson 'The Structure of Transnational Capital in Europe: The Emerging Euro-Company and its Implications for Industrial Relations', in R. Hyman and A. Ferner (eds.) *New Frontiers in European Industrial Relations* (Oxford: Blackwell, 1994); K. Williams and M. Geppert 'The German Model of Employee Relations on Trial: Negotiated and Unilaterally Imposed Change in Multi-national companies', *Industrial Relations Journal*, Vol. 37, No. 1 (2006), pp. 48–63.

34. For an interesting discussion of the importance of understanding ideology see G.C. Lodge 'Ideological Implications of Changes in Human Resource Management', in D. Walton and PR. Lawrence *HRM Trends and Challenges* (Boston, MA: Harvard Business School Press, 1985). Also see G. Bamber *et al. International and Comparative Employment Relations*, Chapter 1.

35. See Katz and Colvin 'Employment Relations in the United States'; also T. Kochan, R. McKersie and P. Cappelli 'Strategic Choice and Industrial Relations Theory', *Industrial Relations*, Vol. 23, No. 1 (1984), pp. 16-39.

36. D. Bok 'Reflections on the distinctive character of American labor laws', *Harvard Law Review*, Vol. 84 (1971) pp. 1394-1463.

37. See V. Frazee 'Trade Union Membership is Declining Globally', *Workforce*, Vol. 3, No. 2 (1998), p. 8; *World Labour Report 1997-98: Industrial Relations, Democracy and Social Stability* (Geneva: ILO, 1997); W Groot and A. van den Berg 'Why Union Density has Declined', *European Journal of Political Economy*, Vol. 10, No. 4 (1994), pp. 749–763. For an interesting micro view of factors associated with employee commitment to union membership in Poland see P. Zientara and G. Kuczynski 'Employees' Desire to Join or Leave a Union: Evidence From Poland', *Industrial Relations*, Vol. 48, No. 1 (2009), pp. 185–192.

38. See Bean *Comparative Industrial Relations*; Poole, *Industrial Relations*; and J. Visser 'Trade Unionism in Western Europe: Present Situation and Prospects', *Labour and Society*, Vol. 13, No. 2 (1988), pp. 125–182.

39. J. Hamill 'Multinational Corporations and Industrial Relations in the UK', *Employee Relations*, Vol. 6, No. 5 (1984), pp. 12–16.

40. Hamill 'Labour Relations Decision-making', p. 34.

41. This section is based in part on Chapter 4, 'The Impact of Organized Labour', in Prahalad and Doz *The Multinational Mission*.

42. J. Kelly and P. Wilman *Union Organization and Activity* (London: Routledge, 2004).

43. Prahalad and Doz, *The Multinational Mission*.

44. Ibid., p. 102.

45. M. Allen 'Worldly Wisdom', *New Statesman and Society*, Vol. 6 (1993), pp. xii.

46. Kennedy *European Labour Relations*.

47. Bean *Comparative Industrial Relations*, p. 191.

48. Ibid.

49. Marginson, Armstrong, Edwards and Purcell 'Extending Beyond Borders'.

50. B. Mahnkopf and E. Altvater 'Transmission Belts of Transnational Competition? Trade Unions and Collective Bargaining in the Context of European Integration', *European Journal of Industrial Relations*, Vol. 1, No. 1 (1995), pp. 101–117.

51. R. Vernon *Storm over the Multinationals: The Real Issues* (Cambridge, MA: Harvard University Press, 1977).

52. P. Auer, G. Besse and D. Meda (eds.) *Offshoring and the Internationalization of Employment: A Challenge for a Fair Globalization?* (Geneva: International Labour Organization, 2006).

53. W. Cooke 'Exercising Power in a Prisoner's Dilemma: Transnational Collective Bargaining in an Era of Corporate Globalization?', *Industrial Relations Journal*, Vol. 36, No. 4 (2005), pp. 283–302.

54. J. Pyndt and T. Pedersen *Managing Global Offshoring Strategies* (Copenhagen: Copenhagen Business School Press, 2006).

55. M. Martinez Lucio and S. Weston 'Trade Unions and Networking in the Context of Change: Evaluating the Outcomes of Decentralization in Industrial Relations', *Economic and Industrial Democracy*, Vol. 16 (1995), p. 244.

56. J. Kelly 'The Future of Trade Unionism: Injustice, Identity and Attribution', *Employee Relations*, Vol. 19, No. 4 (1997), pp. 400–414.

57. For a detailed analysis of ITSs see R. Neuhaus *International Trade Secretariats: Objectives, Organization, Activities*, 2nd ed. (Bonn: Friedrich-EbertStiftung, 1982). For an overview of international labour politics and organizations see T. Boswell and D. Stevis 'Globalisation and International Labour Organizing: A World-System Perspective', *Work and Occupations*, Vol. 24, No. 3 (1997), pp. 288–308.

58. N. Willatt *Multinational Unions* (London: Financial Times, 1974). Also see K. Fatehi *Managing Internationally* (Thousand Oaks, Cal.: SAGE, 2008), Chapter 12, particularly pp. 622–623.

59. H. Northrup 'Why Multinational Bargaining Neither Exists Nor Is Desirable', *Labour Law Journal*, Vol. 29, No. 6 (1978), pp. 330–342. Also see J. Gallagher 'Solidarity Forever', *New Statesman & Society* (1997), p. 10.

60. See Kennedy *European Labour Relations*; and R. Helfgott 'American Unions and Multinational Enterprises: A Case of Misplaced Emphasis', *Columbia Journal of World Business*, Vol. 18, No. 2 (1983), pp. 81–86.

61. Up until 1993 there was a specialized UN agency known as the United Nations Centre on Transnational Corporations (UNCTC), which had published a number of reports on MNEs (see, for example, *Transborder Data Flows: Transnational Corporations and Remote-sensing Data* (New York: UNCTC, 1984); and *Transnational Corporations and International Trade: Selected Issues* (New York: UNCTC, 1985). Since 1993, the responsibilities of the UNCTC have been assigned to UNCTAD. For further information see the UNCTAD website at www.unctad.org/Templates/StartPage.asp?intItemID=2068. See Boswell and Stevis 'Globalisation and International Labour Organizing' for more information on these international organizations.

62. See www.ilo.org/global/lang--en/index.htm as well as B.Leonard 'An Interview with Anthony Freeman of the ILO', *HRMagazine*, Vol. 42, No. 8 (August 1997), pp. 104–109. Also see R.N. Block, K. Roberts, C. Ozeki and M.J. Roomkin 'Models of International Labour Standards', *Industrial Relations*, Vol. 40, No. 2 (April 2001), pp. 258–286; and A.W. Harzing and A. Pinnington (eds.) *International Human Resource Management*, 3rd ed. (London: Sage, 2011), pp. 594–596.

63. For a detailed description and analysis of the OECD Guidelines for Multinational Enterprises see D. Campbell and R. Rowan *Multinational Enterprises and the OECD Industrial Relations Guidelines*, Industrial Research Unit (Philadelphia, PA: The Wharton School, University of Pennsylvania, 1983); and R. Blanpain *The OECD Guidelines for Multinational Enterprises and Labour Relations, 1982–1984: Experiences and Review* (Deventer, The Netherlands:

Kluwer, 1985). See www.oecd.org/department/0,3355,en_2649_34889_1_1_1_1,00.html for the latest version of the Guidelines for MNEs.

64. Campbell and Rowan *Multinational Enterprises and OECD*. For another example of an international chapeau clause related to the World Trade Organization see www.wto.org/english/tratop_e/envir_e/envt_rules_exceptions_e.htm. See also J. Murray 'A New Phase in the Regulation of Multinational Enterprises: The Role of the OECD', *Industrial Law Journal*, Vol. 30, No. 3 (2001), pp. 255–270.

65. J. Rojot 'The 1984 Revision of the OECD Guidelines for Multinational Enterprises', *British Journal of Industrial Relations*, Vol. 23, No. 3 (1985), pp. 379–397.

66. For a detailed account of this case see R. Blanpain *The Badger Case and the OECD Guidelines for Multinational Enterprises* (Deventer, The Netherlands: Kluwer, 1977).

67. R. Blanpain *The OECD Guidelines for Multinational Enterprises and Labour Relations, 1976-1979: Experience and Review* (Deventer, The Netherlands: Kluwer, 1979).

68. H.C. Jain 'Disinvestment and the Multinational Employer: A Case History from Belgium', *Personnel Journal*, Vol. 59, No. 3 (1980), pp. 201–205.

69. Campbell and Rowan *Multinational Enterprises and OECD*.

70. B. Liebhaberg *Industrial Relations and Multinational Corporations in Europe* (London: Cower, 1980), p. 85.

71. New OECD Guidelines to Multinational Enterprises (May 2011) see www.oecd.org/document/19/0,3746,en_21571361_44315115_48029523_1_1_1,00.html.

72. C. Jensen, J. Madsen and J. Due 'A Role for a Pan-European Trade Union Movement? Possibilities in European IR-regulation', *Industrial Relations Journal*, Vol. 26, No. 1 (1995), pp. 4-18; Mahnkopf and Altvater 'Transmission Belts of Transnational Competition?'.

73. Holland, P. and Pyman, A. 'Trade Unions and Corporate Campaigning in a Global Economy: The Case of James Hardie', *Economic and Industrial Democracy*, Vol. 33, No.4 (2012), pp. 555–579.

74. Willis, J. 'Bargaining for the Space to Organize in the Global Economy: A Review of the Accor – IUF Trade Union Rights Agreement', *Review of Political Economy*, Vol. 9, No. 4 (2002), pp. 675–700.

75. See, for example, P. Teague 'EC Social Policy and European Human Resource Management', in C. Brewster and A. Hegewisch (eds.) *Policy and Practice in European Human Resource Management* (London: Routledge, 1994); and L. Ulman, B. Eichengreen and WT Dickens (eds.) *Labour and an Integrated Europe* (Washington, DC: The Brookings Institution, 1993) for an early analysis of integration issues and labor practices. For current information on EU Employment and Social policies see europa.eu/pol/socio/index_en.htm.

76. Commission of the European Communities *Community Charter of the Fundamental Social Rights of Workers* (Luxembourg: Office for Official Publications of the European Communities, 1990).

77. For early examples of these concerns see J. Lodge 'Social Europe: Fostering a People's Europe?', in J. Lodge (ed.) *European Community and the Challenge of the Future* (London: Pinter, 1989); J. Addison and S. Siebert 'The Social Charter of the European Community: Evolution and Controversies', *Industrial and Labour Relations Review*, Vol. 44, No. 4 (1991), pp. 597–625; and M. Hall 'Industrial Relations and the Social Dimension of European Integration: Before and After Maastricht', in R. Hyman and A. Ferner (eds.) *New Frontiers in European Industrial Relations* (Oxford: Blackwell, 1994).

78. For information on the Treaty of Lisbon see europa.eu/abc/treaties/index_en.htm. To access a copy of the Charter of Fundamental Rights see europa.eu/lisbon_

treaty/glance/rights_values/index_en.htm. For matters related to the European Parliament see www.europarl. europa.eu/en/headlines/.

79. See ec.europa.eu/social/home.jsp?langId=en.
80. See www.fedee.com.
81. D. Leahy and C. Montagna 'Temporary Social Dumping, Unions Legislation and FDI: A Note on the Strategic Use of Standards', *The Journal of International Trade & Economic Development: An International Comparative Review*, Vol. 9, No. 3 (2000), pp. 243–259.
82. See M. Morley, N. Heraty and S. Michailova (eds.) *Managing Human Resources in Central and Eastern Europe* (Abingdon, UK: Routledge, 2009); M. Ingham, H. Ingham, H. Bicak and M. Altinay 'The Impact of (More) Enlargement on the European Employment Strategy', *Industrial Relations Journal*, Vol. 36, No. 6 (2005), pp. 456–477; P. Marginson and G. Meardi 'European Union Enlargement and the Foreign Direct Investment Channel of Industrial Relations Transfer', *Industrial Relations Journal*, Vol. 37, No. 2 (2006), pp. 92–110.
83. T. Hildy, J. Doh and S. Vachani 'The Importance of Non-governmental Organization (NGOS) in Global Governance and Value Creation: An International Business Research Agenda', *Journal of International Business Studies*, Vol. 35, No. 6 (2004), pp. 463–483.
84. J. Sajhau *Business Ethics in the Textile, Clothing and Footwear (TCF) Industries: Codes of Conduct*, Working Paper (Geneva: International Labour Office, Sectoral Activities Programme, 1997). For a broader and more conceptual treatment of codes of conduct see D. Ardagh 'The Ethical Basis for HRM Professionalism and Codes of Conduct', in A. Pinnington, R. Macklin and T. Campbell (eds.) *Human Resource Management: Ethics and Employment* (Oxford: Oxford University Press, 2007) pp. 152–170.
85. For standards for codes of conduct refer also to L. Paine, R. Deshpande, J. Margolis and K. Bettcher 'Up to Code: Does Your Company's Conduct Meet World-class Standards?', *Harvard Business Review*, Vol. 83, No. 12 (2005), pp. 122–133. See also www.bsigroup. co.in/en-in/Assessment-and-certification-services/ Management-systems/Standards-and-schemes/ SA-8000/.
86. M. Fenwick 'Extending Strategic International Human Resource Management Research and Pedagogy to the Non-Profit Multinational', *International Journal of Human Resource Management*, Vol. 16, No. 4 (2005), pp. 497–512. Also see M. Fenwick and M.A. McLean 'IHRM in Non-Governmental Organizations: Challenges and Issues', in P. Sparrow (ed.) *Handbook of International Human Resource Management* (Chichester, UK: John Wiley and Co., 2009), pp. 391–412.
87. M. Fenwick 'Extending Strategic International Human Resource Management Research and Pedagogy to the Non-Profit Multinational', p. 508.
88. See P. Holland, C. Sheehan, R. Donohue, A. Pyman and B. Allen *Contemporary Issues and Challenges in HRM* (Melbourne: Tilde University Press, 2015).
89. UNCTAD (ed.) *World Investment Report 2010* (New York and Geneva: United Nations, 2010).
90. For a general discussion on entry mode choice including offshoring refer to WTO (ed.) *World Trade Report 2005*, III - Thematic Essays, C - Offshoring Services: Recent Developments and Prospects (Geneva: World Trade Organization, 2005). For a more systematic, if academic, review of offshoring and wages see H. Brucker 'Offshoring and Labor Demand: Questions, Research Strategies and Data Sources', WTO/ILO Workshop on Global Trade and Employment (31 August 2009), www.wto.org/ english/res_e/reser_e/wkshop_aug09_e/brucker_e.pdf.
91. UNCTAD *World Investment Report 2010*. See as well S. Schmid and M. Daub *Service Offshoring Subsidiaries –*

92. See D. Farrell, M. Laboissiere, R. Pascal, J. Rosenfeld, C. de Sagundo, S. Sturze and F. Umezawa *The Emerging Global Labor Market* (McKinsey Global Institute, McKinsey and Company, June 2005).
93. As in K. Shiu 'Outsourcing: Are You Sure of Offshore? Identifying Risk in Offshoring', *Society for Computers and the Law*, Issue 56 (June 2004).
94. UNCTAD *Service Offshoring Takes Off in Europe*.
95. UNCTAD (ed.) *Offshoring – At the Tipping Point?* (Geneva and New York: UNCTAD, 2004). Also see UNCTAD (ed.) 'Information Economy Report 2009: *Trends and Outlooks in Turbulent Times*' (Geneva and New York: UNCTAD, 2009) for a presentation of the growth of broad banding and IT enabled outsourcing.
96. For different types of outsourcing in India see S. Bhowmik 'Work in a Globalizing Economy: Reflections on Outsourcing in India', *Labour, Capital and Society*, Vol. 37, No. 1 (2004), pp. 76–96.
97. I. Hunter *The Indian Offshore Advantage: How Offshoring is Changing the Face of HR* (Aldershot: Gower Publishing, 2006).
98. See P. Budhwar and A. Varma (eds.) *Doing Business in India: Building Research-Based Practice* (London: Routledge, 2011); D. Saini and P. Budhwar 'HRM in India' in P. Budhwar (ed.) *Managing Human Resources in Asia-Pacific* (London: Routledge, 2004) pp. 113–140.
99. *Financial Times* (London, England, 20 July 2006).
100. With these examples, the importance of the global codes of conduct mentioned earlier in this chapter is supported.
101. P. Budhwar, H. Luthar and J. Bhatnagar 'The Dynamics of HRM Systems in Indian BPO Firms', *Journal of Labor Research*, Vol. 27, No. 3 (2006), pp. 339–360.
102. A. Mehta, A. Armenakis, N. Mehta and F. Irani 'Challenges and Opportunities of Business Process Outsourcing in India', *Journal of Labor Research*, Vol. 27, No. 3 (2006), pp. 323–338.
103. P. Sparrow and P. Budhwar 'Competition and Change: Mapping the Indian HRM Recipe Against World Wide Patterns', *Journal of World Business*, Vol. 32 (1997), pp. 224–242. See also Saini and Budhwar 'HRM in India'.
104. Budhwar, Luthar and Bhatnagar 'The Dynamics of HRM Systems in Indian BPO Firms', p. 345.
105. For further information about the Indian HRM systems refer to Saini and Budhwar 'HRM in India'.
106. I. Björkman 'Transfer of HRM to MNC Affiliates in Asia-Pacific', in P. Budhwar (ed.) *Managing Human Resources in Asia-Pacific* (London: Routledge, 2004), pp. 253–267. For a recent review of Indian performance appraisal practices and management values see T. Sharma, P. Budhwar and A. Varma 'Performance Management in India' in A. Varma, P. Budhwar and A. DeNisi (eds.) *Performance Management Systems, A Global Perspective* (London: Routledge, 2008), pp. 180–192; As-Saber, Dowling and Liesch 'The Role of Human Resource Management in International Joint Ventures'.
107. Budhwar, Luthar and Bhatnagar 'The Dynamics of HRM Systems in Indian BPO firms'.
108. PricewaterhouseCoopers *Technology Executive Connections: Successful Strategies for Talent Management*, p. 42.
109. 'Rising China Labor Costs Could Create New Inflation Headache for the West', *The Daily Star* (25 January 2011).
110. Budhwar, Luthar and Bhatnagar 'The Dynamics of HRM Systems in Indian BPO firms'.
111. B. Einhorn 'A Dragon in R&D: China's Labs May Soon Rival its Powerhouse Factories – and Multinationals are Flocking in for Tech Innovation', *Business Week* (26 October 2006); B. Brockie 'China Leaves the World in its Wake as it is Transformed into a Science Superpower', *The Dominion Post*, retrieved 28 February 2011, www.

Towards a Typology, Working Paper No. 12 (Berlin: ESCP-EAP European School of Management, 2005).

112. PricewaterhouseCoopers *Technology Executive Connections: Successful Strategies for Talent Management; Financial Times* (London, England, 20 July 2006).

113. *International Herald Tribune*, (20 April 2005).

114. B. Wilkinson, M. Eberhardt, J. McLaren and A. Millington 'Human Resource Barriers to Partnership Sourcing in China', *International Journal of Human Resource Management*, Vol. 16, No. 10 (2005), pp. 1886–1900. For well-written and insightful more global presentations on the daunting topic of Chinese HRM from arguably the expert in the field see Malcolm Warner's lucid *Understanding Management in China: Past, Present and Future* (London: Routledge, 2014). For more insights see M. Warner and C. Rowley (eds.) *Demystifying Chinese Management: Issues and Challenges* (London: Routledge, 2014).

115. R. Tung and V. Worm 'Network Capitalism: The Role of Human Resources in Penetrating the China Market', *International Journal of Human Resource Management*, Vol. 12, No. 4 (2001), pp. 517–534.

116. P. Buckley, J. Clegg and H. Tan 'The Art of Knowledge Transfer: Secondary and Reverse Transfer in China's Telecommunications Manufacturing Industry', *Management International Review*, Vol. 43, No. 1 (2003), pp. 67–93.

117. C.J. Zhu 'Human Resource Development in China During the Transition to a New Economic System', *Asia Pacific Journal of Human Resources*, Vol. 35, No. 3 (1997), pp. 19–44. See R. Tung 'Brain Circulation, Diaspora, and International Competitiveness', *European Management Journal*, Vol. 26, No. 5 (2008), pp. 298–304; and P. Dowling and A. Engle '"Transnational Thermals": A Discussion of the Interaction of the Combined Effects of Outward FDI Via Chinese SOEs and the Chinese Diaspora to the United States and Other Advanced Economies', Conference Proceedings of the Second Annual Conference of the Chinese Economic Association-Europe (Oxford University, Oxford, UK, July 2010). The same is true in other Asian countries, as reported by N. Kathri, C.T Fern and P. Budhwar 'Explaining Employee Turnover in an Asian Context', *Human Resource Management Journal*, Vol. 11, No. 1 (2001), pp. 54–74.

118. C. Zhu CJ and P Dowling 'The impact of the economic system upon human resource management practices in China', *Human Resource Planning*, Vol. 17, No. 4 (1994), pp. 1–21; M. Warner 'Human Resource Management in China Revisited: Introduction', *International Journal of Human Resource Management*, Vol. 15, No. 4 (2004), pp. 617–634.

119. C. Zhu and P. Dowling 'Staffing Practices in Transition: Some Empirical Evidence from China', *International Journal of Human Resource Management*, Vol. 13, No. 4 (2002), pp. 569–597.

120. K. Goodall and J. Roberts 'Only Connect: Teamwork in the Multinational', *Journal of World Business*, Vol. 38, No. 2 (2003), pp. 150-164.

121. F. Cooke 'HRM in China', in P. Budhwar *Managing Human Resources in Asia-Pacific* (London: Routledge, 2004), pp. 17–34.

122. Zhu and Dowling 'Staffing practices in transition'.

123. Cooke 'HRM in China', p. 26.

124. Cooke 'HRM in China'. This is confirmed by an empirical study by Glover and Siu. These authors have discussed the need for a better quality management initiative in China. In their study they found poor standards of training, dissatisfaction with the pay level and inadequate communication structures. L. Glover and N. Siu 'The Human Resource Barriers to Managing Quality in China', *International Journal of Human Resource Management*, Vol. 11, No. 5 (2000), pp. 867-882. For a recent review of the development, challenges and complexities of Chinese HRM from a talent management perspective see F. Cooke 'Talent Management in China', in H. Scullion and D. Collins (eds.) *Talent Management* (London: Routledge, 2011), pp. 132–154.

125. See, for example, F. Cooke 'Foreign Firms in China: Modeling HRM in a Toy Manufacturing Corporation', *Human Resource Management Journal*, Vol. 14, No. 3 (2004), pp. 31–52. Also see Ding, Goodall and Warner 'The End of the "Iron Rice-bowl"'.

126. K. Venter 'Building on Formal Education: Employers' Approaches to the Training and Development of New Recruits in the People's Republic of China', *International Journal of Training and Development*, Vol. 7, No. 3 (2003), pp. 186–202.

127. N. Khatri, C. Fern and P. Budhwar 'Explaining Employee Turnover in an Asian Context', *Human Resource Management Journal*, Vol. 11, No. 1 (2001), pp. 54-74. Empirical evidence of some flexibility in unionization approaches applied by the All China Federation of Trade Unions (ACFTU) is provided by M. Liu in 'Union Organizing in China: Still a Monolithic Labor Movement?' *Industrial and Labor Relations Review*, Vol. 64, No. 1 (2010), pp. 30–52.

128. Survey report: 'Offshoring and the Role of HR' CIPD Survey: www.cipd.co.uk, retrieved 28 February 2011.

129. Both strategic decisions taken at corporate headquarters such as plant rationalization can result in the closure of host-country operations as multinationals divest and withdraw, as well as more tactical reallocations of products, functions and processes in dynamic, globally dispersed value chains.

130. PricewaterhouseCoopers *Technology Executive Connections: Successful Strategies for Talent Management*. The survey generated responses from senior executives based in five principal regions: 30 per cent Asia, 41 per cent Europe, 23 per cent North America, 5 per cent Middle East and Africa and 1 per cent Latin America. More recently see Scullion and Collins *Global Talent Management*.

131. S. McGuiness and J. Bennett 'Examining the Link between Skill Shortages, Training Composition and Productivity Levels in the Construction Industry: Evidence from Northern Ireland', *International Journal of Human Resource Management*, Vol. 17, No. 2 (2006), pp. 265–279.

132. R. Burke and E. Ng 'The Changing Nature of Work and Organizations: Implications for Human Resource Management', *Human Resource Management Review*, Vol. 16, No. 1 (2006), pp. 86–94.

133. R. Tung and M. Lazarova 'Brain Drain versus Brain Gain: An Exploratory Study of Ex-host Country Nationals in Central and Eastern Europe', *International Journal of Human Resource Management*, Vol. 17, No. 11 (2006), pp. 1853–1872.

134. Ibid., p. 1871.

135. A. Saxenian 'From Brain Drain to Brain Circulation: Transnational Communities and Regional Upgrading in India and China', *Studies in Comparative International Development*, Vol. 40, No. 2 (2005), pp. 35–61.

136. R. Tung 'The Human Resource Challenge to Outward Foreign Direct Investment Aspirations from Emerging Economies: The Case of China', *International Journal of Human Resource Management*, Vol. 18, No. 5 (2007), pp. 868–889.

137. Y. Baruch, P. Budhwar and N. Kathri 'Brain Drain: Inclination to Stay Abroad After Studies', *Journal of World Business*, Vol. 42, No. 1 (2007), p. 99–112. For a critical view on the topic of brain drain see S. Carr, K. Inkson and K. Thorn 'From Global Careers to Talent Flow: Reinterpreting "Brain Drain"', *Journal of World Business*, Vol. 40, No. 4 (2005), pp. 386–398.

138. However, as skill shortages exist in many countries, Carr *et al.* replace the term 'brain drain' by describing talent flows across borders, and Tung and Lazarova

at least see a positive notion of brain gain. Carr, Inkson and Thorn 'From Global Careers to Talent Flow'; Tung and Lazarova 'Brain Drain versus Brain Gain'.

139. M. Zanko 'Change and Diversity: HRM Issues and Trends in the Asia-Pacific Region', *Asia Pacific Journal of Human Resources*, Vol. 41, No. 1 (2003), pp. 75–87.

140. See H. Ramsey 'Solidarity At Last? International Trade Unionism Approaching The Millenium', *Economic and Industrial Democracy*, Vol. 18, No. 4 (1997), pp. 503-537; and Jensen, Madsen and Due 'A Role for a Pan-European Trade Union Movement?'.

141. Enderwick 'The Labour Utilization Practices of Multinationals', p. 357.

142. G. Colvin 'Don't Blame Wal-Mart: The Giant Retailer Isn't Evil – Just Caught Up in the Global Economy', *Fortune* (28 November 2005), p. 41.

143. See www.cfr.org/health-science-and-technology/health-care-costs-us-competitiveness/p13325 for a discussion of this issue by the (US) Council on Foreign Relations; see also J. Pfeffer 'Building sustainable organizations: The human factor', *Academy of Management Perspectives*, 24 (1) (2010), pp. 34–45.

第 9 章
国际人力资源管理的发展趋势和未来挑战

章节目标

在最后一章，我们将讨论并评估国际人力资源管理的发展趋势以及未来发展方向，具体包括以下内容：

● 国际商业道德和人力资源管理。

● 运作模式和国际人力资源管理。

● 大型跨国公司之外的组织，如社会组织与国际人力资源管理需求有关的所有权问题。

● 安全、安保和反恐问题。

9.1 引 言

本书已经探讨了国际人力资源管理问题，在此基础上，本章重点关注国际化进程对人力资源管理活动及相关政策措施的影响。具体而言，本章关注以往的文献中未强调的国际人力资源管理发展问题以及未来的挑战：国际商业伦理、运作模式、社会组织以及国际人力资源管理在安全、安保和应对全球恐怖主义活动中的发展任务。从某种意义上说，这些主题反映了日本跨国公司国际人力资源管理的"一般事务"——在日本，通常使用"人力资源和一般事务"（Human Resources and General Affairs）一词来表示人力资源职能[1]，人们期望人力资源职能成为处理不可预测和紧急问题的第一道防线，这些问题来自构成跨国公司复杂性的环境和群体的多样性。

本章还将重新探讨有关区分跨国公司人力资源管理的一些问题，并重新审视第1章中所提出的跨国公司战略性人力资源管理模型——详见图9-1。这些主题与外部因素和组织因素相关，这两者均从跨国公司的战略性人力资源管理角度影响人力资源职能和人力资源实践。

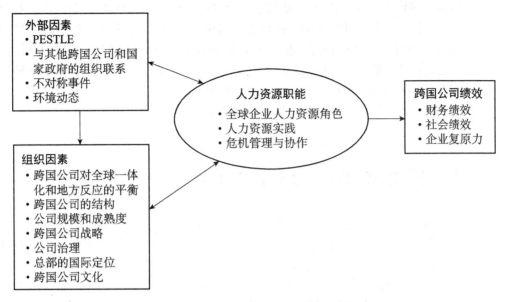

图 9 - 1　跨国公司的战略性人力资源管理模型

资料来源：De Cieri，H. & Dowling，P. J. "Strategic Human Resource Management in Multinational Enterprises：Developments and Directions"，in G. Stahl，I. Björkman and S. Morris（eds.）*Handbook of Research in International Human Resource Management*，2nd ed.（Cheltenham，UK：Edward Elgar，2012）. Reproduced with permission from Helen De Cieri and Peter J. Dowling.

▌9.2　外部因素：国际商业道德和人力资源管理

　　全球商业组织面临着一个关键挑战：是否应该在任何地方都推行自己的价值观，而不考虑当地的文化背景和实践标准？为了了解这样的两难困境，我们以一家跨国公司为例，假设某跨国公司安排母公司的员工到东道国管理其业务，该国普遍存在行贿、使用童工以及工作场所未达到西方要求的车间安全标准。在这种情况下，应该以哪一国的标准为准？是遵循跨国公司母国的标准还是东道国的标准？

　　对上述问题有三种回答：一是**道德相对主义**（Ethical Relativism），二是**道德绝对主义**（Ethical Absolutism），三是**道德普遍主义**（Ethical Universalism）。对于道德相对主义者来说，没有普遍的或国际统一的对或错，一切都取决于特定文化的价值观和信念，需要"入乡随俗"。与道德相对主义者不同，道德绝对主义者认为，应该采取在本国的实践方法，而不考虑别国人是怎么做的。这种道德观把自己的文化价值观放在首位。这个观点的反对者认为道德绝对主义者过于狭隘，他们将尊重地方传统与道德相对主义混为一谈。必须指出的是，尽管一些行为在任何地方都是错的（如政府官员受贿），但也有一些行为在某些文化背景下是可行的（如日本商务人员之间有赠送小礼品的习惯）。与道德相对主义者相比，道德普遍主义者认为存在跨文化界限的对错基本准则，跨国公司必须遵守这些基本准则或全球价值观。

　　不仅从《世界人权宣言》（United Nations Declaration of Human Rights）签字

国间的协议中可以看出通用道德准则的存在，在其他国际协定中也可以看到，比如，经济合作与发展组织的《跨国公司指南》。随着国际业务的扩展和离岸外包业务的大幅增长（如第 8 章所述），对国际协议和公司行为准则的需求也相应增加。但是把道德准则和核心价值观转换成国际企业的实践，在缺乏超国家立法机构的情况下是一项复杂而艰巨的任务。在这个领域取得进步的努力集中在三个因素上：监管、制定国际协议以及教育与培训方案的使用。

■ 9.3 对于贿赂和腐败行为定罪的新发展

贿赂（Bribery）和腐败行为是跨国公司经理经常遇到的伦理道德问题。[2]贿赂涉及向代理人支付报酬，让他们做与其职位和业务目的不符的事情，以期获得不公平的优势。贿赂可以与"礼物"（Gifts）、"使便利"（Facilitating）、"润滑剂"（Grease）等概念区分开，后者是为了激励代理人去完成他们正常职责内所必须完成的日常工作。尽管绝大部分人公开谴责贿赂行为，但仍有很多人主张对该行为宽容处理，并认为贿赂是从事企业和商业活动所需要的（道德相对主义者的观点）。现在普遍认同的观点是，贿赂在公共服务中破坏了公平、效率和诚实，削弱了公众对市场和援助计划的信心，增加了产品成本，还可能影响公众的安全和经济福利水平。

出于这些原因，国际上掀起了一场将贿赂行为认定为犯罪的运动。1977 年，美国颁布了《反海外腐败法》，禁止美国公司和美国公民向外国政府官员行贿。如果公司知道代理人将用钱去贿赂政府官员而仍然给代理人这笔钱，那么公司就违反了该法。该法在 1988 年进行了修改，允许作为"便利费"付款，但对记账条款进行了详细的规定，以防止公司将一些不合法的支出伪装成娱乐和商业费用。《反海外腐败法》曾因把美国公司置于竞争劣势地位而受到了批评，因为一些欧洲和亚洲公司向外国官员行贿的举措不会面临刑事诉讼[3]，但关于《反海外腐败法》导致美国公司竞争劣势的证据是矛盾的。《反海外腐败法》也被一些人批评为种族中心主义，有些人会把它看作美国伦理型领导的部分证据。[4]

由于缺乏足够的国际自我管理规范来控制贿赂和腐败，美国多年来一直游说其他国家制定统一的国内政府法规，以提供一个公平的竞争环境。这些努力在 1996 年 12 月取得了一些成果，当时联合国通过了《联合国反对国际商业交易中的贪污贿赂行为宣言》(Declaration Against Corruption and Bribery in International Commercial Transactions)，该宣言要求联合国会员国将贿赂行为认定为犯罪，并拒绝对行贿进行减税。一年以后，随着《禁止在国际商业交易中贿赂外国公职人员公约》(Convention on Combating Bribery of Foreign Public Officials in International Business Transactions，简称 OECD 反贿赂公约）的通过，30 个经济合作与发展组织（OECD）成员方和 4 个非成员方签署了该公约。1998 年底，OECD 反贿赂公约成员同意在本国立法以给向域外的外国公职人员行贿定罪。OECD 反贿赂公约于 1999 年 2 月生效，截至 2009 年已经被 38 个国家批准认可。每个成员都被要求进行同行审查并提供一份该公约执行情况的报告。各国的报告放在 OECD 网站上供浏览。OECD 反贿赂公约要求对国外行贿的制裁要与国内应用于贿赂公职人员的处罚相当。

鉴于罪行的严重性和 OECD 反贿赂公约中的罚则，公约强制要求涉及全球业务的企业采取积极的行动去管理它们的潜在风险。尽管 OECD 反贿赂公约是针对公共部门中贿赂的提供方，但是有希望将其管辖范围扩展到私营部门的贿赂及贿赂的接受方。人力资源管理的专业人员在制订合乎法律的战略计划和制定公司内自愿遵守的合规守则方面发挥着重要作用。他们还能提供培训，有利于受训者理解腐败贿赂支付、礼物以及出于便利考虑被允许的支付这三者之间的区别，还可以提高员工的谈判技能以应对可能发生在敏感地区和行业的困难局面。关于能否向外国官员行贿的争论恐怕还要持续很多年。[5]

对跨国公司来说，贿赂丑闻导致的公共和财务后果可能会非常严重。案例 9 - 1 展示了一个跨国公司由于实行不道德行为而产生的实际上和名誉上的损失。此案于 2006 年底首次公开，2008 年 12 月美国当局对西门子处以创历史纪录的 8 亿美元罚款，而且德国当局对其前董事会未能履行监督职责处以 3.95 亿欧元罚款。此案中西门子付出的总成本为 25 亿欧元。2010 年初，德国当局还对西门子的个别管理人员采取了行动，两名前管理人员因参与这起腐败丑闻而被判处缓刑和巨额罚款。[6]《经济学人》（The Economist）杂志报道了关于国际贿赂和腐败的争论，指出"公司越来越厌倦《反海外腐败法》，其内容令人困惑，但实施极为严厉"。[7]《经济学人》将《反海外腐败法》与 2010 年通过的涵盖国内和国际行贿案件的《英国反贿赂法》（British Bribery Act）进行比较，指出尽管英国法律没有考虑"便利费"，但它确实允许"合规辩护"，即如果违规者是初级员工，公司可以避免最严厉的处罚，除此以外，公司有一个严格的反贿赂政策，该政策明确传达给员工并得到有效管理。

案例 9 - 1 "太少太晚了？"西门子对信誉风险迟到的醒悟

发稿地点：法兰克福

这是一个关于警方突击搜查、逮捕和调查的密集而戏剧性的报道，有指控称西门子公司将至少 2 亿欧元（2.65 亿美元）从列支敦士登、奥地利和瑞士的秘密银行账户中转移。这是翻开新篇章的侦探片吗？不，这是源于一个德国人于 2006 年 12 月 11 日向位于华盛顿特区的证券交易委员会递交的 20 - F 档案。与此同时，考虑到其不透明交易已经被至少三个国家的国家公诉人调查，西门子公司重申了它的支出。

这些隐蔽交易的目的尚不清楚：是不诚实的员工中饱私囊还是更险恶的事情——西门子小心地抹除贿赂的证据以获得在全球 190 余个国家或地区中运作其业务？西门子坚称自己是贿赂犯罪的受害者而不是同谋，正在积极调查过去七年中向顾问支付的高达 4.2 亿欧元的可疑款项。同时，6 名已离职的和在职的员工（包括一名在 12 月 12 日被逮捕的董事会的前成员）正在羁押中。

一个月前，警察搜查了西门子公司的 30 个办公室，该负面消息传出后，西门子公司试图表现出正在采取积极行动，它宣称已经成立了一个"特别行动小组"以澄清和规范公司员工的业务实践，同时公司任命了一个调查员以鼓励内部揭发。

在这周的紧急董事会会议上，西门子宣布了新的措施以显示其改变公司文化的坚决态度。公司指定了一个法律事务所来调查公司的规范和控制系统，并且委任了迈克尔，一个反腐败专家，来审查公司的反腐败控制系统及培训情况。西门子公司的一些问题源于 20 世纪 90 年代，是在德国和其他国家于 1999 年签署经济合作与发展组织的反贿赂公约之前产生的。然而意大利案推迟了公约的签署日期，另外一个希腊的案子关系到 2004 年奥林匹克运动会的准备工作。慕尼黑的检察官指出了最新证据，在最近的恶性事件中，嫌疑人联手诈骗了那家公司。西门子的一位发言人感叹道，"反对'犯罪力量'是我们唯一能做的"。

即使不是纵容行贿，只是监管和控制不足也是非常糟糕的事情。海因里希·冯·皮埃尔（Heinrich Von Pierer）在贿赂被宣布为非法之前曾在 20 世纪 90 年代担任西门子首席执行官，现在他仍然是监事会主席。他本应指导公司向经济合作与发展组织的反贿赂规则过渡，并遵守美国的《萨班斯-奥克斯利法案》(Sarbanes-Oxley Act)，该法案要求高管进行更多的披露并承担个人责任。对世界出口冠军德国的声誉来说，最糟糕的是，人们怀疑德国的某些实力可能归功于秘密银行账户和非法资金。

资料来源：Update based on *The Economist* 16 December 2006，Vol. 381，Issue 8508，pp. 65 - 66.

▌**9.4　跨国公司人力资源职能面临的道德挑战**

从事国际商务活动的经理与国内业务经理面临很多相同的道德伦理问题，这些问题因为跨国经营所在地的社会、经济、政治、文化和法律环境的不同而不同，并且更加复杂。如果公司选择自觉地或默认地把道德考虑置于对员工处境和考虑之上，不仅容易导致员工在外国环境中工作的压力（可能导致低绩效或提前召回外派人员），而且其内部矛盾会影响全球的绩效。

当跨国公司选择国际委派人员时，一个与工作有关的评价标准是员工是否诚实正直且具有管理能力，并且出国前培训或入职培训必须包括外派人员可能遇到的道德问题的相关讨论。在设计培训计划以应对跨国业务挑战时，人力资源管理部门不仅应该注意到文化相对性的问题，而且要关注道德原则超越民族和文化界限的问题。为了防止"抄道德近路"的诱惑，外派人员不能被置于不合理的高压之下，如取得过高的财务成果，公司必须给予他们反馈和增援。绩效评估、薪酬计划和经常归国是提升和保持道德文化的重要手段。

当大规模、高度标准化的公司试图在变得更加国际化的同时仍保持对当地习俗和价值观的敏感性，就会产生很多困难。以美国零售巨头沃尔玛为例，高度成功的低成本战略（伴随着标准化加上规模和范围经济）成为未来跨国公司的特征，并吸引了全世界的关注、抗议和社会评论。离岸外包的相关话题产生了越来越多的问题，如高度公开的产品召回。这表明跨国公司面临的多方面问题不仅局限于像供应链管理这样的职能管理领域。具体而言，供应链管理问题及其他管理职能领域的相关分析可参考莱尔斯（Lyles）等人的研究。[8] 低成本战略对于直属员工和承包商的工资、医疗保健福利、工作条件、就业保障的影响，以及沃尔玛"超级商店"对传统本地零售业、城市中心的基础设施和小人口社区等的竞争影响，已经在全世界范围内引发了一场关于全球商业的经济、社会和政治后果的讨论。[9]

目前，我们还不清楚人力资源管理在不断扩大的多样化情境下，尤其是在劳动力资源、薪酬和员工关系战略发展方面，如何不断发挥影响作用，进而来平衡经济层面所要求的成本控制与社会的和制度方面的全球标准化之间的矛盾。[10] 然而，这些可能是 21 世纪国际商业中的主要问题，特别是评估国外子公司及其高管团队的整体绩效这一复杂问题。[11]

9.5　组织因素：结构、战略和国际人力资源管理

我们已经强调有必要将国际人力资源管理的范围扩大到子公司。虽然没有淡化其重要性，但对许多跨国公司来说，管理子公司只是国际商业运营的一个方面，尽管根据国际活动的性质和国际公司的规模，子公司管理层的权重会有很大差异（见第 1 章和第 3 章）。外部各方参与合同模式、合资企业和战略联盟，为管理和人力资源施加了在独资企业运作中所没有的制约。尽管国际合资企业的人力资源管理的影响在文献中已经得到了充分的关注[12]，但是公司在远距离运营时，对合同模式的人力资源管理的影响仍然有研究的必要。例如，培训常常是合同模式中的一个重要部分，在技术和系统转让、灌输公司文化和甄别程序（例如选择合适的总经销商）中扮演着关键角色。因此，工作人员可能主要参与的是短期任务——在外国公司所在地提供培训，而不是作为传统的外派人员开展工作。[13] 在组织层面，与精益生产和全球远距离的价值链[14] 相关的话题，以及国际项目管理[15] 的人员问题越来越引起人们的兴趣。

9.6　社会组织

在第 8 章中，我们指出了社会组织在影响跨国公司战略和决策的制度环境中的重要性。我们注意到，贸易和商业的全球化在各国国内引发了激烈的辩论，出现了反全球化集会和抗议等事件。环保组织的活动说明了这些组织如何变得国际化，以及如何与一系列全球工业中的关键跨国公司互动。例如，访问国际绿色和平组织的主页可以了解该社会组织关注的一系列问题和行业，以及国际绿色和平组织试图影响的全球各个行业中的主要跨国公司。其他社会组织包括乐施会（Oxfam）、国际关怀组织（Care International）、BRAC（前身为 Bangladesh Rural Advancement Committee，即孟加拉国农村发展委员会，它现在是拥有 1.1 亿多受益人的全球性组织）、丹麦难民理事会（Danish Refugee Council）等。活动的多样性和对一系列

行业的关注进一步说明了社会组织的作用和影响力，这将继续对跨国公司的活动具有重要意义。

9.7 外部因素：不确定世界中的挑战——安全、安保和反恐[16]

传统上，很多国内、国际的人力资源经理负责与工厂安全问题有关的法律合规和培训问题。[17]随着与工作场所安全相关的国家和国际法规的拓展，在公司风险管理领域规定了具体的专业实践标准、报告机制和作用。[18]自然**灾害协议**（Disaster Protocols）、跨国公司工厂和设备的紧急情况和灾害预备计划、**工作场所暴力**（Workplace Violence）政策、**行业偷盗**（Industrial Theft）和破坏议定书，以及严管个人设备以加强**内务安全**（In-house Security）等风险管理类别都已经出现，专业和学术的研究文献也越来越多。但应当纳入国际人力资源经理和主管现行责任的特殊任务、期望和责任的组合是什么还不很清楚。[19]直观地看，在小型跨国公司中——在不太敏感的行业和不太动荡的市场中运作——国际人力资源管理专家将被要求用外购技术安全系统和人员来执行这些议定书。[20]在较大型组织内，特别是当跨国公司的运作处于更公共的、更敏感的行业内和/或更社会化和政治动荡的地区时，在人力资源职能中对发展综合性的、协调的和专门化的**风险管理**（Risk Management）实践进行重大投资是值得的。很多跨国公司已经发展了自己的系统和程序来回应历史上的重要事件，这些事件可能是公司多年前或几十年前发生过的。例如，一名高管被绑架，一场影响关键设施的自然灾害，或一场导致跨国公司高管死亡的航空公司或私人飞机灾难。

毋庸置疑，大部分跨国公司的管理者并不希望在这些敏感领域讨论安全草案的程序、系统和结构。最近又出现了更多的风险类别，如网络恐怖行动，以具体公司和行业为目标的政治恐怖组织，禽流感等传染性疾病的固有风险，空气污染（如第1章所述）。越来越多的情况是，全球人力资源管理主管被要求至少要对一位风险分析顾问所说的"弹性业务"承担部分责任。[21]有关国际商务中的冲突、安全和政治风险领域的概述，请参阅由赫尼斯兹（Henisz）、曼斯菲尔德（Mansfield）和冯·格林诺（Von Glinow）编辑的《国际商业研究杂志》（*Journal of International Business Studies*）特刊。[22]

作为一套企业风险评估的方法，具体的跨国公司审计的出发点包括以下五个方面：

1. **设施应急和灾难预备**——包括遵从地方安全法律和标准（例如，美国的职业安全和卫生行政规则）、建立一个指挥中心和分流区、员工的交通疏散和系统位置草案、联络公共部门的应急工人以及媒体关系。

2. **设施安全**——包括周边安全、进出设备的检查草案（卡车检查、交付等）、内部检查草案（储物柜等）、炸弹威胁程序、设施暴力和管理威胁的风险控制（包括对警告标志的培训、保护财产和设备以及设立维护主管）、在停车区的保护和照明、在工作地区安装摄像头。

3. **工业间谍、盗窃和破坏**——保证内部交流（电子邮件、电话等）安全的活动、公开记录的保护、员工隐私权条例、明确规定的身体检查和物品检查过程。

4. **网络恐怖主义**——利用硬件、软件和人工系统来对付黑客、信息偷盗、内部破坏、软件系统的破坏，并确保后备系统的开发和维护以及信息系统的多重独立运用。

5. **设施外的起火和旅行风险**——提供旅行经理便携式五分钟紧急救护包，阻止员工入住七层以上酒店的旅行政策（大部分云梯消防车只能到达六层）、不允许高层管理者乘坐同一航班或私人飞机外出旅行，如果公司员工旅行团队住在同一酒店要进行撤退训练。[23]

按照钦科陶（Czinkota）等人的分析，国际人力资源管理的管理人员可能从三个层面去评估**恐怖主义威胁**（Terrorist Threats）的潜在风险：基本风险——"在个人或公司的层面"；微观层面——"特定区域、行业或者国际价值链的层面"；宏观层面——"恐怖主义袭击对全球环境……世界经济，消费者对商品和服务的需求，以及联合国等超国家组织的反应的影响"。[24]作为一个微观层面风险分析的例子，旅游/酒店行业对恐怖事件和自然灾害特别敏感，它们可能会阻碍一般的旅行、到某个国家或地区或特定目的地的旅行。[25]在基本风险和微观层面：

> 识别企业价值链最易受攻击的环节是有益的。从个体（企业）角度看，从微观层面看待恐怖主义更为有益，因为在微观层面，采购、制造、分销和运输及物流可能是最易受恐怖主义攻击的领域。[26]

全球安全被跨国公司视为重大风险是毫无疑问的。《2016年世界经济论坛风险报告》（World Economic Forum Global Risks Report 2016）将大规模恐怖袭击和国家崩溃或危机的感知可能性作为两种可能的全球风险。[27]2008年钦科陶和龙凯宁（Ronkainen）通过德尔菲研究发现，跨国公司内部对未来全球业务影响最大的五项业务职能是：（1）物流；（2）营销；（3）人力资源；（4）金融；（5）通信。[28]通过系统地分析人员和流程，国际人力资源管理的专业人员可以通过建议"强化"价值链中的流程、招聘具有与这些流程相关能力和技能的人员，并在这些流程和系统中培训员工，从而为"稳定风险"做出贡献。[29]

同样，吉灵厄姆（Gillingham）提出了风险分析，将安全风险分为外部环境层面（作业的地理区域）和内部企业层面（行业、企业媒体概况、跨国公司的关联附属机构）。在低风险环境下的低风险公司不需要在安全系统和草案上进行过多投资，而在低风险环境下的高风险公司必须执行重点强化个人站点的安全战略。在高风险环境下的低风险公司可以执行在各地区分散活动和建设多余的基础设施的战略，这样在高风险地区的价值链活动可以由地区单位以外的组织提供；在高风险环境下经营的高风险公司必须在详细的风险管理战略上加大投资力度。[30]与规划、准备、培训以及对外派人员及其家人的身体、情感和社会支持有关的话题是一个持续的研究领域。[31]在这个快速发展的领域还有很多问题有待解决，是因为国际人力资源管理行政人员和专家们所关注的关于安全和安保的期望、标准和做法在不断变化。按照钦科陶等人所说：

> 公司直接受到恐怖主义影响的深度案例研究将提供关于恐怖主义类型和具体的影响之间的关系性质的基本信息并推动模型和理论的发展。[32]

可以得出的一个类似的结论是，我们需要更好地理解在跨国公司中国际人力资源管理面临的这些挑战。

本书的作者对人力资源专业人员在跨国公司全球安全这一复杂而机密的领域中的作用进行了系统的回顾。[33]通过开发包罗万象的词汇，并概述一套为远距离的全球价值链、人员、实物资产和信息网络提供安全的标准化的特定维度[34]，我们可以更好地理解国际人力资源管理的管理者在全球公司中面临的问题、决策和角色。无论如何，在当下以及可预见的未来，跨国公司对人员安全问题的责任将变得越来越复杂和重要。

似乎国际人力资源管理和国际商业学者的实证研究目前落后于从业者的实践和优先级关注领域，这是一个需要商学院的国际人力资源管理学者解决的问题。[35]

◼ 9.8　全球人力资源管理不断发展的领域

全球人力资源管理领域被批评发展缓慢、缺乏严谨的理论体系。这有很多原因，一个原因是，与在一个国家背景下进行的研究相比，在国际管理和国际人力资源领域存在重大的方法问题。这些问题大大增加了进行国际研究的复杂性，正如阿德勒[36]几年前指出的那样，用期刊编辑和审稿人通常要求的文化内研究的严格性来解决这些问题往往相当困难。

国际人力资源管理作为一个研究领域发展相当缓慢的另一个原因是，直到最近，许多管理和人力资源研究人员仍然将国际人力资源管理领域视为一个边缘性学术领域。这种态度反映在商学院中有关国际人力资源管理的课程相对较少——这种情况现在正在发生变化，尤其是在欧洲和亚太地区的商学院中。1990 年，英国卡迪夫大学（Cardiff University）已故教授迈克尔·普尔（Michael Poole）在该领域创办了一份专门杂志（《国际人力资源管理杂志》（*International Journal of Human Resource Management*）），这是一个积极的发展趋势。这本杂志对国际人力资源管理研究领域的发展产生了重大影响。最近一个非常积极的发展趋势是管理学院人力资源部决定颁发国际人力资源管理学术研究奖。[37]关注特定区域，如拉丁美洲[38]、中欧和东欧[39]、中东[40]、欧洲[41]、非洲[42]和亚太地区[43]的人力资源管理著作的增长也对国际人力资源管理文献做出了宝贵贡献。

◼ 9.9　跨国公司的人力资源管理职能的演变

如第 1 章所述，跨国公司中国际人力资源管理职能的高度复杂性导致了对目标、行动者、任务及各种关系的重新审视，这些关系存在于直线经理和人力资源管理专家之间、分公司/子公司的人力资源管理工作人员和总公司的人力资源管理专家之间、跨国公司员工和外包承包商之间以及跨国公司内不同层级的人力资源管理工作人员之间（例如，董事会中的、副总裁层的或直接向董事会成员报告的人力资源管理者）。[44]显然，理清那些可能有助于跨国公司、行业或国家的国际人力资源管理理念、战略、政策、实践和能力模式的制度、产业和历史偶然事件之间的复杂关系仍然是未来的丰富研究领域。国际业务的挑战很可能会持续下去，而国际人力资源管理问题仍然是跨国公司高级管理人员的"问题清单"中的首要问题。[45]

小 结

在本书中，我们一直努力强调企业在面对与国际商业运作相关的人力资源管理问题时所面临的挑战。本章关注的是已经确定的趋势和未来挑战——包括管理和学术挑战，这些趋势和挑战可能会对国际人力资源管理作为一种职能以及作为研究的科学领域都产生影响。我们特别强调以下几点：

- 国际商业道德和人力资源管理。
- 全资子公司以外的运作模式及所需的国际人力资源管理活动，如合同和项目运作的培训。
- 与家族企业和社会组织有关的所有权问题，以及这些组织在国际发展过程中所面临的国际人力资源管理挑战，尽管这些组织在国际商业和全球活动中具有重要意义，但这些问题仍然未得到充分认识。
- 综合评价与安全、安保及反恐有关的规划活动。
- 国际人力资源管理的研究问题，以及有助于理解国际人力资源管理的职能和国际人力资源管理活动、公司国际化以及战略方向和目标之间的错综复杂性和相互关系的发展。

贯穿本书的一个主题是国际人力资源管理需要对国际化运作包括哪些内容有一个更广泛的了解，对不同的功能、任务和管理能力下的与所有操作类别有关的问题范围的清晰了解也很重要。如迈克尔·普尔[46]在 1990 年《国际人力资源管理杂志》第 1 期的社论中所强调的："国际人力资源管理通常包括对在跨国公司工作的世界各地的人的管理。"

本书第 7 版距离 1990 年第 1 版出版已经 25 年了。在西方社会，25 年通常被认为是步入成年的里程碑，因此，国际人力资源管理研究人员和学术界确实应该为这一学科领域的"成年"而庆祝。跨国公司的人事问题从来没有像今天这样在战略、经济、社会和环境方面如此重要。[47]从业人员——包括专家和高管——拥有大量的技术、概念和程序资源。大规模的政府系统和咨询系统可能会被利用。学术界可以在其研究和教学活动中，跨文化、跨地区、跨机构、跨经济发展水平和跨行业地从事国际人力资源管理众多职能中的任何一项。国际人力资源管理职能可选择的数量确实令人望而生畏。

在这段时间里，我们既要庆祝学科领域取得的成功，也要警惕我们陷入一种危险之中，即过早地认定我们已经发现国际人力资源管理的最终结论，或者假设我们已经发现了国际人力资源管理的终极模式。[48]就目前而言，一种开放、系统、全面、新奇和专注的心态（许多研究人员对于国际问题的研究取得成功必备的品质）可能比任何单一的模式、研究流派或视角对国际人力资源管理学科领域的持续有效发展更为关键。[49]

在第 1 章中，我们指出了国际人力资源管理的三个领域：跨文化管理，比较人力资源管理和劳动关系以及跨国公司的人力资源管理。正如所有的河流都有一个或多个源头（小河或小溪构成其源头），国际人力资源管理也有许多潜在的源头。例如在 19 世纪，人们急于发现尼罗河的源头，科学家、探索者和冒险者在他们的研究结束时所做的就是要面对一个巨大的、复杂的、不断变化的生态系统。最初是一次去一个特定的、未知目的地的旅行，后来变成了一次越来越复杂的地理漫游，一直持续到今天。正在持续的发现过程、对国际人力资源管理复杂性的描述、对我们现有公司和学术体系的挑战、国际活动产生的人员过程模型以及从业者为了追求跨国公司的目标每天必须做出的艰难选择，这些构成了我们在经过 25 年的观察后，对这一迷人而引人注目的学术领域所能得出的唯一合理的结论。

讨论问题

1. 对以刑事罪论处外国行贿的国际倡议你持什么观点？

2. 请识别出国际委派中出现的大量人力资源管理问题。本章中确定的核心道德价值观和准则可以在哪些方面适用于这些问题？

3. 除了清单和系统分析之外，跨国公司可以采取什么行动以减少与恐怖主义有关的风险？在这个过程中人力资源管理的角色是什么？

4. 当无国界医生组织派遣一支医疗队去一个如孟加拉国这样的国家时，什么样的国际人力资源管理活动与之有关？

深度阅读

R. Burke and C. Coopers (eds.) *International Terrorism and Threats to Security: Managerial and Organizational Challenges* (Cheltenham, UK: Edward Elgar Publishing, 2008).

J. Selmer and V. Suutari (guest eds.) *Cross Cultural Management: An International Journal*, Special Issue, Theme: 'Expatriation – Old Issues, New Insights', Volume 18 (2) (2011).

J. Crum *Corporate Security Intelligence and Strategic Decision Making* (Boca Raton, FLA: CRC Press, 2015).

F. Fortanier, A. Kolk and J. Pinkse 'Harmonization in CSR Reporting: MNEs and Global CSR Standards', *Management International Review*, 51 (5) (2011), pp. 665–696.

K. Lundby and J. Jolton (eds.) *Going Global: Practical Applications and Recommendations for HR and OD Professionals in the Global Workspace* (San Francisco, USA: Jossey-Bass, 2010).

A. Moore (ed.) *Privacy, Security and Accountability: Ethics, Law and Policy* (Lanham, Maryland: Rowman and Littlefield, 2016).

S.S. Morris, P.M. Wright, J. Trevor, P. Stiles, G.K. Stahl, S. Snell, J. Paauwe and E. Farndale 'Global Challenges to Replicating HR: The Role of People, Processes, and Systems', *Human Resource Management*, 48 (6) (2009), pp. 973–995.

D. Wernick and M. Von Glinow 'Reflections on the Evolving Terrorist Threat to Luxury Hotels: A Case Study on Marriott International', *Thunderbird International Business Review*, 54 (5) (2012), pp. 729–746.

参考文献

1. See T. Jackson *International HRM: A Cross-cultural Approach,* Chapter 4, 'The Motivating Organization: The Japanese Model' (London: Sage Publications, 2002), pp. 107–126; E. Ikegami *The Taming of the Samurai: Honorific Individualism and the Making of Modern Japan* (Cambridge, MA: Harvard University Press, 1995); and J. Abegglen and G. Stalk *Kaisha: The Japanese Corporation* (New York: Basic Books, 1985).

2. See www.oecd.org/daf/anti-bribery/ for a comprehensive list of the most recent resources offered by the OECD on bribery in international business.

3. L. Carson 'Bribery Extortion, and the Foreign Corrupt Practices Act', *Philosophy and Public Affairs* (1984) pp. 66–90. See also www.justice.gov/criminal-fraud/foreign-corrupt-practices-act for up-to-date information on the FCPA as of July 2016. For a review of ethics programs as a training topic and the potential responsibilities of IHRM staff in creating and maintaining such programs see A. Vadera and R. Aguilera 'The Role of IHRM in the Formulation and Implementation of Ethics Programs in Multinational Enterprises' in P. Sparrow (ed.) *Handbook of International Human Resource Management* (Chichester, UK: John Wiley and Sons, 2009) pp. 413–438.

4. W. Bottiglieri, M. Marder and E. Paderon 'The Foreign Corrupt Practices Act: Disclosure Requirements and Management Integrity', *SAM Advanced Journal,* (Winter 1991), pp. 21–27.

5. For an interesting empirical paper on bribery see S. H. Lee, K. Oh, and L. Eden 'Why do Firms Bribe?: Insights from Residual Control Theory into Firms' Exposure and Vulnerability to Corruption', *Management International Review,* Vol. 50, No. 6 (2010), pp. 775-796). See also 38 Suffolk Transnational Law Review 419 (2015) Beyond Good Intentions: The OECD anti-Bribery Convention's Pursuit of Prescriptive Enforcement.

6. *The Guardian* (16 Dec 2008); *Deutsche Welle* (21 April 2010).

7. 'Bribery Abroad: A tale of two laws', *The Economist* (17 September 2011).

8. M. Lyles, B. Flynn, and M. Frohlich 'All Supply Chains Don't Flow Through: Understanding Supply Chain Issues in Product Recalls', *Management and Organization Review,* Vol. 4, No.2 (2008), pp. 167–182.

9. W. Cascio 'The High Cost of Low Wages', *Harvard Business Review,* Vol. 84, Issue 12 (2006), p. 23; W. Cascio 'Decency Means More Than "Always Low Prices": A Comparison of Costco to Wal-Mart's Sam's Club', *Academy of Management Perspectives,* Vol. 20, No. 3 (2006), pp. 26–37; R. Ghemawat 'Business, Society and the "Wal-Mart Effect"', *Academy of Management Perspectives,* Vol. 20, No. 3 (2006), pp. 41–43; A. Harrison and M. McMillan 'Dispelling Some Myths About Offshoring', *Academy of Management Perspectives,* Vol. 20, No. 4 (2006), pp. 6–22; and D. Farrell, M. Laboissiere and J. Rosenfeld 'Sizing the Emerging Global Labor Market', *Academy of Management Perspectives,* Vol. 20, No. 4 (2006), pp. 23–34. See also websites such as www.walmartmovie.com and www.wakeupwalmart.com which are highly critical of Wal-Mart, and www.walmartfacts.com where Wal-Mart responds to this criticism.

10. H. De Cieri and P.J. Dowling 'Strategic human resource management in multinational enterprises: Developments and directions', in G. Stahl, I. Björkman and S. Morris (eds.) *Handbook of Research in International HRM,* 2nd ed. (Cheltenham, UK: Edward Elgar, 2012);

P. Rosenzweig 'The Dual Logics Behind International Human Resource Management: Pressures for Global Integration and Local Responsiveness', in G. Stahl and I. Björkman (eds.) *Handbook of Research in International Human Resource Management* (Cheltenham: Edward Elgar, 2006), pp. 36-48; and P. Stiles and J. Trevor 'The Human Resource Department: Roles, Coordination and Influence', in G. Stahl and I. Björkman (eds.) *Handbook of Research in International Human Resource Management* (Cheltenham: Edward Elgar, 2006), pp. 49-67.

11. S. Schmidt and K. Kretschmer 'Performance Evaluation of Foreign Subsidiaries: A Review of the Literature and a Contingency Framework', *International Journal of Management Reviews,* Vol. 12, No. 3 (2010), pp. 219-258. The issue of ethical contracting, corporate social responsibility and contingent workers at MNEs is presented by M. Zang, T. Bartram, N. McNeil and P. Dowling 'Towards a Research Agenda on the Sustainable and Socially Responsible Management of Agency Workers through a Flexicurity Model of HRM', *Journal of Business Ethics,* Vol. 127 (2015), pp. 513-523. A historical review of the developing topic of corporate social responsibility over the last 50 years is provided by Ans Kolk 'The Social Responsibility of International Business: From Ethics and the Environment to CSR and Sustainable Development', *Journal of World Business,* Vol. 51 (2016), pp. 23-34. The author concludes that three subthemes emerge in the international business literature over the last 50 years: poverty and sustainability; ethics, rights and responsibility; and the environment.

12. R. Schuler and I. Tarique 'International Joint Venture System Complexity and Human Resource Management', in G. Stahl and I. Björkman (eds.) *Handbook of Research in International Human Resource Management* (Cheltenham: Edward Elgar, 2006), pp. 385-404.

13. See R. Schuler and I. Tarique 'International Joint Venture System Complexity and Human Resource Management', in G. Stahl and I. Björkman (eds.) *Handbook of Research in International Human Resource Management* (Cheltenham, UK: Edward Elgar, 2006), pp. 385-404; and K. Lundby and J. Jolton (eds.) *Going Global: Practical Applications and Recommendations for HR and OD Professionals in the Global Workspace* (San Francisco, USA: Jossey-Bass, 2010).

14. For more on job-design effects and lean manufacturing, see S.J. Cullinane, J. Bosak, P. Flood and E. Demerouti 'Job Design Under Lean Manufacturing and the Quality of Work Life: A Job Demands and Resources Perspective', *International Journal of Human Resource Management,* Vol. 25, No. 21 (2014), pp. 2996-3015. A more HR-centered presentation by P. Sparrow and L. Otaye-Ebede 'Lean Manufacturing and HR Function Capability: The Role of HR Architecture and the Location of Intellectual Capital', *International Journal of Human Resource Management,* Vol. 25, No. 21 (2014), pp. 2892-2910 emphasizes appropriate HR skills and competencies, the specific implications for role behaviors and the essential role behaviors required for success in the lean manufacturing environment.

15. See C. Welch and D. Welch 'What Do HR Managers Really Do? HR Roles on International Projects', *Management International Review,* (2012), DOI 10.1007/s11575-011-0126-8.

16. The authors would like to acknowledge the assistance of Tom Schneid, Professor of Loss Prevention and Safety, and Larry Collins, Associate Professor of Loss Preven-

tion and Safety and Chair of the Department of Loss Prevention and Safety in the College of Justice and Safety at Eastern Kentucky University in Richmond, Kentucky, USA in the preparation of this section of Chapter 9. Like all growing professional areas, security has its own set of jargon and acronyms, see J. Goldman's *Words of Intelligence: An Intelligence Professional's Lexicon for Domestic and Foreign Threats*, 2nd ed., (Lanham, Maryland: Scarecrow Press, 2011) for a taste of the vocabulary.

17. Although much of this material is specific to national or industry regulations, see R. Mathis and J. Jackson, *Human Resource Management*, 12th ed. (Mason, OH: South-Western/Thomson, 2008), Chapter 15 for a US perspective.

18. M. Schumann and T. Schneid *Legal Liability: A Guide for Safety and Loss Prevention Professionals* (Gaithersburg, MD: Aspen Publishers, 1997).

19. For a broad, macro perspective on global security issues, see S. Kay's thorough *Global Security in the Twenty-First Century*, 3rd ed. (Lanham, Maryland: Rowman & Littlefield, 2015). Another valuable review, focusing on intelligence gathering and the interaction between technology and security, is provided by B. Akhgar and S. Yates (eds.) *Strategic Intelligence Management: National Security Imperatives and Information and Communications Technologies* (Boston: Elsevier Books, 2013).

20. For a review of the range of services available to firms see '2007 Loss Prevention Resource Guide', *Loss Prevention: The Magazine for LP Professionals*, Vol. 6, No. 1 (2007), pp. 67–98.

21. This term was originally coined by the UK security consultants R. Briggs and C. Edwards in a 2006 think-tank paper and is quoted by J. Crump in his very interesting and thorough review of corporate security issues *Corporate Security Intelligence and Strategic Decision Making* (Boca Raton, Florida: CRC Press, 2016), pp. 15–18.

22. W. Henisz, E. Mansfield and M. A. Von Glinow 'Conflict, Security and Political Risk: International Business in Challenging Times', *Journal of International Business Studies*, Vol. 41, No. 5 (2010), pp. 759–764.

23. Personal correspondence and interview with Tom Schneid, 12 February 2007. Also see T. Schneid and L. Collins *Disaster Management and Preparedness* (Boca Raton, FA: Lewis Publishers/CRC Press, 2001). For a very similar discussion on the dimensions of risk-management practices and the degree to which multinational enterprises are viewing security and terrorism as critical strategic issues, planning for these forms of risks and allocating resources for training and protocol enhancements, see D. Wernick, 'Terror Incognito: International Business in an Era of Heightened Geopolitical Risk', in G. Suder (ed.) *Corporate Strategies Under International Terrorism and Adversity* (Cheltenham: Edward Elgar, 2006), pp. 59–82, as well as R. Burke 'International Terrorism and Threats to Security: Implications for Organizations and Management', in R. Burke and C. Cooper (eds.) *International Terrorism and Threats to Security: Managerial and Organizational Challenges* (Cheltenham, UK: Edward Elgar, 2008), pp. 3–33.

24. M. Czinkota, G. Knight and P. Liesch 'Terrorism and International Business: Conceptual Foundations', in G. Suder (ed.) *Terrorism and the International Business Environment: The Security-Business Nexus* (Cheltenham: Edward Edgar, 2004), p. 48. See also M. Czinkota, G. Knight, P. Liesch and J. Steen 'Terrorism and International Business: A Research Agenda', *Journal of International Business Studies*, Vol. 41, No. 5, (2010), pp. 826–843.

25. F. Dimanche 'The Tourism Sector', in G. Suder (ed.) *Terrorism and the International Business Environment: The Security-Business Nexus* (Cheltenham: Edward Elgar, 2004), pp. 157–170.

26. Czinkota *et al.* 'Terrorism and International Business: Conceptual Foundations', p. 55. For a very similar analysis specific to SARS see W. J. Tan and P. Enderwick 'Managing Threats in the Global Era: The Impact and Responses to SARS', *Thunderbird International Business Review*, Vol. 48, No. 4 (2006), pp. 515–536. J. McIntyre and E. Travis provide a thorough albeit general discussion of MNE practices related to hardening global supply chains in 'Global Supply Chain Under Conditions of Uncertainty: Economic Impacts, Corporate Responses and Strategic Lessons', in G. Suder (ed.) *Corporate Strategies under International Terrorism and Adversity* (Cheltenham: Edward Elgar, 2006), pp. 128–160

27. *The Global Risks Report 2016*, 11th ed. (Geneva: World Economic Forum, 2016).

28. M. Czinkota and I. Ronkainen 'Trends and Indications in International Business: Topics for Future Research', *Management International Review*, Vol. 49, No. 2 (2009), pp. 249–266.

29. Czinkota *et al.* 'Terrorism and International Business', p. 55.

30. D. Gillingham 'Managing in an Era of Terrorism', in G. Suder (ed.) *Corporate Strategies Under International Terrorism and Adversity* (Cheltenham: Edward Elgar, 2006), pp. 196–203, particularly Table 1.2, p. 199. For a highly detailed and integrated look at measuring and assessing security risks see A. Jaquith *Security Metrics: Replacing Fear, Uncertainty, and Doubt* (Upper Saddle River, NJ: Addison-Wesley, 2007).

31. For examples of the variety of these kinds of approaches being published see the firm-level systems approaches provided by L. Dai, L. Eden, and P. Beamish 'Place, Space, and Geographic Exposure: Foreign Subsidiary Survival in Conflict Zones', *Journal of International Business Studies*, Vol. 44, (2013) pp. 554–578; P. Bromiley, M. McShane, A. Nair and E. Rustambekov 'Enterprise Risk Management: Review, Critique and Research Directions', *Long Range Planning*, Vol. 48 (2015), pp. 265–276; A. Fee, S. McGrath-Camp and H. Lui 'Human Resources and Expatriate Evacuation: A Conceptual Model,' *Journal of Global Mobility*, Vol. 1, No. 3 (2013), pp. 246–263; and B. Bader and N. Berg 'The Influence of Terrorism on Expatriate Performance: A Conceptual Approach', *International Journal of Human Resource Management*, Vol. 25, No. 4 (2014), pp. 539–557. For more micro-level presentations see B. Bader, N. Berg and D. Holtbrugge 'Expatriate Performance in Terrorism-Endangered Countries: The Role of Family and Organizational Support', *International Business Review*, Vol. 24 (2015), pp. 849–860; K. Fisher, K. Hutchings and L. Pinto 'Pioneers Across War Zones: The Lived Acculturation Experiences of US Female Military Expatiates', *International Journal of Intercultural Relations* (2015) dx.doi.org/10.1016/j.jintrel.2015.05.005; and J. Ramirez, S. Madero and C. Muniz 'The Impact of Narcoterrorism on HRM Systems', *International Journal of Human Resource Management* (2015) dx.doi.org/10.1080/09585192.2015.1091371.

32. Czinkota *et al.* 'Terrorism and International Business', pp. 55-56.

33. A. Engle, N. Spain, and P. J. Dowling 'Redesigning Edo Castle: A Sociotechnical Systems Approach to Security for Multinational Enterprises in an Age of Asymmetric Threats', *Program and Abstracts of the 2014 International Federation of Scholarly Associations of Management, World Congress in Tokyo* (Meiji University, Tokyo, Japan, September 2014), pp. 127-128. Of particular interest is the growing interconnectivity between security for people (traditionally part of the HR portfolio) as this security subsystem interacts with security for IT systems. See H. Zafar 'Human Resource Information Systems: Information Security Concerns for Organizations', *Human*

Resource Management Review, Vol. 23 (2013), pp. 105–113; as well as an interesting set of readings on privacy and people issues by A. Moore (ed.) *Privacy, Security and Accountability: Ethics, Law and Policy* (Lanham, Maryland: Rowman and Littlefield, 2016).

34. Not unexpectedly, IT security and HRM mandates increasingly blend together, as more and more HRM processes are webbed up and become part of the technical, administrative and processual 'glue' holding MNEs together. See S. Strohmeier and R. Kabst 'Configurations of e-HRM – An Empirical Exploration', *Employee Relations*, Vol. 36, No. 4 (2014), pp. 333–353; D. Stone, D. Deadrick, K. Lukaszewski and R. Johnson 'The Influence of Technology on the Future of Human Resource Management, *Human Resource Management Review*, Vol. 25 (2015), pp. 216–231; and J. Marler and S. Fisher 'An Evidence-based Review of e-HRM and Strategic Human Resource Management', *Human Resource Management Review*, Vol. 23 (2013), pp. 18–36.

35. See the following papers in a special issue of *Journal of World Business* which relate to this issue: P. Dowling and N. Donnelly 'Managing People in Global Markets – The Asia Pacific Perspective', *Journal of World Business*, Vol 48, No. 2 (2013), 171–174; and N. Haworth 'Compressed Development: Global Value Chains, Multinational Enterprises and Human Resource Development in 21st Century Asia', *Journal of World Business*, Vol 48, No. 2 (2013), 251–259.

36. N. Adler 'Cross-Cultural Management Research: The Ostrich and the Trend', *Academy of Management Review*, Vol. 8, No. 2 (1983), pp. 226–232.

37. See www.hrdiv.org/hrdivision/ihrm for information on this award and recent winners.

38. M. Elvira and A. Davila (eds.) *Managing Human Resources in Latin America* (London: Routledge, 2005).

39. M. Morley, N. Heraty and S. Michailova (eds.) *Managing Human Resources in Central and Eastern Europe* (London: Routledge, 2007).

40. P. Budhwar and K. Mellahi (eds.) *Managing Human Resources in the Middle-East* (London: Routledge, 2006).

41. H. Larsen and W. Mayrhofer (eds.) *Managing Human Resources in Europe* (London: Routledge, 2006). K. Kamoche, Y. Debrah, F. Horwitz and G. Nkombo

42. Muuka (eds.) *Managing Human Resources in Africa* (London: Routledge, 2003).

43. P. Budhwar (ed.) *Managing Human Resources in Asia-Pacific* (London: Routledge, 2004); P. Budhwar and J. Bhatnagar (eds.) *The Changing Face of People Management in India* (Abingdon, UK: Routledge, 2009); and M. Thite, A. Wilkinson and P. Budhwar (eds.) *Emerging Indian Multinationals: Strategic Players in a Multipolar World* (New Delhi: Oxford University Press, 2016).

44. See P. Sparrow 'Integrating People, Process and Context Issues in the Field of IHRM', in P. Sparrow (ed.) *Handbook of International Human Resource Management* (Chichester, UK: Wiley, 2009); S. Morris, P. Wright, J. Trevor, P. Stiles, G. Stahl, S. Snell, J. Paauwe and E. Farndale 'Replicating HR: The role of People, Processes and Systems', *Human Resource Management*, Vol. 48, No. 6 (2009), pp. 973–995; E. Farndale, J. Paauwe, S. Morris, G. Stahl, P. Stiles, J. Trevor and P. Wright 'Context-Bound Configurations of Corporate HR Functions in Multinational Corporations', *Human Resource Management*, Vol. 49, No. 1 (2010), pp. 45–66. For recent research that focuses on the role of MNE headquarters see the Special Issue guest edited by B. Ambos and V. Mahnke, 'How Do MNC Headquarters Add Value?', *Management International Review*, Vol. 50, No. 4 (2010); and U. Andersson and U. Holm (eds.) *Managing the Contemporary Multinational: The Role of Headquarters* (Cheltenham, UK: Edward Elgar, 2010).

45. W. Cascio and J. Boudreau 'The Search for Global Competence: From International HR to Talent Management', *Journal of World Business*, Vol. 51, No. 1 (2015), pp. 103–114.

46. M. Poole 'Editorial: Human Resource Management in an International Perspective', *International Journal of Human Resource Management*, Vol. 1, No. 1 (1990), pp. 1–15.

47. See M. Pudelko, S. Reiche and C. Carr 'Recent Developments and Emerging Challenges in International Human Resource Management', *The International Journal of Human Resource Management*, Vol. 26, No. 2 (2015), pp. 127–135."

48. S. Jackson, R. Schuler and K. Jiang 'An Aspirational Framework for Strategic Human Resource Management,' *Academy of Management Annals*, Vol. 8, No. 1 (2014), pp. 1–56.

49. See E. Lawler, A. Mohrman, S. Mohrman, G. Ledford and T. Cummins (eds.) *Doing Research That is Useful for Theory and Practice* (San Francisco: Jossey-Bass, 1985); J. Campbell, R. Daft and C. Hulin *What to Study: Generating and Developing Research Questions* (Beverly Hills, CA: Sage Publications, 1982); and J. McGrath, J. Martin and R. Kulka *Judgment Calls in Research* (Beverly Hills, CA: Sage Publications, 1982).

综合案例

案例 1　Hawthorn Arms 的质量合规性

艾伦·恩格尔（Allen D. Engle，Sr.）

阿利斯泰尔·麦凯（Alistair Mackay）坐在爱尔兰香农（Shannon）Hawthorn Arms 酒店的房间里，等待飞往伦敦的早班飞机，然后再飞往马赛，思考着酒店房间是多么乏味。他昨天刚刚在利默里克（Limerick）完成了一系列与爱尔兰官员的会议，最后与他的爱尔兰同事就吉尼斯世界纪录进行了汇报，以规划他们的下一步行动。关于合同的谈判进展顺利，但对劳工问题，他们需要给予正式的答复，因此，阿利斯泰尔错过了去伦敦的最后一班飞机。"又是一个远离家庭的夜晚。谢天谢地，我没有错过明天的结婚纪念日，我一定要记得在免税店找到一些真正特别的东西。"

六个月前，阿利斯泰尔被任命为一家英法航空电子公司——特里亚农公司（Trianon）欧洲分部人事发展总监。特里亚农公司最初是协和式飞机的分包商，尽管有时并不可靠，但在 20 世纪 70 年代和 80 年代逐渐赢得了一些声誉，成为法国和英国主要航空航天防务承包商的高质量分包商。今天特里亚农公司近 30% 的销售额来自民用合同，但是试图通过获得欧洲空中客车公司（Airbus）的合同来拓展民用市场的尝试未获成功。现在，在新的管理层领导下，特里亚农公司专注于空中客车生产的重要的下一代导航显示的合同。在加入特里亚农公司之前，阿利斯泰尔曾在一家苏格兰银行的法律部门工作。他十分清楚欧盟的就业要求，这一特长为他获得目前的职位提供了跳板。

他的手机响了，他接到了同事亨利·吉纳德里（Henri Genadry）的电话，亨利是合资、并购、展示事业部的总经理。亨利告诉他，在匈牙利布达佩斯郊外的韦切什（Vecses）购买一个扫描器阴极射线管生产设施的计划并没有开展，马赛（法国港口城市）的公司总部已经决定与一家匈牙利政府支持的公司建立一个为期十年的合资企业。

亨利继续解释说，匈牙利在这个项目中的控制权和股权可能会让布达佩斯的部门官员感到高兴。亨利希望这一决定将使国家支持的匈牙利航空公司（Malév）的高管和行政人员长期与特里亚农公司维持友好关系。"我们现在需要一名'质量合规经理'，在匈牙利工作三年。这是一个重要职位，因为我们需要严格控制这个合资企业的运作。至少在第一年，他将去法国和德国出差，直到我们看到与这些新伙伴的合作进展顺利。"

阿利斯泰尔问道："你预计这位'质量合规经理'需要什么时候来?"电话那头停顿了一下,之后亨利平静地回答说:"按照公司安排的时间表,需要五到六个星期,但我们希望他能随时待命。首先,我们需要对当前流程进行现实的评估。此人需要熟悉合资企业的宗旨和目标。我们在尽职调查过程中掌握了一些细节,但技能审核有些仓促。"阿利斯泰尔要求将包括工作描述在内的详细信息通过电子邮件发送到他的电子邮箱。

"不过,"亨利继续说,"这是我们公司在英国、德国和法国之外参与的第一个合资企业。工作描述在技术'质量'方面非常精确,但在行政'合规'方面很模糊,你可能需要在你认为合适的地方补充缺失的内容。"

又聊了几分钟后,亨利挂断了电话。阿利斯泰尔将他的笔记本电脑的电源线插入他房间里的电源,经过几次尝试之后,他终于登录了安全的公司网站,从他几周前准备的一个文件夹中查阅了三份人事档案,期望能够从中做出决定。当然,他原以为该职位将是项目工程师,公司将拥有该职位 100% 的控制权,而现在他正在为一家合资企业寻找"质量合规经理"。

阿利斯泰尔不喜欢在感觉离公司如此遥远和"脱节"的时候做出这种决定。他考虑给他在德国法兰克福的朋友兼导师冈瑟·海因里希 (Gunther Heinrich) 打电话,问他关于匈牙利项目的情况,因为德国分部在处理匈牙利问题上更有经验。他看了看手表,现在是晚上 10 点半,"这时候打电话给任何人都是不礼貌的,更不用说打给冈瑟了"。阿利斯泰尔知道冈瑟的妻子布里特 (Britt) 三周前生了一个儿子,孩子很难整夜安睡。"我到时候去机场给他打电话,安排一个会议。到时候我会拿到工作说明书的。"他也对自己正在经历的过程感到不舒服。他认为:"我们当然可以做得更好,而不是在事后做出这样的反应。为什么我们没有参与匈牙利合资企业的决策过程?"

补充材料　阿利斯泰尔·麦凯的候选人名单

第一名候选人:玛丽·埃尔登-洛伊萨乌 (Marie Erten-Loiseau)。玛丽出生在布拉格,12 岁时,全家搬到了土伦。她在法国长大,在法国和德国接受航空工程师的教育。玛丽为特里亚农公司工作了 13 年,在法国和德国的两个部门工作,肩负着越来越大的项目责任。过去三年,她领导了波兰罗兹的两个项目以及捷克共和国和斯洛伐克的两个项目,取得了显著的成功。玛丽已婚,丈夫半退休,他们有一个孩子在上大学。

第二名候选人:贾诺斯·加博尔 (Janos Gabor)。贾诺斯出生于匈牙利的杰尔,在匈牙利的佩奇大学接受教育。从中欧的角度来看,他在阴极放射管和显示系统技术的生产方面有很好的背景。他在特里亚农公司工作了将近四年,刚刚被调到阴极放射管部门担任高级工程师。据了解,他的家人与国家政府官员关系密切,尤其是多名部长级官僚机构的人员。贾诺斯单身。

第三名候选人:西妮德·马里南-麦克奎尔 (Sinead Marrinan-McGuire),一名生产工程师,被借调到特里亚农公司的伦敦办事处进行合资企业分析和技术及法律方面的尽职调查。她在都柏林和伦敦的研发团队工作了三年,致力于匈牙利合资项目中应用到的技术。阿利斯泰尔今天在利默里克与她会面并交谈，她对公司层面的关注和战略问题的理解给他留下了非常深刻的印象。她的大部分职业生涯都在爱尔兰和伦敦周边度过，在法国只工作过短暂的一段时间。她已婚，丈夫是都柏林的一名律师。他们有三个孩子，分别是七岁、九岁和十三岁。

讨论问题

1. 考虑一下附件补充材料中的三个候选人，如果第二天必须做出决定，阿利斯泰尔应该选择哪个候选人来做这项工作？哪些主要因素会影响他的选择？

2. 我们没有被告知特里亚农公司对这一层次的最终甄选招募候选人的过程。根据你对该公司的了解，概述特里亚农公司的一般招聘和甄选流程。请描述你提议的流程如何符合"最佳"选择实践以及该公司的战略需求。

3. 人力资源人员是否应该参与国际业务运营相关的战略决策，如最终确定合资协议？

案例2　战略预测和人员配置：博世哈萨克斯坦公司[1]的行政和管理规划

玛丽恩·菲斯汀（Marion Festing）

曼弗雷德·弗罗埃勒克（Manfred Froehlecke）[2]

一、引言

人员规划和配置问题是跨国公司海外子公司成功的关键因素，必须根据公司的目标和问题以及东道国的具体情况进行设计。从企业内部视角来看，人力资本/人才规划和人员配置决策与企业战略相关，并嵌入企业人力资源管理战略之中。因此，人员规划和配置决策必须与跨国公司内的其他人力资源管理活动，如人力资源开发相协调。值得注意的是，这一观点必须仔细考虑东道国环境的特殊性和外部劳动力市场中合格人员的可用性之间的平衡。

在本案例中，我们将首先概述公司背景，然后介绍我们感兴趣的国家（即哈萨克斯坦）的情况。根据这些信息，你需要扮演博世公司（Bosch）人力资源经理的角色，分析公司和国家的具体情况，并为博世在哈萨克斯坦的子公司的人员规划与配置设计一个模型，并借鉴佩尔穆特（Perlmutter）的民族中心、多中心、全球中心、地区中心（EPRG）模型（见第4章），决定最佳的人员配置战略。在此基础上，讨论在短期或中期内，你会在不同层级安排多少名外派人员和多少名本地员工。如果你认为有进一步的信息需求，请明确定义一组现实的有根据的假设。请论证你的决定，并列出优缺点。

二、公司背景[3]

博世是全球领先的汽车和工业技术、消费品和建筑技术制造商，它由罗伯特·博世（Robert Bosch，1861—1942）于1886年创立，名为"精密机械和电气工程车间"。博世目前在全球约 150 个国家拥有超过 350 家子公司和地区公司，以及 15 000 多个博世服务中心，构成了一个生产、销售和售后服务网络。[4]创始人罗伯特·博世曾说，"除了减轻人们的各种痛苦，我的目的还包括促进人们的道德、身体和智力的发展"，这蕴含了博世的人力资源管理哲学。2016 年，约 283 507 名员工创造了 473 亿欧元的销售收入。[5]虽然 77％[6]的业务量来自德国以外（见图 1），但约 40％的雇员在德国工作（见表 1）。

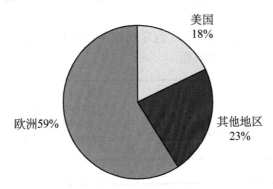

图 1   2016 年博世各地区销售收入

资料来源：modified from original 2011 data，Robert Bosch GmbH（2011：18）.

表 1   博世各地区员工数量

全世界	283 507
欧洲	186 602
其中：德国	113 557
美国	33 689
其他地区	63 216

资料来源：Robert Bosch GmbH（2011：p. 19）.

三、行政和管理规划

博世的国际行政和管理规划（Executive and Managerial Planning，EMP）活动是公司战略规划流程的一部分。活动每年进行一次，根据每个部门的长期战略规划，确定所选定国家/地区的全球高层管理人员配置需求；根据当前的本地结构，在连续八年预测的参数范围内确定所需的管理职位数。为满足管理人员的需要，公司采取了许多管理方案。管理人员可以是短期的（例如，从外部劳动力市场雇用管理人员、外派人员），也可以是中期/长期的（例如，培养高潜力员工——参见下文的员工开发），管理人员参与公司的特殊计划如初级管理者计划（Junior Managers Programs，JUMP）。

EMP 由总部人力资源部门与各区域人力资源部门合作使用标准化工具进行，包括从部门、区域和公司层面分析汇总结果，持续比较人员规划与实际人员配置情况，并对必须启动或重新定义的任务提供反馈等。

八年规划由两部分组成：前四年的人员输入来自业务计划和继任计划，后四年的人员输入更多基于全球宏观假设进行预测，例如领导层预计变动 5%。因此，EMP 与博世员工开发工具相关。

四、博世的员工开发

员工开发是一个持续的过程，博世需要保持并进一步开发员工的素质、能力，以应对当前和未来的挑战。因此，博世的一个主要原则是从内部提拔员工而不是从外部招聘新员工。

人力资源部门通过工具、程序和指导为员工与管理者提供支持。图 2 描述了员工开发的标准化系统和流程。

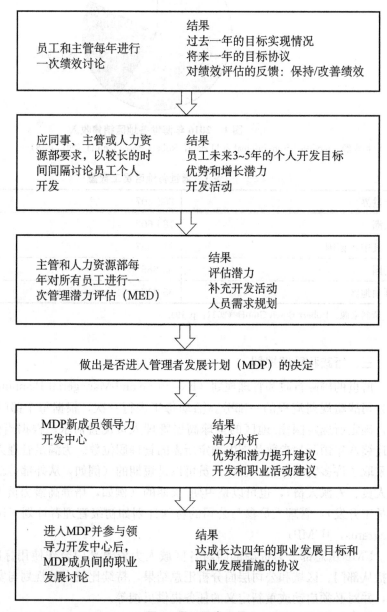

图 2 员工开发工具

员工发展的一个重要程序是在全球范围内进行的管理潜力评估（Management Potential Review，MED，见图 2）[7]，它追求以下目标：

- 在不影响绩效标准的情况下，充分利用公司的高潜力员工储备；
- 未来四年的中高层管理人员配置需求和开发规划（继任规划）；
- 计划和系统追踪员工开发和职业发展措施的一致性；
- 使用海外委派、项目任务和跨职能调动作为常见的开发措施。

在"专家和管理职位"方面表现出高于平均水平的发展潜力的员工将通过"管理者发展计划"（Manager Development Plan，MDP）系统地为下一个管理级别做准备。除了出色的表现，博世还希望理想的员工能够满足与任务或角色相关的人格要求，包括做好承担新任务和更大责任的准备，具有流动潜力以及承担国际委派的意愿。MDP 是晋升到管理级别的先决条件。

为在不超过四年的时间内将员工提升到更高的管理级别，MDP 还包含在职和脱产方案。在许多情况下，职业发展目标的实现与向新任务的转移有关。

五、人才管理

如前所述，博世主要依靠从内部招聘和培养人才。因此，重要的是要注重获得合格的大学毕业生和专业人员，以满足未来更为广泛的潜在管理要求。除了直接入职和参与本地项目外，博世还为初级管理者提供了标准化的博世全范围直接入职项目。[8] 该项目的目标是招聘有潜力在 6～8 年担任中层管理职位的初级管理人员（硕士学位，最多三年的专业经验）。

该项目持续一年半至两年，包括 3～4 个阶段，以及六个月的外派和跨部门的工作安排。这种形式的培训强调一套全球通用的标准、经验和活动，旨在为一系列管理任务做严格和系统的准备。

六、外派人员

目前在全球有超过 2 200 名外派人员[9]为博世工作。根据博世的定义，外派人员是指在特殊合同条件下在本国以外工作超过 24 个月的员工（在东道国签订有限期限合同，通常是 3～5 年，其中包括特殊津贴，如艰苦补贴、生活费津贴等）。超过 1 100 名德国员工在 40 多个国家工作，约 400 名博世子公司的员工在德国工作（内派人员），约 400 名其他国员工在本国以外的地方工作。其中大多数员工出于技术和流程专业知识原因进行外派，部分出于职业发展或培训原因进行外派。2/3 的外派人员被分配到管理层。

博世要求所有高层管理人员至少具有两年的国际工作经验，这是晋升明确的先决条件。

七、哈萨克斯坦的简介[10]

哈萨克斯坦位于中亚地区，与中国、俄罗斯、吉尔吉斯斯坦、土库曼斯坦和乌兹别克斯坦接壤，总面积约 272 万平方公里。

总人口 1 640 万（2011 年 1 月 1 日），民族众多（其中，哈萨克族人口占

64.03%，俄罗斯族人口占 20%），54.5% 的人口生活在城市。[11]宗教以伊斯兰教（70.2%）和基督教（26.2%）为主。[12]国家语言为哈萨克语，但日常商务常用俄语，俄语也具有官方语言的地位。哈萨克斯坦于 1991 年从苏联独立出来，首都是阿斯塔纳。

经济数据：2010 年国内生产总值约为 1 481 亿美元，2009 年为 1 153 亿美元，失业率为 5.8%（2010 年），从事经济活动的人口为 860 万，劳动力成本相对较低，2010 年的平均工资约为每月 527 美元。2010 年出口额达 598 亿美元[13]，主要出口产品包括石油、黑色金属和有色金属、机械、化学品、谷物、羊毛、肉类和煤炭。

教育体系：虽然教育体系是这个国家关注的主要问题之一，但公共开支中并未反映这一问题。该国的教育体系由高度私立的教育机构组成，研究经费很低，主要依赖外国投资。教育体系改革是哈萨克斯坦战略规划的一部分。目前，大学根据博洛尼亚改革的指导方针进行了重组，即使有相当多的人拥有大学学位，但公司仍难以找到掌握公司所需技能的人员。

八、任务：为哈萨克斯坦子公司设计行政和管理规划[14]

博世董事会要求根据年度长期战略规划（八年预测）为哈萨克斯坦提供一个行政和管理规划。该规划应预测所有级别和所有部门的行政人员配置需求，并具体说明如何满足需求，包括人员配置来源如外派人员，当地 MDP 员工，特殊项目如 JUMP 员工，外部招聘员工。从博世企业视角来看，哈萨克斯坦的情况如下：

● 在不同的农村地区有四个生产点，每一个地区都有不同的产品分部：汽油、博世力士乐、安全系统和柴油发动机。

● 组织特点是市场/产品成熟度不同：汽油、博世力士乐和安全系统相对成熟。预计未来十年，公司的员工数量只会小幅增长，甚至不会增长。相比之下，柴油发动机生产基地仍在快速增长，预计未来三年将增长 30%。

● 合格的管理者和专家的劳动力市场非常小。哈萨克斯坦的外部招聘比德国相同招聘流程需要更长的时间。当地候选人流动性很小，总体上缺少广泛的国内或国际经验。

● 博世的主要生产基地对大多数合格员工没有吸引力。

哈萨克斯坦国内业务的快速增长使得外派人员大量增多，特别是柴油发动机生产基地。高级管理职位目前均由外派人员担任。

作为博世的人力资源经理，你必须解决以下三个问题：

1. 根据哈萨克斯坦的实际情况，请讨论佩尔穆勒的 EPRG 模型中哪种人员配置策略最适合哈萨克斯坦。请论证你的方案并列出优缺点。

2. 使用图 3 中列出的步骤分析公司和特定国家的情况。根据公司战略目标，规划短期/中期和长期的人员需求数量和性质。人员配置计划应考虑人员配置的来源（外派人员，当地 MDP 员工，特殊项目员工如 JUMP 员工，或外部招聘员工）。

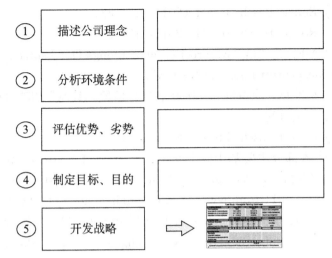

图 3 环境分析表

3. 在计划图表中填写你的规划数字（见图 4）。

4. 最后，准备一份行动计划，描述你将如何实现管理人员招聘目标。请特别注意案例中"员工开发"和"人才管理"部分提供的活动和时间信息。写下你的行动计划。[15]

人员需求	当前			预计			
来源	LM	MM	UM	LM	MM	UM	总数
外派人员							
当地MDP员工							
特殊项目员工（JUMP员工）							
外部招聘员工							
人员总需求	74	35	2	54	36	2	203

LM=低层管理；MM=中层管理；UM=高层管理。

图 4 规划表

资料来源：List of Bosch-specific abbreviations and definitions.

注释

［1］案例内容为虚构，博世在哈萨克斯坦没有此类活动。然而，所描述的人力资源管理措施反映了该跨国公司目前的做法。Management and Intercultural Leadership，ESCP Europe, Berlin/Germany；Manfred Froehlecke, Vice President, Corporate Department Human Resources Management-Executives, Robert Bosch GmbH，Stuttgart，Germany.

［2］玛丽恩·菲斯汀是人力资源教授。

［3］See also www. bosch. com and Robert Bosch GmbH（2011）. Annual Report 2010. Retrieved 10 October 2011 fromwww. bosch. com/worldsite _ startpage/flashbook/GB2010 _ EN. pdf.

［4］Robert Bosch GmbH（2011：41，80）.

［5］Robert Bosch GmbH（2011：19，82）.

［6］Robert Bosch GmbH（2011：139）.

［7］MED 是德语"Mitarbeiterentwicklungs-Durchsprache"的缩写，英语中表达为"Management Potential Review"。

［8］标准化入职项目 JUMP 仍在实施阶段，其他类似项目如管理培训生项目已经实施了一段时间。

［9］Robert Bosch GmbH（2011：59）.

［10］本部分主要基于以下文献：Agency of Statistics of the Republic of Kazakhstan（2011a），Demographic Yearbook of Kazakhstan［in Russian］. Retrieved 18 November 2011 from www. stat. kz/publishing/20111/Dem2010. rar；and Agency of Statistics of the Republic of Kazakhstan（2011b）. Kazakhstan in 2010. Retrieved 18 November 2011 from www. eng. stat. kz/publishing/DocLib/2011/ Statyear2010. pdf.

［11］Agency of Statistics of the Republic of Kazakhstan（2011a：8，25）.

［12］Agency of Statistics of the Republic of Kazakhstan（2010）. 2009 Population Census Results［in Russian］. Retrieved 18 November 2011 from www. stat. kz/news/Pages/n2 _ 12 _ 11 _ 10. aspx.

［13］Agency of Statistics of the Republic of Kazakhstan（2011b：9，10，167，400）.

［14］案例内容为虚构，博世在哈萨克斯坦没有此类活动。

［15］案例内容已简化。职能区域的详细规划不是本案例练习的目的。学生应该学会问正确的问题，例如：如何寻找人力资源？公司在困难的环境中面临什么挑战？必须采取什么措施来满足未来的需求？

案例 3　本地和国际？管理复杂的就业期望[1]

迈克·安德烈森（Maike Andresen)[2]

西村明子（Akiko Nishimura）心烦意乱，疲惫不堪。她准备了一杯鲜榨果汁，打算放松一下。现在是下午三点，她刚刚回到位于新德里郊区的公寓。今天，她和她的人力资源经理普佳·马利克（Puja Malik）面谈了三个小时，对这位人力资源经理的提议她非常不满。

明子今年 40 岁，出生于东京。在东京大学和美国沃顿商学院（Wharton Business School）学习管理学之后，明子在日本东京一家德国跨国制造公司的控制部门开始了她的职业生涯。两年前，为了获得国际经验并进一步施展她的才华，她的老板为她提供了一份外派到印度新德里的任务。她的丈夫藤原浩（Hiroshi）和当时分别为 12 岁和 10 岁的两个女儿当即同意换个地方生活，并跟随她前往印度。为此，藤原浩中断了他在一家跨国银行担任经纪人的职业生涯。

在新德里生活了两年后，藤原浩仍然找不到合适的工作。虽然全家人都享受在印度的生活，明子也很喜欢她的工作，但藤原浩逐渐对自己的无所事事失去了耐心。幸运的是，通过以前的一位客户，他了解到新加坡一个极具挑战性的工作机会并成功申请到这个职位。明子十分开心，并计划跟随藤原浩一同前往新加坡工作。在几周前，明子联系了她的人力资源经理普佳，并开始在组织内与自己社交网络中不同的人沟通了解有哪些选择，让人们知道她正在寻找工作机会。昨天，普佳同她约定了今天见面讨论几个工作机会和条件。虽然普佳提出的职位对明子很有吸引力，但在她看来，相应的条件完全不合理。明子很生气，但普佳解释说，这是因为公司重组和新政策的出台。

　　"正如你所知，我们的公司大约 120 年前成立时是一家科技公司，生产基地设在德国。为了实现盈利，公司需要增加生产和销售。迫于国内市场的限制，公司在20 世纪 20 年代从法国开始进行国际扩张，并很快扩张至各个大洲。到 70 年代，公司雇用了 30 万名员工，其中超过 2/3 在德国以外的地区工作。由于广泛的全球扩张和日益多样化的产品线，从德国总部控制整个组织是一项不可能完成的任务，有必要组织更小、更灵活和更易于管理的单位。因此，公司决定在每个有活跃企业的国家建立一个'国家组织'。总部国际组织支持这些组织。在过去的 20 年里，这些组织发展得十分独立，于是董事会认为有必要开始关注用户导向的国际化政策。在这次重组过程中，产品部门在组织结构中的作用更加突出。今天，你仍然可以看出产品部门和国家组织在公司结构中的突出地位。"普佳指着年度报告，概述了公司的组织结构图（见图 1）。

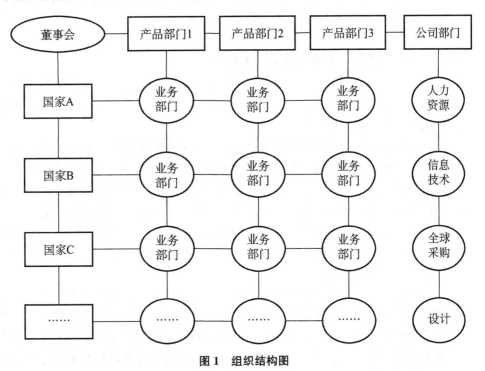

图 1　组织结构图

　　普佳继续说道："虽然公司希望作为一家公司运行，但它始终必须面对与三个相当独立的部门合作的挑战。今天，公司分布于全球约 60 个国家，拥有超过 11.6

万名员工。在效用与效率的要求下，特别是在'一个公司'的愿景下，人力资源部目前正从共享服务中心向提供更多服务的方向发展变革。"

到目前为止，当员工在各个国家的子公司间流动时，大多以家庭为基础的外派合同为标准，明子外派至新德里也以此为准。然而，普佳告诉明子，根据公司新出台的政策，若明子调往新加坡，公司不会和她续签先前的外派合同。普佳解释道："我认为就调动而言，直到几年前，我们公司的外派政策还是相当慷慨的。因此，当需要转移人才的时候——比如说，像你一样，明子——或者缺乏具有国际知识的人，我们只是给他们提供一套外派福利计划，但一般来说，人们更愿意在世界各地流动，而不仅仅是外派几年，并且越来越多的人在寻找跨国职业，这并不在公司的全部的外派福利计划之中。"

普佳显然认为有必要进一步解释。她补充说，经过漫长的恢复期，公司还必须面对当前经济危机的问题。这种趋势迫使公司重新考虑外派人员的服务策略与管理成本。直到最近，与外派人员一起处理国际事务似乎还是正确的方式。但公司正面临着一个新的在国外长期停留甚至永久停留的群体。"你要知道，明子，"普佳继续说道，"我们有些员工已经在一个国家工作了 8 年，享受外派人员的待遇，但他们已经不再是外派人员了。有些员工参与了三四次外派任务，成了环球旅行者。这样算他们已经离开自己的国家十多年了，我们不知道他们何时以及是否会回来。你如何管理他们呢？"

普佳强调，这一变化驱使公司回顾和分析当前的国际流动政策，目的是为这一新兴群体创造一种具有成本效益的替代方案。

一、明子第一个到新德里的外派任务

明子回想起她第一次从东京外派到新德里时的情景，两年前事情的处理方式截然不同。她曾是人才库中的一员（现在仍然是）并享受到了特殊待遇。今天，这个外派人才库大约有 750 人。

该公司的要派分为两种情况：第一，为获得国际经验的职业委派；第二，为跨境转移知识的工作委派。尽管该公司希望70%的外派属于职业委派，30%为工作委派，但目前是平均分配的。为了能够向尽可能多的员工进行国际委派，公司规定委派任务最长为三年，并且一个员工不应累计参与太多不同的委派任务。虽然明子最初为了协助丈夫转换工作，要求外派五年，但这一要求被拒绝了，因为有人告诉她："如果你在一个国家停留得过久，你就阻碍了别人的职业生涯。"明子最终同意并签署了三年的合同。

明子的外派福利计划以家庭为基础，这意味着她在完成任务后要回东京。明子享受家庭社会保险、医疗保险和养老金计划。外派人员的服务套餐包括所有常见的外派设施和服务。明子了解到，这种外派服务套餐给公司带来的额外成本大约是基本工资的三倍，这也是公司希望将这些昂贵的外派任务限制在关键岗位的原因。

普佳解释道，"公司为不同类型的国际工作提供了不同类型的福利计划。当你到新加坡时，企业和员工利益之间的天平更倾向于你。因此，我们向你提供一份不同的合同和福利计划——本地国际合同。"明子知道这是怎么回事，因此她很生气。

她认为公司希望把一些成本设置为可选项以使成本降到最低。她认为这是不公平的，因为她的事业还在发展，在公司投入了很多精力和时间，为此她还放弃了在东京的安逸生活，并且将她委派到新德里是公司的主意！此外，她的丈夫冒着失去工作的风险，她的两个女儿不得不转学，与她们远在东京的祖父母分离。

二、新的本地国际政策是什么

普佳进一步阐述了这项新政策："本地国际政策是公司去年为应对新兴需求而制定的，特别是在亚洲。我们看到，由于全球化，许多外籍员工加入公司参与外派任务，其中许多外籍员工也希望留下来。这迫使我们采用基于当地的并且能够吸引外籍员工参与流动的合同。鉴于纯粹基于当地的合同不能吸引这些员工，我们决定为这些当地的国际员工提供一些额外的福利。当地国际合同适用于外派人员和当地员工。尽管这些调动在一定程度上是由员工发起的，但我们提供了进入新国家的软着陆，这意味着东道国提供了某种支持。"参见表1。

表 1　本地国际政策

公司承担的费用：

- 东道国根据当地计划提供的工资和奖励
- 安顿津贴（支付搬家产生的费用，如临时食宿、校服、学龄儿童的书籍费用）
- 体检费用
- 签证和许可费用（根据各国标准）
- 旅行费用（外出旅行；第一年的一次回家旅行）
- 可选：住房和学校津贴（第 1 年以后 50%，第 2 年以后 0%）
- 可选：留任奖金
- 可选：根据当地需要提供津贴

明子明白，本地国际福利计划是为那些选择永久性外派的国际经理提供普通外派福利计划的替代方案。由于当地国际计划实际上是基于当地的计划，因此工资也是基于东道国当地的工资制度。普佳补充说："就外派计划而言，从你的经验来看，我们提供了确保母国的购买力在东道国得到维持的会计方法，但对于本地国际合同，我们不希望其与母国联系起来。"明子意识到其中的一个主要问题，并立即问，如果外籍员工从高收入国家转移到低收入国家会发生什么情况。普佳证实，这将导致工资降低，尽管该公司意识到，在这种情况下，很难以纯粹的当地工资吸引外籍员工。

明子很生气，她断然不会接受去新加坡时收入减少。尽管如此，她还是想知道这一切发生的原因。"普佳，除了工资水平，你之前提到的'软着陆'是什么意思？"普佳回答说："这意味着，除了工资，公司会给你一些额外的福利，比如搬迁支持、安置津贴和第一年的一次回家旅行费用。"普佳指着她的电脑屏幕向明子展示了去新加坡时公司提供的福利项目。

明子意识到与她现在签订的外派合同不同，公司不会支付委派前的访问费用，她需要亲自安排寻找房屋、谈判、寻找学校等事务，并需要自行承担房租与学费等"正常"生活费用，所有的经济支持都将在两年后终止，那时她将签订一份普通的本地合同。"但是，普佳，为什么这个新规则适用于我？我目前签订的是外派合同——为什么我现在要选择退出？"明子问道。普佳回答说，"这是根据公司的规定。采用当地国际合同取决于以下几个因素：适用人员是被重新安置的内部员工，并且不是公司认为的人才或最有潜力的员工。你的情况是特殊的，因为你在公司的人才库中，但是，"普佳强调说，"你移居新加坡不是公司的职业或工作安排，你在新加坡的职位也可以由当地员工来担任。此外，我们希望这些员工本地化。"明子十分坚决地打断了她："但情况瞬息万变，如果有好的机会，3~5年之后我可能会再次转换工作地点！"普佳回应说："是的，但目前我们把它视为永久停留对待。最后，它更多取决于你的决定。看，这是我们的决策树（见图2）。"再一次，普佳指向她的电脑屏幕上的决策树。

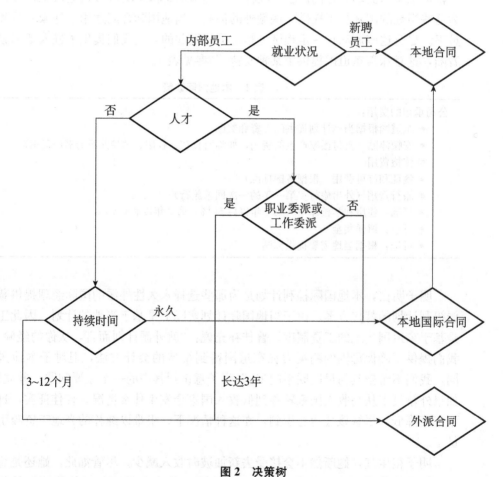

图2 决策树

普佳强调，做出这些决定并非易事。她指出，在不断变化的环境中，保持员工的流动性对公司来说至关重要。明子明白，在本土化过程中，提前考虑签订本地合同的员工是否有可能在以后的职业生涯中外派到另一个国家是十分重要的。如果一个人首先是本地化的，那么他与新国家的关系会更加紧密，因为有些人可能会买房子或者他们的孩子就读于当地学校。

"我们有我们的考虑和规定。但是，"普佳补充说，"我必须承认，我和其他国家的几个同事根据员工来自哪里，改变了外派计划的内容和适用性。我们提供本地国际合同，但这可能不适用于中国人或印度人到新加坡，因为他们是低工资国家的人。我的意思是，不需要额外的补偿，新加坡的高工资可以支付生活费用，新加坡的业务部门可能只需要支付抵达新加坡的单程机票和运费，而不用提供住房和教育方面的支持。"

普佳看起来得心应手，她接着说道："顺便说一下，本地国际合同的一个主要挑战似乎是它在收入水平和社会保障都较低的那些国家的运用性。目前的一个解决方案是为那些在这类国家签订了本地国际合同的人提供一些额外的支持，比如延长教育和住房支持。尽管如此，在社会保障方面仍有一些问题需要解决。由于这类国家的社会保障水平要低得多，员工会感觉牺牲了太多的社会保障，使我们面临失去潜在员工的风险。养老金也是如此。在一些国家，外国人没有义务缴纳养老金，而在另一些国家则不允许这样做。因此，我们为当地的外籍员工提供了相当于养老金的现金，并被鼓励他们投资私人基金。但这是另一件事了。原则上，在未来养老金问题上我们需要一个更加规范的做法……"

三、这些新规则有意义吗

明子有些走神，没有认真听普佳的解释。她意识到她的本地国际福利计划面临的挑战只有在第一年之后福利开始减少、更加当地化时才会显现出来。到那时，她将真正开始注意到其中的不同之处。在此之前，这个福利计划和她现在的外派福利计划很像。"缩减福利后，我实际上会'更穷'。"明子默默地沉思着。"唯一的出路是开始在其他地方寻找另一项本地国际任务，以便重新开始一整套本地国际福利计划，或者继续外派任务。但藤原浩和两个女儿是不会喜欢的。"

明子开始考虑她的家庭："如果去新加坡，两个女儿将会觉得语言障碍非常可怕，至少在过渡期，她们需要上国际学校。公司需要认识到，这不仅仅是一名员工的流动，而是整个家庭的流动！"家庭的重新安置才是明子面临的最大障碍。"我们需要有安全感，并知道无论发生任何事情，我们都会受到保护。"明子回想起两年前来到新德里时，仅仅是搬家时需要处理的实际问题就似乎无穷无尽：居住、上学、签证以及他们需要填写的各种书面文件，等等。与此同时，他们还不得不适应新的语言和新的风俗习惯。

明子在心里总结道："这些都是非常实际的事情，并且去新加坡公司不会为我安排这些事情。我将不得不自己做所有的事情，这将是一个巨大的挑战，非常耗时，甚至妨碍我的工作！"她意识到作为外派人员和按照本地合同流动之间的区别。外派意味着公司或多或少会处理有关事务，而签订本地合同，需要自己处理大部分事情。

明子从沉思中回过神来。"明子？"普佳直视着她的眼睛。"就让我实话实说吧，公司已经明确表示必须减少签订外派合同的人数，这样做的目的是降低昂贵的外派成本，但也是为了给当地员工创造更加公平的环境。设身处地想想，作为一个当地人，你能接受尽管做同样的工作，但你的收入总是比外国人低吗？"明子喃喃道："不，当然不是。"她想这是一个有趣且重要的问题。

她问自己，根据这一制度，丈夫去新加坡会得到哪一份合同。明子盯着电脑屏幕上的决策树，她意识到，由于藤原浩正在更换雇主，因此将以新员工的身份进入公司，自动获得一份没有任何额外福利的本地合同。这样家庭的情况将会更糟！她问自己，这种对不同工作类型的进一步划分是否真的公平，还是说这是为了创造第二类和第三类外派人员。

明子感觉信息太多了，以至于自己无法再集中注意力。不知何故，这些暗示让她不堪重负，她真的不知道该怎么办。她想结束谈话，但普佳仍在继续，"我认为在这些本土化过程中，向人们仔细解释利弊是很重要的，因为所涉及的方方面面往往很难比较。你要明白，你可能不得不放弃一些东西，但会得到一些东西作为回报。例如，你可能会面临工资下降，但会换来更有利的养老金模式、社会保障体系或更低的生活成本。这需要花费大量时间，而且需要一个对这个计划的方方面面都有深刻理解的人来解释。"明子一度怀疑普佳是否在寻求赞美，期待自己钦佩她的能力。明子决定不做任何反应。

普佳继续向她讲解这些政策："对一些人来说，这可能是一个很有吸引力的自我组织的机会，但对其他人来说，这无疑是他们希望公司处理的事情。当然，我们需要自我批评，即使这一政策看起来更加简单，但是尚不清楚这一政策是否符合公司当前在流动过程中照顾和支持员工的文化。我们需要向大家解释可能的后果。"普佳重复道。

明子抓住机会结束了这次面谈，并强调合同转换最重要的因素与沟通有关。她认为，如果她在流动前获得有关变更合同将涉及的事务的充分信息，那么本地国际合同中的福利损失也不会对她产生太大影响。明子强调，"从一开始就明确双方的期望比最终的实际金额更重要"。她站起身来，和人力资源经理普佳道别，然后默默地离开了办公室。明子很困惑，也没有心情继续她的日常工作。明子决定回到她位于新德里郊区的公寓，当晚和她的丈夫藤原浩谈谈这件事，从一个新的视角思考这个问题。

讨论问题

1. 请描述传统外派福利的内容以及公司提供此类福利的原因。当涉及处理公司的新需求时，你认为这份合同有什么局限性？

2. 利用案例分析中的信息，请对本地国际政策进行 SWOT 分析。

3. 请比较雇主和雇员在本地国际合同中关于国际流动的需求。如果要满足这些需求，公司提供的福利计划中必须包含哪些要素？

4. 你认为三种委派福利计划（外派合同、本地国际合同和本地合同）之间的区别在多大程度上是公平的？为此：（1）参考公平理论，明确三种福利计划的适用对象；（2）讨论程序公平的作用。公司能做些什么来激发积极的行为意图回应福利计划？

5. 公司需要考虑什么才能使针对新的国际员工群体的本地国际政策在全球范围内适用？请整理你的观点，提出一个政策框架建议。

注释

[1] Copyright：Maike Anresen 2016.

[2] 该案例研究的灵感来自一个组成国际团体的四名学生——卡米尔·德奥图尔（Camille Devautour）、托拜厄斯·法尔克（Tobias Falck）、克里斯蒂娜·林德纳（Christina Lindner）和珍妮·卡琳·桑德斯博（Jenny Karine Sundsbø）在"欧洲人力资源管理硕士课程"（www. ehrm. de）框架内完成的一个项目。

案例4　博世公司的外派薪酬：应对现代流动性的挑战[1]

伊哈尔·萨哈金茨（Ihar Sahakiants）
玛丽昂·费斯廷（Marion Festing）
曼弗雷德·弗罗莱克（Manfred Froehlecke）

"我宁愿失去金钱，也不愿失去信任。"——罗伯特·博世

斯图加特正在下雨。克劳斯·迈耶（Klaus Meier）是博世德国总部中央国际委派部门的一名员工，上周他从直接上级迈克尔·斯坦因（Michael Stein）那里接到一项既有趣又充满挑战性的任务：为整个博世公司设计一项新的国际委派政策。

新的国际委派政策的重要性怎么估计都不为过。首先，不妨看看博世最新年度报告中有关2010年的一些统计数据。[2]该报告指出，2010年是"历史性衰退"之后"历史性复苏"的一年，并强调博世的销售收入飙升约24％，达到473亿欧元。该公司约41％的销售收入来自欧洲以外的地区（见图1）。

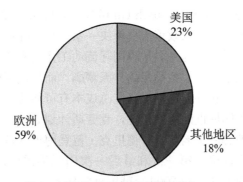

图1　2010年博世各地区销售收入

在全球28. 359 7万名员工中，有16. 995 0万名（约占员工总数的60％）在德国以外的地区工作，有约34％的员工在欧洲以外的地区工作（见图2）。

有关博世国际业务重要性的统计数据确实令人印象深刻，博世内部的国际流动性数据更是如此。2010年大约2 200名国际项目管理者需要派往国外工作两年以上，同时，亚洲、美洲和欧洲派驻德国的员工多达400人。

每进入一个新地点和新市场都意味着博世外派人员和本土员工的增加。克劳斯翻开报告中重点描述2010年新市场的第12～13页，特别指出：

● 1月18日，东南亚新业务开设：博世通信中心（Bosch Communication Center）在菲律宾首都马尼拉开设分公司。

● 5月13日，博世东南亚业务进一步加强：在新加坡开设新总部。

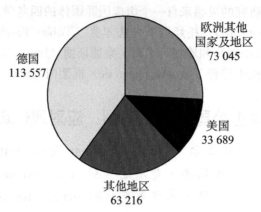

图 2　2011 年 1 月 1 日博世按地区划分的员工人数
资料来源：Robert Bosch GmbH（2011：p. 19）.

● 7 月 5 日，印度软件子公司业务继续扩大：博世工程和商业解决方案公司（Robert Bosch Engineering and Business Solutions）在越南开设分公司。

● 9 月 13 日，进入中国市场：博世向长安汽车制造商提供 4 万套启停系统。

● 10 月 11 日，博世新工厂在印度建立，包装技术公司在果阿邦投资 400 万欧元；SB LiMotive 新工厂在韩国蔚山开设，将生产混合动力和电动汽车的锂电池。

● 11 月 16 日，日本新试验场落成：两倍于先前的试验场在北海道北部扩建完成。

（资料来源：Robert Bosch GmbH，2011：pp. 12‐13.）

虽然新的国际委派政策需要解决一系列与国际流动有关的问题，但克劳斯决定从财务方面入手。作为一名从事国际流动工作的专业人士，他非常了解外派的高昂成本。这些成本不仅包括高昂的外派薪酬，而且包括巨额的管理费用和外派失败的成本，如过早终止外派任务，这些总成本有可能使长期委派变得极其昂贵。

为全面了解博世的实际情况，克劳斯计划研究几项不同地点实际委派的具体细节。首先，他翻阅了老朋友亨德里克·范登博世（Hendryk van den Bosch）的人事档案，他为亨德里克第一次和最后一次国际委派的薪酬表分别进行了计算：1999年德国总部内派任务和 2009 年韩国外派任务。

亨德里克于 1994 年在博世的一家荷兰子公司开始了他的职业生涯，担任 SAP 项目协调员。仅仅两年后，他就成为荷兰地区子公司数据处理部门的经理。1997年，他开始负责管理整个比荷卢地区（比利时、荷兰和卢森堡）。1999 年，他接受了位于德国斯图加特公司总部系统规划部经理的职位。

亨德里克在德国的新职位的薪酬表采用博世外派任务标准计算方法（见图 3）。那时，欧洲还没有统一货币，因此，根据公司规定，外派人员的薪酬由东道国支付，尽管是用荷兰弗罗林和德国马克共同计算（这两种货币是欧元之前的国家货币）。在这样做时，为降低外派人员的货币兑换风险，公司保证员工净收入的 35％ 以母国货币计算。每年年底对薪酬中东道国货币部分进行调整，以消除汇率波动可能产生的负面影响。克劳斯知道货币调整对外派人员的重要性。虽然弗罗林和马克之间的汇率多年来一直相对稳定，但汇率波动在其他许多国家是一个大问题，因为当地货币相对于德国马克或欧元的汇率波动很大。

国际委派薪酬			BOSCH
姓：	范登博世	荷兰	18.12.1998
名：	亨德里克	生效日期：	01.01.1999
母国：	荷兰	东道国：	德国
家庭状况：已婚			

		弗罗林 1=	马克 0.887 2
母国年薪			
等值国内工资总额（BIVE Ⅰ）		155 000	
＋年终奖			
＝BIVE Ⅱ		155 000	
×工时系数　40.0 ÷ 40.0　　1.00			
＝BIVE Ⅲ		155 000	
＝所得税		46 945	
－职工社会养老保险费		13 801	
－职工社会失业保险费		3 316	
－职工社会医疗保险费		1 715	
＝等值国内工资净额		89 223	
东道国部分			
等值国内工资净额的65%		57 995	51 453
×生活成本指数：母国=100，东道国=101.418 2			52 183
东道国部分			
等值国内工资净额的35%　（弗罗林担保）		31 228	27 706
福利部分			
＋外派奖金		31 000	
＋子女津贴		0	
＋/－ 公司用车		0	
－母国租金		18 600	
（弗罗林担保总额）		12 400	11 001
＋东道国租金			0
＋东道国额外费用			0
			11 001
外派薪酬支付			
净薪酬总额			90 889
＋员工缴纳的社会养老保险费		13 801	12 244
＋员工缴纳的社会失业保险费		3 316	2 942
＋员工缴纳的社会医疗保险费		1 715	1 522
总薪酬净额，包括母国社会保险			107 597
弗罗林担保总额		43 628	38 707

图 3　委派到德国的薪酬表[3]

亨德里克净薪酬中的东道国部分（薪酬中以东道国货币支付的65％）根据生活成本进行调整，东道国还提供了国外委派奖金。除此之外，东道国不需要支付其他费用。根据第1408/71号条例（欧共体），亨德里克决定保留荷兰社会保障体系，在德国的住房费用由公司支付。在母国的住房费用先前通过亨德里克的净收入支付，这一项目在驻德国期间不会产生，因此从他的福利部分中扣除了相当于"母国租金"的住房费用（即在母国相当于18 600弗罗林的住房租金）。根据委派政策，这项费用由博世直接支付，所以亨德里克在东道国的租金为零。

2003年9月1日，亨德里克结束了在巴西的委派，返回德国斯图加特，担任组织和信息系统部门负责人。2009年，他再次被外派到韩国，担任区域销售总监。

外派到韩国期间的工资计算更为复杂（见图4）。当时，亨德里克有两个孩子，这意味着在东道国将产生额外的支出，并且失去德国的子女津贴（当时每个子女每年1 848欧元）。然而，博世根据公司内部政策对其给予补贴，东道国的住房租金继续由公司承担。

在此之前，由于市场数据比较日益细化，委派政策发生了一些变化。例如，生活成本数据提供者的改变使得有区别地使用指数和复杂而详细的计算技术成为可能。虽然这也有助于降低博世的委派成本，但薪酬政策变化的主要目的是提供符合当地市场条件的委派条件。

根据新政策，委派开始时便确定和冻结国外委派津贴。生活成本的计算基于两个指数：较宽松的标准家庭基础指数和具有成本效益的家庭基础（Cost Effective Home Base，CEHB）指数。委派的第一年和第二年使用标准家庭基础指数，从第三年开始根据CEHB指数计算委派薪酬。使用后一种指数的决定是基于委派期间生活成本逐渐下降的假设。这是因为，随着时间的推移，外派人员将参与更加便宜的购物活动，如购买更多当地产品代替昂贵的进口商品。然而，第一年的计算也是以CEHB指数为基础的，以便向外派人员表明未来的收入，使用标准家庭基础指数表明在开始国际委派时公司提供了更慷慨的支持。因此，基于CEHB指数和基于标准家庭基础指数的生活成本补贴之间的差额得到了补偿。此外，为了便于成本控制，公司一次性支付所有金额。

克劳斯非常清楚如何进行一场关于降低外派成本的小组讨论。提出的解决方案之一是采取更多其他形式的国际委派，包括为期一年的短期国际委派、频繁飞行的委派、往返和轮换委派、全球虚拟团队等。随着电子信息技术和交通运输的快速发展，这些形式逐渐流行起来，博世也开始增加这些形式的应用。此外，博世的一个明确目标是将在海外地区任职的当地高管的比例提高到至少80％。尽管这是一个强有力的降低成本因素，但鉴于国际市场的重要性，这一措施无法阻碍标准委派的迅速增加。因此，克劳斯必须首先考虑一些与标准委派相关的降低成本的机会。

在对学术文献、管理咨询和从业人员出版物等多种资料进行分析的基础上，克劳斯列出了一系列降低成本的方案清单。为了了解这些方案在领先的国际公司中的普遍程度，他查阅了毕马威会计师事务所（KPMG）最新的"全球委派政策和实践"调查。[4]他从榜单上的前五名开始分析：

国际委派薪酬		BOSCH
姓名：	亨德里克·范登博世	计算原因：	委派开始
人员编号：	70186740	生效日期：	2009.01.01委派开始
工作级别：	SL3		
派遣单位：	DS	派遣意见：	
接收单位：	RBKR	国外委派津贴：	合同开始时冻结20%
家庭状况：	同配偶前往东道国	生活成本指数（CEHB）：	1.418 9
随行子女人数：	2.0	汇率：	1欧元　1 281.000 韩元

	欧元	韩元
计算基础——母国年薪		
相对国内工资总额（BIVE Ⅰ）	127 000	
BIVE Ⅱ	127 000	
×工时系数（40.0→40.0小时）	127 000	
BIVE Ⅲ（收入总额）	127 000	
-所得税（Ⅲ/2.0）	34 984	
-重组附加费	1 656	
-职工社会养老保险费	6 328	
-职工社会失业保险费	1 049	
-职工社会医疗保险费	3 370	
-职工社会护理保险费	367	
相对国内工资净额	79 246	
外派薪酬		
65%东道国（支出）部分	73 087	93 624 956
+生活成本津贴		14 448 180
35%母国（储蓄）部分（以母国货币担保的净额）	27 736	
外派津贴内容		
+外派津贴	15 849	
+子女津贴	3 696	
+博世预防计划津贴	600	
+额外津贴 Ⅰ	3 810	
+健康保险	5 904	
+最低医疗保险费报销	439	
+最低护理保险费报销	51	
-母国住房费用标准扣除额	15 240	
+东道国额外费用		6 900 000
以东道国货币担保总额		115 005 136
以母国货币担保总额	42 845	54 884 573
以东道国货币计算的工资净额总额		169 889 709
+职工社会养老保险费	6 328	8 106 168
+职工社会失业保险费	1 049	1 343 769
以东道国货币计算的工资总额，包括家庭社会保险		179 339 646
以母国货币担保的工资总额，包括社会保险	50 222	
外派薪酬支付		
母国货币的年度支付	42 845	
母国货币的月度支付	3 570	
东道国货币的年度剩余支付		115 005 136
东道国货币的月度剩余支付		9 583 761
委派开始时的一次性支付		
搬迁津贴		13 860 959
电器津贴	5 000	

图 4　委派至韩国的薪酬表

● 搬迁津贴：减少与搬迁津贴相关费用的一种方法是在委派开始和结束时一次性支付所有费用。毕马威的调查结果显示，约 54% 的公司（包括 47% 的欧洲受访者）采取这一政策。全世界只有13％的受访者不提供任何搬迁津贴。

● 生活成本津贴的有效计算：在计算生活成本时，一个明显的趋势是越来越多的跨国公司使用"有效购买者指数"。毕马威的调查结果显示，所有受访企业中有32％使用该指数，相比2003年增加了10％。

● 津贴上限：设定上限可以大幅降低国外委派总成本。对于委派收入超过一定水平的外派人员，所有津贴，包括生活费津贴、艰苦津贴或其他公司特定津贴，都可以冻结。毕马威的调查结果显示，大多数公司仍然没有为主要津贴设定上限。

● 住房津贴或成本：有几种方法可以降低住房成本。一种方法是参考相近职位的本地员工生活的居住区进行选择，避免外派人员居住昂贵的居住区。另一种方法是根据住房数据提供商的建议成本，为找到低于这一建议成本住房的外派人员提供额外激励。然而，根据毕马威的调查结果，绝大多数公司（82％）不提供此类激励。

● 差旅费用：为外派人员提供"经济舱"出行已成为一种趋势。毕马威调查的公司中，约56％实施这一政策，比2010年高出3个百分点。

博世已经开始实施上述许多降低成本的措施。除津贴以外，每年乘坐经济舱前往母国已成为公司出行的标准选择。出于商业考虑的长途飞行仍然可以选择商务舱。然而，面临的挑战在于通过比较几种成本选项、数据提供商和外包替代方案来进一步改进现有政策。这将只是设计一个包罗万象的委派政策的第一步，因为未来将分析外派人员额外津贴的节税方式，并将与一个国际法律顾问团队合作，组织在国际委派期间的税收和社会保障工作。

尽管如此，克劳斯对成功充满热情和信心，他知道设计新的国际委派政策将是一个漫长的过程，涉及多种计算以及与同事和外部流动服务提供商的谈判。成本问题只是广泛协调和发挥国际委派战略效用的一个方面。与此同时，还有许多相关问题需要考虑，如潜在外派人员的激励问题、国际委派对职业生涯的影响、回国管理、双重职业问题以及家庭收入问题等。克劳斯思考得越多，他就越能看到多个人力资源实践、多个产品和地域部门之间的联系和影响。

雨水穿过了城市，一道道阳光穿透灰色的云层射出。克劳斯回忆起他最近在柏林参加的公司会议的主题——"勇气、好奇心和变革"。这场会议是2011年全球为纪念博世成立125周年和罗伯特·博世诞辰150周年而举办的850多场活动之一。他回到自己的办公桌前开始从这一主题着手。

讨论问题

1. 为什么博世在韩国的薪酬表中，外派的第一年和第二年，将生活成本津贴列为基于CEHB的津贴和单独的生活费津贴？

2. 博世的哪些外派人员的薪酬要素基于案例中提出的成本削减方案？请提出进一步的改进意见。

3. 还可以采取哪些进一步降低成本的措施？

4. 你认为是否有可能设计一套适用于博世所有地区外派人员的国际委派政策？

5. 减少外派成本的措施之一是将行政职能部分外包给外部服务提供商。请讨论这种政策的利弊。

6. 从长远来看，你认为委派的替代形式可以替代传统的外派工作吗？请讨论主要的机会和障碍。

7. 外派经理本地化会遇到哪些阻碍？

8. 许多国际公司不提供任何额外的国外委派津贴（如搬迁津贴或艰苦津贴）。你认为在博世实施该政策是否可行？相关的优势和劣势是什么？

注释

［1］虽然博世的信息和外派人员的薪酬计算表反映了博世的真实情况，但克劳斯·迈耶设计新国际委派政策的故事是出于启发性的目的编写的。

［2］Robert Bosch GmbH（2011）. Annual Report 2010. Retrieved 10 October 2011 from www. bosch. com/worldsite _ startpage/flashbook/GB2010 _ EN. pdf.

［3］BIVE 是博世集团内部使用的德语缩写，表示相对国内工资总额。由于没有提供奖金，并且工作时间与预定计划相同，因此 BIVE Ⅰ、BIVE Ⅱ 和 BIVE Ⅲ 显示了相同的金额。

［4］KPMG(2011). Global Assignment Policies and Practices. Survey 2011. Retrieved 12 October 2011 from www. kpmginstitutes. com/taxwatch/insights/2011/pdf/gapp-survey-2011. pdf.

案例 5　只是又一次迁移到中国？ 国际委派对委派家庭的影响

伊冯·麦克纳尔蒂（Yvonne McNulty）

丽莎·麦克杜格尔（Lisa MacDougall）看了看她的日历，意识到今天是她在约翰·坎贝尔学院（John Campbell College）工作一周年纪念日。"真讽刺！"她想，"我可能会在今天辞职，正好在我来这里一年后。"当她的同事们整个上午都在她的办公室讨论她领导的一个新研究项目时，丽莎感到既高兴又难过。她为自己的职业生涯即将开启新篇章而兴奋，但又为即将离开近十年来的第一份全职工作而沮丧。为了放松心情，她决定去校园的自助餐厅喝杯早茶，点杯拿铁。

这时，她的手机发出了嘟嘟声，是她的丈夫拉克伦（Lachlan）发来了信息。她紧张地拿起手机，读道："完成了，去吧。"她在那一刻意识到现在已经没有回头路了，拉克伦刚刚与他的雇主签署了一份为期两年的合同，六周后他们和家人都将搬到中国。

当丽莎走回办公室时，她深吸了一口气，做的第一件事就是写一封辞职信，然后给她的老板发去了要求立即会面的电子邮件，告诉他自己就要离开了。尽管他对这个消息泰然处之，但丽莎知道，她的老板对她仅仅工作一年就离职而感到沮丧。约翰·坎贝尔学院正在建立自己的研究议程，丽莎和其他几名早期研究人员被聘用来完成该计划。丽莎知道她的离开可能会稍微打乱这些计划，但她提醒自己，如果她的老板真的明白她的动机，他也许已经预见到了这一点。

　　尽管丽莎和丈夫拉克伦就移居中国已经进行了大约六个月的计划，但这一决定对他们来说并不容易，这让拉克伦和丽莎感到十分惊讶，因为他们是经验丰富的外派人员，作为一对已婚夫妇，他们曾经至少两次移居海外——第一次是从悉尼搬到芝加哥，然后是费城，六年之后又移居到新加坡，也就是他们现在的家。在经历了连续 12 年"在路上"和两大洲之间两次成功的国际迁移之后，他们对去中国的第三次迁移的预期似乎很简单，从许多方面来说也确实如此。那么，这次对拉克伦的事业有好处吗？是的。对他们两个年幼的女儿有好处吗？是的。对整个家庭来说，这是一次奇妙的甚至可能改变一生的文化体验吗？是的。然而，从许多方面来看，这一举措绝不简单，有太多的问题需要考虑，太多重要的决定需要做出，并且这些决定可能会在未来几年里影响他们的家庭，甚至影响他们的余生。

　　丽莎首先考虑的问题是，她能否在中国工作，仅仅再做一次居家的"随行伴侣"是不可能的。另一个令人担忧的问题是将要再次回到租房的临时生活中，在过去住在新加坡的四年里，他们需要房东的许可才能张贴画报或粉刷墙壁，这让他们很不适应。然后是孩子的教育和新学校的问题。这将是夫妇俩第一次带着学龄儿童的国际迁移，丽莎不知道中国的国际学校是否会提供孩子们喜欢的音乐和体育项目。在考虑去中国时，丽莎也在思考是什么让他们一家开始了外派生活。她希望这样做能帮助她理解，过去的经历是如何吸引他们去上海进行新的冒险的。

一、所有的外派旅行都始于某个地方，有些甚至始于童年

　　在他们的许多朋友看来，拉克伦和丽莎似乎是天生一对。他们相识后不久就结婚了，之后就去了芝加哥进行他们的第一次国际委派，这对任何人来说都不足为奇。丽莎是欧洲移民的孩子，出生并成长于墨尔本。在澳大利亚皇家海军（Royal Australian Navy）服役八年后，她在澳大利亚各地的海军机构工作和生活。26 岁时她在悉尼定居，从事管理咨询工作。在一个普通的周六早上，她在一家咖啡馆遇到了拉克伦，当时他礼貌地问她读完后是否可以借走《国际先驱论坛报》。拉克伦并非在澳大利亚出生，大约七年前，他以一名英国背包客的身份来到悉尼度过了三个月的假期，之后经过长达一年的定居，获得了永久居留权，最后获得了公民身份。拉克伦出生并成长于苏格兰，是第二代房地产开发商的长子。他是一名职业建筑师，拥有赫瑞-瓦特大学（Heriot-Watt University）的学士学位和工商管理硕士学位。他有一个有趣的童年，由于他父亲需要买卖各种房产以扩大家族生意，他在苏格兰和爱尔兰之间搬了十几次家（和学校）。虽然他的父亲希望有一天他会接管这家公司，但拉克伦有其他想法。

二、全球化的职业生涯到底是从什么时候开始的

　　他们第一次来到芝加哥完全是因为一个出乎意料的机会，丽莎和拉克伦毫不犹豫地接受了这个机会。他们刚刚结婚，在悉尼没有家庭关系，而且都热爱旅行。拉克伦当时转行进入信息技术行业，为一家美国的大型科技公司工作，该公司在全球都设有办事处。尽管芝加哥的工作是以当地条件为基础的——没有"外派福利待

遇"，但该公司愿意支付搬迁费用，而且美国的工资比澳大利亚高得多。背负着大量的抵押贷款，并正希望开始第二职业生涯，拉克伦知道这是个不能错过的好机会。无须说服丽莎，因为在海外（无所谓哪里）生活和工作是她的毕生抱负，而搬到美国可以帮她实现这一点。于是，他们把原来的房子租出去，带着"两年后回来"的承诺向朋友挥手告别。

丽莎和拉克伦刚到芝加哥没多久就意识到他们的"两年计划"不会实现。拉克伦在他的新角色中立刻获得了成功，而丽莎则享受着她作为"随行伴侣"的新身份。尽管丽莎不被允许在美国工作（他们不知道，也不想问，当他们接受这份工作时随行的伴侣是否有工作许可证），但她发现自己喜欢自由探索一个新的城市，而不受繁忙和要求苛刻的工作的限制。反正他们不需要她的工资。拉克伦的事业蒸蒸日上，在到达芝加哥的 18 个月内，就被提拔到美国区域性的职位，并得到了搬到费城的机会。他们很高兴地接受了这一安排，尽管这还是以当地的条件进行的——公司只支付搬迁费用。

当他们到达费城时，丽莎知道她和拉克伦的情况发生了变化。他们期望的几个月后回到悉尼已不再是他们谈论的话题。他们没有租公寓，而是在绿树成荫的中产阶级蒙哥马利县的"主线"上买了一栋房子，该县距离费城市区有约 30 分钟的车程。他们用更昂贵、更耐用的家具取代了宜家家居用品，买了两辆车，还养了一只狗。他们没有寻找一个外派人员社区，而是加入了布林莫尔乡村俱乐部（Bryn Mawr Country Club），在那里他们结交了许多美国朋友，并积极投身于高尔夫和帆船运动。因为拉克伦的工资是按当地条件支付的，所以他们像当地人一样生活和行动，并以"留在这里"的心态沉浸在当地社区中。当然，情况不会永远如此，因为他们的签证使他们在美国最多只能居住六年。当时他们的签证还有四年半的时间才到期，他们打算留在费城直到最后一个月。

四年后他们搬到亚洲当然是必要的，因为他们的美国签证即将到期，没有更新的机会。此时他们有一个 11 个月大的女儿阿米莉亚（Amelia），她出生在费城。离开美国对丽莎来说很难，在过去的六年里，他们交了很多美国朋友，尽管他们确实有机会申请绿卡，获得永久居留权，但令他们的朋友惊讶的是，他们拒绝了这一选择，转而选择了再一次国际迁移。他们选择亚洲因为这对他们的职业生涯都有好处，又与澳大利亚足够近，无须回国就可以维持家庭和职业关系。拉克伦联系了他的公司，要求进行内部调动，并在新加坡获得了一个新职位。

拉克伦和丽莎所希望的一切都在新加坡，他们住在那里——同样是在当地——就像他们住在美国一样：他们买了一套公寓，获得了永久居留权，把女儿送到当地的幼儿园，雇了一个女佣，并加入了当地的帆船俱乐部。伴侣的工作许可证在新加坡很容易获得，所以丽莎可以找到兼职工作。因为有永久居民身份，拉克伦在搬到那里三年后能够更换雇主，现在他是所在领域的区域专家，猎头公司经常联系并试图挖走他。外派人员社区建设得很好，他们一家享受着繁忙的社交生活。他们的第二个女儿艾米丽（Emily）就是在新加坡出生的。

现在，第三次移居中国迫在眉睫，当丽莎回顾他们迄今为止的海外生活时，她知道，对她来说，对拉克伦来说，最重要的是对他们的家人来说，这一举动比以往任何时候都更能改变游戏规则。他们不必离开新加坡，因为他们是永久居民，他们有自己的家，所以他们想住多久就住多久，那里的生活非常好。显而易见的是，移居中国是一个不同于以往任何选择的决定。拉克伦的雇主曾建议他考虑调到上海——不低于当地标准的一系列方案，包括住房和学校教育，但如果他不想去，公司坚称不会有任何影响，因为他是他们最资深的亚洲高管，他们不想失去他。尽管如此，中国仍是该公司的一个关键战略市场，而拉克伦无论如何都是这项工作的最佳人选。丽莎认为，如果他们去中国，她丈夫的事业无疑会蒸蒸日上，但令她震惊的是，撇开他的事业不谈，没有其他令人信服的理由离开新加坡。考虑到这一点，她知道，如果他们再次搬家，这得需要惠及家庭中的每个人而不仅仅是某个人。

三、做一名双职工的随行伴侣比你想象的要难

在决定去中国的前几个月里，丽莎花费了很多时间思考她的随行之旅，试图理清这一切意味着什么，以及在上海这可能意味着什么。她现在知道，毫无疑问，她是而且可能一直是他们家庭中的随行伴侣，她的工作不会把他们带到下一个目的地，她在事业上需要比拉克伦做出更多的妥协。毕竟，他现在是新加坡一家中小型企业技术公司的地区副总裁，能挣到比她作为终身教授更多的钱，这对他们来说都没问题。他的事业支撑着他们的生活，她支撑着他们的家庭。她感到惊讶的是，她的随行伴侣身份似乎不再困扰她，但就在一年前，她想到的全是这个身份带来的困扰。

自从嫁给拉克伦并搬到芝加哥后，丽莎已经有十多年没有全职工作了。他们在美国度过的六年充满挑战。在芝加哥时一直很轻松，几乎像一个长假，但自从他们搬到费城，并承诺在签证有效期内留在美国，情况就改变了。她在悉尼"搁置"了职业生涯，原本打算在几年后重返，如今已成过去。由于没有在费城的合法工作，丈夫经常出差，对慈善工作的兴趣越来越少（她把慈善工作定性为"老奶奶"做的事情），丽莎发现自己越来越沮丧，并受到她曾经非常愿意接受的随行伴侣生活的限制。她很无聊，生活似乎平淡、无意义且压抑——她还没到 35 岁！没有名片和工作头衔，她觉得作为"拉克伦的妻子"参加的许多活动都让人们看不见她。她本能地知道，他们决定搬到费城导致了她自我身份的丢失。她有两个选择：认命地接受自己是"某人的夫人"，或者做点什么。

像许多随行伴侣经常做的那样，丽莎通过将消极的情况转化为肯定生活的成就来解决她的无聊：她回到学校并获得了博士学位。根据她的博士生导师的建议，她选择了一个她了解的研究领域——外派人员。事实证明，丽莎热爱研究，而且非常擅长。对丽莎来说，成为外派人员社区的"内部人士"有许多优势——受邀在国际会议上发言，有机会为行业期刊撰写她的研究报告，以及有机会创建一个全球流动网站。一年又一年，随着她研究进展和她的外派旅程的继续，丽莎为自己建立了一个新的职业生涯，正如她很快会发现的那样，这是一个相对可移动的职业生涯。

很明显，当他们搬到新加坡时，是她推动他们去的，而不是像拉克伦认为的那样回到悉尼。作为一名"全球流动学者"，她认为，如果他们承担另一项国际任务，

对个人或专业方面的负面影响很少，她是对的，在新加坡，她很容易就获得了工作许可证，因此能够为大公司做兼职咨询以及兼职教学。当丽莎博士毕业时，她在约翰·坎贝尔学院获得了一个终身职位，并计划在那里停留 3～5 年，然后考虑去别的地方。重要的是，她重新进入了全职工作岗位，这不仅是为了职业，也是为了她的自尊和自信。她深感有责任再次为家庭做出经济贡献，在婚姻中重新获得一些平衡和平等，并为她两个年幼的女儿树立一个职业母亲的坚强榜样。像之前的许多随行伴侣一样，丽莎认为，她作为一个"支持性的不工作的妻子"的时间越长，她就越难在重大家庭决策中拥有发言权，因为财务考虑将是压倒一切的问题。

现在她所有的心思都转向了上海。在十多年的时间里，她和拉克伦都以某种方式将他们的"外派冒险"转化为蓬勃发展的全球事业，这似乎非常了不起，但还没有结束。几个月前，当一家人进行熟悉之旅时，她已经在中国当地的大学获得了两个工作机会，这些工作主要是教学，很像在约翰·坎贝尔学院的工作。她发现，在中国获得伴侣的工作许可相对简单，但她的激情是在研究上，如果她想有机会发展学术生涯，她需要从事一份可以在好杂志上发表文章的工作。作为一个在中国普通话只有"业余爱好"水平的外国人，她能多快建立一个新的人脉网络来找到这样的工作？作为一名"外派人员的妻子"，她会面临哪些就业方面的刻板印象和障碍？虽然这一次的国际调动肯定会加深丽莎的流动性知识和经验，但搬到中国具有职业风险——她不确定自己是否需要承担这种风险。

四、培养"第三文化孩子"

孩子们也是丽莎最关心的问题，他们的女儿阿米莉亚和艾米丽都出生在海外。虽然她们拥有双重国籍（澳大利亚和英国），并且已经在新加坡的"真正的"学校上学将近两年，但她们从来没有真正了解过新加坡以外的家。事实上，在等待名单上等了将近两年才让女儿们进入她们的学校——东南亚联合世界书院，这是该地区最好的国际学校。作为父母，丽莎和拉克伦被东南亚联合世界书院吸引，因为它以在"特权童年"和专注于为全球社会服务之间取得平衡而闻名。东南亚联合世界书院还特别关注"第三文化孩子"的需求和兴趣。尽管丽莎并不认为自己是学校里的"势利眼"，但事实是亚洲只有一个东南亚联合世界书院，而且不在上海。鉴于她对"第三文化孩子"有深厚的理论知识，以及她和拉克伦正在抚养自己的两个孩子这一事实，丽莎知道新加坡对她的孩子来说意义重大，她们已经将新加坡的文化融入她们的日常生活中，并意识到她们自己是谁。阿米莉亚和艾米丽同时对她们认同的所有文化都产生了一种关联感——她们出生在哪里、她们的大家庭住在哪里、她们度假的频率、父母来自哪里，她们对任何文化都没有完全的所有权。事实上，她们的归属感大多与经历类似的其他人有关，父母、彼此、学校朋友、老师，一种特殊的"群体内"关系。这是好事还是坏事？

一方面，阿米莉亚和艾米丽在不同的外国文化中构建和重建她们的身份。丽莎意识到，对她的孩子们来说，"家"很可能是一个在地图上找不到但充满情感的地方，而"我来自哪里"将需要一本地图册来说清楚！她还认识到，孩子不是自愿流动的，她们也没有为此接受过训练；她们经历了与成年人相同的损失，但往往无法表达自己的感受。多年来，丽莎一直在倾听许多外派人员朋友的心声，他们的孩子也因频繁的无情告别而经历了无法释怀的悲伤，她敏锐地意识到她的女儿们可能也会有类似的经历，这是一个令人痛苦的想法。在这么小的年纪就把这些压力强加给她的孩子公平吗？随着他们步入成年，这会对他们的情感和心理健康产生哪些长期的影响？

另一方面，阿米莉亚和艾米丽对全球文化的理解似乎不仅仅是教科书上的，她们每天都过着这样的生活。随着频繁的国际旅行，接触外语，接触过渡和变化，她们有了一个难得的机会，以一种对她们这个年龄的大多数人难以获得的方式来看待世界。丽莎为她的孩子很好地融入了他们的社区而感到骄傲，但她知道她们永远不会完全融入当地文化，因为这永远不会是她们的"护照国家"。她也知道她的孩子很可能会产生一种深深的无根感，并可能产生一种迁移的本能，而这种本能会随着每一次国际迁移而加剧。这些本身并不是消极的，因为这与拉克伦在苏格兰和爱尔兰的成长过程基本相同，很可能在这些形成期，拉克伦和丽莎已经为孩子的全球事业做了准备。从各方面来看，他们都认为这是一个积极的结果。然而，他们有权为他们的孩子做决定吗？这些决定可能会以难以想象的方式影响她们的成年生活。如果一家人住在一个街区，一个城市，离亲戚朋友很近，从来不搬家，他们孩子的生活会更好吗？

五、是的，钱确实很重要

丽莎对移居中国的最后一点担忧集中在他们的财务状况上。公司为拉克伦提供的搬迁计划包括住房津贴、学费和税负平衡福利，作为"本地附加"安排的一部分。考虑到过去 12 年里丽莎和拉克伦都是以当地条件移居国外的，没有额外的福利，从各方面来看，此次中国之行的薪酬方案很有吸引力。鉴于中国的所得税税率高于新加坡，税负平衡尤其有利；出于这个原因，拉克伦将新加坡作为他的祖国，并有意保留他和丽莎的新加坡永久居民身份。但是，在这样做的过程中，麦克杜格尔夫妇很快发现，以永久居民的身份离开新加坡是一个比他们预期的更复杂的过程。由于麦克杜格尔夫妇不是新加坡公民，根据法律规定，他们必须在暂时离开新加坡两年前向新加坡政府缴纳税款，其中包括作为拉克伦绩效工资计划一部分的股票和股份的应税收入，这些收入将在接下来的两年内累计，这包括现有的以及预期的股票和股份。

尽管新加坡税法的技术细节很复杂，而且在很大程度上超出了丽莎的基本理解，但考虑到他们的应税收入，他们面临的最终结果是，他们在离开前的税单数额相当庞大。此外，新加坡法律规定，拉克伦现有的和预期的公司股份和股票需要在他们离开的两年之内冻结（即不能出售），以减少他可能获得的任何意外之财。这听起来很合理，但事实是可能在两年后所持有的股票价值只有原先的一半，没有任何出售的机会来阻止损失。作为一名高级副总裁，拉克伦的股票投资组合非常可观，公司股票约占他们净资产的 20％。鉴于欧洲和美国持续的经济危机以及他们将在 15 年后退休，丽莎不确定冒着财务风险以现有股价锁定公司股票组合是否值得，这可能遭受难以挽回的损失。

六、全面拥抱上海

那天早些时候，丽莎辞去了工作，从约翰·坎贝尔学院开车回家，她打开车载收音机，听了英国广播公司的一个世界服务节目。在这个节目中，著名作家兼出版商罗宾·帕斯科（Robin Pascoe）就她最新出版的"关于全球游牧民"的书接受了采访。帕斯科回忆起她作为外派人员伴侣的生活，在 20 世纪 80 年代到 90 年代在四个亚洲国家抚养了两个孩子，谈到她多次重塑自己的职业生涯，从记者、作家、公共演说家到现在的出版商，丽莎对全球职业的普遍程度感到震惊——对女性来说也是如此。作为一名随行伴侣，她在旅途中有时会感到孤独，但丽莎知道，由于人才管理对跨国公司变得至关重要，国际流动对许多员工来说是不可避免的，她和拉克伦也不例外。十年前，他们可能并没有有意追求全球职业，但一旦他们进入国际劳动力市场，他们留在那里是有意义的。尽管她克服了许多个人和职业上的障碍，尽管多年来回到澳大利亚一直是餐桌上的一个话题，但不知何故，这似乎从来没有纳入他们的任何计划。

丽莎现在第一次清楚地看到，迁移到中国标志着他们的家庭动态将发生重要变化。丽莎和拉克伦夫妇获得了相对罕见的"家庭流动性"技能，她本能地知道，这是一套可能会受到许多全球公司高度追捧的技能。他们的"联合国"全球大家庭实际上是一种有价值的商品。尽管她一直有机会回到悉尼那种她过去想要的相对舒适和稳定的生活，但丽莎从未真正认真考虑过这一选择，相反，她现在知道，她和拉克伦很可能会以这样或那样的方式在他们的余生从事全球性的职业，他们的孩子也一样。随着帕斯科继续在电台讲述她的故事，丽莎开始慢慢放下恐惧，全身心地拥抱上海的机会。然后她开始怀疑，毕竟，保留他们的新加坡永久居民身份可能没有必要，因为在上海任务完成后，他们还可以去更多其他城市。

讨论问题

1. 对于一家跨国公司来说，丽莎和拉克伦的家庭在哪些方面对跨国公司来说是一种稀有而有价值的资源？

2. 回顾丽莎的双职业随行伴侣生涯，你会如何以不同的方式处理这种情况？

3. 如果丽莎和拉克伦家庭继上海之后再进行一次迁移，你认为阿米莉亚和艾米丽会有哪些问题？

4. 虽然案例中没有讨论，但你认为国际流动性对丽莎和拉克伦夫妇的婚姻产生了哪些影响？

案例6　寻找正确的视角：在当地市场培养当地人才

克劳迪娅·费舍尔（Claudia Fischer）

艾伦·恩格尔（Allen D. Engle, SR）

上海 2 月的一个宁静的早晨。从浦东南路新上海国际大厦 15 楼望去，灰色的污染遮住了视野。托马斯·穆勒（Thomas Mueller）训练有素的眼睛已经将指数校准在 100 以上，下午晚些时候可能会达到 200 以上。当他抬头望向雾霾时，世界金融大厦的顶部变得模糊不清。他看不到 38 层的上海招商局大厦的顶部。他对陆家嘴环路上拥挤交通的视线被雾霾模糊了。

托马斯在思考昨天、今天和明天。他在庞巴迪运输公司（Bombardier Transportation，BT）工作了十年，该公司是火车制造业的市场领导者。目前他被派往上海担任该公司的最佳成本国家采购（Best Cost Country Sourcing）子公司的总经理，他向位于德国总部的全球商品管理负责人汇报工作。上海办事处是全球采购团队和项目经理与中国供应商之间的重要接口。

托马斯的任务是稳定供应商关系、规范流程，最重要的是，为上海办事处实施关键绩效指标（Key Performance Indicators，KPI）管理，以使该部门的业务绩效透明且可衡量。任务为期三年，他已经工作了两年半。根据庞巴迪运输公司的年度人才日历，现在是时候准备年度绩效管理流程（Performance Management Process，PMP）审查了，包括其直接下属以及采购部门的"人才日"人才评审输入。

托马斯觉得自己进退两难。第一他的主要任务目标之一是为他的职位培养一个本地接班人，但是他名单上的候选人还没有准备好接替托马斯的职位。因此，他想出了一个替代方案，要求延长委派一年。在个人层面上，由于庞巴迪运输公司的战略显然是在当地市场发展并巩固根基，托马斯刚刚开始与欧洲管理团队讨论他在几个月后可能担任的新职位，这一调动将是一个完美的外派机会，因为他的家人渴望搬回欧洲。虽然他的妻子和两个孩子在中国适应得很好，但他们仍然想念大家庭和一些老朋友。延长一年会对他的长期职业目标产生怎样的影响？他的家人会怎么想？

暂时抛开烦恼，托马斯认真对待自己作为人事管理者的角色，扮演好人才管理者的角色，并为出色的绩效评估做好充足准备。

在庞巴迪运输公司，人才评估和绩效管理流程十分重要，更关键的是，它们是齐头并进的。从年度管理流程讨论中获得的信息——如职业抱负和兴趣——被用作管理层在人才评估过程中的准备基础。托马斯还将听取员工关于短期和长期发展目标的想法，他和员工将一起制订或调整个人发展计划。

作为人事管理者，他被期望：（1）沟通和串联业务目标，以确保个人、团队和业务目标之间的一致性；（2）将长期发展目标纳入年度管理流程的发展计划中；（3）通过定期提供公开、诚实的反馈，积极协助员工实现目标；（4）进行有意义的讨论，达成符合 SMART（具体的、可衡量的、可实现的、相关的和有时限的）标准的一致目标；（5）为每个年度周期制定目标，并在每个周期结束时评估和评价员工的绩效和行为。一系列艰巨但至关重要的联系是必要的。托马斯在柏林帮助开发了该系统，四年前，它在纸面上比今天要清晰得多。

一、通过系统工作：李伟的案例

和往常一样，托马斯觉得办公室气氛和谐而平静。同事们在开放的办公空间里低声讨论话题，以免打扰坐在附近的其他人。只有在很远的地方，从休息室里传来一些咯咯的笑声，一群年轻的员工聚在一起吃预定的午餐，分享最新的消息，享受他们点的饭菜和一些笑话。于是，托马斯开始和李伟一起准备绩效考核，李伟是他过去几年的得力助手和潜在接班人。李伟在办公室工作了九年，深受每个员工的尊敬。在过去的 12 个月中，托马斯注意到了几个积极的绩效特征和一些潜在的改进领域，以便为年终绩效评估做好准备。这些非正式的事件报告是根据一年来的事态发展收集的，并存储在为李伟设置的安全的个人文件夹中。

1. 正面反馈示例

● 商业头脑：李伟是在办公室里很受欢迎的专家，他从一开始就参与其中，对公司非常了解。同事们喜欢向他咨询商业问题，比如如何与内部利益相关者沟通。

● 让员工对结果负责并为之努力：李伟根据去年与托马斯一起制订的战略计划来跟进他的团队计划。他的直接下属每两周向他更新一次信息，如果有人迟到，他会亲自提醒这名员工。

● 谈判：李伟领导了与新选定的供应商的谈判，将该供应商纳入全球铝材车辆项目的供应商小组。他确保这家供应商提供的零件价格比竞争对手低 15％，但质量和交付标准相同。这意味着未来将该公司作为新的首选供应商，每年可节省数百万欧元。

2. 进一步提高的能力

● 建立伙伴关系的技能：这是这个角色的核心能力。遗憾的是，李伟在这方面还有很大差距。他未能与西方同事保持思维上的一致，并在供应商谈判中忽略了要点。即使他有很好的想法，也需要主动维持关系，以免影响讨论的潜在结果。

● 沟通：李伟需要改善书面和口头沟通能力，并与采购项目经理更好地协调所需材料的规格。同事们反复提到的一个问题是，他的演讲过于注重数字，幻灯片过于拥挤，缺乏结构和逻辑，比如执行摘要。口头上，他的英语水平有限，而且带有明显的口音，这使得来自其他国家的同事很难正确理解他的想法。

● 领导能力的改变：李伟非常关注过去的成功和他的团队在当地单位战略、目标和氛围方面的现状。庞巴迪运输公司正在经历相当大的变化。李伟需要面对"明天"的现实。对于当地的现任者来说，关键是要适应不断变化的形势，更多拥抱未来，抛弃旧习惯，不要为过去辩护。

在权衡了李伟的表现和行为的利弊后，托马斯决定给他 3 分——完全符合预期。他知道李伟不会喜欢这个分数，期待得到更高的评分。托马斯有点无助，不知道该如何告诉他这个可能被视为失望的评估，但他对自己的决定很有把握。从他目前在中国的经历来看，他知道中国文化对反馈和评分标准有多敏感。和谐很重要，即使是在非正式的会议上。语气、手势和肢体语言等无形的东西都会被仔细记录下来。在中国，失败意味着丢脸，只有在极少数情况下，才会公开冒险。

除了对他的直接下属进行绩效评估之外，他还需要为自己的继任者提出建议。他的主管将一直等到下周末。在过去的几年里，李伟被视为托马斯的接班人。此时此刻，托马斯非常怀疑李伟是否准备好在六个月后接替他。

此外，托马斯收集了一些关键利益相关者的反馈，每个人都同意他的判断。没有其他选择——没有其他上海办事处的人员可以被认为已经为他的角色做好了短期甚至中期的准备。该公司还与采购团队经营着另外两个生产基地。来自长春的张莉可能在一两年内成为潜在的继任者，但托马斯对她还不够了解。

上海的情况就是这样。"我必须遵循什么标准和参考框架？"托马斯自问。为了更好地准备，托马斯拿出公司人事管理者手册，回顾了以下数字和定义（见图1至图5）。

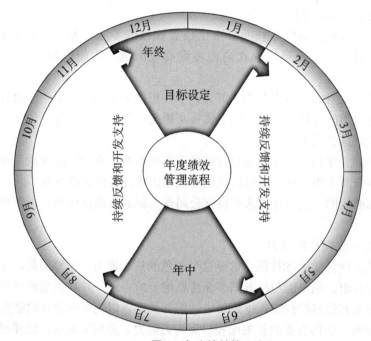

图 1　年度绩效管理流程

资料来源：Printed with permission of Bombardier Transportation GmbH (from Talent Handbook).

等级量表	
5 大大超出预期	业绩和行为远远超出预期。就工作的质量和数量而言，员工业绩突出并始终如一地表现出非凡的成就，这很容易被他人视为真正的出色。
4 超出预期	业绩经常超出预期。成就和行为通常高于预期水平。员工保持超出预期的绩效水平，工作质量一致较高。
3 完全符合预期	在工作质量和数量方面，绩效完全符合预期。员工始终表现出稳定的绩效，结果全面且准时。成就和行为完全满足所有期望。
2 部分符合预期	绩效部分符合预期。员工需要发展和改进绩效。员工通常表现出一些预期的成就和行为水平，但很难完全满足所有要求。
1 不符合预期	绩效、成就和行为明显与预期不符。如果员工要继续留在这个岗位上，就必须通过行动计划来大幅提高绩效。

图 2　年度绩效管理流程等级量表

资料来源：Printed with permission of Bombardier Transportation GmbH (from Talent Handbook).

- 直接当面给
- 批评行为或结果而不是人
- 有证据支持你所说的：事实、数字、关键绩效指标——二手反馈有二手价值
- 适应情况：听听别人在说什么，他们可能对事情有很好的解释
- 不要一次给出太多信息
- 使用"我"进行表达
- 避免极端："从不"或"总是"
- 创造合适的氛围
- 不要卷入讨论
- 使用可衡量的指标客观地评估绩效
- 举些例子来说明好的/可改进的表现

图 3　反馈规则

资料来源：Printed with permission of Bombardier Transportation GmbH（training material for people managers）.

70%	20%	10%
在职经历	**人事关系**	**培训**
·跨职能项目 ·在职学习 ·调动/轮换	·辅导和指导 ·向同行学习 ·共同发展团队	·教室 ·网站 ·文章/书籍/电影

图 4　70：20：10 规则下的员工发展

资料来源：Printed with permission of Bombardier Transportation GmbH（training material for people managers）.

获取最佳实践	扩大范围	变化和逆境	挑战关系	说服和教导	做出困难的决定
例子：	例子：	例子：	例子：	例子：	例子：
□ 在每个团队会议中抽出时间讨论本月或本季度的最佳实践或经验	□ 增加责任	□ 在出现问题或失败的情况下工作	□ 与其他业务部门、职能部门或当地的人员一起工作	□ 向经理做演示	□ 准备决策图，供经理对决策进行审核
□ 体验、分享和记录重大成功	□ 承担一个具有挑战性的项目	□ 在瞬息万变的环境中工作	□ 与持有对立观点的人一起工作	□ 会议、电话和客户汇报期间观察经理	□ 与团队集思广益，讨论如何避免糟糕的决策
□ 观察一名同事，看他如何开展工作	□ 参加一个小组来解决一个真正的业务问题	□ 处理工作中的危机	□ 与难缠的顾客一起工作	□ 说服高层管理者采取困难的行动	□ 做出具有潜在不利后果的（有风险）决定
□ 与公认的（内部或外部的）专家合作	□ 临时代替经理	□ 在团队会议中总结危机，并记录重要的经验	□ 和难相处的同事一起工作	□ 教员工如何做他们工作的一部分	□ 在专业领域之外做出决策
□ 从事工作轮换	□ 临时代替同事	□ 充当变革推动者，支持团队中新的工作方式、工具或流程	□ 跨边界（文化、主题、部门、世代、虚拟……）协作	□ 向另一个部门或项目提供技能组合或专业知识	□ 为优先业务决策准备一份风险缓解建议，以供更高级别审查
□ 在公共论坛或竞赛中创造并展示一个成功案例	□ 指导新的或经验较少的团队成员或来自其他领域的同事				
	□ 跨代指导和交流，例如引入新知识，利用社交媒体等				

图 5　在职学习理念

资料来源：Printed with permission of Bombardier Transportation GmbH（training material for people managers）.

托马斯阅读了庞巴迪运输公司手册上关于继任管理主题的材料：

> 继任管理不仅仅是更换管理者。继任管理是随着时间的推移为关键人员的发展、替换和战略应用做准备。它需要认同组织的价值观、使命和战略计划。这是一种积极主动的方法，通过有计划的发展活动培养组织内部的人才，从而确保持续的领导力。

托马斯本人五年前在柏林将此写入政策声明。"完全符合预期"是什么时候以及如何成为丢脸的事情的？李伟目前工作的成功和托马斯的成功之间的不连续性是问题的一部分吗？现在的表现会妨碍未来的表现吗？

二、决策：过去、现在和未来

早晨过得很快。托马斯把文件放在一边，回顾他的决策过程。正如预测的那样，强劲的东南风已经吹来，预计随后会有雨夹雪。黄灰色的污染已经明显清除，他可以从窗子看到上海招商局大厦的顶部，至少他办公室窗外的景色更加清晰了。

他发现很难将过去两年半对当地运营的个人承诺从人才和绩效体系的冰冷机制和逻辑步骤中分离出来。"扎根本地市场"的长期目标和"透明且可衡量的"业务绩效流程之间如何权衡？如果李伟没有准备好，是托马斯的错吗？托马斯真的想在上海再待一年，让自己扎根更深吗？恰在此时，当地经典摇滚电台的背景音乐开始播放冲撞乐队（The Clash）的《我应该留下还是离去》。

讨论问题

1. 如果你是托马斯，你会对未来做出什么决定？为什么？

2. 从公司的角度来看，在这种情况下，哪种解决方案给企业带来的效益更大？你遵循"扎根本地市场"的策略吗？为什么？

3. 托马斯如何为与李伟的绩效考核会议准备反馈意见？请为托马斯准备谈话的红线，并准备充足的论据说明李伟为何获得 3 分的绩效反馈。从跨文化的角度看，这个过程会有哪些障碍？

4. 从李伟的角度来看，作为一个中国人，他得到 3 分是什么感觉？

5. 李伟个人发展计划应该包括哪些学习活动，以成功地成为总经理？请使用 70：20：10 规则，准备一两个发展目标，每个目标需要包含三项学习活动。

6. 关于托马斯的继任计划，将你自己代入他的人力资源业务伙伴角色。思考：你有哪些想法可以帮助他找到一个本地继任者？

案例 7　释放个体活力，打造人力资源生态*

——来自海尔的人力资源管理实践

何光远　魏丹霞　丁晨　赵宜萱　赵曙明

在中国青岛市崂山区的海尔工业园区，坐落着海尔生活文化展览馆。此展览馆由模具车间的厂房改造而成，展示着海尔的重要发展历程。与松下、飞利浦等世界知名家电企业相比，海尔无疑更为年轻，其蓬勃的创造力和人力资源管理方式让海尔后来居上，海尔不仅在中国市场拥有可观的市场份额，更先后收购了日本三洋、美国通用电气等老牌企业的家电业务。从最初资不抵债且只有十几名员工的小厂，

---

* 本案例是海尔模式研究院和复旦管理学奖励基金会的"海尔生态雨林计划"、国家自然科学基金面上项目（编号：72072018）、国家自然科学基金重点项目（编号：71832007）的阶段性成果。

到拥有三家上市公司、七大全球化高端品牌以及成功将产品及服务打入全球160个国家和地区的企业，海尔在发展中不仅逐步形成了独特的管理理念和人力资源管理实践，更成为国内外企业学习和模仿的标杆。"闻道者众，从道者寡"，众多企业关注海尔的技术、产品乃至管理措施，却少有企业能践行海尔的人力资源管理实践和管理理念，这体现了海尔人力资源管理实践的难以复制性。正如加里·哈默所说："想成功复制海尔模式，企业领导人必须背水一战。"当前，海尔打造了独特的人力资源生态。在此生态下，海尔形成了以人力资源自流动、人力资源价值动态评价和价值深度挖掘在内的人力资源管理实践，这些实践的衍生，离不开海尔"人单合一"的理念和"沙拉式"的文化。

一、海尔的内核：人单合一

在当前的管理制度下，员工多为被动的命令执行者。决策制定者与市场之间的层级阻碍了信息的流动，这使得企业难以对市场变化做出快速反应。除此以外，无论是企业还是员工，都将面对两个问题：（1）无论企业的规模大小，其为员工提供的发展空间都是有限的，这将导致员工的惰性；（2）员工的薪酬受岗位、职级等诸多因素的影响，员工创造的价值难以在薪酬上反映，这种"平均主义"不仅是一种另类的"不公平"，更阻碍了员工创造更大的价值。

2005年张瑞敏提出了"人单合一"。在长久的社会及商业发展中，组织往往采用层级制度，其内核在于通过分工提高组织效率，下级需要对上级负责。层级制度能在人类社会得以广泛应用必然存在其价值，但其弊端也日渐明显。最明显的弊端在于上下级对各自利益的考量以及缓慢的信息传递速度。"人单合一"中，"人"指员工，"单"指用户价值，但谁又是用户呢？用户指员工的服务对象，可以是市场用户，也可以是下属员工。"人单合一"的意思是，每个员工都要对自己的用户负责。那么怎样才是对用户负责，如何通过用户实现自身价值呢？"为员工提供更具价值的服务，为员工创造价值"，海尔人力资源部经理这样说。虽然"人单合一"在理念上具备可行性，而且是对现有制度的补充，但要贯彻"人单合一"，势必要挑战现有的层级制度。在"人单合一"下，员工不仅是命令的被动执行者，更有自我驱动的能力；员工的薪酬不应当取决于职位或职级，而应当关注员工创造的价值。伴随着海尔的全球化进程，"人单合一"的理念虽然可行，但又如何让跨国兼并中的分支机构接受？又如何塑造被兼并企业的人力资源管理实践？这又与海尔的"沙拉式"文化有关。

二、"沙拉式"文化

在海尔的生活文化展览馆中，专门有一面墙用来展示海尔的"沙拉式"文化。张瑞敏在2020年亚布力中国企业家论坛上提到，80%的跨国兼并的失败源于文化的不同。正如海尔在兼并日本三洋时所体现的，虽然"人单合一"的理念在中国已经得到践行，但日本员工"求稳不求变"的风格依然使他们在初期难以接受海尔倡导的理念，也担忧海尔会干预日本长久以来的文化传统。然而，对海尔而言，让海外分支机构获得更好的发展，并采取有效的人力资源管理实践是必要的。张瑞敏说，海尔的秘诀在于打造"沙拉式"多元文化体系。[1]从世界范围来看，必然存在着不同的文化、理念和习惯，如果以中国的理念去管理其他海外分支机构，那么必然会引起管理上的不匹配。对海尔而言，最终目的是创造更大的社会价值，在不同业务和市场上获得更大的发展。又如何鼓励海外机构探索适用的人力资源管理实践呢？根源在于海尔的"沙拉式"文化以及"人单合一"的理念。

张瑞敏曾在多个场合引用一句名言——人的幸福，在于可以自由地发挥自己最大的能力。这与海尔的观念不谋而合。海尔认为，虽然世界不同的国家和地区存在不同的文化，但不同文化体系下的人都拥有共同的需求，即希望得到别人的尊重和发挥自己的价值，这也是"人单合一"的精髓。因此，海尔并不要求海外分支机构彻底改变原有文化，"它们可以保留自己的工作方式和工作习惯，只要能认可'人单合一'的理念就可以了，'人单合一'就类似于沙拉酱，可以把其他地区的文化黏合起来"。

三、打造人力资源生态，探索人力资源管理实践

秉持"人单合一"的理念，海尔在世界各地积极开展探索，用人权、决策权、分配权的下放使员工有更大的权力进行探索。借助海尔定期的"样板会"，来自世界各地的海尔人分享自己的探索成果，像海尔的日本链群对"虚拟小微"、返聘制度等人力资源管理实践的探索已经得到其他国家和地区同仁的关注和模仿。虽然在不同的文化背景下，海尔对人力资源管理实践进行了大量的探索，总的来说可以划分为三部分，即人力资源自流动、人力资源价值动态评价和人力资源价值深度挖掘。

（一）人力资源自流动

在层级制度下，每个员工拥有固定的职位与发展通道，员工通过对技能的磨炼和工作经验的积累争取更好的发展。其中有两点值得关注：（1）有限的发展空间必然打击员工的积极性；（2）对部分员工而言，所面对的行业和岗位与其发展兴趣不匹配。面对此情境，海尔致力于推动人力资源的自由流动。具体来说，海尔对原有的企业结构进行变革，将其划分为由众多小微企业组成的集合体，所有小微企业自负盈亏。随着小微企业的发展，必然存在对人力资源的需求，小微企业可以在海尔内部的平台上发布需求，所有小微企业的员工可以通过"竞单"上岗。除了通过"竞单"实现小微企业之间的人力资源流动之外，如果员工发现市场机会，海尔也鼓励员工开展内部创业，员工可以自行组建小微企业或自行组建团队。虽然小微企业需要自负盈亏，但海尔对于初创的小微企业有团队搭建、业务梳理、资源介绍等方面的帮助。

海尔内部小微企业海狸先生的创始人曾在访谈中谈及，"海尔'人单合一'的理念让我们很激动，我们有机会涉足自己感兴趣的领域"。随着小微企业的组建以及对于员工内部创业的鼓励，海尔的业务涉足更多领域，员工也拥有充足的发展空间，有更多的机会进入自己喜欢的领域工作。

（二）人力资源价值动态评价

除了保证人力资源的自主流动之外，海尔在人力资源管理实践上的另一个举措是人力资源价值的动态评价，这将彻底改变以往管理制度下的平均主义。如何给予人才合理的评价？在"人单合一"的理念下，员工的价值取决于员工创造的价值：

能够为用户创造更大的价值，用户必然会给予员工更高的评价。基于此逻辑，海尔明确了"人单酬"的激励制度，即员工的薪酬取决于为用户创造的价值，创造的价值越高，员工的薪酬越高。在此制度下，员工的薪酬开始摆脱原有职级、岗位等因素的影响。然而，在海尔生态下存在众多的岗位，又该如何判断员工为用户创造的价值？"对于不同的情况，有不同的量化标准，比如市场端的话，价值可以通过为用户创造的解决方案、销售规模等来衡量……"，海尔也有不同的价值评价标准，比如提供的研究报告的数量和质量、阅读量等。

海尔一方面明确了"员工薪酬取决于其为用户创造的价值"这一薪酬制定逻辑，另一方面在不停探索新的分配方式，并将薪酬的分配权下放给小微企业，这意味着小微企业能够根据自身特点制定薪酬。

（三）人力资源价值深度挖掘

人力资源管理是企业的成本还是价值？多数管理者可能将其归类于成本。从逻辑上看，人力资源管理难以为企业创造肉眼可见的价值，人力资源的价值在于为企业未来的发展储备人才。然而，就如何深度挖掘人力资源价值，海尔同样开展了大量探索。

当前海尔对人力资源价值的深度挖掘体现在两个方面：（1）搭建人力资源数据平台，通过人工智能、大数据等技术对人力资源数据进行挖掘；（2）基于以往的经验，为小微企业和员工发展提供支持。就人力资源的数据挖掘而言，众多小微企业和员工的发展数据都在海尔的后台集成，面对如此庞大的数据，海尔选择采用人工智能等技术进行数据挖掘，用以发现不同影响因素之间的潜在联系。这种挖掘除了能够对企业管理提供帮助外，对于搭建人力资源平台也很有价值，同样能够对海尔生态外的企业提供薪酬支付等支持，如海尔搭建的"海企通"能够为青岛提供社保发放的支持。众多小微企业与员工过往的发展经验同样是巨大的数据库，在这种数据库中，人力资源管理者能够对员工的发展路径和企业的团队组建提供支持，如海尔为每位员工提供发展路径画像和人物画像，进而为员工未来的发展提供咨询帮助。在团队组建上，人力资源部门能够对比其他小微企业的过往发展经验，对不同阶段的小微企业提供团队组建上的支持。

四、小结

伴随着海尔在人力资源自流动、价值动态评价和价值深度挖掘三方面的人力资源管理实践，其"人单合一"的理念得以明确。在海尔的"沙拉式"文化下，海外分支机构不仅能够保留当地特有的文化，而且能够探索新的人力资源管理实践。正如其人力资源部门负责人所介绍的，"我们已经搭建了人力资源生态，个体活力被更好地激发"。

讨论问题

1. 你是如何理解海尔的"人单合一"理念、"沙拉式"文化以及人力资源管理实践之间的关系？

2. 你觉得海尔采取的人力资源管理实践是否适用于其他企业的国际化管理？

注释

[1] 人单合一！海尔创"沙拉文化"跳出并购"七七定律". (2018-04-04). http://www.dzwww.com/shandong/sdnews/201804/t20180404_17222620.htm.

案例 8 破除陈旧规则，激发主观能动*
——从海信收购 TVS 看国际人力资源管理

李进生 丁晨 赵宜萱 赵曙明

海信成立于 1969 年，总部位于中国青岛。自成立以来，海信始终坚持"诚实正直、务实创新、用户至上、永续经营"的核心价值观和"技术立企、稳健经营"的发展战略，业务涵盖多媒体、家电、IT 智能信息系统和现代服务业等多个领域，拥有海信视像、海信家电和三电控腔三家上市公司，旗下有海信（Hisense）、东芝电视（Toshiba TV）、古洛尼（Gorenje）、科龙（Kelon）、容声（Ronshen）等多个品牌。2021 年营业收入 1 755 亿元，同比增长 24%；海外收入 725 亿元，同比增长 32%。自明确提出"自主品牌国际化"战略以来，海信不断加快其全球业务布局，截至 2022 年 3 月，已拥有青岛、顺德、湖州以及捷克、南非、墨西哥等地的 29 个工业园区和生产基地，在国内外设有 20 个研发机构，拥有工程技术人员 1 万余人。[1]

一、海信收购 TVS 的经过

2018 年 7 月 25 日，海信电器以 59.85 亿日元（约人民币 3.55 亿元）价格收购日本东芝旗下东芝映像解决方案公司（Toshiba Visual Solutions Corporation, TVS）95% 的股权，并获得东芝电视 40 年全球品牌授权。

被收购之前，TVS 公司已连续亏损 8 年，资产负债率超过 100%。面对 TVS 公司糟糕的经营状况，在经过三个方面的考量后，海信电器仍决定收购 TVS：其一，东芝品牌历史悠久，曾是电视行业的领导者，收购后可加速海信电视的国际化进程；其二，东芝电视在图像处理、画质芯片、音响等方面拥有深厚的技术积累，收购后可以实现双方在电视技术、产品方面的互补提升，有利于缩短东芝电视产品上市的周期并降低其开发成本；其三，海信电视拥有采购和制造的成本优势和规模效应，收购后通过与东芝电视共享供应链资源，可以提高东芝电视产品的市场竞争力和盈利能力。[2]

二、日本的企业文化特点
（一）日本的规则至上意识

日本社会、市场和企业内部有各式各样的商业规则和惯例。对于既定的规则和惯例，外来企业必须了解和遵守。以类似于国美和苏宁的日本量贩店为例，在中

* 本案例是国家自然科学基金面上项目（编号：72072018）、国家自然科学基金重点项目（编号：71832007）的阶段性成果。

国，家电厂商的员工可以直接前往量贩店门店，与企业旗下品牌的促销员进行交谈，但在日本，这样做是行不通的。日本的量贩店规定，家电厂商的员工前往量贩店进行考察必须预约。即便是家电厂商总经理，也无法与企业旗下品牌的促销员直接对话，必须在预约完成后，从量贩店后门进入，并携带固定的身份牌，在门口完成登记后，才能与促销员进行交谈。如果不按照既定规则完成预约、登记等若干步骤，量贩店员工则会以影响其销售工作进行投诉。此外，日本员工的思维相对比较固化，不太喜欢改变，追求稳定。

（二）日本的终身雇佣制和年功序列工资制

日本企业推行"以人为中心"的管理模式，企业要求员工团结友爱，互相合作，其报酬制度是建立在特殊的劳动人事制度基础之上的。TVS 也不例外，采用终身雇佣制和年功序列工资制的管理制度。

终身雇佣制指个人在接受完学校教育开始工作时，一旦进入企业，可以一直工作到退休，除非出于劳动者自身的责任，企业不能以非正当理由将其解聘的制度。年功序列工资制是日本企业的传统工资制度，指员工的基本工资随员工本人的年龄和工龄的增长而增加，而且增加工资要遵从一定的序列，要按各企业自行规定的年功工资表次序来增加。[3]

三、海信的经营管理文化

（一）海信的薪酬设计方案

岗位、能力和业绩是衡量员工价值的重要指标，海信在薪酬设计上主要基于这几个指标。岗位与薪酬密切相关，每个岗位对应一个等级的薪酬，因此岗位晋升成为员工薪酬上调的重要方式之一。海信以"术业有专攻"为导向，在职业通道上，进行业务和行政双层晋升渠道设计，比如一名员工的行政职务没变，但业务等级晋升为专家层次，他的薪酬待遇也会提升。此外，海信还会通过绩效考评结果调整薪酬，考评结果好的员工会相应地上调薪资。

（二）海信的绩效考评制度

海信会对员工进行全面考评，主要的考评方法是 360 度考核。在考核过程中，员工需要提交个人工作总结，内容主要包括工作任务书和自我评价两个部分，其他四个方面的考核来自领导、下级、客户和同事的评价，这些方面所占比例不一。考核结果出来后，公司会积极向员工本人反馈，让员工获知考核结果，并进行反思，寻求工作改进。此外，海信实行末位淘汰制，即对所有员工的工作绩效进行排名，排名较差的员工按辞退处理并招聘新员工，以此来激发员工队伍的活力。

在干部管理方面，海信遵循"能者上、平者让、庸者下"的遴选机制和考评体系，每年举行 2 次遴选和评价活动来选拔干部，为公司发展蓄力。同时规定出问题的干部必须承担责任，并坚决杜绝"靠关系晋升、熬资历晋升"等不良现象，营造公平公正的竞争氛围。

四、收购后的人力资源管理变革

（一）绩效考核制度改革

在被收购之前，TVS 实行终身雇佣制，公司人员暮气沉沉，缺少活力与主动性。鉴于此，海信引进一直沿用的 KPI 考评制度，对所有员工进行量化考评，并通过薪酬体现考评结果，让 TVS 员工深切感受到自己所做的工作会直接影响自己的绩效结果，改变了以往业绩好坏与薪酬无关的局面。

此外，TVS 重新构建完善了绩效考核评价方式。调整以后更加注重人员的能力、业绩及其责任大小。经过调整，薪酬不再论资历、论年龄，TVS 的年轻人干劲十足，团队竞争感也提高了老员工的工作积极性。

（二）岗位调整，重新设计干部选拔任用机制

在岗位调整上，海信废除了日本大部分企业采用的论资排辈、年工序列制工资的做法，重新构建了等级制度，同时重视干部队伍建设，实现了干部团队的重构。在日本，干部这个层级非常重要，企业的经营思路和方向由经营层干部向企业中层干部、主管层干部、一般层干部层层传递，并由中层干部带领主管层、一般层干部积极实行。

在经营层干部的重构上，社长和总经理由中方员工担任，副总经理、副社长等由日方经验丰富的领导担任，其中，总经理和副总经理根据自己的专业来分管不同的模块。在中层干部的选拔上，遵循日本人管日本人的基本原则。各个部门一般仅有一名正职员工，根据部门大小设置一至多个副职。各部门正职均由日本员工担任，每个部门均有一个副职由海信外派人员担任。

这样做的关键在于促使承上启下的中层干部认可海信的管理理念和经营方式。首先，日籍员工担任部门正职，在接收到经营层干部传递的企业经营理念、经营目标后，由于其非常了解日本的国情、国家文化、日本人的思维模式以及日本人看待问题的方式，日籍员工向下推进工作时，相比中方员工会容易很多。其次，海信外派人员担任部门副职，有利于引入海信的管理模式，在经营层干部由上至下传递海信理念时，海信的外派人员可以由下至上向中层干部细化灌输，以增加日方中层干部的认同感，从而扩大各个部门基层员工的认同感。

（三）薪酬制度改革

在 TVS，不同职位对应不同层级，每个层级具有不同的职权。职权越大，责任就越大，相应的激励也越大。海信收购 TVS 后，进行了薪酬结构改革，针对有管理职位和管理权的员工增加职位工资。不仅按照运营考核结果给予虚拟运营单位不同的激励金额，同时引导部门干部领导员工努力实现经营目标。

此外，企业的效益、员工的考评结果直接与奖金挂钩。当企业效益不好时，员工的奖金系数可能为 0.5；当企业整体效益好时，员工的奖金系数可能为 1.5，这对员工而言是一个巨大的激励，他们会直观感受到自己的努力是有回报的，并且能够直接作用于企业的发展。此外，海信还配备了修正福利制度等措施，有效激发了员工的工作积极性。

五、改革后 TVS 重获新生

在全体员工的努力下，TVS 盈利大幅提升，2019 年海信视像实现营业收入341.05 亿元，受益于产品结构改善、毛利率提升、TVS 并表等，实现归母净利润5.56 亿元，同比增长 41.71%。TVS 完成自有销售渠道切换，通过补齐产品线，

提升产品竞争力，并自建服务体系，降低费用的同时提升用户体验，TVS 经营状况得到大幅改善，实现扭亏为盈。报告期内，TVS 实现营业收入 37.28 亿元，同比增长 39.65%，实现净利润 2 709 万元，较同期盈利大幅提升 2.03 亿元。2019 年，海信及东芝品牌在日本市场的销量占有率由 1 月的 21.8% 提升至 12 月的 26%，在第四季度，海信及东芝品牌在日本市场销量跃居到第一位，创造了中国品牌在日本市场的最佳表现。[4]

讨论问题

1. 海信收购 TVS 前，双方的企业文化有哪些差异？
2. 海信收购 TVS 后，在人力资源管理方面做了哪些改革，其效果如何？

注释

[1] http://www.hisense.cn/gyhx/index.aspx? nodeid=138.

[2] 海信收购东芝 TVS 正式完成"接盘侠"还是"操盘手"? (2018-08-28). https://mw.chinamerger.com/da/45571.html.

[3] https://wiki.mbalib.com/wiki/年功序列工资制.

[4] 拐点来了？毛利率提升 TVS 扭亏 海信视像 2019 年净利增 41.7%. (2020-04-29). https://baijiahao.baidu.com/s? id=1665318292817296093&wfr=spider&for=pc.

案例 9　字节跳动如何跳动全球

——国际化人力资源管理

马雨飞　赵宜萱　赵曙明

字节跳动成立于 2012 年 3 月，已经是一家在 30 个国家、180 多个城市设有办公室，拥有超过 6 万名员工的全球化公司。截至 2019 年底，字节跳动旗下产品全球月活跃用户数约 15 亿，业务覆盖 150 个国家和地区、75 个语种。[1]旗下产品 TikTok 在洛杉矶、纽约、多伦多、伦敦、巴黎、柏林、华沙、莫斯科、斯德哥尔摩、首尔、悉尼、新加坡、圣保罗、墨西哥城、胡志明市、雅加达、吉隆坡等大城市都有相关职位需求。

一、全球业务布局[2]

字节跳动的业务体系十分庞大，目前在国内和海外兵分两路，正建立一个师出同门却又各自独立的超级流量体系。一方面，国内和海外在业务方面相互独立，海外数据存储在海外，审核人员也设置在海外，确保最大限度符合海外的监管要求。另一方面，国内和海外在人事上也是相互独立的，在张一鸣之下，字节跳动中国由董事长张利东、首席执行官张楠领导；字节跳动全球则是广泛邀请国际知名公司的高层管理者入职，大量聘请当地员工。

2015—2016 年字节跳动海外布局的重点是内容资讯。2015 年 8 月字节跳动上线了海外版今日头条 TopBuzz；2016 年 12 月，控股印度尼西亚新闻推荐阅读平台 BABE；2017 年 11 月收购全球移动新闻服务运营商 News Republic。目前字节跳动的内容资讯业务覆盖北美、日本、东南亚、欧洲等核心海外市场。

2017 年后字节跳动开启了短视频领域的海外扩张。2017 年 2 月字节跳动收购了美国短视频应用 Flipagram，投资 Vshow，并于 5 月上线了海外版抖音 TikTok；7 月，对标火山小视频的 Vigo Video（原名 Hypstar）在海外上线；11 月收购美国短视频应用 Musical. ly，并投资拥有短视频 Cheez 的海外直播产品 Live. me。2018 年 6 月，字节跳动针对印度市场推出了本地语言短视频应用 Helo。

2019 年之后字节跳动的海外布局向更广阔的领域延伸。2019 年 4 月，字节跳动在海外上线了在线办公软件飞书（Lark），此时飞书尚未在国内进行推广；10 月，在印度启动了教育项目 Edutok；2020 年 3 月在印度正式上线了一款音乐流媒体服务 Resso，除了提供与 Spotify、Apple Music 相同的音乐付费服务和歌词功能之外，还加入了社交的玩法。

二、重视人才，迅猛发展

字节跳动的迅速崛起极大地改变了互联网行业原有的人才流动格局。数据显示，自 2018 年开始，字节跳动与阿里巴巴一起吸纳腾讯和百度的互联网人才，2019 年字节跳动与腾讯、阿里巴巴组成了新的"BAT"人才库。就技术人才而言，字节跳动在所有公司中处于绝对的优势，成为互联网人才的跳槽"首选"。[3]

毫不夸张地说，字节跳动是中国互联网行业中最重视人才招聘的公司，"挖人"始终贯穿于字节跳动的发展过程。字节跳动的快速崛起很大程度上得益于字节跳动的人才理念和招聘策略。张一鸣认为，很多企业失败的时候，总会说是政策的变化、市场的变化、消费者需求的变化、技术发展的变化等导致的，实则不然。归根结底还是人的原因，由此可见人才对于一个企业的重要性。2020 年前 5 个月，依据专人专用的多元化标准，字节跳动从脸书、谷歌等国际互联网企业招聘了六名高管，他们不需要了解国内的东西，不需要来国内办公，需要的是真正为字节跳动带来什么。一个多元化的招聘标准也是能够吸引更多人才的核心因素。[4]

三、"海淘"全球人才

2020 年字节跳动展露出对国际业务前所未有的重视。2020 年不少互联网精英纷纷加入 TikTok 的伦敦办公室，其中，仅从谷歌跳槽来的员工就有 12 名，还包括脸书、微软等。背后的现象不容忽视——欧洲市场正变得越来越重要。对于全球互联网人才的收割，字节跳动并非只关注欧洲市场。2020 年 6 月，字节跳动设立了首个澳大利亚办公室，前谷歌高管李·亨特（Lee Hunter）担任 TikTok 澳大利亚总经理，与他一起加入字节跳动的还有前谷歌高管布雷特·阿姆斯特朗（Brett Armstrong）。在此之前的一年多时间里，随着字节跳动的全球化扩张，TikTok 持续在美国、英国、印度、日本和加拿大各国招募总经理。[5]

字节跳动的海外人才战略早已拉开序幕，并且迅速集结起一支豪华的全球化军团。2020年3月12日，字节跳动成立八周年，张一鸣在公司内部信中宣布字节跳动组织全面升级：他将出任全球首席执行官并领导公司全球战略和发展，接下来会花更多时间在欧美和其他市场。5月19日，字节跳动宣布，任命凯文·梅耶尔（Kevin Mayer）为字节跳动首席运营官兼TikTok全球首席执行官，该任命将于2020年6月1日生效。届时，他将直接向字节跳动创始人兼首席执行官张一鸣汇报。

除了将凯文·梅耶尔纳入麾下，近两年内字节跳动相继从全球多家顶尖公司中招揽了不少人才。2020年1月，时任微软集团首席知识产权顾问的埃里希·安德森（Erich Andersen）加入字节跳动，担任字节跳动法务副总裁。在海外业务扩张中，为与当地政府建立良好关系，字节跳动从谷歌挖来高级经理西奥·博特拉姆（Theo Bertram），负责字节跳动在欧洲、中东和非洲地区的公共政策事宜。在众多高管中，还包括出任音乐总监的原华纳音乐集团首席业务发展数字官兼执行副总裁奥莱·奥伯曼（Ole Obermann），以及今日头条在收购Musical.ly后，同时吸纳了朱骏（Alex Zhu）成为字节跳动产品与战略副总裁，负责公司战略和产品设计。[6]

据不完全统计，字节跳动在海外的"豪华高管团队"已经涵盖来自迪士尼、谷歌、微软、索尼、Hulu、万事达等诸多顶级公司的前高层。

四、人力资源本土化[7]

如果说凯文·梅耶尔的加盟代表了字节跳动全球化的新高度，那么字节跳动在全球范围发起的另一项自我变革——本土化，则让它的全球化基因更加强大。字节跳动喜欢在全球范围内海量招聘，不只是从海外往国内招人，还包括从国内往海外业务招人，或者为海外业务招聘当地员工。在海外各国建立强有力的本土化团队，是字节跳动实现海外野心的重要一环。

字节跳动一进入印度市场，便招聘印度本地人进行运营管理。2017年7月，曾长期就职于印度媒体行业的拉杰·米什拉（Raj Mishra）担任TikTok印度区负责人，他是字节跳动在印度的第一位雇员，一手带起了TikTok印度和Musical.ly，目前，担任TikTok印度的战略和增长负责人。2019年2月，领英前在线销售主管萨钦·沙玛（Sachin Sharma）加入字节跳动，担任印度区销售和品牌伙伴关系总监。2019年6月，脸书前政府关系负责人尼廷·萨路佳（Nitin Saluja）担任字节跳动公共政策总监。同年10月，曾在印度工作超过15年、在迪士尼担任7年副总裁、时任印度时代媒体集团的首席运营官尼基尔·甘地（Nikhil Gandhi）出任印度市场负责人，全权负责TikTok在印度的运营。

除了TikTok，字节跳动在印度的另一款应用——方言社交平台Helo——也增长得如火如荼，截至2020年5月已有超过1亿用户。2018年12月，曾任索尼助理副总裁的南比亚尔（Chhandita Nambiar）加入字节跳动，担任印度娱乐业务负责人，主要负责Helo的商务拓展。2020年4月，万事达公司前公共政策副总裁罗翰·米什拉（Rohan Mishra）成为Helo印度市场的负责人。

不仅是管理层，字节跳动在印度引入的各类人才也多为本地员工。人才机制方面，极大授权给本地管理层，由其全权负责公司在印度当地的运营。字节跳动通过本地化和放权，引进并留住本地优秀人才，建立起本地员工对公司的认同。

字节跳动的人力资源本土化措施已初见成效。4 月 30 日，Sensor Tower 发布的数据显示，字节跳动旗下产品抖音及海外版 TikTok 在全球苹果应用商店和谷歌市场的总下载量已经突破 20 亿次。印度是该应用下载量最大的市场，迄今为止贡献了 6.11 亿次下载，占全球总下载量的 30.3%。

伴随着人才的海量布局以及全球高级人才的加入，字节跳动未来到底能做到多大，谁也无法预测。更让人兴奋的是，高增长的背后，字节跳动一定有创新的管理理念和工具的应用，其后续的发展让人期待。

讨论问题

1. 字节跳动为何要在全球范围内进行人才招聘？
2. 字节跳动进军印度后，在人力资源管理方面采取了哪些本土化人力资源管理措施？

注释

［1］吴小琼．字节跳动全球化第一大招：人海战术．（2020－05－20）. https：//zhuanlan. zhihu. com/p/142422485.

［2］字节跳动人事大调整，张一鸣"挑大梁"应对海外监管．（2020－03－12）https：//www. tfcaijing. com/article/page/3955622f72586f424a6d6a626a4745622b6a4b5644413d3d.

［3］字节跳动的全球化人才布局. https：//xw. qq. com/cmsid/20200929A0HDJ900.

［4］字节跳动为什么一直在招人？.（2020－06－29）. https：//zhuanlan. zhihu. com/p/151730420.

［5］字节跳动，收割海外大厂员工．（2020－12－17）. https：//tech. ifeng. com/c/82HGUgLmcxr.

［6］字节跳动的全球化人才布局. https：//xw. qq. com/cmsid/20200929A0HDJ900.

［7］刘荻青，付饶. 字节跳动"海淘"全球人才. 服务外包，2020（5/6 月）：84－86.

案例 10　汇丰全球人力资源管理的本土化实践*

张崇滕　赵宜萱　赵曙明

在汇丰中国，外籍员工的数量还不到 3%，这部分员工的工作重点也仅仅是以专家的身份来传授经验。同时，汇丰设定的目标是：在未来，汇丰中国的各地分行行长将全部启用本地人才，公司总部不会再有空降兵。这说明汇丰基于清晰的战

---

* 本案例改编自刘宇和彭剑锋的论文《跨国企业全球人力资源管理模式研究——以汇丰为例》。

略、鲜明的文化和全球资源，在"环球金融"的全球化视野的指导下，正进行着本土化的人力资源实践，追求本土化的人力资源特色和创新。我们称汇丰的本土化人力资源管理实践为本土化的"人才管理计划"。汇丰的本土化人才管理计划中包含选、育、用、留四个部分，共同构成了汇丰独特的本土化人力资源实践模式（ST-CR 模型）。

一、选（Selection）——基于人才特质模型的多样化人才策略

汇丰在选人方面，主要通过人才特质模型和卓越员工素描实现人才多样化策略，将全球化与本地化的用人理念有效结合起来。其中，人才特质模型解决了汇丰需要什么样的人的问题；卓越员工素描解决了汇丰的人才管理目标是什么的问题。

在全球化发展过程中，汇丰需要什么样的人，需要把什么样的人放在何种位置上，是人力资源管理在选人阶段需要考虑的首要因素。汇丰通过人才特质模型很好地解决了这个问题。汇丰的人才特质模型包含五个维度，分别是洞察力、公平性、进取心、灵敏性和尊重他人。汇丰在全球化发展过程中，紧紧围绕着人才特质模型，吸引和激励具有进取心、较高洞察力、创新动力和热情的人，使汇丰能够满足客户的需求；同时，高度重视彼此之间的尊重以及思想、文化和能力的融合，在全球化发展过程中，尊重来自不同文化背景员工的思想、文化，规避地方主义性质的歧视，体现了汇丰拥抱多样性人才的策略，使得全球化和本土化的用人理念在用人标准方面得到充分体现。

汇丰的雇佣政策旨在吸引、发展和激励多样性的人才，使汇丰成为员工感到满意并且真正想要为之工作的雇主。汇丰认为，具有不同思想和文化背景的人是汇丰业务取得长期成功的关键要素，汇丰在各个层面的多样性应该反映出其客户的多样性。在汇丰看来，雇用不同背景的人能够带来领导力、解决问题、创造和共享观点、建立关系以推动业务增长等方面的商业常识。汇丰还相信，对所有人的尊重能激发员工和客户的忠诚。为了实现多样性，汇丰制定了以下具体目标：鼓励客户和员工理解，尊重和学习他人的经验，经营并传递汇丰品牌，以实现个人和商业上的更大成功；将多样性嵌入组织价值观和实践；符合法律和监管机构所要求的责任与义务；在集团内部最大化开发现有的人才并建立技能蓄水池，这个蓄水池目前正被汇丰充分利用，从而创造出新的商业机会；确保不同潜在雇员群体的招聘；确保扩充不同的潜在客户群体；加强雇主形象的选择和银行的选择；确保汇丰的所有主张和做法均是公平的，而且不包含结构性偏差。

二、育（Training）——基于全球化过程的专业与多样化培训

近年来，汇丰加大了对包括工商、企业、零售、私人银行、村镇银行等领域的持续投入，这些领域的增长势头明显。面对服务网点的倍速扩张和本土金融人才的匮乏，汇丰将希望寄托在快速培养本土员工身上。汇丰基于培养"专才"银行家的理念，通过多元化的培训方式以及为在职员工提供各类国际培训项目，保证本土人才的充足和高质量供给以适应企业的发展速度，保证企业自己培育的员工可以快速担当职责。

（一）培养"专才"银行家

汇丰的人才培育理念在银行业界赫赫有名，汇丰的培训计划被誉为"银行业管理精英的摇篮"。每年汇丰都会从各地的优秀高校中招聘合乎公司要求的应届大学毕业生，开展此项培训计划。在培训中，汇丰要求他们了解银行各个部门的业务流程，同时会辅以大量的课堂培训；同时，汇丰还向他们提供海外培训机会。汇丰希望通过有效的培训体系，使这一部分员工逐步成长为既了解当地市场又懂得国际操作惯例的职业银行家，并胜任日后在汇丰的管理职位。

（二）多种方式提升人才素质——汇丰人才培育行动

汇丰个人金融业务部门、企业业务部门的专业人才均能获得独特的产品知识和技能培训。各部门的员工还能获得管理培训、领导技巧、语言和技能培训等方面的训练。汇丰采用多元化的培训方式以达到最理想的培训效果。课堂培训能够把员工聚集在一起，使员工相互学习，互相认知。此外，汇丰还通过多媒体电子学习的方式，充分利用科技的力量，迅速地传授学习方案和信息。对员工而言，加入汇丰的最大收益莫过于能得到专业且全面的培训。为了符合员工的学习需要并帮助他们实现自我发展的目标，汇丰的理念是让员工自己善用各种设施和资源。针对毕业生和在职员工，汇丰有不同的培训计划和项目。以汇丰中国为例，目前汇丰中国有两个培训生计划，包括银行家管理培训生计划和资讯科技部培训生计划，为希望在银行一线业务部门服务以及银行后台支持部门服务（如资讯科技部）并发挥自己专业特长的毕业生提供机会。除此之外，汇丰还为在职员工提供各类国际培训项目。

三、用（Career）、留（Retention）——基于职位评估的人力资源精细化管理

在全球化背景下，由于全球金融业务快速扩张，企业面临的一个重要问题是国际化人力资源短缺。另外，外资银行对人才的要求比较相似，具备良好英语水平和国际视野的员工成为花旗银行、德意志银行等规模类似的外资银行争抢的对象。在人力资源管理中，高效地"用"和持续地"留"住员工是全球化背景下企业人力资源管理的重中之重。汇丰采用基于职位评估的人力资源精细化管理，在"用""留"两方面提供了良好的经验借鉴。

（一）职位描述与评估——人力资源管理的基础

汇丰没有将职位做技术型、管理型或操作型的划分，而是通过职位描述和评估将职位的价值量化，然后划分成不同的职级。汇丰每个职位必须有职位描述和职位评估。职位描述主要由以下要素组成：工作目标、授权、主要职责、任职资格和资历要求等。职位评估小组由若干部门的高级管理者（负责人）和职位评估专家组成，由专家主持评估会议。工作小组负责对职位进行评估，决定职位价值。

综合以上评分，最终形成这个职位的评分。分数越高，职位等（层）级越高，薪酬也越高。汇丰的职位描述和职位评估奠定了人力资源管理的基础，为薪酬管理中的职位价值、绩效考核中的绩效标准、招聘中的甄选标准、职业发展中的晋升标杆、素质模型构建等提供了重要的信息，将人力资源管理的各种功能模块有机联系起来，最终构成了整个人力资源管理基础。

（二）分层分类的绩效考核——精细化人力资源评价

汇丰的绩效考核指标和方法是根据不同的员工类型选择的，绩效考核具有较强

的针对性，能够较好地考核员工的绩效，体现汇丰公平、注重员工价值的理念。

在汇丰中国，汇丰采用了一个比较简化的考核机制对普通员工和员工主管进行绩效考核。考核人按照一般工作表现准则和有关业务或操作的可衡量的工作表现指标进行评估。对于行政级人员，汇丰的绩效考核主要采用平衡计分卡的方法，它提供了一种把商业战略转化为实际行动的工具，以平衡近期与远期目标、硬性与软性度量以及前瞻型和滞后型指标。

（三）分类的职业晋升——精细化人力资源配置

在汇丰，职位晋升是根据员工的类型确定的。普通员工原则上可以通过两种方式获得晋升：填补更高级的现有或新的职位空缺；在工作中肩负更多的责任，在职位再评估后获得自身职级的提升。通常员工一直从事相同的工作将不能够获得晋升，除非他们被列入"素质发展计划"。"素质发展计划"只适用于普通雇员而非管理人员。例如，在汇丰的个人金融业务部门，其素质发展计划基于以下六个标准：不断学习；取悦客户；责任感；不断完善与提高；团队合作精神；沟通。普通员工的晋升必须满足上述六个标准。

中高级行政人员的晋升采用"个人发展评估"。这是帮助识别中高级行政人员的强项和个人持续发展项目，并评估行政人员发展潜力等级的一个非周年考核制度。个人发展评估的步骤分为自我评估、上级主管评估、小组评估（小组评估成员由上级主管、高层主管及一位负责指导讨论的人力资源管理者组成）和反馈及制订个人发展计划（直属管理者将向相关员工提供小组评估的反馈意见，由行政人员自己提出个人发展计划，与上级主管及人力资源管理者商讨）。通过评估工作，参与的中高级行政人员能够知晓自己每一个能力要素被评定的水平，得到反馈并制订个人发展计划。

讨论问题

1. 汇丰如何通过差异化管理做好本土化？

2. 与传统人力资源管理相比，汇丰基于职位评估的人力资源精细化管理的优势是什么？

术语表

成就型文化（Achievement culture） 注重地位成就。根据人们所取得的成就（或他们最近实现的目标）来对其进行评判。

收购（Acquisition） 当一家公司对另一家公司产生兴趣，并对控制合并后的业务活动有兴趣时即发生了收购。

特设（Ad hoc） 参见"临时税"。

情感维度（Affective dimension） 是指跨文化能力，反映了对异国文化的情感态度。

社会化代理人（Agents of socialization） 基于以下假设：通过培训项目和招聘实践将适当的行为思想灌输给当地员工，进而使得跨国公司的经营方式以预期的方式被当地员工接受。通过以上过程，跨国公司的企业文化将作为一种微妙的非正式控制机制取代直接监管机制。

物质（Artefact） 是指可见的组织结构和过程。

归属型文化（Ascriptive culture） 根据出生时的出身、资历和性别等特征来认定的。

自信（Assertiveness） 是指个人在与他人的关系中表现出的果断、对抗性和攻击性的程度。

不对称事件（Asymmetric events） 是指从政治、战略和军事文化角度判断为不寻常的威胁。

平衡表法（Balance sheet approach） 基本目标是通过维持外派人员在母国时的生活水平，再给予一项薪资待遇，从而"维护外派人员的整体利益"（使其与母国同事的薪资持平，并补偿国际外派的费用），使其薪酬待遇较有吸引力。这种办法将外派人员的基本薪酬与母国的薪酬结构挂钩。

基本工资（Base salary） 在国内，基本工资是指作为其他薪酬（如奖金和福利）基准的现金报酬。对外派人员来说，它是一系列津贴的基础部分，许多津贴（例如出国服务津贴、生活费津贴、住房津贴）以及在职福利和养老金直接与基本工资挂钩。无论是母国员工还是其他国员工，基本工资都是国际薪酬的基础。

最佳实践（Best practice） 指一种方法或技术，其结果始终优于其他方法，并被用作基准（Businessdictionary.com）。

边界跨越（Boundary spanning） 指连接内部和外部组织环境的活动，如收集信息等。外派人员因可以收集东道国的信息，并可以作为其公司在东道国的代表、影响代理人而被认为是边界跨越者。

无边界职业者（Boundaryless careerist） 是高质量的流动专家，他们通过跨界调动来提高自己的职业能力和劳动力市场价值。

贿赂（Bribery）　涉及支付代理人酬劳使其做出与他们的职务或职务目的不符的事情，从而获取不公平的利益。贿赂不同于所谓的"礼品"和"疏通费"或"加油费"。

科层控制系统（Bureaucratic control system）　通过标准化的规则、方法和验证程序对组织和构成组织的个人进行控制。科层控制用以促进大型组织的高效运作。在大型组织中，人们无法进行面对面交流，实践中的和非正式的强制执行方法不足以维持组织的运行。

集中实践（Centralized practice）　指所有或大多数的决策者（在整个组织内有权威、有控制力和有责任的人）都集中于一个中央处理部门的管理实践方式（Businessdictionery. com）。

财团（Chaebols）　指韩国企业集团。

首席执行官（Chief Executive Officer）　指总公司或子公司经理，负责监督和指导整个企业业务。

认知层面（Cognitive layer）　涉及对特定文化知识的认知。

集体谈判（Collective bargaining）　一个组织的管理层和代表其雇员的工会之间就工资、工作时间、工作条件及其他共同利益的问题进行谈判的过程。对于管理层来说，这个过程（通常）表现为与一组人的谈判；对于员工来说，这大大增强了他们的议价能力。集体谈判是工会制度所依据的基本原则。

集体主义（Collectivism）　指个人和社会都强调集体、社区或社会利益高于个人利益。

传播媒介（Communication medium）　一种将信息传递给目标受众的媒介，如印刷媒体或广播（电子）媒体。

社群主义（Communitarianism）　重视群体或社会的权利。它鼓励将家庭、群体、公司和国家置于个人之上，并认为个人主义是自私和短视的。

往返委派（Commuter assignments）　员工每周或每两周从本国往返到另一个国家的工作地点的特殊安排。不包括跨境工作人员和日常通勤者。一般来说外派人员的家属会留在本国。

薪酬（Compensation）　雇员从雇主处获得的直接利益（如工资、津贴、奖金、佣金）和间接利益（如保险、养老金计划、假期）的总和（Businessdictionary. com）。

基于能力的基础工资（Competency base salary）　根据员工获得的关键技能或知识而给予的报酬。

儒家动力（Confucianism dynamics）　这一维度本质上反映了人们生活的一个基本取向，它可以是长期的，也可以是短期的。

情境性目标（Contextual goals）　试图考察影响绩效的情境因素。

合同委派（Contractual assignments）　适用于对某一国际项目具有至关重要的特定技能的员工，一般委派 6～12 个月。

企业文化（Corporate culture）　也称组织文化，是一个组织过去和现在的假设、经验、哲学和价值观的总和，表现为该企业的自我形象、内部运作、与外部世界的互动和对未来的期望。企业文化是基于共同的态度、信仰、习俗、明示或暗示的契约，以及组织随着时间发展而形成的成文和不成文的规则，人们认为这些规则足够有效。

生活费津贴（Cost-of-living allowance，COLA） 通常是最受关注的，它是用来补偿外派人员在母国和外国之间的生活成本差异。例如交通费、家具和电器费、医疗费、烟酒费、汽车维修费和家政服务费。

来源国效应（Country-of-origin effect） 是指跨国公司在多大程度上受到来源国制度的影响。

跨文化管理研究（Cross-cultural management studies） 旨在描述和比较不同文化下的工作行为。

文化意识培训计划（Cultural awareness training program） 旨在培养对东道国文化的认同，进而外派人员能够表现出相应的行为，或至少能够形成适当的应对东道国文化的模式。

文化智力（Cultural intelligence） 是一种特殊的智力形式，侧重于在具有文化多样性的情况下掌握、推理和有效行动的能力。

文化（Culture） 由"思维、感觉和反应的模式组成，主要通过符号获得和传递，构成人类群体的独特成就；文化的本质和核心是传统观念及其附加价值"（Kluckhohn and Kroeber，1952：181）。

文化冲击（Culture shock） 人们在跨文化中所经历的一种现象。新环境要求人们在相对较短的时间内进行许多调整，从而挑战了人们的参照体系，以至于他们的自我意识，尤其是国籍方面的自我意识受到质疑。实际上，人们对新的文化经历会产生震惊的反应，这会导致心理迷失，因为人们会误解或认识不到重要的文化线索。

网络恐怖主义（Cyber-terrorism） 应对黑客攻击、信息盗窃、内部破坏、软件系统破坏的硬件、软件和人类系统，也指备份系统架构和多种独立操作的信息系统的开发和维护。

分散实践（Decentralized practice） 子公司拥有决策权，对结果承担责任。这些子公司承担组织各级的个人或单位的授权，甚至是那些远离总部或其他权力中心的个人或单位也是如此。

开发（Development） 目的是加强员工与未来职位或工作相关的能力。

发展委派（Developmental assignments） 重点关注受委派员工在国内的绩效以及他们对当地的理解。

扩散型文化（Diffuse culture） 特点是：大量的私人生活内有很多人参与；公共空间范围很小，外部人很难进入（例如，外来者需要共同朋友的正式介绍才能与特定经理做生意）；人们之间常常进行间接交流，并不总是表达真正的意思；工作和私人生活之间也没有明显区别。

外派失败的直接成本（Direct costs of expat failure） 包括机票和相关的搬迁费用以及工资和培训。具体数额根据有关职位的级别、目的地国家、汇率以及"失败"的经理是否被另一名外派人员取代而有所不同。

灾害协议（Disaster protocols）　为最大限度地减少灾害的影响，同时不打断业务进程而采取的计划步骤（Businessdictionary. com）。

国内人力资源管理（Domestic human resource management）　只涉及一个国家内的员工管理。

教育津贴（Education allowances）　向外派人员子女提供教育津贴常常是国际薪酬政策的一个组成部分。教育津贴包括学费（包括语言课程）、申请和报名费、课本和文具用品费、伙食费、交通费、短途旅行和课外活动费、家长协会费、校服费，如果住宿还包括住宿费。

主位（Emic）　指的是文化概念与行为的具体方面。

情感文化（Emotional culture）　情感基础是商业生活的一部分，在许多社会环境中情感可以自由表达。

股权模式（Equity mode）　是指外国直接投资者在本国以外的国家购买企业的股份。

公平、薪酬（Equity，compensation）　员工的实际薪酬与其认为自己应得的薪酬相匹配的程度。高薪酬公平意味着员工对其工作的高满意度；低薪酬公平会增大员工缺勤、不满、罢工和离职的可能性（Businessdictionary. com）。

道德绝对主义（Ethical absolutism）　认为"在罗马，不管罗马人怎么做，人们都应该做自己在母国会做的事"。

道德相对主义（Ethical relativism）　认为世界上没有普遍的或国际统一的对与错，一切都取决于特定文化的价值观和信念，人们需要"入乡随俗"。

道德普遍主义（Ethical universalism）　认为存在跨文化界限的对错基本准则，跨国公司必须遵守这些基本准则或全球价值观。

伦理（Ethics）　人权行为的基本概念和基本原则。它包括研究普世价值，如所有男人和女人的基本平等、人权或自然权利、遵守土地法、对健康和安全的关注以及越来越多地对自然环境的关注（Businessdictionary. com）。

民族中心人员配置（Ethnocentric staffing）　国内外业务的关键职位由母国员工（PCNs）担任。子公司由来自母国的员工管理。

民族相对主义（Ethnorelativism）　一种将许多价值观和行为视为文化而非普遍现象的后天习得的能力。它的特点是与外来文化相互适应和融合。

客位（Etic）　是指文化的共性方面。

外派人员（Expatriate）　是指在国外工作并暂时居住在国外的雇员。

经验性市场知识（Experiential market knowledge）　是指通过在特定市场中的实践经验而获得的知识。

延长的国际外派（Extended international assignment）　最长为一年。这可能涉及与短期外派类似的活动。

外部控制，自然观（External control，Concept of nature）　描述了一种自然观，是指社会试图控制自然的程度。社会相信可以影响环境和其他人，以此来实现目标。

外部招聘（External recruitment） 评估现有员工以外的职位候选人，以确定他们是否具备足够技能或资格填补和履行现有空缺职位。当企业进行外部招聘时，可能会使用猎头来加快搜索、联系和招聘的过程（Businessdictionary.com）。

外部奖励（Extrinsic rewards） 是员工所期望的，但并不能给其带来更大的满足感（Business dictionary.com）。

反馈（Feedback） 在组织环境中，反馈是发送给实体（个人或群体）的关于其先前行为的信息，以便该实体调整其当前和未来的行为，达到预期的结果（Businessdictionary.com）。

女性化取向（Feminine orientation） 霍夫斯泰德研究中的女性化倾向是基于这样一个假设：价值观可以区分为更男性化或更女性化的倾向。女性化取向包括对生活质量、谦虚和人际关系的偏好。

实地经验（Field experience） 参见"初步访问"。

出国服务奖励（Foreign service inducement） 母国员工经常会因这种奖励而接受外派任务。

国外子公司（Foreign subsidiary） 是部分或全资公司，是总部位于另一个国家的较大公司的一部分（Business dictionary.com）。

职能委派（Functional assignments） 指与本地员工进行长期的工作，涉及现有流程和实践的双向转移。

现地现物（Genchi genbutsu） 来源于日语，强调只能在源头而不是在办公室里分析和解决生产问题。

性别平等主义（Gender egalitarianism） 是一个集体将性别不平等最小化的程度。

全球中心人员配置方法（Geocentric staffing approach） 跨国公司认识到每个部分（子公司和总部）都以其独特的能力做出了独特贡献，因此在业务上采取了全球性方法。子公司通常由其他国员工管理。

全球性产业（Global industry） 是指企业在一国的竞争地位受到其在其他国家的地位的显著影响。如商用飞机、半导体和复印机产业等。

全球创新者（Global innovator） 为其他部门提供丰富的知识。

全球思维方式（Global mindset） 要求人力资源经理能够从全球角度制定和实施有利于全球员工发展的人力资源政策。

现行费率法（Going Rate Approach） 国际任职的基本工资与东道国的工资结构挂钩。

绿地（Greenfield） 是一种风险投资，在目前不存在任何现有设施的地方，投入资金为企业创建新的实体设施。

关系（Guanxi） 指人与人之间的私人关系。

硬性目标（Hard goals） 是客观的、可量化的并且可以直接测量。例如投资回报率、市场份额等。

艰苦补贴（Hardship premium） 是对有挑战性的艰苦地区的薪资补偿。

多中心公司（Heterarchy） 是一种结构形式，在这种形式中，跨国公司中可能存在许多不同类型的中心。

高语境交际（High context communication）　在高语境文化中，间接的表达方式更常见，即接收者必须从情境中解读信息的内容。

探亲假津贴（Home leave allowances）　每年一次或多次返回母国的旅费。

母国效应（Home-country effect）　是指跨国公司的子公司的管理实践受到母国环境的影响。

"蜜月期"或"游客期"（"Honeymoon" or "tourist" phase）　指的是到达指定国家后情绪高涨。

东道国（Host country）　是指跨国公司开展业务并设立子公司的国家。

东道国效应（Host-country effect）　是指跨国公司的子公司的管理实践受到东道国环境的影响程度。

住房津贴（Housing allowance）　使外派人员能够保持在母国时的生活水平（或在某些情况下，使外派人员获得与同类外国员工或同事相同的居住条件）。

人力资源（Human resource）　是指个人对知识、技能和能力的积累，是公司投入时间建立起来的可辨认的专门技能。

人力资源管理（Human resource management）　是指组织为有效利用人力资源而进行的活动。这些活动包括：人力资源规划、人员编制（招聘、选拔、安置）、绩效管理、培训和开发、薪酬和福利以及劳动关系。

以人为本（Humane orientation）　指"一个集体对公平、利他、慷慨、关心和善待他人的成员的鼓励和奖励程度"。

实施者（Implementer）　在很大程度上依赖母公司或同级子公司的知识，自己只创造相对少量的知识。

设施内安全（In-facility security）　包括周边安全、进出设施的搜查协议（卡车检查、货物运送等）、内部搜查协议（储物柜等）、炸弹威胁程序、设施内暴力的风险控制和管理威胁（包括警告标志、财产和设备保护培训）、停车场的保护和照明以及工作场所摄像头的使用。

团队集体主义（In-group collectivism）　是指个人在组织或家庭中表现出的自豪感、忠诚度和凝聚力的程度。

内务安全（In-house security）　是预防和保护免受人身攻击、损害、火灾、欺诈、侵犯隐私、盗窃、非法进入以及其他由故意行为引起的事件。

跨国指数（Index of transnationality）　是指外国资产与总资产比率的平均值；对外销售额占销售总额的比例；外国就业人数占总就业人数的比例。

外派失败的间接成本（Indirect costs of expat failure）　很难用货币来衡量，但对企业来说可能费用高昂。

个人主义（Individualism）　是关于个人的权利。它寻求让每个人自己成长或失败，并将群体关注视为剥夺了个人不可剥夺的权利。霍夫斯泰德的个人主义研究描述了社会对个人主动性、关心自己和最亲近的亲属的重视程度。

商业间谍，盗窃和破坏（Industrial espionage, theft and sabotage）　内部通信（电子邮件、电话等）的安全、公开的记录保护、员工隐私法规以及明确定义的实物检查和搜索过程的活动。

行业偷盗（Industrial theft）　不诚实地夺取他人有形或无形财产，将其视为自己的财产，侵犯真正所有者权利的犯罪行为，而不管是否以剥夺其真正所有权为目的将其夺走。

信息速度（Information speed）　是指群体在沟通过程中信息流的速度。

内派人员（Inpatriate）　是指将人员从子公司转移到母国（总部）的业务操作。

制度集体主义，全球领导力和组织行为有效性研究（Institutional collectivism, GLOBE study）　描述了组织和社会制度实践在多大程度上鼓励和奖励集体资源分配和集体行动。

制度主义观点（Institutionalism perspective）　制度压力可能对人力资源实践产生强烈影响。与人力资源管理相关的要素会具有如教育系统或劳动关系系统的特征。

整合型参与者（Integrated player）　整合型参与者创造知识，同时也是知识的接受者。

智力资本（Intellectual capital）　指组织或社会中个人的集体知识（无论是否有文件记载）。这种知识可以用来创造财富，成倍增加有形资产的产出，获得竞争优势，或提高其他类型资本的价值（Businessdictionary. com）。

跨文化能力（Intercultural competence）　指在另一种文化中有效发挥作用的能力。

内部控制，自然观（Internal control，Concept of nature）　描述了一种自然观，指人们接受自己只能控制自己而无法控制环境的程度。

内部招聘（Internal recruitment）　是对雇主现有员工的评估，以确定现有员工是否有足够的技能或资格来填补所需的职位空缺。当公司进行内部招聘时，现有员工可能会通过晋升或内部调动被重新分配到新的岗位。

国际基本工资（International base pay）　关键管理人员的国际基本工资（不论国籍）均以主要储备货币（例如美元或欧元）支付。该制度使跨国公司能够处理管理人员基本工资方面的巨大差异。

国际骨干（International cadre）　通常是指一群高潜力的员工，他们经过专门的管理培训，使跨国公司能够继续扩大其国际业务。

国际人力资源管理（International human resource management）　涵盖了与管理全球劳动力及其对企业成果的贡献有关的所有问题，包括对不同国家人力资源管理的比较分析。

国际合资企业（International joint venture）　是一个单独的合法组织实体，代表两个或两个以上母公司部分持股，其中至少一个母公司的总部设在合资企业经营的国家以外。本实体受其母公司联合控制，各母公司在经济和法律上相互独立。

国际化过程理论（Internationalization process theory）　源于不确定性规避行为模型，认为中小企业所有者或创始人的特定特征会影响该企业的国际化进程。

内在奖励（Intrinsic rewards）　是一种能给个人带来满足感的结果，比如从一份出色的工作中获得的满足感。

投资罢工（Investment strike） 是指跨国公司拒绝向某一工厂追加资金，从而使该工厂经营困难，在经济上失去竞争力的行为。

铁饭碗（Iron rice bowl） 指的是有保障的继续就业，以及为员工提供的各种福利，如住房、医疗、儿童保育和养老金。

持续改进（Kaizen） 指持续改进的理念。

知识（Knowledge） 在一个组织的环境中，是已知事物的总和，存在于人们的智力和能力之中。

无干涉主义（Laissez-faire） 参见"自由放任的税收政策"。

游说（Lobbying） 指试图影响商界和政府领导人制定有助于某一特定组织的法律或开展活动的行为。从事游说的人被称为说客。

本土创新（Local innovator） 子公司在所有关键职能领域中都致力于创建相关国家（地区） 特有的知识，因为它们负有完全的本地责任。

额外薪酬福利法（Local Plus Approach） 是一种根据东道国的普遍工资水平、结构和管理指导方针支付外派雇员的薪酬，并提供"外派人员式"福利，如交通补贴、住房援助和受抚养人的教育补贴，以承认雇员的"外国"身份。

本土响应（Local responsiveness） 是尊重当地的文化价值、传统、法律或其他制度规定，如政府人力资源管理和工作实践的政策或教育制度。

本地员工或东道国员工（Local staff or host country nationals，HCNs） 是指一个组织的分支机构或工厂所在国家的公民，但该组织的总部设在另一个国家。

长期国际外派（Long-term international assignment） 从 1 年到 5 年不等，涉及在接收业务中明确规定的角色（例如子公司的高级管理者角色）。长期外派也称为传统的外派任务。

长期导向（Long-term orientation） 儒家思想中的长期导向的特征是：在追求目标方面具有极大的耐力和毅力，基于地位的排名，使传统适应现代条件，在一定范围内尊重社会和地位相应的义务，高储蓄率、高投资活动，愿意服从一个目标，有羞耻感。

低语境交流（Low context communication） 人们倾向于更直接地交流，用语言表达所有重要的信息。

宏观层面的恐怖威胁（Macro level terrorist threats） 指恐怖袭击对全球环境的威胁。

男性化取向（Masculinity） 霍夫斯泰德研究中心男性化倾向基于这样一种假设：价值观可以区分为男性化或女性化。男性化取向包括追求财务成功、英雄主义和强大的绩效方法。

矩阵式结构（Matrix structure） 是一种促进技能和信息横向流动的组织结构。它主要用于管理大型项目或产品开发过程，将不同职能部门的员工分配到一个团队中，而不是将他们从各自的岗位上移走。矩阵型组织中的员工向项目经理或产品经理报告常规绩效，而项目经理的权力横向（水平）跨越部门边界。他们还继续向部门主管报告总体绩效，部门主管的权限在其部门内向下（垂直）流动。

导师（Mentor）　导师通常比来自派遣工作单位的外派人员处于更高级的位置，并且通常会亲自指导外派人员。使用导师的基本原理是通过定期提供信息（例如工作场所的变更）来减轻"人走茶凉"的感觉，使外派人员归国时对面临的条件有更充分的准备。

合并（Merger）　是两家公司达成协议将各自的业务整合起来的结果。

业绩基础（Merit base）　根据员工在预定期限内的表现和商定的标准来确定其工资（Businessdictionary. com）。

微观层面的恐怖主义威胁（Micro-level terrorist threats）　指在特定地区、行业或国际价值链中特定层次的威胁。

单维时间概念（Monochrome concept of time）　是由一件事接着另一件事完成的过程所主导。

多元文化（Multicultural）　指通过自愿促进法律、政治和社会对文化、种族、语言和宗教差异的承认来鼓励多样性。

多国产业（Multidomestic industry）　指每个国家的竞争基本上独立于其他国家的竞争。传统的例子包括零售业、分销业和保险业。

中性文化（Neutral culture）　倾向于较少表达情感，尽可能客观，并从实用角度处理商业业务。

非股权跨界联盟（Non-equity cross-border alliance）　是一种根据合同将利润和责任分配给各方的投资工具。

非外派人员（Non-expatriates）　是指那些有国际差旅任务但没有移居到另一个国家而不被视为外派人员的人。对这类员工的常见称呼有"公路勇士"（road warriors）、"环球旅行者"（globetrotters）、"飞行常客"（frequent fliers）以及"灵活派遣者"（flex patriates）。

经合组织：经济合作与发展组织（Organization for Economic Cooperation and Development，OECD）

劳动力外包（Offshoring of labor）　是指在另一个国家的人为本国公司完成工作任务，通常成本更低。

操作者（Operative）　是指在现有的操作结构中执行功能性工作任务的人，通常是在较低级别的监督岗位上。

组织文化（Organizational culture）　指整个组织的共同身份和目标。

母国员工（Parent-country nationals）　参见"外派人员"。

特殊主义（Particularism）　更注重个别情况，根据关系和特殊的情分来决定什么是好的和正确的。

薪酬战略（Pay strategy）　是指基于薪酬（工作或技能、绩效或资历）、汇总单位（支付个体、团体、组织、短期或长期的薪酬导向）、薪酬变化模式（薪酬的可变性或风险、等级主义或平等主义的薪酬取向）以及整体上关注工作评估系统所反映的内部公平，而不是市场调查所反映的外部公平的一系列连锁的战略选择。

绩效管理（Performance management）　是使公司能够根据明确定义的、预设的目标和指标评估并不断改进个人、部门和公司绩效的过程。

绩效导向（Performance orientation）　指集体对团队成员绩效的提高以及表现卓越的鼓励和奖励程度。

绩效薪酬（Performance-related-pay）　是一种针对员工的经济奖励制度，其中部分或全部的薪酬与对应规定标准的绩效评估有关。

多中心人员配置（Polycentric staffing）　包括跨国公司将每个子公司视为一个独立的国家实体，并拥有一些决策自主权。子公司通常由当地员工（HCNs）管理，他们很少被提拔到总部的职位，而母国员工很少被调到国外子公司处理业务。

多维时间概念（Polychrome concept of time）　指过程和行为同时发生。

权力距离（Power distance）　GLOBE 研究中心对权力距离的定义为"集体成员期望权力平均分配的程度"。

权力距离（Power distance）　霍夫斯泰德研究中心的权力距离代表了一个文化内的成员接受权力在机构中不平等分配的程度。它表达了员工与上级之间的情感距离。权力不平等存在于许多文化中，但在不同文化中可能或多或少地表现出来。

驻外前培训（Pre-departure training）　是指在外派人员前往海外工作之前提供的一套培训方案，旨在提高外派人员在国际外派方面的成功率；培训可能包括跨文化的和语言培训、商务礼仪培训等。

初步访问（Preliminary visit）　对东道国的初步访问是为外派候选人及其配偶精心计划的访问，为他们的外派提供一个预览机会，让他们评估自己是否适合外派以及对该外派机会的兴趣。这样的访问也有助于向外派候选人介绍东道国的商业环境，并鼓励做更多有根据的出发前准备。

主要的恐怖主义威胁（Primary terrorist threats）　是指个人和公司层面的威胁。

过程（Processes）　是指企业将资源转化为有价值的商品和服务的活动。

心理契约（Psychological contract）　是指雇主和雇员之间关于彼此如何履行各自角色的期望的不成文的理解和非正式的义务。在一个典型的企业中，心理契约可能包括员工承诺水平、工作满意度和工作条件的质量等。

招聘（Recruitment）　是指在足够的数量和质量的人员中寻找并获得岗位候选人，从而使组织能够挑选到最合适的人来满足工作需要。

裁员（Redundancy）　是由于缩减规模、调整规模或外包造成的工作或工作类别的减少。

地区中心人员配置（Regiocentric staffing）　反映了跨国公司的地理战略和结构。与全球中心人员配置方法一样，它以有限的方式利用更多的管理人员。员工可以在本国境外流动，但只能在特定地理区域内。

搬家津贴（Relocation allowances）　通常包括搬迁、运输和储存费，临时生活费用，购买（或出售）电器或汽车的补贴，以及定金或租赁相关费用。

工资（Remuneration）　是支付的雇佣报酬，还包括津贴、福利（如公司的汽车、医疗计划、养老金计划）、奖金、现金激励和相应货币价值的非现金激励。

归国（Repatriation）　是指外派人员返回母国的活动。

资源（Resources）　指有形资产（如金钱和人员）和无形资产（如品牌和关

系）。

反向扩散（Reverse diffusion） 是将管理实践从国外地区转移到总部。

风险管理（Risk management） 是指识别、分析、评估、控制和避免、最小化或消除不可接受的风险。一个组织可以使用风险假设、风险规避、风险保留、风险转移或任何其他策略（或策略的组合）来正确管理未来的事件。

角色扮演（Role plays） 指在如训练计划的模拟情境中表演角色的行为。

轮换委派（Rotational assignments） 指员工在短时间内往返于母国和另一个国家的工作地点，然后在母国休息一段时间。雇员的家人通常留在母国。

甄选（Selection） 是收集信息的过程，目的是评价和决定谁将成为特定岗位的人选。

甄选标准（Selection criteria） 指成功完成工作所必须具备的知识、能力、经验和技能。

自我安排的委派（Self-initiated assignments） 标准的外派通常由组织启动，而自我安排的委派则由个人发起。

敏感性训练（Sensitivity training） 是使人们更加了解群体动态和他们自己的行为、人际关系特征以及在群体中的角色。

短期国际委派（Short-term international assignment） 最长为三个月，通常用于故障排除、工程监督或是在找到更持久的安排之前的权宜之计。

短期性，儒家动力（Short-term, Confucianism dynamics） 个体坦率且稳重，避免丢面子，尊重社会和地位义务而不考虑成本，低储蓄率、低投资活动，期望快速获得利润，尊重传统，礼貌问候，准备礼物和礼尚往来。

六西格玛质量控制（Six Sigma quality control） 最初是在 1986 年由摩托罗拉公司开发的，现在被用于许多不同的行业中，目的是通过消除缺陷和错误来提高产品或服务的质量。该方法包括在企业或组织中创建具有专家地位的人员小组，然后根据一组步骤执行每个项目，努力达到特定的财务目标。

社会倾销（Social dumping） 是指工作从一个地区转移到另一个地区，及其对就业水平的影响；强调工会必须团结一致的必要性，防止一个地区的工人接受减薪以吸引投资，而牺牲另一个地区的工人的利益。

软目标（Soft goals） 往往是以人际关系或性格为基础的，比如领导风格或人际关系技巧。

空间倾向（Spatial orientation） 指不同文化背景的人在交流时对距离的关注倾向。对一种文化中的成员来说合适的距离，对另一种文化中的成员来说可能会感受到侵犯。

特定型文化（Specific culture） 保持隐私生活；社会或公共生活可以较为开放；外向；沟通中"严肃"直接；明确区分工作和个人生活。

配偶补助（Spouse assistance） 抵消外派人员的配偶因迁居国外而损失的收入。

标准化-本土化（Standardization-localization） 是一种通过利用地方差异性和相互依赖性，同时保持全球一致性，并在多个国家有效运作的过程和程序体系。

战略委派（Strategic assignments）　指以发展平衡的全球视角为重点的备受瞩目的活动。

罢工（Strikes）　是指雇员集体有组织地停止工作或放慢工作速度，以迫使雇主接受他们的要求。

结构复制者（Structure reproducer）　承担在国外子公司建造或复制一个与他从公司的另一部分所了解到的相似结构的任务。

次优化（Sub-optimizing）　指故意接受不是最好的结果或产出，以避免更努力尝试所产生的意外的不利影响。

隐性知识（Tacit knowledge）　是一个不成文的、未说出口的、隐藏起来的巨大知识宝库，几乎每个人都可以在自己的情感、经验、洞察力、观察和内化信息的基础上拥有它。隐性知识是一个人整体意识的组成部分，主要是通过与他人的交往获得的，需要一个共同或共享的活动才可以从一个人传授给另一个人。

税负平衡（Tax equalization）　公司预扣与外派人员所在国的纳税义务相等的金额，并在东道国支付所有税款。

税收保护（Tax protection）　雇员支付的税款不超过他们在本国同样的报酬所交纳的税金。

临时税（Tax，Ad hoc）　每个外派人士的处理方式都不同，具体取决于与跨国公司商定的一揽子方案。

自由放任的税收政策（Tax，Laissez-faire）　指雇员在遵守东道国和母国税收法律和惯例方面是"独立的"。

技术委派（Technical assignments）　是指短期的知识转移活动。

外派失败的成本（The costs of expatriate failure）　可以是直接的，也可以是间接的。

工会（Trade unions）　是由工人和工会领导人组成的组织，他们联合起来以保护和促进他们的共同利益。工会的主要目的是：（1）协商工资和工作条件；（2）规范劳动者（其成员）与用人单位的关系；（3）采取集体行动，执行集体谈判条款；（4）代表工会会员提出新的要求；（5）帮助解决他们的不满。

培训（Training）　改善员工当前的工作技能和行为。

跨国（Transnational）　是一种组织形式，其特点是所有业务单位的资源和责任相互依赖而不用考虑国家边界。跨国公司试图处理子公司之间组件、产品、资源、人员和信息的大量流动，同时识别分散的专门资源和能力。

跨国公司（Transnational corporate）　是一家商业公司，其拥有大量设施，在多个国家和地区开展业务，并且不将任何特定国家和地区视为母国。

调解员（Troubleshooter）　是被派到国外子公司分析和解决特定运营问题的个体。

离职率（Turnover rates）　是一种人力资源度量指标，它表示因解雇、流失和其他方式而损失的员工数量与公司总员工数量的比值。

不确定性规避（Uncertainty avoidance）　GLOBE 研究中心对不确定性规避的定义为"一个社会、组织或团队在多大程度上依赖社会规范、规则和程序来降低对未来事件的不可预测性"。霍夫斯泰德研究中的不确定性规避指一种文化的成员在不确定、模棱两可和非结构化的情况下感到威胁、并试图避免它们的程度。具有强烈不确定性规避的文化以严格的信仰和行为规范为特征，不容忍偏离这些信仰和行为规范的人和想法。在不确定性规避较弱的文化中，实践的意义大于原则的意义，对偏差的容忍度较高。

普遍主义（Universalism） 指"'好'和'正确'都可以被定义并且这个定义始终适用"。

价值观（Values） 是员工思考他们做什么以及为什么做的方式。价值观决定了员工的优先事项和决策。

虚拟委派人员（Virtual assignees） 指监视和评估一组在物理上和地理上相距遥远的员工。

虚拟委派（Virtual assignments） 指员工不调到委派地，而是在本国管理在另一个国家或地区的各种国际业务。在这种情况下，管理者严重依赖通信技术，例如电话、电子邮件或视频会议。访问东道国也是必要的。

工作场所暴力（Workplace violence） 是指在工作场所对他人使用身体或语言暴力。工作场所暴力的范围从威胁、言语虐待到实际的身体接触和攻击，这些行为会对他人造成身体伤害。

北京市版权局著作权合同登记号　图字：01-2022-1764

图书在版编目（CIP）数据

国际人力资源管理：第 7 版 / （澳）彼得·道林等著；
赵宜萱，刘燕译 . -- 北京：中国人民大学出版社，
2023.1

（人力资源管理译丛）

ISBN 978-7-300-30817-3

Ⅰ.①国… Ⅱ.①彼… ②赵… ③刘… Ⅲ.①跨国公
司－企业管理－人力资源管理 Ⅳ.①F276.7

中国版本图书馆 CIP 数据核字（2022）第 120479 号

人力资源管理译丛

国际人力资源管理（第 7 版）

彼得·道林

玛丽昂·费斯廷

艾伦·恩格尔　　著

赵曙明

赵宜萱　刘燕　译

Guoji Renli Ziyuan Guanli

出版发行	中国人民大学出版社	
社　　址	北京中关村大街 31 号	邮政编码　100080
电　　话	010 - 62511242（总编室）	010 - 62511770（质管部）
	010 - 82501766（邮购部）	010 - 62514148（门市部）
	010 - 62515195（发行公司）	010 - 62515275（盗版举报）
网　　址	http://www.crup.com.cn	
经　　销	新华书店	
印　　刷	固安县铭成印刷有限公司	
开　　本	787 mm×1092 mm　1/16	版　次　2023 年 1 月第 1 版
印　　张	19.5 插页 1	印　次　2024 年 6 月第 2 次印刷
字　　数	434 000	定　价　75.00 元

CENGAGE Learning®

Supplements Request Form（教辅材料申请表）

Lecturer's Details（教师信息）			
Name： （姓名）		Title： （职务）	
Department： （系科）		School/University： （学院/大学）	
Official E-mail： （学校邮箱）		Lecturer's Address / Post Code： （教师通讯地址/邮编）	
Tel： （电话）			
Mobile： （手机）			

Adoption Details（教材信息）	原版□　　　翻译版□　　　影印版□
Title：（英文书名） Edition：（版次） Author：（作者）	
Local Publisher： （中国出版社）	

Enrolment： （学生人数）	Semester： （学期起止时间）	

Contact Person & Phone/E-mail/Subject：
（系科/学院教学负责人电话/邮件/研究方向）
（我公司要求在此处标明系科/学院教学负责人电话/传真号码并在此加盖公章。）

教材购买由我□　　　我作为委员会的一部分□　　　其他人□〔姓名：　　　　　〕决定。

Please fax or post the complete form to（请将此表格传真至）：

CENGAGE LEARNING BEIJING
ATTN：Higher Education Division
TEL：(86)10-8286206/95/97
FAX：(86)10-82862089
EMAIL：asia.inforchina@cengage.com
www.cengageasia.com
ADD：北京市海淀区科学院南路2号
　　　融科资讯中心C座南楼12层1201室　　　100190

Note：Thomson Learning has changed its name to CENGAGE Learning.

中国人民大学出版社　管理分社

教师教学服务说明

　　中国人民大学出版社管理分社以出版工商管理和公共管理类精品图书为宗旨。为更好地服务一线教师，我们着力建设了一批数字化、立体化的网络教学资源。教师可以通过以下方式获得免费下载教学资源的权限：

★　在中国人民大学出版社网站 www.crup.com.cn 进行注册，注册后进入"会员中心"，在左侧点击"我的教师认证"，填写相关信息，提交后等待审核。我们将在一个工作日内为您开通相关资源的下载权限。

★　如您急需教学资源或需要其他帮助，请加入教师 QQ 群或在工作时间与我们联络。

中国人民大学出版社　管理分社

🔔　**教师 QQ 群：** 648333426（工商管理）　114970332（财会）　648117133（公共管理）
　　　教师群仅限教师加入，入群请备注（学校＋姓名）

☎　**联系电话：** 010-62515735，62515987，62515782，82501048，62514760

✉　**电子邮箱：** glcbfs@crup.com.cn

📍　**通讯地址：** 北京市海淀区中关村大街甲 59 号文化大厦 1501 室（100872）

管理书社

人大社财会

公共管理与政治学悦读坊